普通高等教育"十二五"规划教材

生产与运作管理教程

主　编　颜　蕾
副主编　李军锋　胡　健
参　编　田　佳　邹　波　洪德胜

机械工业出版社

生产与运作管理是现代企业管理科学中最活跃、最实用的重要组成部分。本书系统、详尽地介绍了生产与运作管理的重点内容，较完整地反映了国内外在该领域中最成熟、最实用、最先进的理论和方法。作者根据多年来该课程的教学经验、实践经验及学科发展的丰富内容，选择了符合本科教学及管理实践需求的内容作为本书的内容体系。全书分为十三章，涵盖了生产与运作系统的组织和设计、生产与运作系统的运行和控制、先进的生产组织方式与生产与运作系统等内容。本书强调实用性和教学性，每一章都通过案例引入，力图用真实的案例引导学生将理论与实践结合起来；每一章结束后都有思考题、选择题、计算题和案例分析题，便于学生复习和掌握每章的知识要点，也便于教师教学。

本书可作为普通高等院校管理类各专业的教科书，也可作为相关培训的教材，还可供企业中从事生产与运作管理的管理人员学习、参考。

图书在版编目（CIP）数据

生产与运作管理教程/颜蕾主编. —北京：机械工业出版社，2014.3
普通高等教育"十二五"规划教材
ISBN 978-7-111-46298-9

Ⅰ.①生… Ⅱ.①颜… Ⅲ.①生产管理—高等学校—教材 Ⅳ.①F273

中国版本图书馆 CIP 数据核字（2014）第 061618 号

机械工业出版社（北京市百万庄大街 22 号　邮政编码 100037）
策划编辑：易　敏　　责任编辑：易　敏　席建英
版式设计：常天培　　责任校对：赵　蕊
封面设计：马精明　　责任印制：李　洋
北京瑞德印刷有限公司印刷（三河市胜利装订厂装订）
2014 年 6 月第 1 版第 1 次印刷
184mm×260mm・20.25 印张・496 千字
标准书号：ISBN 978-7-111-46298-9
定价：39.80 元

凡购本书，如有缺页、倒页、脱页，由本社发行部调换

电话服务　　　　　　　　　　　　网络服务
社服务中心：(010)88361066　　　教材网：http://www.cmpedu.com
销售一部：(010)68326294　　　　机工官网：http://www.cmpbook.com
销售二部：(010)88379649　　　　机工官博：http://weibo.com/cmp1952
读者购书热线：(010)88379203　　**封面无防伪标均为盗版**

前 言

生产与运作管理作为一门不断发展的学科,已成为工商管理课程中最富有挑战性的课题之一。我国改革开放以来,生产与运作管理的教材层出不穷,学科的内容也在不断发展和完善,越来越多的教材都体现了学科发展的前瞻性、系统性和科学性,为我国企业管理科学化作出了巨大贡献。但我们在长期的教学过程中也发现了很多现有教材的不足:①篇幅越来越大,在课时量限制下,教材内容无法讲授完,学生感到浪费;②实用性较差,许多教材部分原理和方法不能反映国内企业生产与运作的实际情况和管理要求,不符合信息化的要求,也不符合面向实践的应用型人才培养的要求;③生产与运作管理学科中的部分内容已经衍生出了若干课程,如市场预测、工艺设计、质量管理、项目计划管理、供应链管理等,把它们全部放在生产与运作管理的教材中不能体现其重点和特色;④许多教材缺乏综合性的习题、实验教学、课程设计、案例分析等内容,不利于学生的课后学习,不利于对基本理论和方法的掌握。本书的编写宗旨就是针对以上问题,编写一部符合普通高等院校工商管理专业应用型人才培养目标和培养方案的教材。本书的特色如下:

(1) 按照教学需求突出重点,精简内容。本书考虑到学时限制,选择适当的知识体系和内容范围,同时力图体现理论体系的完整性。本书重点介绍生产与运作管理概述、战略与竞争优势、设施选址与规划、生产与运作系统的组织和设计、生产与运作能力规划、生产与运作计划、库存管理、企业资源计划(ERP)、先进生产组织方式与先进的生产与运作系统等内容。一些原本属于生产与运作管理的内容,如需求预测和市场研究、产品开发和技术选择、工作设计、供应链管理等,已经发展成独立分支,或归于其他学科,因此不纳入本书范畴。

(2) 适用于应用型人才的培养,突出实用性、可操作性。本书以学生就业所需的专业知识和操作技能为目标,重点介绍实用的理论、方法和技能,突出生产与运作管理信息化的要求,尽可能满足我国企业在生产与运作管理实践的需求。例如,在生产与运作系统设计部分,选择了实用的设施选址与设施布置、流水生产线的组织设计、生产与运作能力规划等,去掉了其他实用性不强的部分,如产品开发、工作设计等;在生产与运作运行部分,选择了生产与运作计划、库存控制、相关需求物料管理、质量管理、网络计划、现场管理等;在生产与运作系统的维护和改进部分,只选择了适应我国企业生产与管理的准时生产制、精益生产方式、敏捷制造、大规模定制等内容。

(3) 简明通俗。本书尽可能用生动、明了的语言来阐述深刻的生产与运作的原理,注重结果和应用。生产与运作管理的方法性较强,应用了许多数学分析、概率论和运筹学的知识,加上近年来在管理信息化的推动下,更多关于优化设计的数学方法被应用其中，使得工商管理类的学生难以掌握并产生了学习上畏难的情绪，影响了学生对该门课的学习效果。本书尽可能避免繁杂的数学公式的推导，而强调方法的应用，只要求学生能应用方法即可。例如，非确定性库存控制的原理中就去掉了与数理统计基础知识有关的内容，直接介绍应用的步骤。

(4) 注重方法、技能的综合运用，强化学生综合运用基本知识的能力。本书除了设置了每章的作业外，还根据每章的知识点给出了综合运用之前所学知识的习题、案例等。例如，生产能力案例的分析就必须运用风险决策、生产与运作战略、投资决策等方面的知识；生产计划案例的分析就必须运用流水线设计、生产能力规划、生产过程时间组织等章节的内容。这样的案例分析不仅有利于提高学生综合分析问题的能力，也有利于增强学生学习的兴趣。

(5) 既致力于传授基本理论、方法和技能，又注重传播生产与运作管理领域中的新理论、新观点和新方法，帮助学生提高前瞻能力、创新能力和应变能力。本书在编写过程中，参考了大量相关书籍，吸收了许多主流的创新内容。例如，在生产与运作战略部分，吸收了聚焦和权衡战略、基于交易成本的集成战略等内容；在生产与运作计划中，按照MRP的要求，吸收了在能力计划约束下的主生产计划制订和优化等内容；在相关需求管理中，完全按照管理信息化的实践需要，采用了MRP、MRPⅡ、ERP等管理软件系统要求设计内容体系，同时还兼顾了实验课的需要设计内容。

(6) 本书充分体现了教材应满足多种教学手段的要求的特点，除基本内容外，还设计了开篇案例、每章小结、每章案例分析、思考题、选择题、判断题、计算题等，并为用本书授课的教师提供PPT配套资源。

在本书的编写过程中，我们大量参阅并引用了国内外相关教材、研究成果等文献资料，主要的参考书目已列在书后，在此谨向有关作者表示衷心的感谢！

本书由颜蕾教授主编，由李军锋、胡健博士担任副主编。第五、六、七章由颜蕾编写；第一、二、八章由李军锋编写；第三、四、十一章由胡健编写；第九、十章由颜蕾、洪德胜编写；第十二章由邹波编写；第十三章由田佳编写。颜蕾确定了全书结构，并对全书初稿进行了深度修改和总纂。

由于作者水平有限，书中难免有疏漏之处，还请广大读者批评指正，帮助我们改进与提高。

编　者

目 录

前言
第一章　生产与运作管理概述 …………… 1
   第一节　生产与运作管理的概念 …………… 1
   第二节　生产与运作管理的目标 …………… 6
   第三节　生产与运作管理的研究内容
           与本书结构 ……………………… 7
   第四节　生产与运作管理的发展
           历程与趋势 ……………………… 10
   思考与练习 …………………………………… 16
   案例分析 ……………………………………… 17
第二章　生产与运作的类型与组织 ……… 20
   第一节　生产与运作的分类 ………………… 20
   第二节　生产与运作的类型 ………………… 24
   第三节　生产过程的构成 …………………… 27
   第四节　组织生产过程的基本要求 ………… 29
   第五节　生产过程的时间组织 ……………… 31
   思考与练习 …………………………………… 33
   案例分析 ……………………………………… 35
第三章　生产与运作战略 …………………… 37
   第一节　生产与运作战略概述 ……………… 37
   第二节　基于竞争优势要素构建的
           生产与运作战略 ………………… 42
   第三节　基于生产与运作管理范畴构建的
           生产与运作战略 ………………… 46
   第四节　基于一体化战略构建的
           生产与运作战略 ………………… 50
   思考与练习 …………………………………… 56
   案例分析 ……………………………………… 57
第四章　生产和服务设施的
         选址与布置 ………………………… 59
   第一节　生产和服务设施选址 ……………… 59
   第二节　生产和服务设施布置 ……………… 71
   第三节　非制造业的设施布置 ……………… 88
   思考与练习 …………………………………… 94
   案例分析 ……………………………………… 98
第五章　流水生产的组织 …………………… 100
   第一节　流水生产的特点和分类 …………… 101
   第二节　流水线组织设计的一般原理 ……… 104
   第三节　多对象流水线的组织设计 ………… 110
   第四节　间断流水线的组织设计 …………… 115
   思考与练习 …………………………………… 117
   案例分析 ……………………………………… 119
第六章　生产与运作能力的
         计算与规划 ………………………… 121
   第一节　生产能力概述 ……………………… 121
   第二节　生产能力的计算和确定 …………… 124
   第三节　生产能力与生产任务的平衡 ……… 127
   第四节　学习效应与学习曲线 ……………… 128
   第五节　生产与运作能力规划 ……………… 131
   思考与练习 …………………………………… 137
   案例分析 ……………………………………… 140
第七章　生产与运作计划 …………………… 143
   第一节　生产与运作计划概述 ……………… 144
   第二节　综合生产计划 ……………………… 147
   第三节　主生产计划 ………………………… 161
   第四节　服务业运作计划 …………………… 169
   思考与练习 …………………………………… 171
   案例分析 ……………………………………… 175
第八章　独立需求库存管理 ………………… 177
   第一节　库存 ………………………………… 177
   第二节　库存控制系统 ……………………… 179
   第三节　库存控制基本模型 ………………… 182
   第四节　随机需求库存控制决策模式 ……… 190
   第五节　供应链环境下的库存
           控制方法 ………………………… 194
   思考与练习 …………………………………… 197
   案例分析 ……………………………………… 200
第九章　相关需求物料管理 ………………… 202
   第一节　物料需求计划 ……………………… 202
   第二节　制造资源计划 ……………………… 218
   第三节　企业资源计划 ……………………… 221
   思考与练习 …………………………………… 222

案例分析 …………………………………… 224
第十章　网络计划技术 …………………… 226
第一节　网络计划技术的原理 ……………… 226
第二节　网络时间的计算 …………………… 232
第三节　网络计划的优化 …………………… 239
第四节　非肯定型网络计划 ………………… 245
思考与练习 ………………………………… 247
案例分析 …………………………………… 249
第十一章　质量管理 ……………………… 251
第一节　质量管理概述 ……………………… 251
第二节　统计质量控制 ……………………… 255
第三节　质量检验与抽样检验 ……………… 266
第四节　ISO9000 族标准简介 ……………… 268
思考与练习 ………………………………… 274
案例分析 …………………………………… 276

第十二章　现场管理 ……………………… 278
第一节　现场管理概述 ……………………… 279
第二节　5S 管理 …………………………… 281
第三节　定置管理 …………………………… 286
思考与练习 ………………………………… 289
案例分析 …………………………………… 291
第十三章　先进的生产方式和生产与运作系统 …………………… 292
第一节　精益生产与准时生产制 …………… 293
第二节　敏捷制造系统 ……………………… 306
第三节　大规模定制系统 …………………… 309
思考与练习 ………………………………… 313
案例分析 …………………………………… 314
参考文献 …………………………………… 316

第一章 生产与运作管理概述

导入案例

伯明翰国际机场

伯明翰国际机场的工作人员在服务乘客时有着不同的职责。行李处理业务就是对包裹进行分拣和检查,并发送到众多即将起飞的飞机上。地勤人员则负责装卸飞机,往飞机上装载食物,灌满油箱,并利用飞机在空中桥梁短暂停留的时间对飞行器进行清洁。航线的票务员要处理乘客流,他们每个人有不同的终点站。咨询台的工作人员要处理很多客人的咨询,例如,人们会想知道他们的航班是否会准时到达,如何转机才更便捷,等等。休息室、洗手间、商店和餐厅等场所要保持整洁。

所有上述活动都是由机场运营主管 Richard Heard 来进行协调的,他认为自己的工作包括以下方面:①与民用航空管理局进行紧密合作,对集散站的建筑和其他设施进行管理,还要对安全作出特别安排;②成立团队对新的建筑工程计划进行监管;③协调机场中各种组织和团体间的活动;④全负荷运转、精益求精地完成各种任务。

伯明翰机场的目标是成为欧洲最棒的区域性机场,运营主管和他的团队一直在为之努力。

社会由许多组织构成,无论是行政组织还是盈利性组织,为了实现各自的使命和目标,都必须运用和有效组织各种资源,将投入转化为产出,完成其使命、实现其目标。生产就是最典型的资源转化过程,生产是大多数人最熟悉的活动,是产生物质产品的基本手段,生产活动所提供的是有形产品。随着服务业的兴起,生产的概念开始扩展,它不仅指有形产品的制造,而且还包括服务这一无形产品的提供。本章主要阐述生产与运作及其管理的基本概念、生产与运作管理的目标和内容、生产与运作管理的发展趋势等。

第一节 生产与运作管理的概念

一、生产与运作

经济学家将社会的发展阶段分为农业社会、工业社会、后工业社会和知识经济社会等多个发展阶段。

在农业社会,人们主要从事农业和采掘业,如种植庄稼、捕鱼、狩猎、采矿等。农业社会的实质是从自然界直接获取所需物品,这些物品在自然界中本就存在,人们只是利用体力和简单的工具,以家庭为基本单位向大自然索取,这种索取的活动基本上不需要人们对物品进行物理和化学方面的改造。这就是以农业主导经济的农业社会。

在工业社会,人们主要从事制造业,即通过物理和化学变化的方法,改变自然界的物质，产生人们所需要的物品，如衣服、鞋子等基本的生活用品；之后随着机器工业的出现，人们能通过工厂制造出更为复杂的工业品，如自行车、汽车、火车、飞机等，进入了以工业主导经济的工业社会。

服务业的兴起，使工业社会转变为后工业社会。在后工业社会，更多的人从事服务业。服务业是向人们提供劳务或无形产品的行业。服务业的兴起是社会生产业发展的必然结果，也是社会生产力发展水平的一个重要标志。首先，工业的发展，尤其是制造业的发展，为农业和工业提供了先进的劳动工具，从手工业到机器大工业，极大地提高了劳动生产率，人们可以从繁重的劳动中解脱出来，有了更多的闲暇时间；其次，随着物质产品的极大丰富，人们在解决了基本温饱后，精神需求就逐渐突显出来，这符合马斯洛的需求层次理论。例如，人们对生活质量有了更高的要求：如得到良好的教育、更好的医疗保健、更广阔的活动空间等，于是教育业、医疗保健业、旅游业等就应运而生了。之后又出现了贸易、金融、信息等产业，这些行业都有一个共同的特点，即提供服务而不是物质产品。

知识经济社会是目前人们还在不断认识的社会形态。信息产业的高度发展使得软科学成为支撑社会经济的主要投入要素。有学者定义知识经济社会是以智力要素投入为主的社会形态，其主要特征是智力取代自然物质成为经济发展的主要生产要素，表现出来就是信息产业主导经济。

生产和运作的概念也是随着社会形态的发展而产生的。

生产的概念最早出现在工业社会，主要是指物质产品的制造过程，即人们利用劳动工具作用于劳动对象，经过物理和化学的变化，制造出有形产品的过程。由于物质产品的制造过程是生产力三要素的结合过程，需要有"工厂"作为劳动场地，所以早期的生产是与工厂相联系的。在英语中，生产是"Production"。由于管理学科源于制造业，它最初主要限于对有形产品的生产研究，因此也被称为"生产管理"。多年来，"生产管理"一直是工商管理学科的核心课程，其主要内容是研究制造业如何将投入以最小的成本转化为产出，包括制造业生产组织的构建、生产计划的制订、生产计划的实施和生产过程的控制等。

然而，提供服务的过程与物质产品的制造过程有很大的差别，例如，提供服务和接受服务通常是同时进行的；许多服务过程不需要投入原材料，不需要将原材料进行物理和化学处理，如运输只需要对服务对象进行位移等。为了与制造业相区分，在英语中通常用"Operations"表达提供服务的过程，翻译成中文就是"运作"。所以，"运作"就是指提供劳务或无形产品的过程，对服务业活动管理的研究称为"运作管理"。早期的运作管理内容十分广泛，因为服务业的类型非常多，包括餐饮、旅游、交通、运输、金融、零售、教育、医疗、咨询等众多行业，后来形成了分行业的运作管理，如商业银行管理、饭店管理等。

二、生产与运作概念的扩展

随着科学技术和经济的发展，生产与运作的内涵得到不断延伸和扩展。

首先，系统论的出现使人们的思维方式发生了深刻的变化。以往研究问题一般是把事物分解成若干部分，抽象出最简单的因素来，然后再以部分的性质去说明复杂事物。系统论的核心思想是系统的整体观念，认为任何系统都是一个有机的整体，它不是各个部分的机械组合或简单相加，系统中各要素不是孤立地存在着，每个要素在系统中都处于一定的位置，起着特定的作用，要素之间相互关联，构成一个不可分割的整体。将系统论运用到生产与运作管理的研究中，认为制造业的"生产"与服务业的"运作"尽管有差别，但从系统论的角度来看，制造业与服务业都属于转换系统，它们有一个共同的系统特征，那就是"投入——转换——产出"。从一般意义上讲，生产与运作是一切社会组织将输入转化为输出的过程，即是一个投入一定的资源，经过运作系统转换，使其增加价值，最终以某种形式的产出提供给社会的过程（见图1-1）。因此，只要是能够创造或增加效用及价值、满足人们需求的活动，包括物质产品（制造）的制造和非物质产品（服务）的提供，都属于生产与运作活动。

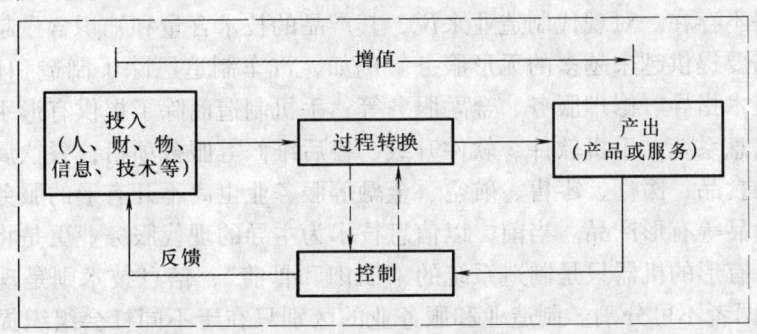

图1-1 生产与运作系统

系统投入中的人是指生产过程中的劳动力，包括直接劳动力和间接劳动力；物是指投入的原材料、土地、厂房等；财是指生产中花费的资金；信息指的是生产过程中搜集和接收到的消息，既包括直接信息，如客户电话、员工反馈，也包括间接信息，如市场分析报告、杂志、报纸新闻等；技术则是指企业在生产过程中应用的工艺等。系统中发生的转换过程包括①物理过程，如生产；②位置变化过程，如运输；③交易过程，如零售；④存储过程，如库存；⑤生理过程，如化妆；⑥信息过程，如电信。

当然，这些转换不是绝对的。例如，一家百货商店能够：①允许顾客比较价格和质量（信息过程）；②存储物品直到顾客需要（储存过程）；③卖出商品（交易过程）。

无论是无形产品的生产过程还是有形产品的运作过程，都具有以下共同特征：

（1）都能够满足人们的某种需要，即都具有一定的使用价值。

（2）都存在着"投入——转换——产出"的过程，并且可按照表1-1进行归纳。即都要投入一定的资源，经过一系列形式的转换，向社会提供某种形式的产出（有用的产品），实现价值增值。以医院为例，其投入为医生、设备、药品等医疗资源，输入为病人，经过诊断与治疗，最终输出为康复的病人。

表1-1 生产与运作的转换

类型	输入	资源	转换功能	输出
医院	病人	医生、护士、药品、医疗设备	治疗	康复的病人
化工厂	原料	设备、流水线、工人	化学与物理反应	化工产品
物流中心	输入的货物	仓库、人员、仓储设备	货物储存与运输	输出的货物
大学	高中毕业生	教师、教室、图书馆、宿舍	知识讲授	大学毕业生
商店	消费者	售货员、货柜、场地	推销	完成购物的消费者
咨询公司	情况、问题	专业咨询人员、咨询工具与手段	总结与分析	建议、办法和方案

（3）都需要面对市场并把设备和人员组织起来，也都需要进行计划、组织、控制。例如，旅游业中，一艘长程航行的游轮同样需要设备的维修、物资采购（食物、药品、燃油、设备备件、卧具）、计划安排（航行计划、旅游日程计划、旅游点游览计划）、员工管理（定员、培训、激励）。所有这些都与制造业的设备管理、员工管理、计划管理及质量保证有许多相同点。

其次，现代社会的发展已经将制造产品和提供服务融为一体。单纯制造产品不提供任何服务的企业几乎不存在。对现代制造业来说，其产品的技术含量和知识含量越来越高，在销售产品的同时需要提供越来越多的无形服务。例如，汽车制造厂除了制造和销售汽车以外，还要提供售后技术指导、修理服务、金融服务等；手机制造商除了提供有形手机外，还要提供手机需要的信息系统、手机软件、软件升级、售后维修等服务项目；餐饮属于服务业，但也要提供有形的食品，医疗、零售、航空、金融等服务业也离不开有形的服务设施，甚至还要提供商品、食品等有形产品。当前，以信息技术为主导的现代服务业更是将制造和运作紧密结合在一起，有形的机器只是制造系统的"肌肉和骨骼"，信息技术则是现代柔性制造系统的"神经"，两者不可分割。制造业和服务业的区别只在于不同社会组织提供的产品和服务的比例不同，制造业提供的产品比例大一些，服务业提供的服务比例大一些。如肉类加工企业将自己视为制造业，则它们更重视效率目标；而餐馆同样提供肉食品，但它们更重视顾客满意度目标。

正因为制造业和服务业有相互融合之处，所以将生产和运作彻底分开显然不合适，于是人们开始把对无形产品的"生产"的管理研究纳入生产管理（Production Management）的范畴，或者说，生产管理的范围从制造业扩大到了服务业。这种扩大了的"生产"概念，在西方管理学界被称为"Operations"，即运作（有的译为运营、作业、业务）。因此，现在的生产管理（Production Management）被很多人改为运作管理（Operations Management）或生产与运作管理（Production/Operations Management）。这里，无论是 Production 还是 Operation，其含义都比较广泛，既可以指制造有形产品的制造活动，又可以包含提供无形产品的劳务活动。

但从管理的角度来看，有形产品的生产与无形产品的"生产"（即运作）实际上是有许多不同点的，具体见表 1-2。

表 1-2 制造业与服务业的区别

项目	制造业	服务业
产品	产品是有形的、耐久的	产品无形、不可触、不耐久
产出储存	产出可储存	产出不可储存
顾客接触	顾客与生产系统极少接触	顾客与服务系统接触频繁
响应需求周期	响应顾客需求周期较长	响应顾客需求周期很短
服务范围	可服务于地区、全国乃至国际市场	主要服务于有限区域范围内
设施规模	通常较大	通常较小
质量度量	容易	不容易

三、生产与运作管理

生产与运作管理的研究对象是生产与运作系统。如前所述，生产与运作是一个"投入——转换——产出"的过程,是一个劳动过程或价值增值过程。而生产与运作系统,是指使上述的转换过程得以实现的手段。它的构成与转换过程中的物质转化过程和管理过程相对应,包括物质系统和管理系统。

物质系统是一个实体系统,主要由各种设施、机械、运输工具、仓库、信息传递媒介等组成。例如,一个机械工厂的实体系统包括各种车间、车间内的车床、工具,以及车间之间的在制品仓库等;一个经营连锁快餐店的企业的实体系统可能又完全不同,它不可能集中在一个位置,而应该是分布在城市或地区内的不同地点。

管理系统主要是指生产与运作系统的计划和控制系统,以及物质系统的设计、配置等,其中的主要问题是信息的收集、传递、控制和反馈。

生产与运作管理是对企业提供产品或服务的系统进行设计、运行、评价和改进的各种管理活动的总称。生产与运作系统的设计包括产品或服务的选择和设计、运作设施的地点选择、运行设施的布置、服务交付的系统设计和工作的设计。生产与运作系统的运行主要是指现在的运作系统如何适应市场变化,按用户的需求生产合格产品和提供满意服务。生产与运作系统的运行主要涉及生产计划、组织与控制三个方面。

四、生产与运作管理是企业经营的基本职能之一

大多数组织(企业)都有三项基本职能,即生产与运作、财务和营销。企业将大部分人力、物力和财力都投入到生产活动当中,以制造社会所需的产品或提供顾客所需要的服务。在企业资金运作链上,生产与运作把现金变成储备资金,再变成生产资金,最后转换成成品资金。财务是企业进行资金筹措、运用和核算的基本过程。营销负责开拓市场与销售产品,发现与发掘顾客的需求,将成品资金转换成现金。

对于任何企业来讲,这三项职能都是不可或缺的。企业的组织结构也是为了充分发挥这些职能而设计和建立起来的。表1-3 的企业基本职能示意图说明了制造企业、快餐店和银行是如何发挥这些职能的。

表1-3 企业基本职能示意图

企业类别 \ 企业职能	市场营销	生产与运作	财务管理
汽车制造	广告、赞助汽车赛等	设计汽车、制造、零部件、装配汽车等	向供应商付款、支付员工工资、编制预算等
快餐店	电视广告、分发宣传资料、社会赞助等	制作食品、设计店面保养设备等	向供应商付款、偿还银行贷款、支付员工工资、收取现金等
银行	广告宣传、贷款、信托等	支票清算、交易处理维护、安全等	投资、证券、不动产会计、审计等

在企业三项基本职能中,营销是先导,财务是保障,生产与运作是基础,三者相互依存,相互促进,共同发展。三者的关系如图1-2所示。

1. 生产与运作与营销的关系

生产与运作管理与市场营销处在同一管理层次上,它们既相对独立,又有着十分紧密的协作关系。生产与运作管理为营销部

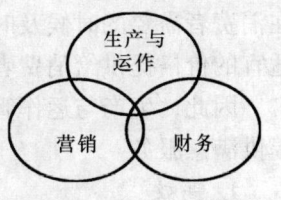

图1-2 企业三项基本职能之间的关系

门提供满足市场消费、适销对路的产品和服务，搞好生产与运作管理对开展营销管理工作、提高产品的市场占有率和增强企业活力有着重要的意义。所以说，生产与运作管理对市场营销起着保障作用，同时市场营销为生产提供市场信息，是生产与运作管理的产品价值实现的保证。

2. 生产与运作与财务的关系

生产与运作管理与财务管理也处在同一管理层次上，彼此之间既独立又有联系。企业的生产与运作活动是伴随着资金运动同时进行的。财务管理是以资金运动为对象，利用价值形式进行的综合性管理工作。企业为进行生产与运作活动通过借贷、筹集等方式获得资金，这些资金先以货币形式存在于企业中，当企业采购生产所需的原材料、燃料等实物后，货币资金转化为储备资金；在生产过程中，储备资金又转化为生产资金；当转化过程结束后，原材料加工成为成品，生产资金转化为成品资金；产品在市场上销售出去后，其价值得以实现，成品资金又转化为货币资金。在上述资金运动过程中，资金流动与实物流动交织在一起，资金流动对实物流动起到了核算、监督和控制的作用。

从财务管理的角度看，企业财务管理系统既要为生产与运作活动所需的物资及技术改造、设备更新等提供足够的资金，又要控制生产与运作中所需的费用，加快资金周转，提高资金利用率。而从生产的角度看，生产与运作管理所追求的高效率、高质量、低成本和交货期，又可以在各方面降低消耗、节约资金，提高资金利用效率，增加企业经济效益。

3. 生产与运作、营销、财务三者与企业管理的关系

企业管理的目的是在充分发挥市场营销、生产与运作和财务管理等职能作用的基础上，实现企业系统的整体优化，创造最佳经济效益。在企业管理系统中，三大职能互相影响、互相制约。如果企业的营销体系不健全、营销政策不完整、营销渠道不畅通，即使企业拥有竞争力很强的产品，也难保证能让产品销售出去，更不用说取得市场地位、获得竞争优势。如果企业的生产与运作系统设计不合理，产品质量得不到保证，那么即便营销体系再完善也很难将产品销售出去。假设企业在生产与运作和营销方面均表现良好，但财务管理系统较弱，资金筹措和运作能力较低，企业最终也会因为没有足够的资金支持和资金使用效率低下而无法在市场竞争中把企业做大做强。因此，对于企业这样一个完整的有机系统，必须有系统的观点、从系统的角度全面提高其各项职能的管理水平。

第二节 生产与运作管理的目标

生产与运作管理的目的是通过构造一个高效率、适应能力强的生产与运作系统，为企业制造有竞争力的产品。所谓有竞争力的产品，必须是具有满足消费者一定需要的功效，并能在消费者需要的时候及时予以提供的产品。这就要求企业必须面对市场，在需要的时候，以适宜的价格提供给消费者满意的产品和服务。

因此，生产与运作管理的目标可以概括为高效、灵活、准时、清洁地生产出合格产品和提供满意服务。

1. 高效

高效就是指合理配置和充分利用生产资源，提高生产率，以尽可能少的资源投入获得尽可能多的产出。高效是低成本的前提，为此必须精心编制生产与运作计划，合理组织运作管

理过程，加强生产与运作管理控制，从而努力降低资源消耗，不断缩短生产与运作周期，减少库存。

2. 灵活

灵活是指以顾客为中心，快捷地适应顾客日益多样化、个性化的需求，生产不同的品种和开发新产品或提供不同的服务和开发新的服务，对市场需求变化和新机遇作出快速响应。要想很快适应市场变化，就需要提高生产系统的柔性。生产系统的柔性是指处理环境变化的能力。提高机器设备的柔性有助于提高生产系统的柔性，但仅仅提高机器设备的柔性是不够的，只有协调地提高机器、人员和组织的柔性，企业的整体柔性才能提高。

3. 准时

准时是指对用户需求的响应周期短，在用户需要的时候，按用户需要的数量，提供所需的产品和服务。产品数量、质量、成本和交货期是互相关联的，如提高产品质量就会增加生产成本，增大生产批量就可降低生产成本。因此，必须从整个生产与运作管理系统出发，运用组织、计划、控制的职能，把投入生产系统中的各种生产要素有效地结合起来，使生产中物质流和信息流有机地融为一体，以最经济的方式，创造出使社会和企业都满意的产品或服务。

4. 清洁

清洁是指产品（服务）具有环境友好性和健康安全性，即在产品的生产、运输、使用和报废处理过程中，对环境污染少且不危害健康安全。

合格产品和满意服务是指质量达标的产品和服务。产品质量是指产品为适合一定用途、满足社会和人们一定需要所具备的自然属性或特性。对有形产品来说，质量特性可归结为性能、可靠性、安全性、适应性、经济性、时间性六个方面；对无形产品来说，质量特性可归纳为功能性、经济性、安全性、时间性、舒适性五个方面。

当前，激烈的市场竞争对企业的要求包括五个方面：时间（Time，T）、质量（Quality，Q）、成本（Cost，C）、服务（Service，S）和环保（Environment，E）。T是指满足顾客对产品和服务在时间方面的要求，即上市要及时，交货期要短而准；Q是指满足顾客对产品和服务在质量方面的要求；C是指满足顾客对产品和服务在价格和使用成本方面的要求，即不仅在产品形成过程中的成本低，而且在用户使用过程中的成本也低；S是指除产品外为满足顾客需求而提供的相关服务，如产品售前服务和售后服务；E是指对环境的保护程度。

要实现上述目标，必须重视不断创新，不仅包括对生产与运作管理系统中的产出和所用工艺技术的创新，而且包括在管理思想、管理方法上的创新。只有真正做到不断创新，才能准确地把握生产与运作管理的概念和目标，取得良好的经济效益，促进企业发展。

第三节　生产与运作管理的研究内容与本书结构

一、生产与运作管理的研究内容

生产与运作管理的研究内容可从企业生产与运作活动过程的角度来分析。就有形产品的生产而言，生产活动的中心是制造部分，即狭义的生产。所以，传统的生产管理学的中心内容主要是关于生产的日程管理、在制品管理等。但是，为了进行生产，生产之前的一系列技术准备活动，如工艺设计、工装夹具设计、工作设计等，是必不可少的。生产技术活动是基于产品的设计图样进行的，所以在生产技术活动之前是产品的设计活动。设计——生产技术准备——制造这样一系列的活动，才构成一个相对完整的生产活动的核心部分。从企业经营决策层的角度来看，其决策范围向产品的研究与开发，生产系统的选择与设计这样的"向下"方向延伸；而从生产管理职能的角度来看，为了更有效地控制生产系统的运行，生产出能够最大限度地实现生产管理目标的产品，生产管理从其特有的地位与立场出发，必然要参与产品开发与生产系统的选择与设计，以便使生产系统运行的前提——产品的工艺可行性、生产系统的经济性能够得到保证。因此，生产管理的关注范围从以往的生产系统的内部运行管理"向宽"延伸。这种意义上的"向宽"延伸是向狭义生产过程的前一阶段延伸。"向宽"延伸还有另一层含义，即向制造过程的后一阶段延伸，更加关注产品的售后服务与市场。所有这些活动构成了生产与运作管理的研究内容，按照生命周期理论，可以将其归纳为生产与运作系统的设计、运行、维护与改进三个部分。

1. 生产与运作系统的设计

生产与运作系统的设计包括产品或服务的选择与设计、设施的定点选择、设施布置、服务交付系统设计和工作设计。生产与运作系统的设计一般在设施建造阶段进行。但是，在生产与运作系统的生命周期内，不可避免地要对生产与运作系统进行更新，包括扩建新设施、增加新设备，或者由于产品和服务的变化，需要对生产与运作设施进行调整和重新布置。在这种情况下，会遇到生产与运作系统的设计问题。生产与运作系统的设计对生产与运作系统的运行有先天性的影响。如果产品和服务选择不当，将导致方向性错误，造成人力、物力和财力的浪费。厂址和服务设施选址不当，将直接决定产品和服务的成本，影响生产经营活动的效果，这一点对服务业尤为重要。

2. 生产与运作系统的运行

生产与运作系统的运行主要解决生产与运作系统如何适应市场的变化，按用户的需求输出合格产品和提供满意服务的问题。生产与运作系统的运行主要涉及生产计划、组织与控制三个方面的内容。

（1）生产计划。生产计划解决生产什么、生产多少和何时生产的问题，包括预测对本企业产品和服务的需求，确定产品和服务的品种与产量，设置产品交货期和服务提供方式，编制生产与运作计划，作好人员班次安排，统计生产进展情况等。

（2）组织。制订了详细的生产计划后，生产与运作管理的组织功能要求对参与企业生产的原材料、机器、设备、劳动力、信息等各要素以及生产过程中的各个工艺阶段等各方面进行合理的组织与协调，进行生产工作，保证按计划完成生产任务。

（3）控制。在企业的生产管理实践中，为了保证计划能够顺利完成，最经济地按质、按量、按期完成生产任务，必须对分析工作得出的有关生产过程的信息及时给予反馈，与生产与运作计划相对比，纠正偏差，这就是生产与运作控制工作。它主要包括接受订货控制、投料控制、生产进度控制、库存控制和成本控制等。对订货生产型企业，接受订货控制是很重要的。是否接受订货、订多少货，是一项重要决策，它决定了企业生产经营活动的效果。投料控制主要是决定投什么、投多少、何时投，它关系到产品的出产期和在制品数量。生产进度控制的目的是保证零件按期完工，产品按期装配和出产。库存控制包括对原材料库存、在制品库存和成品库存的控制。如何以最低的库存保证供应，是库存控制的主要目标。

总之，计划、组织和控制是生产与运作系统的运行管理中不可缺少的三个组成部分。计划工作着眼未来，是对生产工作各个方面、各个阶段的总体安排；组织工作围绕生产过程，保证生产计划的完成；控制工作立足现在，参照过去，根据分析得出的生产信息对未来的生产过程进行纠偏和监督，使各生产环节之间相互紧密配合，保证按品种、按质量、按交货期完成生产任务。

3. 生产与运作系统的维护与改进

任何系统都有生命周期，如果不加以维护和改进，系统就会停止运行。生产与运作系统的维护与改进包括对设施的维修与可靠性管理、质量的保证、整个生产系统的不断改进和各种先进生产方式及管理模式的采用。

生产与运作系统的维护与改进包括对设施的维修与可靠性管理、质量的保证、整个生产系统的不断改进和各种先进的生产方式和管理模式的采用。生产与运作系统运行的计划、组织和控制，最终都要落实到生产现场。因此，要加强生产现场的协调与组织，做到安全、文明生产。生产现场管理是生产与运作管理的基础和落脚点，加强生产现场管理，可以消除无效劳动和浪费，排除不适应生产活动的异常现象和不合理现象，使生产与运作过程的各要素更加协调，不断提高劳动生产率和经济效益。

二、本书的结构

考虑到生产与运作管理是一个较为复杂的体系，其内容涉及多个学科，如产品开发和技术选择在技术经济学中有详细的论述，工作设计等内容在人力资源管理中有详细的介绍，需求预测是营销学的重要内容，供应链管理本身就是一门具体的学科。因此，为与其他学科有较为明确的区分，也受课程教学实践的限制，本书并未将前述体系中的所有内容都加以介绍，而是有目的地选择重点内容安排生产与运作管理的课程体系。

本书由四个主要部分组成：

第一部分是概述，包括生产与运作管理概述（第一章）、生产与运作的类型与组织（第二章）、生产与运作战略（第三章）。

第二部分是生产与运作系统的设计，包括生产和服务设施的选址与布置（第四章）、流水生产的组织（第五章）、生产与运作能力规划（第六章）。

第三部分是生产与运作系统的运行，包括生产与运作计划（第七章）、独立需求库存管理（第八章）、相关需求物料管理（第九章）、网络计划技术（第十章）。

第四部分是生产与运作系统的维护与改进，包括质量管理（第十一章）、现场管理（第十二章）、先进的生产方式与生产与运作系统（第十三章）。

本书内容体系与框架如图1-3所示。

需要指出的是，本书的书名是《生产与运作管理教程》，这意味着本书主要立足于制造业，但不会只考虑生产制造不考虑服务。许多制造业的生产与运作管理问题具有一定的普遍性，对其他行业也具有一定的参考意义。

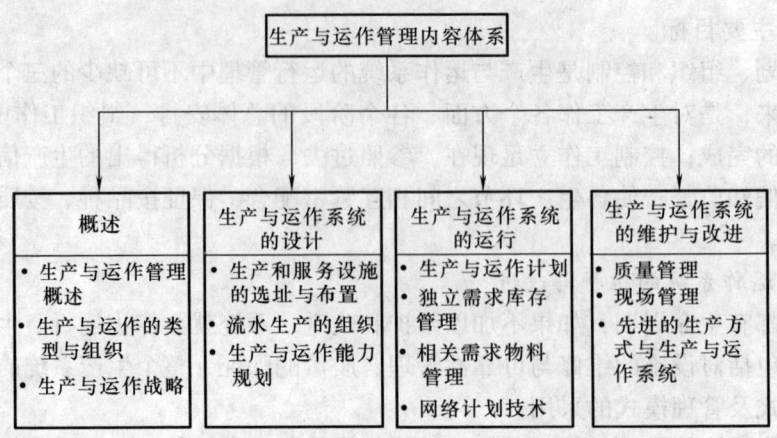

图1-3　本书内容体系与框架

第四节　生产与运作管理的发展历程与趋势

一、生产与运作管理的发展历程

生产与运作管理的历史可以追溯到古代埃及金字塔和中国万里长城的建造。然而，近代生产与运作管理的历史始于英国蒸汽机的发明，其发展的原动力是产业革命。大量生产开始后需要对工厂进行系统的管理，需要进行财务、人事等有关的生产经营活动。1814年蒸汽机车的诞生和1885年汽油发动机汽车的诞生，以及1889年路巴索落和帕拿尔在法国成立第一家汽车制造厂，标志着生产与运作管理的发展进入了一个新的阶段。

汽车的生产首先带动了钢铁制造业的发展，所以继汽车业之后，钢铁企业也较早地进入了生产与运作管理的新时代。最初的生产与运作管理理论多半也来自汽车产业和钢铁制造业。例如，近代生产管理的鼻祖——泰勒的"科学管理法"，其基本框架的形成就是以他本人在美国米德比尔钢铁制造厂的管理实践和研究中积累的经验和知识为基础的。"福特的大量生产方式"是美国福特汽车公司的生产管理方式，而JIT（Just in Time）则是由日本丰田汽车公司的生产管理负责人大野耐一开创的丰田生产方式（Toyota Production System，TPS）的核心内容。本书借助介绍这些里程碑事件（见表1-4）的概念、方法和作用的方式去介绍生产与运作管理的历史演进。

表1-4　生产与运作管理的历史演进

年份	概念和方法	发源国/地区
1911	科学管理原理；标准时间研究和工作研究	美国
1911	行为研究；工业心理学的基本概念	美国
1913	移动流水装配线	美国
1914	作业计划图（甘特图）	美国
1917	库存控制中的经济批量模型	美国
1931	抽样检验和统计图技术在质量控制中的应用	美国

（续）

年份	概念和方法	发源国/地区
1927—1933	霍桑试验	美国
1934	工作抽样	英国
1940	处理复杂系统问题的多种训练小组方法	英国
1947	线性规划的单纯形解法	美国
1950s—1960s	运筹学快速发展，如模拟技术、排队论、决策论、数学规划；计算机硬、软件技术；计划评审技术（PERT）	美国和西欧
1970s	处理车间计划、库存、工厂布置、预测和工程项目等日常事务的软件包大量研制成功	美国和西欧
1980s	JIT、TQC和工厂自动化（CIM、EMB、CAD、CAM以及机器人）成为制造战略的主要竞争武器	美国、日本和西欧
1990s	TQM普及化；BPR简化了生产过程；大规模定制；供应链管理	日本、美国和西欧

（一）科学管理

虽然运作管理自从有了人类的生产活动就已经存在，但是泰勒的科学管理学说无疑是该学科发展史上的里程碑。泰勒管理哲学的基本观点是：①对一个人工作的各个组成部分进行科学研究，可以准确确定一天的工作量；②对工人进行科学的挑选和培养，可以正确地执行管理者的意图；③合理区分工人与管理部门的工作，各自承担最合适的工作，可以充分利用人力资源；④科学的方法可以应用于一切管理问题。泰勒生活在一个保守的年代，当时的工厂允许工人自己选择制作方法，他们凭自己的技能和经验加工产品，对劳动时间和生产成本的管理很不科学，存在着大量的浪费。泰勒的管理哲学从根本上动摇了旧的管理理念与方法。

（二）管理科学

第二次世界大战期间，在研究战争物资的合理调配中，以定量的优化方法为主要内容的运筹学得以迅速发展。20世纪50年代至60年代，这些成果被广泛地应用于工厂等领域，运作管理发展到一个新的阶段。由于有些方法在某些方面取得了极大的成功，人们对优化方法寄予了很大的期望。在这期间人们也发现，运作管理的对象是社会经济运动，是一种最复杂的运动形式，其行为主体是人，数学模型很难准确地描述生产系统。数学模型本身的局限性也使模型的使用受到限制，有些学者感到应该界定运作管理与管理科学或运筹学的界线。

（三）准时生产

准时生产（Just in Time，JIT）起源于日本丰田汽车公司。它是一种针对市场需求向多样化发展过程中，如何有效地组织多品种中小批量生产而创造出来的高质量、低成本，并富有柔性的新的生产方式，被认为是丰富和发展现代生产管理理论、改变世界的生产方式。它的基本思想可用现在已广为流传的一句话来概括，即"只在需要的时候，按需要的量，生产所需的产品"。这也就是"准时生产"一词所要表达的本来含义。它的核心是追求无库存，或使库存达到最小，为此开发了包括"看板"在内的一系列具体方法，形成了一套独具特色的生产经营体系。

（四）企业再造

企业再造（Re-engineering，RE）又称业务流程重组，是20世纪90年代兴起的又一个管理理念。它并不提供某种定型的生产与管理模式，而是提出了一套全新的改革企业生产经营程序的思想和方法，通过"再造"使企业的绩效取得显著的改善。自1993年美国的哈默（M. Hammer）和钱皮（J. Champy）的《企业再造》一书出版以来，不仅在美国，而且在国际上也引起了不小的轰动，受到企业界、经济界、学术界的极大重视。世界上已有许多企业利用再造工程来改善自己，并因此赢得了市场优势。

哈默为"企业再造"作了如下定义："企业再造是指对组织的作业流程进行根本性的再思考和彻底性的再设计，以求在成本、质量、服务和速度等各项当今至关重要的绩效标准上取得显著性改善。"

（五）供应链管理

大多数生产运作的过程都伴随着物料流动过程。从各种原材料源到消费者的合理有效的物料流不仅能满足消费者的需求，而且有利于企业利润的提高。

任何企业都不是孤立地存在于社会之中的，它必定与周围的企业发生或多或少的联系，因此，事实上每个企业的物料流不是封闭的，而是开放的。例如，机床厂的原材料主要是各种金属材料，其产品主要是各种机床，因此，对机床厂而言，从金属材料到机床之间的各个环节构成了其主要的物料流。这一物料流看起来是有头有尾的，是封闭的，然而，各种金属材料都来自于冶炼厂，若考虑到冶炼厂的物料流，则又可追溯到各种矿石；再者，机床又是纺织、食品行业等的重要加工设备，从而构成了那些行业的物料流的组成部分。所以，封闭的、单一的物料流基本上是不存在的，相反，各种错综复杂的物料流网络却笼罩着各行各业，每个企业的物料流都只是这个大网络中的一小部分，这就构成了企业的供应链。

对整个供应链的管理将极大地影响和决定一个企业的效率和竞争力。供应链管理（Supply Chain Management）需要考虑诸多因素，如存货、运输成本、供应的可能性、交货期以及供应商的资金等。

供应链管理的重点之一是来源管理。来源管理是发展新的、可靠的供应商。管理者必须找到合适的供应商，促进他们的生产能力并协商相互的关系。供应商管理应该着眼于支持长期的、高价值的或重要的供应链。例如，通用汽车公司注重发展与铂金供应商的关系，因此，它就拥有来源可靠且价格合理的原料来生产催化转换器。发展供应商需要投入大量的资源，但如果供应链的价值或波动程度在成本中占有较大比例，那么付出高昂的代价是很必要的。

供应链与各种仓储和存货活动相结合，可以构成物料管理系统。物料管理的目的是通过企业中物料的获取、移动和存储的整合来达到高效率。当生产过程中的投入产出的运输和存储成本相当高时，注重物料管理就变得非常重要。目前，许多制造公司已经成为某种形式的物料管理机构。

（六）敏捷制造

1991年，美国国会提出要为美国国防部拟订一个较长期的制造技术规划，委托里海（Lehigh）大学的亚科卡（Iacocca）研究所编写了一份《21世纪制造企业战略》的报告。里海大学邀请美国国防部、工业界和学术界的代表，建立了以13家大公司为核心的有100多家公司参加的联合研究组。耗资50万美元，花费7500多人时，分析研究了美国工业界近期的400多篇优秀报告，提出了"敏捷制造"（Agile Manufacturing, AM）的概念，描绘了一幅敏捷制造的蓝图。

该报告的主要观点是，全球性的竞争使得市场变化太快，单个企业依靠自己的资源进行自我调整的速度已跟不上市场变化的速度。为解决这个影响企业生存和发展的关键问题，报告提出了以虚拟企业（Virtual Enterprise）或动态联盟为基础的敏捷制造模式。敏捷制造的提出是一次战略高度的变革。

敏捷制造面对的是全球化激烈竞争的买方市场，采用可以快速重构的生产单元构成的扁平化组织结构，以充分自治的分布式的协同工作代替金字塔式的多层管理结构，注重发挥人的创造性，变企业之间的竞争关系为既有竞争又有合作的"共赢"（Win-win）关系。敏捷制造强调基于互联网的信息开放、共享和集成。

（七）大量定制生产

生产可以分为标准化生产和个性化生产。标准化生产是生产相同的产品，采用的是备货型生产的方式，而个性化生产是按照客户个性化的要求生产，采用的是定制生产的方式。两者各有优缺点：定制生产能满足客户的个性化需求，但效率低、成本高；标准化生产效率高、成本低，但无法满足顾客的个性化需求。如何以标准化生产的高效率和低成本生产个性化的产品，一直是人们关心而尚未解决的关键问题。

1970年，未来学家阿文·托夫勒（Alvin Toffler）对大量定制生产方式（Mass Customization）作出了预测，到20世纪90年代，约瑟夫·派恩二世（Joseph Pine Ⅱ）、大卫·安德森（David Anderson）等对如何为单个客户开发易于定制的产品进行了论述。

大量定制生产巧妙地将个性化生产与标准化生产结合在一起，使顾客在获得个性化的产品和服务时，只需支付标准化生产的费用。大量定制的关键是如何变顾客个性化的产品为标准化的模块。模块化是将产品的部件如同标准组件一样制造，而产品的特色是通过组件的合并与修改来获得的。由于这些部件是标准的，因而能以大量生产方式获得，从而使大量定制产品的成本和质量与标准化产品相当。因此模块化是获得规模效益的关键。

二、生产与运作管理的主要发展趋势

企业建立生产与运作系统是为了适应经济社会发展的需要，向社会提供满足需求的产品或服务从而获得效益。外部环境的变化以及经济发展规律对企业生产与运作系统和管理方式有着非常重要的影响，主要表现在①需求的变化规律决定着生产与运作管理的发展趋势，如人们从关心产品"有或无"向关注产品"好不好""能不能及时提供""特色是否突出"等方面转变，由此，生产与运作系统也在发展变化以适应需求的多样化和个性化；②社会、经济、技术、法律等外部环境对生产与运作管理的发展也有着重要影响。各种因素相互制约，环境不断变化，使得生产与运作呈现出以下发展趋势：

（一）重视生产与运作战略和竞争优势取向

顾客需求的多样化、个性化和高级化，企业间竞争的不断加剧，环境持续多变，是企业生产和发展面临的主要压力。应对这些压力的根本途径是及时进行产品和服务创新以及生产与运作系统功能创新。因此，企业将更加重视生产与运作战略和战略性生产与运作决策，加强对新产品的研制开发和生产与运作系统设计的管理。

重视和加强对新产品的研制开发和管理，就是在新产品开发中经常投入更大的力量和更多的注意力，加大资金投入和人才投入，等等。只有这样，才能适应顾客多样化、个性化和高级化的需要，适应技术飞速进步、市场竞争不断加剧、产品更新换代加快和获得产品竞争优势的需要。

重视和加强对生产与运作系统设计的管理，要把增强生产与运作系统的技能及对产品赢得竞争优势的保障能力作为重点，由单纯面向特定生产与运作的系统向基于自身修炼和能力竞争的生产与运作系统转变，由只关注生产与运作系统的有用性向强调生产与运作系统的有效性和持续竞争能力转变，以形成灵活、高效和更具产品优势保障能力的生产与运作系统，来更好地适应外界环境的不断变化。

（二）全球化和网络化

随着全球经济一体化步伐的加快，各国不断扩大开放度，国际运输业和网络通信技术快速发展使得运输成本和通信成本持续下降，世界各地市场显得更加容易进入。近年来，发达国家和部分发展中国家制造业梯度外移，国际经济技术合作和高技术商品贸易不断加强，IT产业和现代服务业向全球扩张，跨国投资和国际外包业务日益增长，使得全球采购、全球制造以及面向全球市场提供技术服务、信息服务、运输服务、金融服务和销售服务等呈现出了强劲的发展态势。与此同时，各国企业的市场竞争已由过去的当地竞争转向了国家市场竞争。

此外，随着经济全球化、信息技术快速发展和各国信息基础设施的日益完善，又呈现出网络化生产与运作及管理这种重要发展趋势，如基于互联网/内联网/外联网的分布式产品协同设计、分布式网络制造、网络化营销系统等。网络化的生产与运作及其管理存在多种形式，有企业内的网络化、企业间的网络化、区域内的网络化以及跨区域和跨国家的网络化。网络化的生产与运作是对生产与运作的系统结构和组织形式的变革，有利于生产与运作接近原材料产地和产品销售市场或服务对象，实现企业和社会资源的共享集成，支持企业间系统生产与运作及其管理，对顾客需求作出快速响应。在网络化的生产与运作及其管理中，新的网络空间与传统的物理空间紧密结合，使以往资源配置的静态结构转向了动态结构，这必然会带来理论与方法的演变。

（三）柔性化和敏捷化

顾客需求的日益多样化和个性化，全球竞争的加剧，新技术和新产品不断涌现，使得企业面临的市场环境愈加持续多变，这一变化成为当今世界和市场的唯一主题。21世纪必然是"即时满足顾客个性化需求"的网络经济时代，企业不但要能灵活地满足顾客对产品或服务个性化的需求，而且还要能对需求作出即时响应，即时快捷地满足顾客对产品或服务时效性的要求。急剧变化的时代背景，使应变能力和响应时间成为取得竞争优势最重要的因素。生产柔性是应对多样化和个性化的需求、品种变动和兼容生产新产品的能力，敏捷性则是对需求变化和市场机遇作出快速响应的能力。

实际上，长期以来，人们一直在关注生产与运作的柔性化，一直在追求柔性和效率的有机融合，试图在满足多样化需求的同时使生产效率不受生产类型的影响。例如，从20世纪50年代中期世界上诞生第一台数控机床开始，相继出现了多对象流水线、柔性自动线、柔性制造系统、计算机集成制造系统、可重组制造系统和可重组企业等，从而在不断提高生产效率的同时，逐步实现了工序柔性、生产线柔性、车间柔性、制造系统柔性和企业系统整体柔性。

近年来，随着时间成为竞争上的焦点，敏捷化又成为现代生产与运作及其管理的一个重要发展特征。在基于时间竞争的战略指导下，各种先进的生产方式和制造模式都具有相应的快速响应策略，如精益生产和并行工程从实现企业优化利用资源角度来快速响应市场，虚拟制造模式借助于计算机模拟仿真减少设计和制造的返工从而加快产品上市时间，计算机辅助后勤支持系统从后勤供应的角度减少不必要的时间和信息浪费，等等。

（四）集成化和智能化

集成化是当代企业生产与运作及其管理上的一个显著特征，这一特征正在向着深度和广度方向发展。集成是将尽可能多的不同事物或资源集中到一起，其作用是通过优化系统内部联系实现资源共享，从整体上提高系统的敏捷性、增值性及工作效率和服务效率。智能化则是柔性化、敏捷化、集成化的更高要求和进一步的发展和延伸。

尽管目前各个企业在集成的深度、广度和实施水平上不尽相同，但从集成发展阶段和当前企业所涉及的集成范围看，集成主要包括①信息集成，即将各种数据信息统一考虑，使一个数据只有一个源，通过网络和数据库把各自动化系统和设备互联起来，实现生产与运作或企业系统中数据的交换和信息共享；②功能集成，即在优化企业生产与运作和经营管理模式的基础上，实现设备多功能集成，工具多功能集成，人、技术和管理集成，计划功能集成，控制功能集成，企业生产经营各项职能的整体集成；③过程集成，即坚持过程导向原则，以必需的可增值业务、活动或时间作为过程组织的基本构建，从整体供需链准时准量协调、价值链增值和保障竞争优势上，对各项业务、活动或时间进行再设计和重组，实现产品或服务整个生命周期的过程优化集成；④企业间的动态集成，即通过敏捷化企业组织形式、并行工程环境、全球计算机网络或国家信息基础设施等，把供应链上的节点企业或具有知识、技术、资源优势互补的若干企业集结起来，形成动态联盟关系，以迅速抓住市场机遇，快速开发出新产品，提高对需求变化的响应能力、市场竞争力和整体绩效。企业集成包括知识集成、方法集成和人的集成等方面。

制造业发展在经济模式上经历了规模经济、速度经济、知识经济等阶段，在生产要素上经历了劳动密集型、设备与资本密集型及知识密集型等阶段。21世纪是以知识经济和信息社会为特征的新时代，生产与运作及其管理必然将在柔性化、敏捷化、集成化的基础上进一步向数字化、智能化的方向发展，尤其是随着数字化技术及人工技能、计算智能、机器智能等的快速发展，产品的知识技术含量和智能化水平、数字化制造水平、生产与运作及其管理的智能化水平一定会不断提高。

（五）绿色化和生态化

资源紧缺和环境破坏严重已在世界范围内引起广泛的关注。增强环境意识，环境问题法律化，发展循环经济、低碳经济和绿色贸易，推行清洁生产、绿色制造和绿色服务，实行产品绿色认证、质量安全认证、环境税制和征收环境处理费，已成为各国经济社会发展的一种必然选择。在此趋势下，绿色化即是当代生产与运作管理的必备特征和重要发展方向，也是企业的基本生存战略和应当承担的环境保护责任。这必将引发一系列的重要变革，包括企业的环境伦理观和环境竞争理念，绿色产品和服务的开发设计，将环保竞争和环境问题纳入到生产与运作系统的生态化设计，清洁化生产与运作，等等。

开发绿色产品和实施绿色化生产与运作及其管理，必然要涉及当前产品报废或停止使用后，其零部件在下一代或后续多代产品中的循环使用和再生利用问题，涉及废水、废渣和废气的回收处理问题，涉及资源的重复利用问题等。因此，建设环境友好型的生态绿色供应链，建立可作闭路循环流动的逆向物流服务体系，形成从原材料的获取、产品加工、包装、仓储、运输、使用直到报废处理和回收利用整个过程的生态产业链，也将是生产与运作管理的重要发展方向。

（六）制造业服务化和生产性服务

随着工业经济向服务经济转变，由生产型制造向服务型制造的制造业服务化趋势已经显现。同时，社会分工的细化和专业化，社会交易成本的下降，制造过程中服务性业务过程的相继分离，以及技术进步、社会工业化和信息化快速推进对现代服务的迫切需求，使得生产性服务业逐步兴起并得到快速发展。如今，不仅制造和服务的关系变得日益密切，而且制造业和服务业出现了相互融合和联动发展的趋势。

制造业服务化表现为制造企业由制造领域向服务领域的拓展与延伸，开展基于制造的服务和面向服务的制造。如制造企业实行的顾客需要什么就提供什么，直至对产品负责到底的全面服务；实行的个性化定制和客户全程参与式设计；实行的直销模式及对售后产品的定期检测和实时维修服务；实行的从用户角度、按用户需求来提供包括产品及依托产品的服务在内的整体解决方案。制造企业由制造领域向服务领域的拓展与延伸符合人们需求的发展规律，也是制造业产业链中服务价值所占比重增大，由产品同质化的比例优势竞争向产品或服务的差异化优势竞争转变的结果。

生产性服务表现为服务企业围绕生产制造过程的各种业务，开展专业的服务活动，向生产制造过程（生产者）提供服务或产品和服务。如产品设计服务、技术研发与中介服务、咨询策划与信息服务、物流服务、测试与维修服务、融资租赁服务、通信服务、销售与会展服务等。加快发展生产性服务业，形成制造业和服务业相互融合和联动发展的新体系，是扫除制约我国制造业产品创新、效率提高和成本降低等障碍的有效途径，也是产业结构调整和优化布局的发展趋势。

上述发展趋势下的生产与运作管理，必将涉及企业战略调整、服务产品创新与设计、生产与运作及其管理方式、服务供应链管理、营销模式和网络支持环境建设等问题。

小　结

本章阐述了生产与运作管理的基本概念和相关问题。第一节从制造与服务的角度阐述了生产与运作的概念，给出了生产与运作管理的定义；第二节阐述了生产与运作管理的目标；第三节讲述了生产与运作的主要研究内容，并就本书的内容框架进行了说明；第四节阐述了生产与运作的主要发展历程和发展趋势。

思考与练习

思考题

1. 社会组织的三项基本职能是什么？说明它们之间的关系。
2. 生产与运作管理的定义和目标分别是什么？
3. 生产与运作管理主要研究哪些问题？
4. 制造业和服务业有哪些主要区别？
5. 在生产与运作管理的发展史上，各个阶段都有哪些标志性事件？
6. 如何理解现代生产与运作管理面临的新环境？
7. 生产与运作管理的发展趋势是什么？你认为这些趋势会给企业带来怎样的影响？

判断题

1. 服务业不仅制造产品，而且往往还要消耗产品，因此服务业不创造价值。
2. 服务业的兴起是社会生产力发展的必然结果。
3. 生产与运作、营销、财务三大职能在大多数的企业中都互不相干地独立运作。
4. 生产与运作管理的内容包括对生产与运作活动进行计划、组织和控制。
5. 纯服务业不能通过库存调节。
6. 生产与运作是一切社会组织都要从事的活动。
7. 无论规模大小，只要是汽车制造厂，其生产系统就是完全一样的。
8. 服务业生产率的测量要比制造业容易。
9. 与顾客接触是服务业的特征之一。
10. 运作管理仅针对制造业而言。

选择题

1. 下列哪项不是生产与运作管理的目标？（　　）
   A. 高效　　　　B. 灵活　　　　C. 低价　　　　D. 清洁
2. 生产与运作管理不包括下列哪项内容？（　　）
   A. 计划　　　　B. 组织　　　　C. 控制　　　　D. 融资
3. 下列哪项不是生产制造的特点？（　　）
   A. 生产率难以确定　　　　　　B. 质量标准难以建立
   C. 生产过程可以与消费过程分离　D. 不能通过库存调节供需
4. 当供不应求时，会出现下列哪种情况？（　　）
   A. 供方之间竞争激化　　　　　B. 价格下跌
   C. 质量和服务水平下降　　　　D. 产量下降
5. 对生产与运作活动最完整的表述是（　　）。
   A. 生产与运作活动是盈利性组织从事的
   B. 生产与运作活动是服务企业从事的
   C. 生产与运作活动是物质产品的制造过程
   D. 生产与运作活动是将投入的资源转化、增值为用户所需的产品的过程
6. 下列不属于生产性服务或现代服务业的是（　　）。
   A. 餐饮和娱乐服务　　　　　　B. 技术和信息服务
   C. 旅店和旅游服务　　　　　　D. 融资保险和网络通信服务
7. 企业及其生产与运作管理的集成不包括（　　）。
   A. 信息集成　　　　　　　　　B. 功能集成
   C. 过程集成　　　　　　　　　D. 产品集成

案例分析

西南航空运营案例

美国西南航空公司（Southwest Airlines）（以下简称"西南航空"）于1968年在得克萨斯州成立。1971年，西南航空获得了政府许可开始挂牌运营。经过40多年的发展，西南航

空成为美国业内盈利能力最强的航空公司。在其运营过程中，西南航空有着许多经典的做法：

1. 卓越运营，降低成本，提高服务质量

(1) 提高飞机使用效率。为减少飞机在原来辐射型航线结构条件下中心城市的停留时间，公司在选择航线时，采用了绕开中心城市的点对点的航线结构。在中心城市起降时，选择业务较少的第二机场。这样既可以降低起降费、候机楼使用费、高峰时间占位费等直接成本，也可以减少因空中交通拥堵而造成的航班延误以及因此而增加的费用。

(2) 缩短两个航班的间隔时间。采取了旅客从前舱门离机，乘务员从机舱后部向前推进整理客舱，机务人员检查飞机，地面补充油料、餐饮，候机厅发放旅客登机卡同步进行的措施。

(3) 拒绝同其他公司交换机票或者行李。西南航空公司总裁凯莱赫指出，如果西南航空允许其他航空公司安排座位或接入计算机化的联运订票系统，那么他们在地面上的停留时间将会增加，而这会使公司不得不另外再购买至少7架飞机。以每架飞机4000万美元计算，这一结果将会对乘客所必须支付的机票价格产生非常大的影响。

(4) 选用单一机型——波音737。由于机型统一，所有飞行员随时可以驾驶本公司任何一架飞机，每个空乘人员都熟悉任何一架飞机的设备。因此，机组的出勤率、互换率以及配备率始终处于最佳状态。由于机型单一，飞机的航材储备和小型维修也得到节省，人员的培训相比其他公司也简单得多。

(5) 取消座号，不设头等舱和公务舱。西南航空登机没有座位号，旅客一律自行选择座位，实行"先来后到"的原则，所以就避免了旅客由于座位先后次序颠倒、舱内秩序混乱、飞机等候旅客等问题，节省了飞机在机场等候的时间，降低了成本。

(6) 不提供空中餐饮服务，软饮料和花生米除外。西南航空认为，航空公司将餐食打入成本，再转嫁给旅客是不应该的，旅客是被迫接受的。同时，西南航空的飞行距离一般不超过3h，因此完全不必提供餐食。这使公司节省了配餐间、配餐车的投资，同时免去了配餐装卸环节，缩短了飞机停场时间，降低了停靠费用。

(7) 改革机票销售体制，推广电子客票。早在2000年，西南航空就约有30%的旅客从网上购票，总金额达17亿美元，网上订票每张成本为1美元，仅为售票处出票成本的10%。

(8) 提高服务质量。西南航空是美国民航界唯一连续多年获得行业"三冠王"称号的公司。从1992年到1996年的整整5年中，西南航空始终保持着"航班准点率冠军""顾客满意率冠军（即投诉率最低）"以及"行李转送准确率冠军"的殊荣。而其他各航空公司中，没有一家曾同时获得这三项冠军超过一个月。

2. 不断扩张，开发新市场，增加新客户

1993年，美国交通部创造了一个新名词——"西南效应"，用以概括西南航空进入某一市场后，该市场内机票价格与乘客数量的变化。一份相关报告显示，每当西南航空开始运营一条新的航线时，其他运营该条航线的航空公司几乎都会立刻降价，有时还会增加航班频率。该报告进而显示了西南航空进入任何一个新市场的净效应，如它使机票价格平均降低了65%，使每个市场的乘客数量平均增加了30%，有一个市场的乘客增加量甚至达到了500%。

3. 亲近客户，关注客户管理流程

从世界主要航空公司在1999年的重要市场策略的优先级来看，以客户为中心的策略明显排在前面：改善客户服务（58%）；改善客户忠诚度（56%）；提高市场占有率（44%）；优化市场联盟共享（43%）。这反映出这样一个事实，在航空业放松管制和不断竞争的市场条件下，对于任何一家航空公司来说，客户就是中心。事实上，西南航空在改善客户满意度及提高客户忠诚度方面，表现同样出色。

西南航空甚至征集了一些乘客来帮助公司强化顾客驱动型的文化。一些经常乘坐航班的乘客被邀请来协助公司的人事管理者对申请成为空中服务人员的候选者进行面试和挑选。公司还建立了一些专门的工作小组来帮助公司考察顾客对于公司所提供的新服务作出的反应，并且提出改进当前服务的新思路。

4. 杜绝死亡事故

空难事故的发生对航空公司来说绝对是一场灾难，暂且不论其巨大的经济损失，单就其对公司品牌造成的伤害，对公司客户和员工带来的心理冲击来说就足够致命。与美国其他各骨干航空公司不同，西南航空从来没有发生过死亡事故，并且始终被联邦航空管理局（Federal Aviation Administration）认为是全美各骨干航空公司中驾驶人员发生技术失误次数最少的公司。

问题：

1. 你认为西南航空成功的关键是什么？
2. 西南航空的成功经验对竞争对手有何参考价值？

第二章 生产与运作的类型与组织

导入案例

丰田的生产方式

第二次世界大战以后，丰田汽车公司的丰田和大野考察了福特汽车公司轿车厂。当时，这个厂日产7000辆轿车，比丰田公司一年生产的汽车还多。但丰田并没有简单地照搬福特公司的生产模式，他认为，"那里的生产体制还有改进的可能"。回到日本后，丰田和大野进行了一系列的探索和实验，根据当时的日本国情（社会和文化背景、严格的上下级关系、团队合作精神），建立了一整套新的生产管理体制，采用精益生产方式组织生产和管理，使丰田汽车的质量、产量和效益都迈上一个新台阶。与此同时，其他汽车公司和别的行业也纷纷采用这种组织管理方式，使日本经济飞速发展。

与技艺性生产和大批量生产不同，精益生产结合了前两者的优点，避免了技艺性生产的高费用和大批量生产的高刚性，为此，精益生产一般采用由多能工人组成的工作小组和柔性很高的自动化设备。与大批量生产相比，精益生产的一切都是"精简"的，它只需要一半的劳动强度、一半的制造空间、一半的工具投资、一半的产品开发时间就可以使库存大量减少、废品大量减少、品种大量增加。两者最大的区别在于它们的最终目标不同，大量生产强调"足够"好的质量，因此总是存在着缺陷；而精益生产则追求完美（不断降低价格、零缺陷、零库存和无限多的品种）。

本章主要介绍服务业和制造业的组织特征、按照生产重复程度划分的三种生产类型及其特征、生产与运作过程的构成、组织生产与运作过程的要求、生产过程的时间组织等。这些都是制定生产与运作战略、实施生产与运作有效管理的基本问题。

第一节 生产与运作的分类

不同行业有不同的特点，从生产过程组织的角度来看，有时同行业之间的差别反而大于不同行业之间的差别，而不同行业之间的生产过程组织反而存在着某些共同特点，这些特点表现在设备与工艺、生产规模、专业化程度、产品结构等方面。生产与运作管理的一项重要任务便是从种类繁多的不同行业中，分析研究其生产过程组织的特点，探索它们的规律性，归纳出几种生产类型，以便根据不同的生产类型采取相应的生产组织形式，进而帮助合理组织生产和提高生产管理效率。

从管理的角度看，可以将生产与运作分成两大类：制造性生产和服务性运作。

一、制造性生产

制造性生产是通过物理和（或）化学作用将有形输入转化为有形输出的过程。例如，通过锻造、铸造、冲压、装配、焊接等过程，将有形原材料转化为有形产品的过程，就属于制造性生产。对于制造性生产，又可以按照不同的标志将其划分为若干类。

（一）按工艺特性划分

按产品加工工艺的特性划分，可以把生产分成加工—装配型和流程式的连续加工型。

1. 加工—装配型

所谓加工—装配型生产，是指产品在结构上是可拆分的，产品是由零部件或元件组成的，因此，产品在生产时先分别加工零部件，然后再总装成产品。这样的生产工艺产生了零部件加工时的平行性特征，以及组织生产过程的连续性问题（时间衔接）。又由于一个产品对其组成的零部件有不同的数量要求，这就对生产过程提出了数量配套的要求。因此，加工—装配型生产的组织比较复杂，既要求数量配套，又要求时间衔接。当企业生产的品种多且经常变化时，组织难度就更高了。

2. 流程式的连续加工型

在流程式的连续加工生产中，原材料从一端投入就依次经过各个工作地，直至产品产出。其工艺过程是不可停顿的，产品在物理结构上也是不可分的，如冶炼、造纸、化工行业的生产均属于这种类型。由于流程式的工艺流程是不可停顿的，因此不存在加工—装配型生产的平行加工、数量配套、时间衔接等问题。这类生产类型管理的主要问题是原材料连续不断地投入以及设备管理等。只有原材料连续不断投入，设备不出故障并保持良好的运行状态，整个流水线才能正常运转。

流程式生产与加工—装配型生产在产品市场特征、生产设备、原材料等方面有着不同的特点，如表 2-1 所示。

表 2-1 流程式生产与加工—装配型生产的比较

比较项目	流程式生产	加工–装配型生产
用户数量	较少	较多
产品品种数量	较少	较多
产品差别	不大，有较多标准产品	较大，有较多客户要求的产品
营销手段	依靠产品价格和可获性	依靠产品特性
资本/劳动力/材料密集	资本密集	劳动力、材料密集
自动化程度	较高	较低
设备布置的性质	流水式生产	批量或流水生产
设备布置的柔性	较低	较高
生产能力	明确	模糊
扩充生产能力的周期	长	短
对设备可靠性的要求	高	较低
维修性质	停产检修	多为局部维修
原材料种类	较少	多
能源耗费	较大	较小
在制品库存	低	高
副产品	较多	较少

（二）按企业组织生产的特点划分

按企业组织生产的特点及客户对产品的需求特征划分，可以把生产分为备货型生产（Make to Stock，MTS）和订货型生产（Make to Order，MTO）两大类型。

1. 备货型生产

备货型生产是指在没有接到用户订单时，经过市场预测按已有的标准产品或产品系列进行生产。生产的产品直接补充成品库存，通过维持一定量成品库存即时满足客户需要。采用备货型生产的产品大多是通用性强、标准化程度高、有广泛应用的产品，如轴承、紧固件、小型电动机、食用油、牙膏等。对备货型生产来说，如何确定恰当的库存水平、建立合理的库存控制模型是管理的重点。

2. 订货型生产

订货型生产是指按照客户特定要求进行的生产。客户可能会对产品提出各种各样的要求，经过协商和谈判，以协议或合同的形式确认对产品性能、质量、价格、数量和交货期等的要求，然后根据客户的需求进行产品设计、工艺设计、工时定额制定、采购、生产直至发货。由于要经历产品开发到生产的全过程，因此，产品的生产周期很长。但是，现在的客户往往要求快速交货，若企业不能满足这一要求则很可能流失客户。所以，对订货型生产而言，如何缩短产品生产周期，尤其是缩短生产技术准备的时间，是其研究的重要问题。采用订货型生产的产品，大多是专用性强、有特定用户、非标准的产品，如锅炉、船舶、飞机等。

备货型生产与订货型生产在产品、驱动方式、风险等方面的区别见表2-2。

表2-2 备货型生产与订货型生产的主要区别

比较项目	备货型生产	订货型生产
产品	标准产品	无标准产品，大量变型产品和新产品
生产驱动方式	预测驱动	订单驱动
产品需求预测	可以预测，有共性	难预测，没有共性
价格	事先确定，较低	订货时确定，较高
交货期	由成品库随时供货，短	订货时决定，长
人员	专业化人员	需多种技能操作人员
生产设备	多采用专用高效设备	多采用通用设备
生产过程	均衡稳定	不稳定
适应市场	供不应求的稳定市场	供过于求的变化市场
风险	成品积压风险	交货期长的风险

二、服务性运作

服务性运作又称为非制造性生产，它的基本特点是提供劳务，而不是制造有形产品。但是，不制造有形产品不等于不提供有形产品。

对服务性运作可以按以下方式进行分类：

（一）按是否提供有形产品划分

按是否提供有形产品，可以将服务性运作分成纯劳务运作和一般劳务运作。纯劳务运作不提供任何有形产品，如咨询、辩护、指导和讲课。一般劳务运作则提供有形产品，如批发、零售、邮政、运输、图书馆借阅书刊、餐饮服务等。

（二）按顾客是否参与划分

按顾客是否参与，可以将服务运作划分为顾客参与的服务运作和顾客不参与的服务运作。顾客参与的服务运作如理发、旅游、客运、学校和娱乐中心等，没有顾客的参与，服务就无法进行；顾客不参与的服务运作如修理、洗衣、货运等。顾客参与的服务运作较为复杂。

（三）按劳动密集程度和与顾客接触程度划分

按劳动密集程度和与顾客接触程度不同，可以将服务运作分为大量资本密集服务、专业资本密集服务、大量劳动密集服务和专业服务密集服务，见表2-3。

表2-3 按劳动密集程度、与顾客接触程度的不同对服务运作分类

项目		劳动或资本密集程度	
		资本密集	劳动密集
与顾客接触程度	低	大量资本密集服务： 航空公司 大酒店 游乐场	大量劳动密集服务： 中小学校 批发 零售
	高	专业资本密集服务： 医院 车辆修理	专业劳动密集服务： 律师事务所 专利事务所 会计师事务所

三、制造性生产与服务性运作的异同

制造业以制造有形产品为特征，如汽车、电视和手机都是看得见、摸得着的实物。服务业以提供劳务为特征，如治病、修理汽车等都只是某种行动，不一定提供有形产品。

制造性生产管理与服务性运作管理在"做什么"上是相似的，如都要选择工厂厂址和服务设施的位置，确定工厂的生产能力和服务设施的容量，对稀缺资源进行配置，对生产服务活动进行计划与控制等。

由于服务业的兴起，提高服务运作的效率日益引起人们的重视。然而，由于制造是产品导向，服务是行动导向，服务性运作管理与制造性生产管理有较大的不同。与制造性生产相比，服务性运作有以下特点：

（1）服务性运作的生产率难以测定。如一个工厂可以计算其生产的产品的数量，而一个律师可能无法对其作出的辩护准确计量。

（2）服务性运作的质量标准难以确定。如教师上课质量肯定有所差异，但其衡量标准难以确定。

（3）制造业可以将生产和消费分离，生产车间可以不与顾客接触；服务业则往往以运作和消费相结合为特征，与顾客接触是服务性运作的一项重要内容，但这种接触往往会导致效率降低。

（4）纯服务性运作不能通过库存来调节。如理发师是不可能在顾客少时储存服务的。

（5）服务性运作的服务范围通常是限于区域范围内，而制造性生产的服务范围则是地区、全国乃至国际市场。

第二节　生产与运作的类型

为了研究不同生产运作的内在规律，需要按照生产的重复程度和工作地的专业化程度对生产与运作进行分类。这种分类对生产与运作过程的组织有重要意义，可以根据不同的类型采取相应的生产与运作组织形式，从而合理组织产品和服务的生产和提高生产与运作管理的效率。

一、生产与运作类型的划分

根据生产的稳定性与重复性，可以把各类生产与运作过程分为大量生产、成批生产和单件生产三种基本类型。

（一）大量生产

大量生产的特点是：产品固定、品种少、产量高、生产条件稳定、生产的重复性高，如流水生产、生产线等。在大量生产条件下，每个工作地都固定加工一道或少数几道工序；工作地专业化水平很高，所有产品加工都有相同的工序，对工人操作技术水平要求较低；生产过程可采用高效率的专用设备、自动化与半自动化设备以及专用工艺装备；计划的编制比较精细，执行情况也易于检查。属于本类型的生产工厂有汽车制造厂、滚珠轴承厂等。

（二）单件生产

单件生产的特点是产品品种多，而每一种产品仅是少量的，品种不稳定，工作地的专业化程度很低。

在单件生产条件下，设备和工夹具多采用通用的，只有在某些特殊的工艺、技术要求下，才采用专用设备、工夹具。设备的布置通常是按同类型的设备成组排列的，因此产品在生产过程中的移动路线复杂，常有迂回或倒流路线。属于本类型的生产工厂有电站设备厂、造船厂、矿山设备厂等。此外，大者如航天的项目，小者如工厂的扩建、新产品的开发、一次性的项目管理也可列入此种类型。

（三）成批生产

成批生产的特点是产品相对稳定、品种较多、工作地是成批地，定期或不定期地轮番进行生产，因而工作地的专业化程度较大量生产低。当轮番生产时，工作地设备和工夹具要进行适当调整。

在成批生产条件下，由于生产品种较多，对工人技术水平要求也较高，当然不可能全部或大量采用自动化、半自动化、专用设备与专用工艺装备，而要根据产量的大小、工序的难易程度而定。成批生产还可细分为大批生产、中批生产和小批生产。

由于大批生产与大量生产的特点相近，所以习惯上合称为"大量大批生产"。同样，小批生产的特点与单件生产相近，习惯上合称为"单件小批生产"。有的企业生产的产品品种比较繁多，批量大小的差别也很大，习惯上称之为"多品种中小批量生产"。"大量大批生产""单件小批生产"和"多品种中小批量生产"的说法比较符合企业的实际情况。

表2-4给出了一些制造业和服务业不同生产类型的例子。

表 2-4　制造业和服务业不同生产类型举例

生产与运作类型	制造业	服务业
大量大批生产	汽车、轴承、电视机、电冰箱	公共交通、普通邮件、批发
中批生产	专用设备	体检、快餐
单件小批生产	大型船舶、三峡工程	咨询报告、法律服务、计算机软件、博士生培养、包机服务

二、不同生产与运作类型的特征

不同的生产与运作类型对设计、工艺、组织和生产与运作管理的影响是不同的，在生产效率上也是有巨大差别的。一般而言，大量大批生产容易实现高效率、低成本与高质量，单件小批生产则难以实现。

（一）大量大批生产类型的特征

大量大批生产的品种数量少，产量高，生产的复杂程度高，这一基本特点使它在以下几个方面具有优势：

1. 设计方面

由于可以采用经过多次制造和使用检验的标准图样生产，不仅保证了设计质量，而且大大减少了设计工作量。重复生产时，对图样作小的改动即可。设计阶段时间和设计人员都有所节省。

2. 工艺方面

由于设计图样变化小，产品结构相对稳定，所以可以编制标准制造工艺，标准工艺经过反复生产验证，其质量不断提高。由于减少甚至消除了重复编制工艺的工作，不仅大大减少了工艺编制的工作量，缩短了工艺准备周期，而且节省了工艺人员。由于产量大，生产重复度高，可设计专用、高效的工艺装备，而且不需要重复设计工艺装备。重复生产便于且宜于精确制定材料消耗定额，减少原材料消耗。

3. 生产组织方面

大量大批生产可进行细致分工，工作地专业化程度高，工人操作简化，可推行标准操作方法，提高工作效率；宜于购置专用高效设备，采用流水线、自动线等高效的组织生产方式。

4. 生产管理方面

大量大批生产便于且宜于制定准确的工时定额。由于其产品品种及产量稳定，原材料、毛坯变化小，易于与供应厂家和协作厂家建立长期稳定的协作关系，质量与交货期容易得到保证。此外，其例行管理多，例外管理少，计划、调度工作简单，生产管理人员易熟悉产品和工艺，易掌握生产进度。

由于大量大批生产具有上述优势，它可以给企业带来诸多好处：从设计到出产的整个生产周期短，因此加快了资金周转；大量大批生产一般是备货型生产，订货提前期短，加快了整个社会的生产速度；用人少，机械化、自动化水平高，产出率高，劳动生产率高；人力、物力消耗少，成本低；产品质量高而稳定。

（二）单件小批生产类型的特征

单件小批生产品种繁多，每一品种生产的数量较少，生产的重复度低，这一基本特征带来了一系列的问题：

1. 设计方面

单件小批生产每生产一种新产品都必须重新设计、绘制新图，或作较大修改，因此，设计工作量大，设计周期长，需要的设计人员多，设计质量也不易提高。

2. 工艺方面

单件小批生产必须为每种新设计的产品编制工艺，需设计制造新的工艺装备；因为生产的重复程度低，材料消耗定额不易确定；工艺质量不易提高，需要的工艺人员也多。

3. 生产组织方面

单件小批生产只能进行粗略分工，工作地专业化程度低；工人需完成多种较为复杂的操作，需要的培训时间长；只适合采用通用设备，效率低，工作转换时间长；一般只能采用按功能布置（机群式布置）的方式，零件运输线路长。

4. 生产管理方面

在单件小批生产中，只能粗略制定工时定额；原材料、毛坯种类变化大，不易建立长期稳定的协作关系，质量与交货期不易保证；计划、调度工作复杂，例行管理少，例外管理多，需要较多管理人员。

以上问题的存在使得单件小批生产具有很多缺点：产品制造周期长，资金周转慢，用户订货提前期长；用人多，生产效率低，劳动生产率低；成本高；产品质量不易保证。

中批生产类型的特点介于大量大批生产和单件小批生产之间。

三、升级生产与运作类型的途径

大量大批生产与运作具有很大的优势，从企业内部组织生产的角度看，单一品种大量生产与运作最有效。然而，"单一产品原理"的应用有一个先决条件，即所选定的单一产品必须是市场上在长时间内大量需要的产品。如果企业能确定市场有长期稳定的大量需求，且有较大份额能被企业所拥有，那么就没有必要搞低效率的多品种生产。否则，采用大量生产方式会冒很大的风险。实际上，在市场需求种类繁多的产品中，需求量有很大差异，即使是市场需求量很大的产品，企业也不一定能做到组织大量生产，因为生产同种产品的企业可能不止一家或少数几家。可见，大量大批生产的致命弱点是难以适应市场变化，而这恰恰是单件小批生产的优点。然而，单件小批生产的致命弱点又是效率低下。因此，如何提高单件小批生产的效率是当今生产管理理论界和实业界关注的焦点。

在某些情况下，多品种中小批量和单件小批生产企业可以通过有关发展规划的实施或采用技术和组织措施来改变生产与运作类型，为提高生产效率和经济效果创造必要的条件。改变单件小批生产类型的途径有如下几种：

1. 全面规划和统筹安排，发展专业化和协作生产

生产专业化包括产品专业化、零部件专业化、工艺专业化和辅助生产（生产性服务）专业化。协作化是各种形式的生产协作，其目的是减少不必要的分散生产和重复生产，增加同类产品、同类零件等在同一单位集中生产与运作的数量，简化企业的组织和生产结构，提高企业专业化水平。

2. 在产品结构设计方面，开展产品系列化、零部件标准化和通用化工作

根据产品特点和市场需求状况，在对产品结构和性能分析的基础上，积极开展产品系列

化、零部件标准化和通用化工作，尽可能采用通用性强的标准设计和模块化设计方式。

产品系列化是企业根据市场需求有计划地发展品种系列，减少系列外产品，从而扩大单一品种的数量。通过零部件的标准化、模块化和通用化，可减少零部件的变化和产品中专用件的比重，增加不同产品中相同零件和部件所占的比重。

3. 在工艺设计方面，开展工艺过程典型化工作

开展公益过程典型化可使结构相似、材质相同的零件具有相同或大体相同的工艺加工过程，以减少工序数目，增加工序的加工批量，提高工作地的专业化程度，为采用高效设备和先进生产组织形式创造条件。

4. 提高生产系统的柔性

生产系统的柔性是指其适应产品品种变动的能力。通过培养工人成为多能工、多面手，改变生产工具、采用柔性制造技术或改变生产对象组织方式等，企业可提高生产系统的柔性，从而扩大系统对品种变动的适应范围，形成加工对象的叠加批量，为提高效率和降低成本创造条件。

通过对现有的设备和工艺装备进行柔性化改造，使其能适应不同的加工对象或加工工序，缩短设备和工装调整时间，或是采用具有柔性的数控机床（NC）、加工中心（MC）等机器设备和工装，采用柔性制造单元、柔性制造系统（FMS）和计算机集成制造系统（CIMS）等，都可提高生产系统的柔性。

要想通过改变生产对象组织方式来提高生产系统的柔性和效率，可采用成组技术（Group Technology，GT）。成组技术是以零件结构和工艺相似性为基础的合理组织生产技术准备和产品生产过程的一种有效方法。这种方法突破了多品种小批量生产中传统的批量概念和生产组织方式。它不是把批量概念局限在单一产品的狭小范围内，也不是以单个零件为对象进行产品设计和工艺准备，而是打破产品之间的界限，从众多零件的"个性"中找"共性"，把在结构、形状、尺寸、工艺方法、加工路线、工序内容、所用设备和工装等全部特征或某些特征上相同或相似的零件归并成组，以零件组为对象进行产品设计、工艺设计、工装设计制造和组织生产，形成同类零件"叠加批量"或"成组批量"，解决生产批量"化小为大"的问题。这样不仅可以大大减少生产技术准备的工作量，避免不必要的重复劳动和浪费，缩短生产技术准备周期和技术准备费用，而且可以提高产品系列化及零部件标准化和通用化程度；同时，由于成组加工批量的扩大，使多品种中小批量生产也能采用先进工艺、高效率设备和先进的生产组织方式，减少了设备和工装的调整时间，从而可提高生产效率和产品质量，降低成本，缩短生产周期。

通过上述手段和措施，可以在一定程度上增强企业生产系统的柔性，使生产类型得到升级，提高企业的生产效率和经济效益。

第三节 生产过程的构成

一、生产过程的概念

生产过程是指从准备生产一种产品开始一直到这种产品生产出来为止的全过程，它是工业企业生产活动的最基本过程。现代生产的复杂性使生产可分为多个阶段，而生产过程则是

制造产品所必需的不同阶段的总合。无论是制造行业还是服务行业,其生产系统都存在着利用运营资源把投入转换为产出的生产过程。而生产运营资源由生产运营管理中的5P组成:人力(People)、工厂(Plant)、部件(Part)、工艺(Process)以及计划控制体系(Planning and Control System)。

生产过程是一个动态过程。生产过程所处的内部环境和外部环境都处于不断运动之中,如图2-1所示。

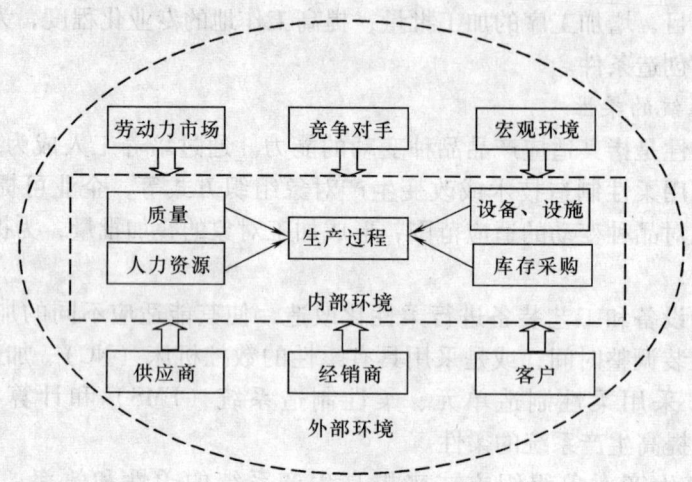

图2-1 生产过程所处的内部环境和外部环境

企业一般根据市场需求来进行生产,而生产过程投入的原材料由外部的供应商按合同供给,生产出的产品由承运商运给客户或经销商。尽管上述活动都制订了合理的计划,但其中任何一项都可能由于各种原因而变化。市场需求常常是变化无常的,以合同形式签下来的订单会经常变化,而生产过程内部每时每刻的生产状态也在变化,如生产的产品品种、数量、完成的程度等。这样的一种动态过程,就要求企业必须用动态而不是静态的方法进行生产与运作管理。

二、生产过程的划分

现代产品制造需要经过产品和流程设计、工艺制定、工艺装备制造、材料准备等一连串活动。

按生产过程的作用来划分,企业生产活动一般可以分成下列四个过程:

1. 基本生产过程

所谓基本生产过程,是指企业生产基本产品的过程。企业所生产的产品,按其专业特点及使用对象的不同可分为基本产品、辅助产品和附属产品。基本产品是指代表企业专业方向并满足市场需求的产品,如机床厂生产的机床、航空公司提供的航班服务、医院为病人治疗等。辅助产品是指企业生产的某些为了保证基本生产的需要,而不是用来满足社会需求的产品,如机床厂生产的为保证机床制造的工装、蒸汽、压缩空气。这些工装、蒸汽、压缩空气是机床厂自己使用的,而不是为社会提供的。附属产品是指企业有时生产的一些不代表企业专业方向而满足市场需要的产品,如飞机制造厂生产的铝制品、锅炉厂生产的液化气罐。

2. 辅助生产过程

辅助生产过程是指为保证基本生产过程的正常进行所必需的各种辅助性生产活动，包括设备维修、劳力供应、工艺装备（工夹模具）制造等。

3. 生产技术准备过程

产品在正式投产以前，在生产技术方面所做的工作都属于生产技术准备过程，包括市场调研、产品开发、产品设计、工艺设计、工时定额制定、工装设计、新产品试制和鉴定等内容。

4. 生产服务过程

生产服务是为保证企业生产活动正常进行所做的服务性工作，如物料的保管和供应、物料运输、理化试验、计量工作等。

第四节 组织生产过程的基本要求

衡量一个企业的生产过程组织得是否合理，根据生产系统的目标会有不同的判断标准。一般来说，组织生产过程应满足以下五个基本要求：

1. 连续性

所谓生产过程的连续性，是指加工对象一旦投入生产过程，就能连续地经过各道工序和各加工阶段，或者是在被加工或者是在被检验或者是在被运输，很少出现不必要的等待加工或处理的现象。连续性对企业生产的重要性是显而易见的。当生产过程实现了连续时，可减少和消除生产过程中不必要的停顿和间断，从而加快物流速度，缩短物流时间。物流速度快就使得生产过程中的在制品库存减少，流动资金周转速度加快，资金利用率提高。

要实现生产过程的连续性，需要方方面面的工作给予配合。首先，要对生产过程的各个生产单位进行合理布置，使这些生产单位在平面布置和空间布置上符合工艺流向，并且相互之间保持尽可能短的距离，以使生产过程的运输路线缩短从而减少或消除迂回和往返交叉运输，采用合理的生产组织形式，避免由于组织结构设置不合理而使物流不畅通。其次，要合理安排生产计划，使上下工序紧密衔接，减少各种停留时间，并对生产现场进行有效控制，发现问题及时调整；有科学的设备管理和质量管理体系，使生产过程不会由于设备故障和质量问题而中断。最后，还要做好生产技术准备和生产服务工作，减少停工待料、待工具、待图样的时间损失。

2. 平行性

生产过程的平行性是指生产过程的各个阶段、各个工序平行作业。以机械制造为例，这种生产过程的平行性体现在以下几方面：

（1）各种零部件生产的平行性。产品是由许多零件和部件组成的，每一种零件的生产或每一种部件的装配，都可以单独进行，因此可以在不同的工作地平行地进行各种零件、部件的生产。

（2）一批产品或零部件在各工序上的平行生产。产品成批生产时，该批中的各个产品可以在各工序上平行地进行生产，如图2-2所示。图中产品加工的批量为4，这些产品在各工序很多时间段是同时加工的，如工序1的时段③、工序2的时段②和工序3的时段①是同时进行的。

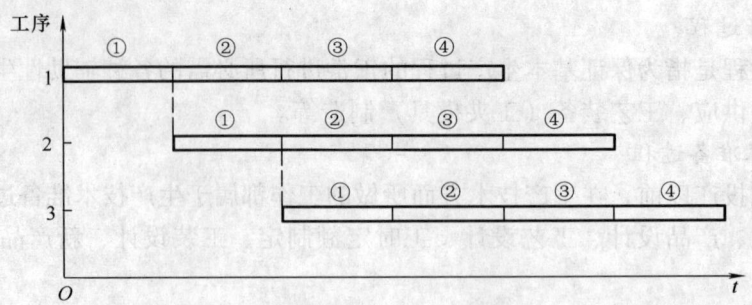

图 2-2 一批产品在各工序上平行加工

(3) 不同产品的平行生产。从一个工作地、一道工序来看，只能进行单一零部件、单一产品的生产。但从整个企业来看，就可以同时生产不同类型的产品。当企业生产品种较多时，平行地进行各种产品的生产可以满足市场或用户对多种产品的需求。反之，如采用各种产品轮番生产的方式，当市场同时对这些产品有需求时，要么就会产生缺货现象，要么就会有库存积累。提高生产过程的平行性，可以大大缩短产品的生产周期，同时也是保证连续生产的必要条件。例如，一台机器由五个零件组成，若按顺序加工，则生产周期为全部零件的加工时间与机器装配时间之和，而如果平行加工，则生产周期为劳动量最大的那个零件的加工时间和机器装配时间之和，如图 2-3a、图 2-3b 所示。

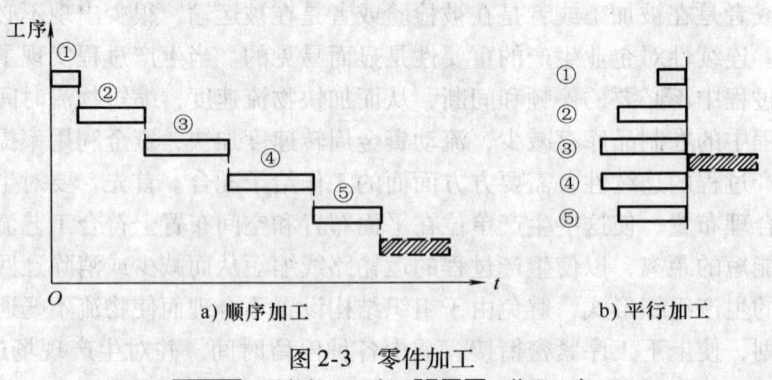

a) 顺序加工　　b) 平行加工

图 2-3 零件加工
▭—零件加工工序；▨—装配工序

3. 比例性

生产过程的比例性主要是指生产过程的各工艺阶段之间、各工序之间，在生产能力的配置上要与产品制造的要求成比例，要求各个生产环节之间的生产能力保持合理的比例关系，以保证生产过程的协调。这样既可保证设备、生产面积、劳动力和资金的充分利用，又是保证连续性的必要条件。要实现生产过程的比例性，在建立生产系统时，就应根据市场需求确定企业的产品方向，从而根据产品的制造要求确定生产系统内各阶段、各工序之间生产能力的比例。因此，在生产系统建立初期，生产过程的比例性还是容易实现的；但是，在生产系统运行一段时间之后，市场所需要的产品可能产生了变化，或是随着科学技术的发展，制造产品的工艺方法发生了改变，或是劳动组织有了改善，等等，这些都会使得生产过程中原来成比例的能力配置变得不成比例了。因此，要经常对生产过程的能力比例性进行调整，调整的方法除了在数量上对某些环节的能力进行调整之外，还可以针对瓶颈采取若干措施，以实现生产过程的比例性。

4. 节奏性（均衡性）

生产过程的节奏性是指产品的生产从材料的投入到最后完工能够按计划有节奏地进行，保持在相等的间隔时间，如每月、每旬、每日所生产的产品数量大致相等或稳定上升，使工作地和工作人员能够经常达到均匀负荷，保证均衡地完成生产任务。有节奏地进行生产，能够充分地利用人力和设备，可以防止经常性的突击赶工，有利于保证和提高产品质量，缩短生产周期，降低产品成本，促进安全生产。生产过程的节奏性表现在产品的投入、生产和出产三个方面。其中，产品出产的节奏性是主要的一环。企业各个生产环节的活动都应保证产品出产的节奏性。生产过程的节奏性不仅贯彻在基本生产的各个环节上，而且还体现在辅助生产、生产技术准备等环节。生产过程的各部分都要按照基本生产过程的节奏性来组织自己的工作，这样整个生产过程的节奏性才能有保证。

5. 适应性

生产过程的适应性又称柔性，是指企业的生产过程对市场的变动应具有的较强的应变能力。随着生活水平的提高和科学技术的发展，生产过程的适应性是在新的市场环境下检验企业竞争力的一个重要指标。市场需求的多样化和市场需求的快速变化使企业的生产系统必须面对和适应这样一个多变的环境。若不具备这种适应能力，那么就很可能由于不能适应市场变化而被淘汰。为了提高生产系统的适应性，许多学者、生产管理人员为此做了大量工作，围绕着提高生产系统适应性研究了许多新理论、新方法，如成组技术、柔性生产系统、准时生产制、精益生产、物料需求计划、制造资源计划、企业资源计划以及敏捷制造等。

以上生产过程合理性的原则都是相互联系的，只有各个方面都做好了，才能真正组织好生产过程。

第五节　生产过程的时间组织

一、生产过程的时间组织方式

合理组织生产过程，不仅要求生产过程各生产单位在空间上布置合理，而且要求劳动对象在车间之间、工段之间、工作地之间的运动在实践上也相互配合和衔接，最大限度地提高生产过程的连续性和节奏性，缩短生产周期。这就需要采用系统分析和科学管理的方法，进行生产过程的时间组织。

时间组织是指一批产品或零件在各生产环节中的移动方式。一批产品或零件在加工过程中可采用三种移动方式：顺序移动、平行移动和平行顺序移动。

（一）顺序移动方式

顺序移动方式是指一批零件或产品在前道工序全部加工完后，整批转移到后道工序加工的移动方式。采用顺序移动方式，一批零件的加工周期为

$$T_{顺序} = n \times \sum_{i=1}^{m} t_i \tag{2-1}$$

式中　n 为加工批量；m 为工序数目；t_i 为工件在第 i 道工序的单件工时。

【例 2-1】已知加工批量 $n=4$，工序数 $m=4$，各道工序的加工时间分别为 $t_1=10\text{min}$，

$t_2 = 5\min$，$t_3 = 15\min$，$t_4 = 10\min$。求 $T_{顺序}$。

解： 由式（2-1）可求得

$$T_{顺序} = 4 \times (10 + 5 + 15 + 10) = 160(\min)$$

图2-4 为顺序移动方式示意图。

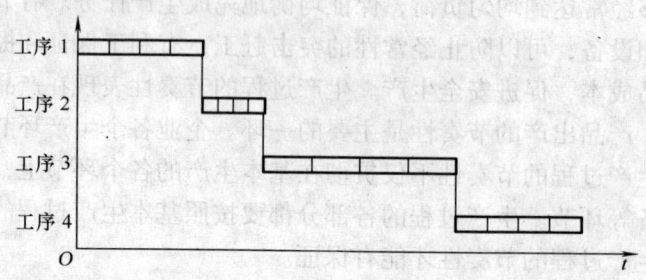

图2-4 顺序移动方式示意图

（二）平行移动方式

平行移动方式是指每个产品或零件在上道工序加工完后，立即转到下道工序加工，使各个零件或产品在各道工序上的加工平行地进行。采用平行移动方式，一批零件的加工周期为

$$T_{平行} = \sum_{i=1}^{m} t_i + (n-1)t_长 \qquad (2-2)$$

式中 $t_长$ 为最长的单件加工时间；其他符号的含义同式（2-1）。

将例2-1的数据代入式（2-2），可求得

$$T_{平行} = (10 + 5 + 15 + 10) + (4-1) \times 15$$
$$= 40 + 45 = 85(\min)$$

图2-5 为平行移动方式示意图。

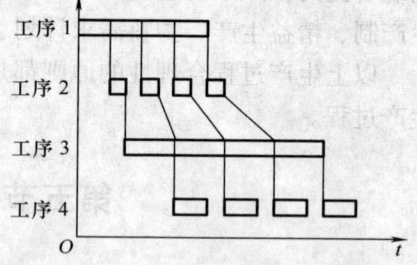

图2-5 平行移动方式示意图

（三）平行顺序移动方式

平行顺序移动方式是指一批零件或产品，既保持每道工序的平行性，又保持连续性的作业移动方式。它是前两种方式的综合，其具体做法是：当 $t_i < t_{i+1}$ 时，零件按平行移动方式生产；当 $t_i > t_{i+1}$ 时，以第 I 道工序最后一个零件完工时间为基准，往前推移 $(n-1) t_{i+1}$ 作为零件在第 $i+1$ 道工序开始加工的时间。

采用平行顺序移动方式，一批零件的加工周期为

$$T_{平顺} = n \sum_{i=1}^{m} t_i - (n-1) \sum_{i=1}^{m-1} t_{i短} \qquad (2-3)$$

式中，$t_{i短}$ 为相邻两道工序中，工时较短的工序单件加工工时；其他符号的含义同式（2-1）。

将例2-1的数据代入式（2-3），可求得

$$T_{平顺} = 160 - (4-1) \times (5 + 5 + 10) = 100(\min)$$

图2-6 为平行顺序移动方式示意图。

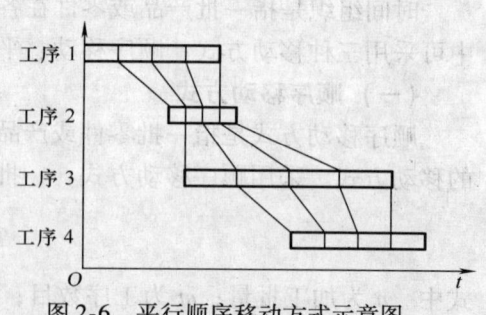

图2-6 平行顺序移动方式示意图

二、生产过程中产品移动方式的选择

产品加工过程中的三种移动方式各有特点,以生产周期、运输次数、设备利用以及组织管理等为依据,可将三种移动方式进行比较。具体见表2-5。

表2-5 三种移动方式的比较

比较项目	平行移动	平行顺序移动	顺序移动
生产周期	短	中	长
运输次数	多	中	少
设备利用	差	好	好
组织管理	中	复杂	简单

而根据三种移动方式的特点,考虑实际中零件的价值、加工时间、批量大小以及专业化形式,将选择不同的零件移动方式,具体见表2-6。

表2-6 选择零件移动方式需要考虑的因素

	零件尺寸	加工周期	批量大小	专业化形式
平行移动方式	大	长	大	对象专业化
平行顺序移动方式	小	长	大	对象专业化
顺序移动方式	小	短	小	工艺专业化

对于复杂的生产过程而言,多种部件、零件同时处于平行生产的状态,除考虑选择零件的移动方式外,还应考虑不同零件、部件间的配合关系,使组成产品的零件、部件在移动过程中,保持次序与时间上的协调衔接与互相搭配。

小 结

本章阐述了生产与运作的分类、类型和组织等问题。第一节对生产与运作的两大类别——制造性生产和服务性运作进行了讨论,制造性生产和服务性运作按照不同的标准又可以划分为不同的生产类型;第二节主要对三种基本生产类型——大量生产、成批生产和单件生产进行了描述,并比较了大量大批生产、单件小批生产和中批生产的特点和优劣势,讨论了改变生产类型的一般途径;第三节介绍了产品生产过程的构成;第四节阐述了组织生产过程的五个基本要求:连续性、平行性、比例性、均衡性和适应性;第五节介绍了生产过程的时间组织的类型,不同产品移动方式下加工周期的计算,以及产品移动方式的选择。

思考与练习

思考题

1. 分别举出制造业和服务业中的大量大批生产与单件小批生产的例子,并说明其特点。
2. 服务性运作与制造性生产有哪些不同?
3. 说明订货型生产与备货型生产的特点。
4. 如何理解生产过程是一个动态的过程?

5. 为什么要升级生产类型？升级生产类型有哪些途径？
6. 企业的生产过程组织是否合理的判断标准有哪些？如何判断？
7. 如何计算一批产品的生产周期？
8. 如何缩短一批产品的生产周期？
9. 平行顺序移动方式下加工对象是如何在工序间移动的？

判断题

1. 订货型生产的生产效率较低。
2. 订货型生产可能消除成品库存。
3. 除不提供有形产品的服务外，其他的服务业和制造业都创造价值。
4. 加工—装配式生产既有订货型生产又有备货型生产。
5. 按生产要素密集程度和与顾客接触密切程度来划分，航空公司提供的服务属于大量资本密集服务。
6. 合理组织生产与运作过程的基本要求是针对大量生产类型提出的。
7. 流程式生产有较多标准化的产品。
8. 备货型生产库存较多。
9. 大量生产的适应性差，应该尽可能避免选择大量生产。
10. 单件小批生产的适应性强，所以所有企业都应该选择单件小批生产。

选择题

1. 服务业运作的特点是（　　）。
   A. 产品是无形的   B. 质量标准是统一的
   C. 一般可通过库存来调节   D. 生产与消费过程一般是分离的
2. 相对于流程式生产来说，加工—装配式生产的特点是（　　）。
   A. 品种数较多   B. 资本密集
   C. 有较多标准品   D. 设备柔性低
3. 按照生产要素密集程度和与顾客接触密切程度划分，医院属于（　　）。
   A. 大量资本密集服务   B. 大量劳动密集服务
   C. 专业资本密集服务   D. 专业劳动密集服务
4. 对成批生产类型的描写，不正确的是（　　）。
   A. 多种品种定期或不定期的轮番生产   B. 工作地的专业化程度很高
   C. 生产的重复程度较高   D. 生产的柔性较好
5. 下列情况适宜采用平行移动方式加工的是（　　）。
   A. 单件加工时间比较长的零部件   B. 体积较小的零部件
   C. 批量小的零部件   D. 交货期较宽松的零部件
6. 下列属于流程式生产的是（　　）。
   A. 汽车和电视机生产   B. 炼油和冶金生产
   C. 服装和纺织品生产   D. 家具生产
7. 下列属于制造业运作特点的有（　　）。
   A. 质量标准难以确定   B. 生产率不易测定
   C. 生产与消费可以分离   D. 响应顾客需求周期短

8. 下列属于单件生产方式的是（ ）。
   A. 汽车制造　　　　　　　　　　　　B. 快餐
   C. 学生入学体检　　　　　　　　　　D. 软件开发和咨询服务
9. 如果要消除各生产环节上生产能力的不平衡造成的浪费，生产过程组织要符合的要求是（ ）。
   A. 连续性　　　　B. 平行性　　　　C. 比例性　　　　D. 节奏性
10. 啤酒生产企业在灌装生产环节多采用流水生产方式，这时成品的移动方式是（ ）。
    A. 平行移动方式　　　　　　　　　　B. 顺序移动方式
    C. 平行顺序移动方式　　　　　　　　D. 单件移动方式

计算题

1. 已知有 5 个相同的工件要经过 4 道工序，其工序单件加工时间如下：

工序号	1	2	3	4
工序单件加工时间/min	8	2	4	5

（1）求在顺序移动方式下，这批零件的加工周期。
（2）求在平行移动方式下，这批零件的加工周期。
（3）求在平行顺序移动方式下，这批零件的加工周期。
（4）画出三种移动方式的示意图。

2. 已知 100 个相同工件要经过 10 道工序，工序单件加工时间如下：

工序号	1	2	3	4	5	6	7	8	9	10
工序单件加工时间/min	8	4	10	5	9	8	6	12	2	8

（1）求三种移动方式下，这批零件的加工周期。
（2）计算平行系数。
（3）若零件加工顺序可以任意调整，要使平行移动方式下这批零件的加工周期最短，请重新调整并确定这批零件在 10 道工序上的加工顺序。

案例分析

A 公司的生产方式

A 公司是国内重型汽车生产行业的骨干企业，属于大型企业。公司经过近 40 年的发展，目前已具有完整的产品设计、生产制造、检测调试和监测系统，产品覆盖军用越野车、重型载货车和高档客车三大类，共有 15 个系列、150 多个品种。

1. A 公司现行的生产方式

公司现行的生产方式是由其生产任务决定的。公司现在的生产任务分为军品和民品两类，军品严格按计划生产，即每一年年底制定出下一年的年生产任务，下一年按计划生产，每年的计划通常数量变化不大，变化部分也就是军品品种或数量的极小变动；民品分为按计划生产和按订单生产两类。民品的计划主要依靠计划员按经验凭直觉进行协调，制定出各月的生产任务并投入生产。所谓的直觉是指根据前一个月的销售状况而估算的一个趋势值。民品的订单则是指面向市场的部分，这一部分是指销售公司与客户签订的合同或谈成意向后下达的生产任务。

2. A公司的现状

在A公司现行的生产方式下，生产任务相对均衡，当没有销售指标时，车间继续进行生产以减轻生产任务集中时的压力，这时车间以生产一定数量的各类成品车和大量的半成品车为生产任务，这样不会产生生产任务时松时紧、加班作业和休假轮换的情况。但这就造成了库存的增加、资金的占用。公司的成品车，包括半成品车的生产装配完成后，买方在订车合同中往往对某些外购件，如生产厂家、出厂批次等因自己的喜好或信任而有一些特殊的要求。这常常使得已入库的成品或半成品返回总装、线拆卸后重装，这样不但会使得工序增加，成本提高，而且常常会因一些破坏性的拆除或磕碰而造成一些不必要的损失。

问题：

1. A公司的生产方式是什么？
2. A公司有何问题，其在生产方式方面该作哪些改进？

第三章　生产与运作战略

导入案例

香港利丰公司的运作模式

世界著名的《财富》杂志评选的全球最佳创意、最具有竞争力的公司，整个亚洲入选的只有15家，香港只有两家，它们不是和记黄埔，也不是新鸿基地产，而是很多人还不熟悉但却是香港最大的贸易公司——香港利丰集团和ESPRIT公司。其中，香港利丰集团的虚拟集成模式颇具研究价值。

香港利丰是一家全球贸易公司，该公司没有自己的制造工厂、设计院和运输设备等，但与全球7500家开发、设计、制造、运输等企业有着密切的协作关系。有2500家企业同时与该公司开展合作。采取这种方式，香港利丰可以控制从接受订单、开发设计产品、采购原材料、制造加工产品到最后的运输配送的全过程，以最快的速度将产品送往全球各地，形成了一种独特的全球供应链。

企业战略是对有关企业生存和发展的长远性、全局性问题的谋划。企业要在复杂多变的环境中求得生存与发展，就必须制定科学合理的企业战略。生产与运作战略则是在企业总体战略指导和约束下的职能战略之一，是企业总体战略成功的基础和保障，决定了企业在生产成本、质量、品种、服务和柔性等方面的竞争优势。本章在阐述生产与运作战略的含义、目标体系和内容框架的基础上，将生产与运作战略按照竞争优势要素、生产与运作范畴、一体化战略等角度进行分类，分别阐述生产与运作战略的内容，各种战略产生的背景、优势和劣势及战略的分析和选择。

第一节　生产与运作战略概述

一、生产与运作战略的概念

(一) 战略与企业战略

战略一词最早来源于希腊语"Strategos"，其含义是"将军的艺术"，原指军事方面事关全局的重大部署，现已广泛应用于社会、经济和管理等各个领域。从管理学的角度讲，"战略"一词的引入仅有数十年时间，最早出现在巴纳德（C. I. Bernad）的著作《经理的职能》中。1965年美国经济学家安索夫（H. I. Ansoff）的著作《企业战略论》的问世，标志着"企业战略"一词开始广泛应用。

关于"战略"的含义，不同的学者从狭义和广义两个角度对其进行了阐述，这里介绍几种有代表性的观点。

(1) 从狭义角度对战略内涵的理解。安德鲁斯（K. Andrews）认为战略是一种决策模式，决定和揭示企业的目的和目标，提出实现目标的重大方针与计划，确定企业应该从事的经营业务，明确企业的经济类型与人文组织类型，决定企业应对员工、顾客和社会作出的经济与非经济的贡献。

奎因（I. B. Quinn）认为战略是一种模式或计划，它将一个组织的主要目的、政策与活动，按照一定的顺序结合成为一个紧密的整体。

（2）从广义角度对战略内涵的理解。安索夫（H. I. Ansoff）认为企业总体战略考虑的是企业应该选择进入哪种类型的经营业务；经营战略所考虑的是，一旦选定某种类型的经营任务，企业或战略经营单位应该如何在这一领域内进行竞争。

亨利·明茨博格（H. Mintzberg）指出，战略由5P组成，即计划（Plan）、谋略（Ploy）、模式（Pattern）、定位（Position）、视角（Perspective）。这五个方面的定义从不同的角度对战略进行了阐述，有助于对战略管理及其过程的深刻理解。

总之，企业可以选择在不同的环境背景下以不同方式赋予战略不同的内涵，综合以上学者的观点，我们将战略理解为组织对其发展目标以及达成目标的途径、手段等关乎全局的重大问题的筹划和谋略。而若把战略的含义与不同领域相结合和运用，就形成不同领域的战略，运用于企业就形成企业战略，我们可以把企业战略表述为：为不断获得竞争优势，实现企业的长期生存和发展而对其发展目标、达成目标的途径和手段等重大问题的总体谋划。

（二）企业战略结构

为了与组织层次相适应，企业战略必须划分为不同的层次，通常可以划分成三个层次，如图3-1所示。

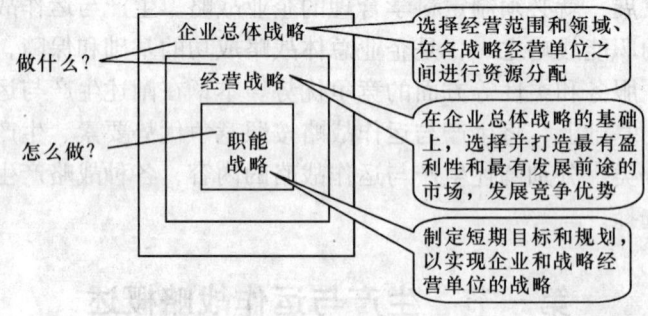

图3-1 企业战略的三个层次

1. 总体战略

企业总体战略（Corporate Strategy）是从总体上设定了企业的发展目标以及实现目标的基本途径，它侧重于两个方面的问题：一是选择企业所从事的经营范围和领域；二是在各战略经营单位（Strategic Business Units，SBU）之间进行资源配置。企业的总体战略一般有三种类型：增长型战略、稳定型战略和紧缩型战略。

2. 经营战略

经营战略（Business Strategy）即企业的竞争战略或业务战略，它是企业的各个战略经营单位在总体战略的指导下，通过自身所制定的业务战略，取得超过竞争对手的竞争优势。在这一层次中，竞争优势构成要素显得尤为重要。按照哈佛商学院迈克尔·波特教授（M. E. Porter）的观点，企业可以选择的竞争战略包括成本领先战略、差异化战略和市场聚焦战略。

3. 职能战略

职能战略（Functional Strategy）是每个战略经营单位的主要职能部门以业务战略为指导，分别制定的本部门的发展目标和总体规划，其目的是为了更好地实现企业的总体战略和竞争战略。职能战略主要包括生产与运作战略、市场战略、财务战略和人力资源战略等。

总体战略、经营战略和职能战略之间是相互作用、相互影响的，企业要获得长期发展，必须实现三个层次战略的有机结合。上一层次战略构成下一层次战略实施的战略环境，下一层次战略为上一层次战略目标的实现提供支撑。若企业规模较小，只从事单一业务，企业的总体战略和竞争战略就处于同一层次，则企业的战略结构划分为两个层次。

（三）生产与运作战略的含义

生产与运作战略是企业在生产的成本、质量、时间和流程等方面建立和发展竞争优势的基本途径，是企业总体战略指导下的职能战略。其基本任务与作用是使企业在其生产领域内为企业取得竞争优势，如多品种、高质量、低成本等多方面或一方面的优势，进而来保证企业总体战略的实施。由于生产与运作战略处于企业战略的第三层次，属于职能战略，因此，即使在同一企业的总体战略下，不同部门由于所选择的业务战略不同，也必须制定与之相适应的生产与运作战略。

生产与运作战略根据对企业各种资源要素和内外部环境的分析，对与运作管理以及运作系统有关的基本问题进行分析与判断，确定总的指导思想以及一系列决策原则。其目的在于通过运作活动来达到企业的整体经营目标的总体计划。

为了达到上述的目标，一个生产与运作管理人员首先应该确定选择何种生产与运作目标以和企业战略相适应；提供标准化产品还是顾客定做的特殊产品；为了生产这样的产品需要如何组织资源，竞争重点应该放在何处；产品线的宽度和深度为多大；厂址靠近目标市场还是原材料产地；选择多大的生产与运作规模及何种扩大模式，等等。总之，在思考这些的重大问题时，必须根据企业的整体经营目标、经营战略来树立一个基本的指导思想或指导性原则。例如，企业的经营战略侧重于收益率的提高，那么生产与运作战略的指导思想应该是尽量增加生产收益，从而在进行产品选择决策时，注重选择高附加值产品。又如，企业根据自己所处的经营环境认为应该把企业的经营战略重点放在扩大市场占有率上，相应地，生产与运作战略的重点应该是保持生产系统的高效性及灵活性，从而最大限度地满足市场的各种需求。这样的指导思想以及决策原则，就构成了生产与运作战略的内容。由此可见，制定生产与运作战略的目的是为了使企业的生产与运作活动能够符合企业经营的整体目标和整体战略，以保证企业经营目标的实现。

从上述生产与运作战略的内涵不难看出，生产与运作战略和企业战略之间呈现出相互依存、相互制约的关系（具体见图3-2）。一方面，公司级战略统领企业经营的全局，为企业的经营与发展确定目标、指明方向，而生产与运作战略作为企业生产与运作方面特定活动的行动纲领，必须和企业战略保持一致。另一方面，通过生产与运作战略等职能级战略，可以对企业战略进行分解，导出企业战略的途径和政策，将企业总体战略思想和目标加以精确化、具体化，规范人们的决策和行为标准，指导各方面的活动。

总之，生产与运作战略是一个职能性战略，可以分为结构性战略和基础性战略。前者是长期的战略决策问题，包括生产或服务设施的选址、生产规模和能力的确定、生产或服务

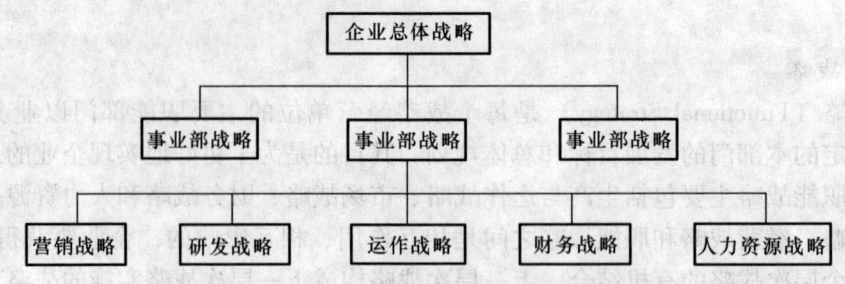

图 3-2　生产与运作战略和企业战略的关系

流程类型的确定等；后者一般为战术决策问题，时间跨度相对短一些，包括劳动力的数量和技能水平、工作方式、计划和控制和质量管理等。

二、生产与运作战略的目标体系

(一) 生产率目标

生产率目标是以提高生产与运作系统的生产率、降低成本为关键目标，将高生产率作为优势竞争能力。其中，生产率是经济学上用来衡量生产系统转换效率的指标，一般定义为"生产率就是产出与投入之比"，即

$$生产率(P) = \frac{产出(O)}{投入(I)}$$

式中，产出（O）是为满足外界需要而生产的产品或提供的服务；投入（I）是为获得这些产出而投入的生产要素。

上式一般可以用图 3-3 简要表示。

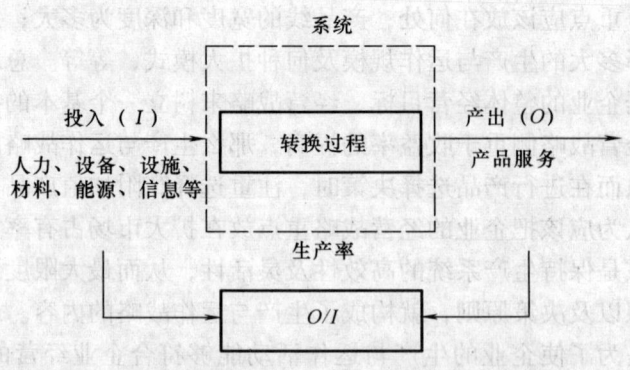

图 3-3　投入、产出与生产率的关系

由图 3-3 可以看出，生产率实际上就是衡量生产要素（资源）使用效率的尺度。形象地说，生产率的高低表明每投入一元钱的资源能够得到多少元钱的产出。产出与投入的比值越大，即生产率越高，意味着消耗同样多的资源（也就是在材料、劳动力和生产设施等方面花费相同的成本）能够生产较多的产品；或者说生产同样多的产品，而花费的成本较少。较高的生产率表明能创造更大的经济价值，具有更高的效益。所以生产率是一个重要的效益指标。

可以说，生产率目标的实质就在于不断追求规模经济性，所以对应于大量大批生产与运

作系统。这意味着通过采用高效率的专用设备和工艺装备，并按对象专业化原则进行布置，以生产线和流水线的形式组织生产与运作，以提高工作地的专业化程度，保证生产与运作效率。

（二）竞争优势目标

生产与运作战略是对企业生产资源转换成产品和服务的过程所提出的战略要求和规划，但生产与运作战略并不提供具体的产品和服务，而是提供一套满足用户需要的能力和支持竞争优势的能力。这些能力具体表现为企业产品和服务的成本、质量、交货期和制造柔性四个方面的目标，由此而构成生产与运作战略的目标体系，它可直接用于生产与运作系统效果的定量分析。

成本、质量、交货期以及制造柔性四大竞争优势都与生产与运作系统状况密切相关，这四个方面的目标无不取决于生产与运作管理的方式与效率。随着科学技术的进步和社会经济的发展，现代企业所处的环境与过去相比，发生了深刻的变化：产品生产周期缩短，更新换代加快，社会消费水平不断提高，产品质量要求上升，需求多样化，等等，这些变化都使得市场竞争日益激烈。快速响应不断变化的市场，开发、生产出用户所需的产品和服务是企业在竞争中取得成功的必备能力，也是企业生产与运作战略所追求的重要目标。

人们通常认为，企业难以在上述四个方面同时努力。因此需要判断哪一个目标对提高企业竞争力最重要，然后集中企业的主要资源重点突破。此外，在四个目标之间通常会存在冲突，如要提高供货速度，就难以提高制造柔性，而低成本战略也往往与高柔性、快速交货相矛盾。这样就产生了多目标平衡问题。当然，最好是在四个目标上都得到提高。

与传统的生产管理相比，生产与运作战略的目标体系有两个重要特点：一是强调了对企业竞争力的保障，通过对四个目标优先级别的决策，实现生产系统的竞争优势，如成本优势、质量优势、交货优势、性能优势，也可能是综合优势；而传统方法一般以成本和效率为中心，强调系统的高产出和规模经济。二是强调系统要素在系统结构框架下的协调性；而传统方法由于过分强调效率和新技术的运用，往往使系统要素组合失调，不能得到系统的最高效率。

三、生产与运作战略框架

生产与运作战略在整个的企业战略中处于职能战略层，在企业的经营活动中处于承上启下的地位。承上是指生产与运作战略是对企业总体战略、竞争战略的具体化，启下是指生产与运作战略作为生产与运作系统的总体战略，推动具体计划的实施。因此，生产与运作战略不是一个孤立的单元，而是整个企业系统的有机组成部分。我们可以通过整个生产与运作战略框架来对生产与运作战略进行横向、纵向的系统分析。横向体现为生产与运作战略和企业其他部门的联系，纵向体现从产品设计、物料采购、加工制造到市场销售等各个环节生产与运作战略和顾客的联系。如图3-4所示。

图3-4体现了生产与运作战略将企业资源与市场需求有机联系。通过对框架图的分析，我们可以明确这种联系是如何建立的。首先，确定顾客对新产品和现有产品的需求状况，包括对产品的质量、性能、价格和交货期等的要求，并确定它们的优先级别。其次，明确企业生产与运作的重点，并与顾客需求的优先级别相一致。最后，生产部门发挥所有的能力，努力实现生产以满足顾客需求，赢得订单。所以，生产与运作战略框架图直观地体现了从发现

顾客需求到满足顾客需求的生产与运作流程。

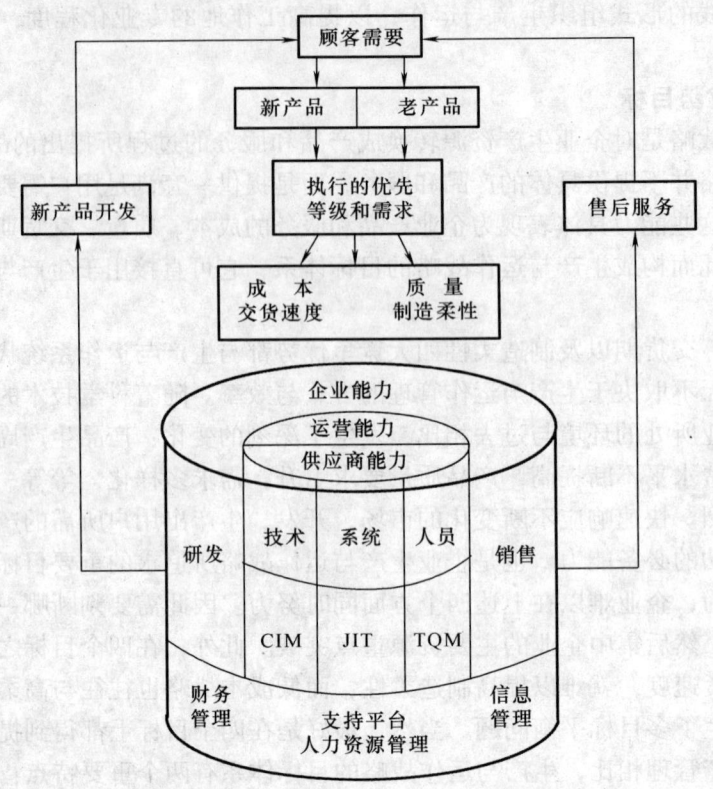

图 3-4　企业生产与运作战略框架

需要解释的几点有：①生产部门的全部能力包括技术、系统和人员水平，图 3-4 中底部的内圈表示"生产能力桶"，其中，CIM（计算机集成制造）、JIT（准时生产）、TQM（全面质量管理）只代表了应用在技术、系统和人员水平三方面所需要用到的概念和工具。②"生产能力桶"中有供应商，是为了表明供应商必须是在技术、系统和人力三方面都得到企业认可的协作者。如果这三方面得不到资格认证，则不会被选为供应商。③图 3-4 中的外圈是"企业能力桶"。图中把产品的需求特性与"企业能力桶"联系起来，是因为顾客对产品的需求特性不仅与生产与运作管理有关，而且与企业研发、销售等其他部门有关。④底部的支持平台体现了企业财务管理、人力资源管理和信息管理等对企业生产与运作的支持，正因为有了这些支持平台，企业才能更好地满足顾客需求。

第二节　基于竞争优势要素构建的生产与运作战略

一、生产与运作战略的竞争重点

基于竞争优势要素构建的生产与运作战略强调生产与运作系统是企业的竞争之本，只有具备了生产与运作系统的竞争优势才能赢得产品的优势，才会有企业的优势，因此，运作战略理论是以竞争及其优势的获取为基础的。然而，在多数行业中，影响竞争优势的要素主要是TQCF（交货期、质量、成本、柔性），具体解释如下：

1. 交货期

交货期（Time）是指比竞争对手更快捷地响应顾客的需求，体现在新产品的推出、交货期等方面。交货期是企业参与市场竞争的又一重要因素，对交货期的要求具体表现在两个方面：快速交货和按约交货。快速交货是指向市场快速提供企业产品的能力，这对于企业争取订单意义重大；按约交货是指按照合同的约定按时交货的能力，这对于顾客满意度有重要影响。影响交货能力的因素也有很多，如采购与供应、企业研发柔性和设备管理等。

2. 质量

质量（Quality）是指产品的质量和可靠性，它主要依靠顾客的满意度来体现。质量是指全面的质量，既包括产品本身的质量，也包括生产过程的质量。也就是说，企业一方面要以满足顾客需求为目标，建立适当的产品质量标准，设计、生产消费者所期望的质量水平的产品；另一方面生产过程应以产品质量零缺陷为目标，保证产品的可靠性，提高顾客的满意度。此外，良好的物资采购与供应控制、包装运输和使用的便利性以及售后服务等对质量也有很大影响。

3. 成本

成本（Cost）包括生产成本、制造成本、流通成本和使用成本等。降低成本对于提高企业的竞争能力、增强生产与运作对市场的应变能力和抵御市场风险的能力具有十分重要的意义。企业降低成本、提高效益的措施有很多，如优化产品设计与流程设计、降低单位产品的材料及能源消耗、降低设备故障率、提高质量、缩短生产与运作周期、提高产能利用率和减少库存等。

4. 柔性

柔性（Fragility）是指企业面临市场机遇时在组织和生产方面体现出来的快速而又低成本地适应市场需求，反映了企业生产与运作系统对外部环境作出反应的能力。随着市场需求的日益个性化、多元化，多品种小批量生产成为与此需求特征相匹配的方式，柔性已成为企业形成竞争优势的重要因素。关键柔性主要包括产品产量柔性、新产品开发及投产柔性和产品组合柔性等，由此又涉及生产与运作系统的设备柔性、人员柔性和能力柔性等，甚至对供应商也会提出相应的要求。

对TQCF进行理解时我们要明确，企业要想在TQCF四个竞争要素方面同时优于竞争对手而形成竞争优势是不太现实的。企业必须从具体情况出发，集中企业的主要资源形成自己的竞争优势。特别是当TQCF之间发生冲突时，会产生多目标平衡问题，企业需要对此进行认真分析、动态协调。

可以说，基于竞争优势要素构建的生产与运作战略主要包括基于成本的生产与运作战略、基于质量的生产与运作战略、基于时间的生产与运作战略、基于柔性的生产与运作战略、基于服务的生产与运作战略，它们分别出现在不同的历史发展阶段。本书将从历史角度对不同发展阶段的生产与运作战略进行论述。

二、聚焦战略

从20世纪60年代后期到70年代初，生产与运作战略理念的核心问题是聚焦和权衡。企业不可能同时满足所有四个竞争优势要素，管理者必须权衡以确定哪些是决定企业成功的关键优势要素，并集中企业的资源去实现它们。对于拥有大型制造设备的企业，斯金纳教授提出了厂中厂（Plant Within Plant，PWP）的聚焦方式，其含义是将相关的设备、工序、人员单独配置和管理，面向明确的、特殊的细分市场和相对窄的产品组合，拥有相对完整封闭的加工手段、工序组合、质量控制、库存控制及人员管理系统。即在工厂内不同地方建立不同的生产线，每条生产线拥有自己独特的竞争优势要素。

为了说明厂中厂概念的正确性，斯金纳教授举了一家生产燃料计量仪和自动导航设备的工厂的例子。在经历了数年的燃料计量仪产品的严重亏损后，公司决定卖掉这项业务。作为最后的挽救措施，工厂管理当局把燃料计量仪的生产设备、工艺、库存控制及生产活动与自动导航设备的生产系统分割开来，形成一个独立的封闭生产系统，连质量检验和工人的雇用、奖金政策也彻底分开。4个月后，奇迹出现了，燃料计量仪业务开始盈利了。对此结果，斯金纳教授的解释是：自动导航设备的生产要求的是严格的质量控制，完全不同的生产方式和库存控制策略（单件小批、按订单生产），以及工人素质和管理方法，把这一套用在燃料计量仪的生产上，自然导致这个产品的成本居高不下。斯金纳教授认为，每个工厂的生产对象应当相对集中，不要企图用一套生产运作方式去生产名目繁多的产品、满足多种多样的细分市场以及性质各异的顾客需求。

厂中厂的概念自提出以来，虽然在管理理论界一直备受争议，但在美国的许多制造企业中得到了成功的应用。此外，服务企业也广泛认识到了集中资源在竞争优势要素上的必要性，如"医院中的医院""银行中的银行"等。

三、权衡战略

20世纪70年代至80年代，世界市场日益激烈的竞争使得"世界级运作"的优秀企业开始重新思考他们的运作战略，尤其是对竞争优势要素进行必要的权衡。管理者们认识到并不一定要在原有范围内进行权衡，而是应该以客户需求为目标，重新构建竞争优势要素的层次结构。不同年代的竞争优势要素是变化的。20世纪50年代至60年代初，成本是首要的竞争优势要素。但是当越来越多的企业生产低成本产品时，企业又开始寻求能使其产品具有差异化的方法，竞争优势要素转向了质量，企业开始通过生产高质量产品获得竞争优势。当大家都向市场提供价格在可接受范围内的高质量产品时，为了获得新的竞争优势，20世纪70年代，一些企业又开始用交货的高速度和可靠性来与对手竞争。这时，竞争的博弈转变为了既提供低成本、高质量的产品，又能够快速、可靠地将产品交到客户手中。20世纪80年代，交货速度成为企业成功的关键因素。企业纷纷集中资源减少从订货到交货的周期，交货期从数月或数周缩短到了几个小时。这样一来，市场竞争的优势要素再度发生了变化。企业又开始寻找新的途径获得竞争优势要素。这一次，企业选择了柔性。柔性代表了企业满足"客户个性化"产品的能力。这时，市场需要的是融低成本、高质量、客户定制化、快速交货等竞争优势要素于一体的产品。这种不再局限于聚焦一个竞争优势要素的现象的出现，有人认为不再需要权衡了。1995年4月，在波士顿生产与运营管理协会的早餐会上，斯金纳说："权衡永远存在。"

四、订单赢得要素和订单资格要素战略

伦敦商学院的德瑞黑尔（Terry Hill）教授首创了订单资格要素（Order-qualifier）和订单赢得要素（Order-winner）这两种运营概念。订单资格要素是指允许一个企业或其产

品参与市场竞争，甚至成为市场的一个潜在的最低条件或标准。例如，目前欧洲的大多数企业都要求其供应商通过ISO9000质量认证，因此，ISO9000质量认证就成为进入欧洲市场的订单资格要素。相比之下，美国的大多数企业并未通过ISO9000质量认证，而通过ISO9000质量认证的美国企业率先进入了欧洲市场，故对美国企业来说，通过ISO9000质量认证就成为订单赢得要素，即通过ISO9000质量认证的美国企业显得比未通过ISO9000质量认证的企业更为优秀。如果只有少数企业具有某些竞争优势要素，如高质量、客户定制化或出色的服务，那么，这些竞争优势要素就可以认为是订单赢得要素。但随着时间的推移，会有越来越多的企业开始具备同样的竞争优势要素，那么，订单赢得要素就转变成了订单资格要素。换句话说，这一竞争优势要素转变成了所有竞争者进入市场的资格条件，从而导致消费者用新的竞争优势要素去要求企业。另外，订单赢得要素与订单资格要素是时刻变化着的。

20世纪70年代，日本汽车进入世界市场，改变了汽车产品原先的订单赢得要素，从价格改变为质量和可靠性。美国汽车制造商正是由于产品质量问题而失去了订单。到了20世纪80年代后期，福特汽车公司、通用汽车公司和克莱斯勒汽车公司（现已被意大利菲亚特汽车公司收购）提高了产品质量，才重新进入市场，夺回了部分市场份额。顾客时刻监督着质量和可靠性的标准，他们迫使这些顶级企业重新改进产品。现在，汽车的订单资格要素很大程度上取决于车型。顾客知道他们需要什么样的产品特征（如可靠性、设计特征和耗油量等），且希望以最低价购进一辆能满足特定要求的汽车，实现价值的最大化。

五、聚焦核心能力战略

企业的核心能力是由企业的运营管理部门开发出的某种能够使企业在竞争中差异于竞争对手的能力。为了聚焦核心能力，企业开始消除业务流程中对企业成功无关紧要的活动。在制造业中，广泛实行业务外包，企业将原来自制的零部件外包给了供应商，并与供应商建立起长期合作关系，保证了高质量零部件的准时供应。这样的战略虽然使生产总成本中原材料成本的比重上升，但劳动力成本的比重却大大地下降了。聚焦核心能力对服务业同样有效。越来越多的原来由服务企业自行提供的辅助性服务项目被外包出去，这样一来，服务企业可以集中精力去提高其核心能力。例如，很多大学把餐厅从学校分离出去，外包给以后勤保障服务为主业的公司。现在，企业越来越认识到外包一些非核心业务可以实现更低的运作成本和更高的运作效率。在供应链上的企业如果都能聚焦其核心能力，那么提供给顾客的最终产品就能最大化地增值。

六、新时期企业的生产与运作战略

美国波士顿大学开展的"全球生产发展前景研究"国际合作项目的调查资料（MFS）揭示了生产与运作战略在新时期的一些发展动向，如表3-1所示。

表3-1涉及两类不同的国家与地区生产与运作战略的发展动向：一是以欧洲、美国和日本为代表的竞争活跃的国家和地区的企业，其生产与运作战略的发展呈现出如下态势：①以高质量、高功能获得竞争优势的传统竞争手段正在弱化，快速交货能力成为衡量企业竞争能力大小的重要因素；②传统的依托先进的制造技术进行大规模投资是取得竞争优势的保证的认识发生了转变。技术的作用日益下降，企业开始重点强调管理的软技术（基于人力资源

导向的管理），跨部门合作以及跨业务、跨部门的信息集成与信息支持；③生产与运作管理的职能与范围发生了深刻的变化，企业开始强调以顾客创造价值为导向，并将供应商与顾客纳入生产与运作管理的范畴。二是以韩国等为代表的竞争次活跃的国家与地区的企业仍将质量作为企业形成竞争优势的第一要素，而把交货能力作为第二要素。

表 3-1　生产与运作战略的发展动向

国家（地区）划分	发展动向
工业发达的国家与地区 （竞争活跃）	①由强调高质量高功能转变为强调交货 ②由强调、硬构成要素转变为强调软性要素 ③生产与运作管理由强调内向转变为强调外向
工业次发达国家与地区 （竞争次活跃）	①首先强调质量，其次强调交货 ②生产与运作管理强调内向 ③开始注意以人为导向，关注外向与软性要素

第三节　基于生产与运作管理范畴构建的生产与运作战略

由生产与运作管理的范畴构建的生产与运作战略主要包括三个方面的内容：生产与运作的总体战略、产品或服务的开发与设计战略、生产与运作系统的设计战略。

一、生产与运作的总体战略

企业生产与运作的总体战略包括以下几个方面的内容：

（一）自制或外购战略

企业进行新产品开发、建立或改进生产与运作系统，都要首先作出自制或外购的决策。自制或购买决策有不同的层次。如果在产品级决策，则会影响到企业的性质。企业自制战略有两种选择：一种是完全自制，即建造完备的制造厂，购置相应的生产设备，进行组织生产所必需的人员招聘与配备，产品生产的各个环节都在本厂完成；另一种是装配阶段自制，即"外购+自制"战略，部分零部件外购，企业建造一个总装配厂，进行产品组装。企业如果选择外购战略，就需要成立一个经销公司，为消费者提供相应的服务。一般而言，对于产品工艺复杂、零部件繁多的生产企业，那些非关键、不涉及核心技术的零部件，如果外购价格合理，市场供应稳定，企业可以考虑外购或以外包的方式来实现供应。

（二）生产与运作方式选择战略

企业作出自制或外购的决策后，就要从战略的高度对企业的生产方式作出选择。正确的选择可以帮助企业动态地适应快速变化的市场。可供企业选择的生产与运作方式有许多种，下面仅就其中较为典型的两种加以介绍：

1. 大批量、低成本

大批量、低成本策略适用于需求量大、差异性小的产品或服务的提供。这种策略适用于标准化的产品或服务，而不是个性化的产品和服务。这种策略往往需要较高的投资来购买专用高效设备，因而适用于需求量很大的产品或服务。只要市场需求量足够大，采用低成本和大批量的策略就可以战胜竞争对手、取得成功，尤其在居民消费水平还不高的国家或地区更为适宜。

2. 多品种、小批量

对于个性化的产品或服务，就不宜采用大批量生产的方式，只能采取多品种和小批量生产策略。面对当今市场需求的日益多样化和个性化，企业只有采用这种策略才能立于不败之地。当前，许多著名的企业如丰田、惠普等，都采用这种生产与运作方式。但是多品种小批量生产的效率难以提高，对大众化的产品不宜采取这种策略。否则，遇到采用低成本和大批量策略的企业，就无法与之竞争。

上述两种策略也可综合运用，如现在人们提出的"顾客化大量生产"或"大量定制生产"，既可以满足用户多种多样的需求，又具有大量生产的高效率特点，是一种新的生产方式。

另外，还有一些可供企业选择的先进的生产方式，如敏捷制造、JIT、计算机集成制造等，我们将在现代生产系统与先进生产方式中作详细介绍，此处不再赘述。

二、产品或服务的开发与设计战略

企业在产品或服务选择的基础上，要进行设计，以确定其功能、型号和结构，进而选择制造工艺，设计工艺流程。随着现代科技的快速发展，产品生命周期总体上有缩短的趋势，研发的重要性日益显现，新技术、新产品不断推出，成为保障企业生存与发展的重要条件。按照发展方向的不同，可将产品或服务的开发与设计战略分为以下 5 种。

（一）做技术领导者或技术跟随者

企业在设计产品或服务时是做新技术的领导者还是做跟随者，是两种不同的策略。做领导者就需要不断创新，在研发方面作大量投入，因而风险大。但做领导者可以使企业领导新潮流，拥有独特的技术，在竞争中始终处于领先地位。英特尔公司采用的就是做领导者的策略。做跟随者只需要仿制别人的新产品，花费少、风险小，但得到的不一定是先进的技术。如果跟随者善于将别人的技术和产品拿过来进行改进，则也有可能形成竞争优势，并后来居上。这里还存在采用最先进的技术还是采用适用技术的问题。最先进的技术一旦拥有，则优势在手，但采用先进技术的费用高、风险大。适用技术不一定是最先进的技术，但它是符合企业当前发展的经过使用检验的技术。采用适用技术花费少，风险也小。

波特教授曾经将研究开发战略与企业竞争战略联系起来，通过研究得出结论：技术领导者和跟随者，在获取成本领先优势或差异化优势方面各有特点，如表 3-2 所示。

表 3-2　研究开发战略与竞争优势

竞争优势	技术领导者	技术跟随者
成本领先	①优先设计出成本最低的产品或服务 ②优先获得学习曲线效益 ③创造出完成价值链活动的低成本方式	①通过学习技术领导者的经验，降低产品或服务成本和价值链活动费用 ②通过仿制来减少研究开发费用
差异化	①优先生产出能增加客户价值的独特产品 ②在其他活动中创新以增加客户价值	通过学习技术领导者的经验，使产品或交货系统更能适应客户的需要

（二）自主开发或联合开发

自主开发是指企业根据对市场的分析和预测，依靠自己的技术力量进行新技术、新产品的研究开发，从而开发出适应消费者需求的产品。联合开发则是指企业通过与合作伙伴或其他机构联合开发新技术、新产品。自主开发对于企业规模大、研发能力强的行业领导者很有吸引力。而联合开发则成为实力稍逊企业的理性选择，它们可以通过联合实现资源聚合，达到联合各方的共赢。此外，对于一些复杂的产品或技术，由于涉及的知识前沿，投入巨大，且周期较长，联合开发的适用性更强；而对于涉及独特核心技术的产品的开发与设计，企业必须自己做，这样才能保证自身拥有市场主动权，特别是对于高新技术企业更是如此。

（三）外购技术或专利

如果企业没有条件进行独立研究开发或联合开发，或者研发成本过高、风险过大，则会考虑外购先进的技术或专利，借助企业外部的研发力量（如购买大学和研究所的研究成果）来节约研究与开发的费用，降低研发风险，同时缩短产品开发与设计的周期，最终增强企业自身的技术实力。但要注意的是，企业在购买或引进技术或专利后，要加以消化、吸收和创新，以形成自身的特色。巴特尔（Battle）研究所曾为施乐（Xerox）公司开发复印机产品；强生（Johnson and Johnson）公司曾利用宾州大学的专门技术开发治疗粉刺和皱纹的产品，利用哥伦比亚大学的专门技术开发一种治癌药品。

（四）基础研究或应用研究

基础研究就是对某个领域的某种现象进行研究，但不能保证新的知识一定可以得到应用。基础研究成果转化为产品的时间较长，投资比较大，而且转化为产品的风险很大。但是，一旦基础研究的成果可以得到应用，就会对企业的发展发挥巨大作用。应用研究则是企业根据市场需求状况选择一个潜在的应用领域，有针对性地进行的研究活动。应用研究实用性强，较容易转化为现实生产力，但应用研究一般需要基础理论的研究成果。例如，空气动力学的研究属于基础研究，而赛车车型的研究则属于应用研究，它要以空气动力学为基础。

（五）生产能力规划战略

在市场经济条件下，企业要赢得竞争优势，就不能只局限于运用现有的生产能力，还必须积极制定一套发展生产能力的总体规划。生产能力（简称产能）规划是提供一种方法来确定由资本密集型资源——设备、工具、设施和总体劳动力规模等综合形成的总体生产能力的大小，有利于充分利用生产资源，最大限度地减少生产资源的闲置和浪费，从而为实施企业的长期竞争战略提供有力的支持。产能规划所确定的生产能力对企业的市场反应速度、成本结构、库存策略以及企业自身管理和员工制度都将产生重大影响。产能规划具有时间性和层次性。

三、生产与运作系统的设计战略

生产与运作系统的设计战略是企业战略管理的一项重要内容，也是企业战略实施的重要步骤。生产与运作系统的设计与维护主要有四个方面的内容：选址、设施布置、工作设计和考核与报酬。具体见表3-3。

表3-3 生产与运作系统的设计与维护

选址	设施布置	工作设计	工作考核和报酬
按长期预测确定所需能力 评估市场因素、有形和无形成本因素 确定是建造或购买新设施还是扩充现有设施 选择具体的地区、社区和地点	选择物料传送办法和配套服务 选择布置方案 评估建设费用	按照技术、经济和社会的可行性确定岗位 确定何时使用机器或人力 处理人机交互 激励员工 开发、改进工作方法	工作考核 设置标准 选择和实施报酬方案

（一）选址

生产服务设施设点问题对企业的生产运行效率和效果都有根本性的影响。例如，如果在落后地区建厂，可以降低初期投资，但在产品运输、高级人才聘用等方面则可能形成弱势。

另外，工厂选址建成运行当前后，有时也需要扩大生产能力。尽管当前所采取的扩充现有设施的办法比较经济易行，但往往容易受到空间的限制。另一种方式是购买或租赁厂房或服务设施，但这不一定能满足需求。还有一种方式就是另外寻找其他地方建造新设施，这种办法选择余地大，但需要大量资金。设施还有一个集中或分散安置的问题。

（二）设施布置

设施布置对生产与运作的效率有很大影响。若设施布置不当，则会造成运输路线长，运输路线迂回曲折，不仅浪费大量的人力和物力资源，而且还会延长生产周期。

不同生产类型的设施布置形式不同。对大量大批生产，一般采用流水线布置。对多品种小批量生产，一般采用按功能布置，即将完成相同功能的机器设备布置在一起。功能布置具有较高的柔性，但物料运送的路线长。第三种是按照固定位置布置，即将原材料、零部件和人员集中到一个特定的地点，被加工的工件不动，机器设备和工具按加工需要进行配置，使用过的设备和工具随时取走。例如，飞机制造就是采用固定位置布置；大型电站锅炉的安装也是按照固定位置布置。采用固定位置布置的原因通常是工件太大，不能移动。外科手术也是固定位置布置，因为病人（工件）在动手术时是不能移动的。第四种布置是按生产单元布置，即把不同的设备集中到一起，进行有限范围的产品生产。在生产单元中，机器设备不动，工作的移动也很有限。除了生产设备布置之外，设施布置还包括物料传送方法和其他服务性设施的选择和配置。

对于服务业，确定设施布置时，需要考虑生产过程的组织方式：是准制造式、顾客参与式、还是顾客作为产品式。不同的运作方式的设施布置是存在差异的。麦当劳采用的是准制造式，在全球都取得了成功，它为顾客提供的服务是标准化的，与顾客的接触也很少，有形的物品超过了无形的服务。

（三）岗位设计

岗位设计是要制定与每个员工工作有关的活动的正规的和非正规的说明，它包括岗位的结构和员工与顾客之间的联系。岗位设计有不同的指导思想和方案。一种是进行细致分工，每个员工只完成某些特定操作，这样可以提高工作效率，从而提高生产系统的产出。例如，福特汽车公司最早的流水生产线上的岗位就是按此思想设计的。这种方式使工作单调乏味，会遭到工人的反对。另一种是进行粗略分工，每个员工都从事不同的操作，使工作丰富化。这虽然能提高员工的工作兴趣，但在一定程度上降低了生产效率。

在岗位设计上要正确处理人机分工。当今社会，完全依靠手工进行工作的情况越来越少，一般都需要使用机器来完成既定任务。人是最灵活而富有创造性的，适合完成非例行的工作；机器比人要持久，能更准确地完成程序化的工作，但不具备人的能动性。若让人做机器能做的事，不仅浪费人力资源，而且是不人道的。岗位设计要使机器和工作环境适合人的能力和需要，而不是与此相反。很显然，人不能重新设计来适应机器，而机器可以重新设计来适应人。

（四）工作考核和报酬

对员工的工作业绩进行考核，并将考核结果与报酬挂钩，只有这样，才能更好地激励员工努力工作，不断改进工作方法，发挥创造性，提高工作效率。报酬涉及工资和薪水的数量和发放方法。通常有两种计酬方法：计时付薪和按贡献付薪。计时付薪就是按小时、天或月付薪，适用于难以量化的工作。按贡献付薪包括计件和承包等，适用于能够量化的工作。报酬系统的选择和设计对于发挥最重要的资源潜力有着十分重要的影响。

第四节 基于一体化战略构建的生产与运作战略

一体化战略是指企业充分利用自己在产品、技术、市场上的优势，根据物流的方向，使企业不断地向深度和广度发展的一种战略。一体化战略是企业非常重要的成长战略之一，它有利于深化专业分工协作，提高资源的深度利用和综合利用效率，包括纵向一体化战略（Vertical Integration Strategy）和横向一体化战略（Horizontal Integration Strategy）。

一、纵向一体化战略

（一）纵向一体化战略的内涵

纵向一体化战略又称垂直一体化，是指企业将生产与原料供应或生产与产品销售联合在一起的战略形式，是企业在两个可能的方向上扩展现有经营业务的一种发展战略，是将企业的经营活动向后扩展到原材料供应或向前扩展到销售终端的一种战略体系，包括前向一体化战略（Forward Integration Strategy）和后向一体化战略（Backward Integration Strategy），也就是将经营领域向深度发展的战略。前向一体化战略是企业自行对本企业产品作进一步深加工，或者将资源进行综合利用，或企业建立自己的销售组织来销售本企业的产品或服务。如钢铁企业自己轧制各种型材，并将型材制成各种不同的最终产品即属于前向一体化。后向一体化则是企业自己供应生产现有产品或服务所需的全部或部分原材料或半成品，如钢铁公司自己拥有矿山和炼焦设施，纺织厂自己纺纱、洗纱等。

纵向一体化战略的目的是加强核心企业对原材料供应、产品制造、分销和销售全过程的控制，使企业能在市场竞争中掌握主动，从而达到增加各个业务活动阶段的利润。纵向一体化战略是企业经常选择的战略体系，但是任何战略都不可避免地存在风险和不足，纵向一体化战略的初衷是希望建立起强大的规模生产能力来获得更高的回报，并通过面向销售终端的方略获得来自于市场各种信息的直接反馈，从而不断改进产品和降低成本，以取得竞争优势。

然而，并不是所有的领域都适合纵向一体化。我们可以看到，伊利乳业并没有在全国建立起专卖店体系，这从一方面说明这种基于一家产品的奶制品不适宜建立专卖店体系，反而更加适于在超市销售，因而不宜开展前向一体化（销售渠道与终端）。

但是，伊利乳业已经向后进入奶源基地的建设，也即开展后向一体化。前向一体化方面，奥康和美特斯邦威已经向前进入专卖店建设。

（二）纵向一体化战略的优劣势

1. 纵向一体化战略的优势

（1）节约交易成本。采取纵向化一体战略后，企业将外部市场活动内部化，从而产生如下经济性：内部控制和协调的经济性、信息的经济性、稳定关系的经济性，这些经济性最终帮助企业节约了交易成本。

(2) 有助于开拓技术。在某些情况下，纵向一体化战略提供了进一步熟悉上下游企业经营相关技术的机会。这种技术信息对基础经营技术的开拓与发展非常重要。如许多领域内的零部件制造企业发展前向一体化体系，就可以获得零部件是如何进行装配的技术信息。

(3) 确保供给和需求。纵向一体化战略能够确保企业在产品供应紧缺时得到充足的供应，或在总需求很低时能有一个畅通的产品输出渠道。也就是说，纵向一体化能减少上下游企业随意中止交易的不确定性。当然，在交易的过程中，内部转让价格必须与市场接轨。

(4) 削弱供应商或顾客的价格谈判能力。如果一个企业在与它的供应商或顾客谈生意时，供应商和顾客有较强的价格谈判能力，且该笔生意的投资收益超过了资本的机会成本（机会成本是指为了得到某种东西所必须放弃的东西），那么，即使该笔生意不会带来其他的益处，企业也值得去做。因为纵向一体化削弱了对手的价格谈判能力，不仅会降低采购成本（后向一体化）或者提高价格（前向一体化），还可以通过减少谈判的投入来提高效益。

(5) 提高差异化能力。纵向一体化战略可以通过在管理层控制的范围内提供一系列额外价值，来改进企业的差异化能力。例如，云南玉溪卷烟厂为了保证生产出高质量的香烟，对周围各县的烟农进行扶持，使他们专为该烟厂提供高质量的烟草；葡萄酒厂拥有自己的葡萄产地也是一种一体化的例证。同样，有些企业在销售自己技术复杂的产品（如汽车）时，也需要拥有自己的销售网点，以便提供标准的售后服务。

(6) 提高进入壁垒。企业实行一体化战略，特别是纵向一体化战略，可以使关键的投入资源和销售渠道控制在自己的手中，从而使行业的新进入者望而却步，防止竞争对手进入本企业的经营领域。企业通过实施纵向一体化战略，不仅保护了自己原有的经营范围，而且扩大了经营业务，同时还限制了所在行业的竞争程度，使企业的定价有了更大的自主权，从而获得较大的利润。如 IBM 公司通过纵向一体化战略，自己生产并销售计算机硬件、软件，不让竞争对手学到自己的技术，从而形成进入障碍。

(7) 进入高回报产业。如果企业的供应商或经销商有较高的利润，这意味着他们经营的领域属于十分值得进入的产业。在这种情况下，企业通过纵向一体化，可以提高总资产回报率，并制定更有竞争力的价格。

(8) 防止被排斥。如果竞争者是纵向一体化企业，一体化就具有防御的意义。因为竞争者的广泛一体化能够占有许多供应资源或者客户资源。因此，为了达到防御的目的，企业应该实施纵向一体化战略，否则将面临被排斥的处境。

2. 纵向一体化战略的劣势

(1) 带来风险。纵向一体化战略会提高企业在行业中的投资，提高退出壁垒，从而增加商业风险，有时甚至还会使企业不可能将其资源调往更有价值的地方。由于在所投资的设施耗尽以前放弃这些投资的成本很大，所以，纵向一体化的企业对新技术的采用通常要慢一些。

(2) 代价昂贵。纵向一体化战略中，企业依赖自己的内部交易获取资源，这样做所付出的代价随时间的推移可能会变得比向外部寻求资源还昂贵。产生这种情况的原因有很多。例如，纵向一体化可能切断来自供应商及客户的技术流动。如果企业不实施一体化，供应商愿意在研究等方面积极支持企业。再如，纵向一体化意味着通过固定关系来进行购买和销售，上游单位的经营激励可能会因为是内部销售而使竞争有所减弱。在从一体化企业内部某个单位购买产品时，企业不会像与外部供应商做生意时那样激烈地讨价还价，因此会减弱员工降低成本、改进技术的积极性。

（3）不利于平衡生产能力。纵向一体化延长了生产链在企业中的长度，使生产能力的平衡更加困难。对于某项活动来说，如果它的内部能力不足以供应下一个阶段的话，差值部分就需要从外部购买。如果内部能力过剩，就必须为过剩部分寻找顾客，如果生产了副产品，就必须进行处理。

（4）需要不同的技能和管理能力。供应链的不同环节可能需要不同的成功关键因素，需要不同的技术和管理方式。熟悉如何管理一个具有不同特点的企业是纵向一体化的主要成本。例如，很多制造企业会发现，投入大量的时间和资本来开发专有技能和特许经营技能以便实行前向一体化，即进入零售或批发领域，并不是总如他们想象的那样能够给他们的核心业务增值，而且拥有和运作批发、零售网络会带来很多棘手的问题。

（5）延长了时间。后向一体化，即进入零配件的生产可能会降低企业的生产灵活性，延长对设计和模型进行修改的时间，延长企业将新产品推向市场的时间。如果一家企业必须经常改变产品的设计和模具以适应购买者的偏好，那么他们通常会发现后向一体化是一件负担很重的事，因为这样做必须经常改变模具和重新改进设计，必须花费时间来实施和协调由此所产生的变化。从外部购买零配件通常比自己制造便宜一些、简单一些，企业能够更加灵活、快捷地调节自己的产品以满足购买者的需求。世界上绝大多数汽车制造商虽然拥有自动化的技术和生产线，但他们还是认为，从质量、成本和设计灵活性的角度来讲，从专业制造商那里购买零配件而不是自己生产会获得更多的收益。

（三）纵向一体化战略应用实例

1. 背景介绍

雅戈尔公司通过20多年的努力和摸索，逐步确立了以纺织服装为主业、以房地产和国际贸易为辅的经营格局，旗下拥有上市公司雅戈尔集团股份有限公司以及各类子公司近40家。2003年，雅戈尔在中国500强企业中名列第155位；实现销售额101.2亿元，比上年增长46.17%；实现利润6.58亿元，比上一年增长12.3%；出口创汇5.21亿美元，比上年增长41%；实现税收3.48亿元，比上一年增长23.51%。在这里我们要讨论的不是其多元化战略，也不是探讨其高速成长的原因，而是其纺织、服装和分销零售网络纵向一体化战略的驱动力。

2. 战略布局

（1）第一颗棋子——建立先进的成衣加工厂

1）小作坊加工。中国服装产业最初起步于以传统加工技术为支撑的朴素服装产品消费市场。在这个阶段，中国服装市场上基本上没有流行消费和品牌消费的概念。20世纪70年代末至80年代初，中国服装产业的主流企业普遍采用计划经济模式下的经营方式，该阶段的中国服装产业基本上属于简单的传统加工产业，而且是小作坊形式，这个阶段的雅戈尔处于新建企业的创业期，其主要业务就是为国内有一定规模的服装企业（上海开开实业股份有限公司）做贴牌加工业务。雅戈尔起步时只是一个拥有不足10名员工和几台缝纫机的小型民办服装加工厂，与中国其他服装企业相比，除了简朴、勤奋之外没有任何竞争优势可言。当时雅戈尔的利润构成只是廉价的制造加工费。

2）传统批发市场。20世纪80年代中期是中国服装产业飞速发展的准备期，虽然这时的中国服装产业基本结构还是传统的劳动密集型和材料密集型产业，但在市场结构和企业经营理念层次上已经发生了根本性变化。国际市场的服装消费标准需求对中国服装企业的加工管理、质量保证体系、经营体系产生了积极性的影响。在此阶段，雅戈尔抓住了几次发展机遇，扩大了企业规模。雅戈尔在为国内其他服装公司做贴牌加工的同时，还向中国服装零售市场进行批发销售。尽管这种朴素的销售形式还非常传统，但这种越过贴牌生产，直接将触角伸向零售市场的行为也使企业的市场结构发生了变化。

虽然这种变化对企业的运作体系的影响不是非常明显，但其意义却非常重大，尤其是主动市场观念的建立和满足市场需求的产品概念对后期雅戈尔的发展起到了不可忽视的作用。同时，这一时期的利润为雅戈尔的企业原始积累作出了巨大的贡献。

3）国际品牌影响。20世纪80年代末至90年代初，国际品牌服装的加工订单陆续投向中国，使得中国服装业的整体加工能力和质量管理水平逐渐与国际化标准接近。国际品牌服装的加工市场需求是这阶段中国服装产业划时代发展的主要动力之一。另外，中国服装产业的整体进步也带动了中国本土服装市场的发展，雅戈尔就是在该发展阶段迅速崛起的具有代表性的企业之一。

总之，在此之前中国服装产业基本处于供不应求的时代，只要生产出来就能全部销售出去，因此雅戈尔引进了大量先进设备，如有18条衬衫生产流水线，形成了从生产计划、技术开发、质量管理到自营出口等一整套的现代化管理体系，自从1995年雅戈尔衬衫第一次夺得国内同类产品市场综合占有率第一名以来，之后连续十年雅戈尔衬衫的市场一直稳居第一；西服生产目前拥有国内首家普及法国CAD和CAM系统以及德国杜克普的全自动生产吊挂系统，该生产线投入使用后将使生产能力提高30%～40%，产品包括普通粘衬西服，高档精制全毛衬西服、半毛衬西服和优雅时尚的轻凉西服等，自从1999年雅戈尔西服夺得国内同类产品市场综合占有率第一名以来，之后连续五年雅戈尔西服的市场一直稳居第一；休闲服饰部分目前拥有六个车间、四条生产流水线，形成了从生产计划、技术开发到品质管理的现代化管理体系，主导产品为休闲服饰，包括夹克衫、休闲服、风衣、棉衣、运动服等。2002年4月，雅戈尔集团股份有限公司通过了ISO9001：2000标准认证，认证范围涵盖衬衫、西服、休闲服三种主导产品，全面纳入新的国际质量管理运行体系。

在没有完全按订单生产（MTO）的阶段，生产与销售经常不同步。在建服装城前，雅戈尔的销售能力很强，每年以20%的速度增长，但生产能力跟不上。建成后生产能力一下扩大了4～5倍，其现有的渠道根本无法完全消化，不得不寻找其他途径消化这庞大的生产能力。

经过分析，我们可以知道，雅戈尔的成衣服装能力的形成的根本驱动力在于供不应求的成衣市场。在此期间，雅戈尔人努力学习，不断引进先进的制造技术和管理方法，通过大规模生产实现规模经济，并且使企业在加工品质、生产规模、管理方法上取得了相对的产业优势。雅戈尔以其领导层睿智的决策和全体员工的不懈努力，努力开拓国内服装市场，使企业高速成长。这种成功，使得雅戈尔在中国劳动密集型和材料密集型服装企业群中成为佼佼者，同时也为后期雅戈尔服装品牌在中国服装消费市场上的崛起和企业整体高速发展奠定了坚实的基础。

（2）第二颗棋子——建立遍布全国的庞大的分销网络

前一发展阶段的雅戈尔企业虽然取得了长足的进步，但和国内其他服装企业基本相同，仍属于比较传统的加工型服装企业。以产品为中心的销售体系，以批发和贴牌加工为主体的市场结构,以加工费和有限的材料增值为基础的利润结构等,使得企业难以获取理想的产品附加值。

经过多年的市场洗礼,到 20 世纪 90 年代中期,中国大中城市的服装消费者的消费观念发生了不容忽视的变化,消费者开始关注服装的品牌和时尚元素,这种衣着观念的变化对中国服装产业的发展产生了巨大的、积极性的影响,中国服装消费的市场结构开始了史无前例的转变。国内服装市场逐渐进入了有规模的初级品牌消费阶段。

中国服装产业结构格局的变化同时改变了雅戈尔的市场结构,使其从以批发销售和贴牌加工为主体的服装加工厂家转化为以服装加工为基础、以初级品牌服装营销为主体的具有复合型业态的服装企业。雅戈尔的企业利润已含有相当高的品牌附加值,初级品牌市场巨大的营销利润成为雅戈尔真正的第一桶金。

2001 年 10 月,雅戈尔国际服装城全面竣工,这个全国最大的服装生产基地不仅全面提升了雅戈尔的企业形象,而且以年产 3000 万件服装的规模拉大了其与竞争对手之间的距离。然而,事情总是需要一分为二地看待,先进的庞大的生产能力为雅戈尔获得了高品质、低成本、规模经济和范围经济,但同时也可能是一个包袱和潜在的风险。大量生产是以大量销售为前提的,如果厂家不能有效地对销售过程进行控制,那么生产线就得不到有效的保护,它的生产威力就发挥不出来。营销渠道可以通过建立自营专卖店,也可以通过商场,当然还可以通过特许加盟的方式来建立。

另外,一些实力雄厚的大品牌往往喜欢采用直营的方式,直接投资在大商场经营专柜或在黄金地段开设专卖店进行零售。基于这种现实,雅戈尔采取的战略是,从生产经营型企业向销售型企业转变,通过选择不同的营销组合,直接面向市场销售产品。在目前全国区域、分公司、营销网点的基础上,抓好雅戈尔自营店和窗口商场,特别是旗舰店的建设,加大拓展力度,扩大营业面积和销售额,将雅戈尔自营旗舰店作为营销网络的龙头,使其成为品牌形象中心、顾客凝聚中心、销售中心和信息中心,在经济一体化的浪潮中塑造与国际接轨的一流店铺。

雅戈尔建立庞大的营销网络这一举动引起了非常大的争议。从其他企业的实践来看,过多的自建网络容易造成实际库存增加,对网络的维持、建设又吞蚀了企业大量的利润。2001 年康佳年报巨额亏损 7 亿元中就有 3.8 亿元是网络库存造成的损失。曾与雅戈尔同城的产、供、销、售一条龙的首创者杉杉集团,1998 年以来最主要的工作就是解散以前亲手建立的 35 个分公司,取而代之以全新的特许加盟模式。雅戈尔集团总裁李如成强调说,"虽然工业是不应该进入商业的,工业与商业的分离是一个必然的结果,但这是明天的事情,而我们要考虑今天的事情。……渠道是最重要的,中国工业企业,现在利用这个机会,壮大自己的渠道是最关键。""有了渠道却还亏损,这是渠道管理不成功。……谁和市场最接近,谁就掌控主动权,所以,我们要进入流通。"

加入 WTO 以后,中国的流通业对外开放趋势不可逆转,国际服装品牌势必会挤入中国服装企业已显狭窄的渠道,或建设更加强大的渠道。而中国服装企业虽然都有自己的营销体系,但总体上规模偏小,层次不高,稳定性不够。这也是李如成要结束一些小的盈利差的专卖店和特许加盟店,精心经营 1000~2000m² 大型专卖店的原因。2001 年雅戈尔以年薪 50 万美金请来了"巴黎时尚工作室"的创始人、MID 理论的创始人奥博利·马蒂。马蒂将以雅戈尔总裁品牌顾问的身份,以量身定做的方式,从品牌宣传、卖场设计、产品开发等各方面规划品牌的国际发展路线。

2004年2月，雅戈尔与美国服装销售巨头Kellwood签约，合资组建雅新衬衫公司，主要从事衬衫生产并全部出口海外市场，以进一步巩固外贸出口市场，并为雅戈尔品牌的外销奠定良好基础；Kellwood香港子公司将出资参股雅戈尔日中纺织印染有限公司，共同生产、销售高档纺织面料，培育雅戈尔新的利润增长点。Kellwood是一家在纽约证券交易所上市的服装经销商，曾被《财富》杂志评选为美国五大服装公司之一，该公司2003年的销售额达25亿美元，有利于带动雅戈尔实现新的跨越。

二、虚拟集成战略

（一）虚拟集成战略的内涵

虚拟集成战略是指企业尽可能降低自己的纵向集成度、最大限度地利用外部资源的一种生产与运作方式。进行虚拟集成的公司不拥有大量的设施设备，也不拥有常年雇佣的各方面的大量专业技术人才，而只是根据产品开发、市场开发、满足顾客订单等企业的具体需求随时寻找外部资源，与外部资源达成合作关系。一旦任务完成，这种合作关系就宣告结束。采取虚拟集成战略的公司具有很大的柔性，能够很灵活地进出某一市场，追赶产品时尚和新技术潮流，并且投资和系统转换的风险很小，被认为是"敏捷制造"的一种实践方式。在当今市场需求日益多变、技术进步日新月异的环境下，越来越多的公司开始采用或部分采用这种战略。而且网络技术的飞速发展也给采用这种战略提供了极大的便利条件。

（二）虚拟集成战略应用实例

Red Hat于2006年3月底正式宣布了实施集成虚拟化战略，其目标是帮助客户更方便、有效地实现虚拟化环境的建设，所以，他们与底层的处理厂商AMD、Intel以及存储厂商Net App、虚拟化专业厂商Xen Source等展开广泛合作，希望以通过全面的技术合作加快客户实施虚拟化的步伐。

Red Hat全球技术支持人员金林钢就集成虚拟化战略接受记者采访时指出：Red Hat的集成虚拟化有一个路线图，首先是在Red Hat企业级Linux v5中加入开源虚拟化解决方案。Red Hat目前已经发布了Fedora Core 5，这个产品是包含其企业级Linux虚拟化技术的一个预览版，是专门针对社区开发的。到2006年夏季，Red Hat将提供虚拟化迁移与评估服务以及企业级Linux v5虚拟化Beta版。Red Hat企业级Linux v5计划到2006年年末全面上市，该版软件完全集成了虚拟化功能。预览版FC 5集成了开源Xen虚拟化软件，使用3.0版Xen开发分支软件，增添了可使虚拟机设置更加容易的客户端安装脚本。

Red Hat认为，一个具有商用优势的虚拟化环境需要多种技术的协调配合，所以仅在Linux操作系统中集成虚拟化工具是远远不够的。金林钢介绍到，Red Hat的集成虚拟化还包括存储虚拟化，Red Hat全球文件系统是支持存储虚拟化的解决方案，还有Red Hat网络提供的系统管理、资源管理和软件提交解决方案。Red Hat关注虚拟化是因为客户关注这个问题，虚拟化可以提高系统利用率，让他们自由决定何时以及怎样升级系统和应用软件。

对于Red Hat的虚拟化战略，IDC给出了一个名为《Red Hat虚拟化——面对系统优化的挑战》的报告。报告中提到，Red Hat下一版本的企业级Linux v5中将集成Xen虚拟机技术，Xen的技术是一种并行虚拟化技术，也同时支持纯软件的虚拟化。推出新版本后，对于老版本的产品，Red Hat会推出一个更新，以不同的模式支持虚拟化。

Red Hat 的虚拟化战略给虚拟化的市场带来了一些新的东西，不过，IDC 同时也指出，Red Hat 同样面临一些挑战，例如，面对那些希望移植到版本 5 的用户，系统升级对于用户来说永远是一个挑战。不过，Red Hat 已经建设了一个在线的虚拟资源中心，提供虚拟化相关的信息、移植难题解答、评估、工具和服务，帮助客户向虚拟化环境进发。还有一个很大的挑战来自于目前市场上已有的虚拟化解决方案，包括 VMWare ESX Server、SWsoft Virtuozzo 等。不过 Red Hat 认为，他们拥有非常广阔的 Linux 操作系统装机量，因此他们更关注那些将在未来 12 个月内采用虚拟化解决方案的潜在用户以及需要可靠的商业化虚拟技术解决方案的用户。

小　结

本章阐述了生产与运作战略问题。第一节介绍了生产与运作战略的概念、战略目标和战略框架；第二节介绍了基于竞争优势要素构建的生产与运作战略，包括受成本、质量、品种、服务、时间、柔性等竞争优势要素影响时生产与运作战略随市场变化而变化的规律；第三节介绍了基于生产与运作管理范畴构建的生产与运作战略，包括生产与运作的总体战略、产品或服务的开发与设计战略、生产与运作系统的设计战略；第四节介绍了基于一体化战略构建的生产与运作战略，主要是纵向一体化战略原理及优劣势分析、虚拟集成战略及实例分析。

思考与练习

思考题

1. 简述企业战略结构层次。
2. 生产与运作战略与企业总体战略的关系是什么？
3. 简述基于竞争优势构建的生产与运作战略包括的内容。
4. 竞争优势要素演进过程的意义是什么？
5. 订单赢得要素和订单资格要素战略的关系是什么？
6. 生产与运作总体战略包括哪些内容？
7. 生产与运作系统的设计有哪些重要决策？
8. 纵向一体化战略的优劣势是什么？什么类型的企业适合提高集成度？
9. 虚拟集成是未来生产与运作系统的主要模式吗？

判断题

1. 企业级战略与部门级战略有时可以是同一种战略，内容可以合二为一。
2. 生产与运作战略往往比企业战略低一个层次，故不需要高级管理者来作出选择。
3. 在当今社会中，市场竞争使企业的质量水平高度接近，企业间竞争优势的差异表现为快速或按时交货的能力。
4. 基于质量的战略即依靠顾客感知到的产品或服务的绝对质量的领先地位，可以赢得高的市场占有率和稳定的利润。
5. 在产品或服务的开发方面，只有采用自己设计战略才能拥有核心技术。
6. 多品种战略与低成本战略只能选其一。

7. 对外部环境的分析通常能帮助识别企业目前生产与运作的优劣势。
8. 订单赢得要素和订单资格要素是时刻变化着的。
9. 早期福特汽车公司采用的就是多品种、低成本战略。
10. 石化行业适合采用高度纵向一体化战略。
11. 电子商务的运作模式就是虚拟集成。

选择题

1. 生产与运作战略是企业的（　　）。
   A. 公司层战略　　　B. 经营层战略　　　C. 职能层战略　　　D. 以上都不是
2. 组织创造价值的主要环节是（　　）。
   A. 营销环节　　　B. 生产与运作环节　　　C. 财务环节　　　D. 组织环节
3. 以生产率作为战略目标的企业追求（　　）。
   A. 品种多样性　　　　　　　　　　B. 规模经济性
   C. 生产系统的柔性　　　　　　　　D. 交货准时
4. 将竞争优势作为生产与运作战略目标的原因是（　　）。
   A. 生产率不重要　　　　　　　　　B. 企业总体战略的变化
   C. 顾客需求的变化　　　　　　　　D. 经营环境的变化
5. 不断地追求快速响应顾客的需求的实质是（　　）。
   A. 基于成本的战略　　B. 基于时间的战略　　C. 基于质量的战略　　D. 以上都不是
6. 在国际市场上，大多数市场都要求其供应商通过ISO9000质量认证，这时，质量认证就成为了（　　）。
   A. 订单赢得要素　　B. 订单资格要素　　C. 权衡要素　　D. 聚焦要素
7. 一个企业确定通过购买专利实现技术创新，这种战略属于（　　）。
   A. 总体战略　　　B. 设计与开发战略　　　C. 系统的设计战略　　　D. 以上都不是
8. 提高集成度战略的最大优势是（　　）。
   A. 降低生产成本　　　　　　　　　B. 节约交易成本
   C. 降低采购成本　　　　　　　　　D. 降低人工成本
9. 中国石油化工集团的纵向一体化战略（　　）。
   A. 集成度高　　　　　　　　　　　B. 集成度低
   C. 前向集成度高　　　　　　　　　D. 后向集成度高
10. 自制或购买战略属于（　　）。
    A. 生产与运作总体战略　　　　　　B. 虚拟集成战略
    C. 开发与设计战略　　　　　　　　D. 纵向一体化战略

案例分析

戴尔公司的生产与运作战略

长期以来，戴尔公司一直是计算机制造业及时交货的典范，如今它更进一步，把同样严格的时间应用到了它的供货体系中。例如，它坚持要求把零部件的绝大部分储存在距离下属工厂15min路程以内的地方。从接到订单到收取货款的每个环节中挤时间，利用信用卡和电子付款在24h内即可完成全过程。而其竞争者完成同样的过程需十几天。

IBM、惠普等纷纷效仿戴尔，推出了自己的计划，以便缩短生产时间，提高服务效率。例如，IBM现在不再为大多数客户组装微机，而是将这项业务交给Micro Age这样的代理公司来做。

传统方式中，计算机组装好后一般在代理商的货架上搁置两个月，而戴尔公司是收到订单后才开始订购零件、组装计算机。这使得戴尔公司减少了计算机零部件在几个月内大幅降价的风险，与竞争对手相比，仅此一项就获得了6%的利润优势。

戴尔公司的工厂遍布全球，主要分布在美国、爱尔兰、马来西亚等国家或地区，即便如此，戴尔工厂仍有办法（谁配合它的仓储计划就用谁）让它的大多数供货商把零部件储存在距离它的工厂数分钟路程之内的仓库。

当一台计算机准备出厂时，戴尔公司就给某一快递公司发一封电子邮件，快递公司据此从供货商的仓库中提出一台显示器，并安排日程使它和计算机主机一起送到客户手中。这就节省了显示器先运抵戴尔公司再由戴尔公司转运到客户手中的运费（一般，一台显示器可节省30美元运费）。这种新的经营方式使戴尔公司的营业效率超过了其他所有同行业的公司。它的全部存货相当于13天的销售量，而竞争对手的存货相当于25天的销售量。

资料来源：季建华．运营管理［M］．上海：上海交通大学出版社，2004年．

问题：
1. 分析戴尔公司的生产与运作战略。
2. 分析戴尔公司的竞争优势要素。

第四章 生产和服务设施的选址与布置

导入案例

林先生的火锅店

林先生原本是一家IT公司高管,在赚到了人生的第一桶金后,他开始把视线投向传统餐饮行业。虽说林先生对餐饮业有着极大的热情,但由于林先生没有行业的相关经验,在征询了朋友的建议后决定加盟一家成熟的品牌,这样借助别人的成熟品牌和管理让他这个外行也能变内行。

经过一番选择和比较,林先生最终选择了一家在行业内有极强品牌影响力的火锅企业。同时,林先生的选址计划也正在进行。很快,一家位于十字路口黄金码头的门面进入了林先生的视线。他有个观点:经营餐饮店,地段很重要,贵一点不要紧,关键要看人气。

这块位置周边就是几家大的手机卖场,没有同类火锅店的竞争对手,林先生似乎看到了市场的蓝海。按照总部对物业的要求,经过几轮谈判,场地很快就敲定了。

开业、促销都按照计划如期进行着,但是生意却不尽如人意。即使是开业促销,也是勉强坐满,林先生开始有点不明白了,如此黄金位置,人流也不缺乏,可为什么偏偏生意却上不来呢?然而就在距离他店面不到一公里的另外一条街上,七八家火锅店每日顾客盈门,排队候餐的场景每天都出现。前期的大手笔投入和现在不温不火的状况让林先生陷入了困惑之中。

选址与布置是企业生产与运作系统设计部分的重要内容。在企业产品和服务决策完成后,就要决定企业在何处建造生产与运作的设施来提供产品和服务;确定了设施的位置后,就要进行生产与服务设施的合理布置。任何新建或扩建都要面临设施选址和布置的战略决策。本章要介绍设施选址的原则与设施选址决策的方法;介绍设施布置的基本要求、设施布置的形式和优化设施布置的方法。

第一节 生产和服务设施选址

设施是指生产与运作过程得以进行的硬件手段,通常由工厂、办公楼、车间、设备和仓库等物质实体构成。设施选址是指运用科学的方法决定设施的地理位置,使之与企业的整体生产与运作系统有机结合,以便有效、经济地达到企业的经营目的。设施选址包括两个层次的问题:一是选位,即选择什么地区(区域)布置设施,如选择沿海还是内地、南方还是北方等,在当前全球经济一体化的大趋势下,或许还要考虑国内还是国外的问题;二是定址,即地区选定之后,具体选择在该地区什么位置布置设施,也就是说,在已选定的地区内选定一片土地作为设施的具体位置。设施选址还包括两类问题:一是选择一个单一的设施位置;二是在现有的设施网络中布新点。

一、设施选址的重要性

无论是生产有形产品的企业，还是提供服务的企业，工厂建在什么地区、什么地点，不仅影响建厂投资和建厂速度，而且还影响工厂的生产布置和投产后的生产经营成本。具体来说，选址决策成为生产系统设计的重要组成部分有两个主要原因：①选址决策属于一个长期的责任范畴，一旦出错，就很难弥补；②选址决策经常会影响投资需要、运作成本、税收及运作。因此，对制造业和服务业两者来说，选址对于竞争优势会产生重要的影响。具体表现为：

（一）设施选址直接决定投资与运行成本的高低

就投资成本和运行成本而言，设施选址是否合理，能否靠近客户和原材料产地，劳动力资源是否丰富，地价高低，生产协作条件如何，等等，都直接影响新厂的投资效益和运营效益。

1. 投资

建新厂区需要大量的投资，土地的价格、"三通一平"等基建工作与区域的选择有着直接的联系。远离城市中心地段的土地价格显然要比城市中心的土地价格低，即便是租用土地，租金同样会大大低于城区中心地段。通水、通电、通气及土地平整等费用也是建新厂区的一项重要投资，需要纳入选址的考虑范围之内。

建厂地区的公共设施和生产协作条件决定着新厂是否要自备动力、热力等各种辅助生产设施，供应来源的可靠性和便利性决定着新厂仓库面积的大小以及运输工具的类型和规模等。

2. 运行成本

选址不仅对初期的设施投资有着重要的影响，同时对今后企业的运行成本也有极为重要的影响。选址远离原材料供应地或产品销售地无疑将加大物流费用，从而增加成本；对服务业来说，选址问题还直接影响客流量和营业额，从而影响企业规模效益；选址还会直接影响企业员工的生活条件和生活成本，如果远离学校、医院、商业中心、银行等，缺乏社会配套设施，不仅会增加职工的生活成本，还会影响企业对人才的吸引力。

（二）设施选址直接决定了企业的投资和经营风险

1. 选址失误的损失是沉没成本

选址决策关系到一个相对较大的永久性投资，一旦工厂或商店已经建成，如果发现选址错误，也已经难以挽回。

2. 选址决策直接影响企业的发展战略

选址决策往往与企业长期经营战略有关，如企业的扩张战略、资本经营战略、市场战略、跨国战略、技术创新战略等，这些战略的实施往往要与选址相配合。例如，如果确定为在目标地区建厂生产产品或提供服务，那么如何选址就成为了跨国战略成败的关键。又如，当年海尔实施的"三位一体本土化"跨国战略，就是凭借正确的选址而取得了成功。它根据美国不同地区的资源禀赋，将设计中心确定在洛杉矶、营销中心确定在纽约、生产中心确定在南卡州。

随着中国改革开放的深入，大量的外商在中国投资建厂，将本国的制造部门迁移到中国，已经成为许多国外公司的发展战略。但如果设施选址发生失误，造成新厂的经营状况不佳，则会给企业在华投资发展的总体战略带来不利的影响。企业可能会因此被迫改变其长期发展战略，这样的战略转移必将会给企业带来极大的损失。

3. 设施选址要考虑的因素多而导致决策复杂、困难

设施选址决策事关企业的成败，关系重大，必须采用科学的方法对设施选址进行细致的分析研究，在研究结果的基础上作出谨慎的决策。但选址决策不是一件容易的事，正确的选址十分困难。

（1）选择决策所需考虑的因素多，而这些因素常常是相互矛盾的，多个因素的共同作用使选址问题变得相当复杂。

（2）一项设施选址是否合理，往往要经过若干年才能得出结论。目前较好的选址方案，随着地理条件、市场环境、政治环境等客观条件的变化，若干年后可能不再是一个有优势的地理位置。

（3）许多影响设施选址的因素存在不确定性，设施选址的决策风险较大。许多因素对企业来说是不可控的，也是不可准确预测的，如当地的政治制度、经济环境、政策法规等，企业对这些因素只能进行概括性的评价和预测，其选择的方案存在很大风险。

（4）在影响选择的因素中，能定量分析的因素少，大部分因素只能进行定性分析。由于定性分析容易受到决策者主观因素（如经验、智慧、性格、判断力等）的影响，所以会使决策的科学性降低。

（5）全球选址面临更复杂的问题。文化、宗教、民族、政治等差异都会对企业经营产生各种影响，进行决策时必须更加慎重。

二、影响设施选址的因素

在进行设施选址时，企业有很多要考虑的影响因素。在考虑这些因素时，需要注意：①必须仔细权衡所列出的因素，确定哪些与设施选址紧密相关，哪些虽然与企业经营或经营成果有关，但是与设施选址的关系并不大，以便在决策时分清主次、抓住关键。否则，有时候所列出的影响因素太多，在具体决策时容易主次不分，无法作出最佳决策。②在不同情况下，同一影响因素会有不同的影响作用，因此，绝不可生搬硬套任何原则条文，也不可完全照搬已有的经验。③对于制造业和非制造业的企业来说，要考虑的影响因素以及同一因素的重要程度可能有很大不同。综合来说，影响企业设施选址的因素主要包括以下几方面：

（一）经济因素

影响企业设施选址的经济因素主要包括：①运输条件与费用。在企业的输入输出过程中，有大量的物料进出。有的企业输入运输量大，有的企业输出运输量大。在选址时，要考虑是接近原材料供应地，还是接近消费市场。②劳动力可获性与成本。对于劳动密集型企业，人工费用占产品成本的大部分，必须考虑劳动力的成本。工厂设在劳动力资源丰富、工资低廉的地区，可以降低人工成本。③能源可获性与费用。对于耗能大的企业，如钢铁厂、火力发电厂等，其厂址应该靠近燃料、动力供应地。④厂址条件与费用。建厂地方的地势、土地利用情况和地质条件都会影响建设投资，同时地价也是影响投资的重要因素。⑤产业的集聚效应。有产业集聚效应的行业，必须考虑在产业开发区选址。如餐饮业选择到美食一条街提供服务会优于单打独斗。

（二）社会环境因素

影响企业设施选址的社会环境因素主要包括以下几方面：①政治局面的稳定性。在一个动荡不安、内战频发的国家投资建厂风险极大。②法制是否健全及环境保护的法规。法律变化无常的地区，资本权益得不到保障；对环境有污染的项目必须符合当地环境保护法律的规定。③劳动力的素质高低。技术密集型企业就应该选择在高素质人才密集的地方布置设施。④基础设施条件。选址时需考虑的基础设施条件主要是煤、电、水的供应是否充足，通信是否便捷，交通运输是否方便。⑤工业综合化基础。在现代大工业生产条件下，企业之间有着密切而广泛的联系，互相之间提供大量的原料、零件、能源以及信息、资金等，形成一条条供应链，结成一张张供应网络。⑥文化、生活习惯差异。无论是生产、销售还是提供服务，都必须符合当地的生活习惯、宗教信仰和民族文化，如中国的红木家具到欧洲国家建厂生产就有很大的风险。

（三）自然因素

影响企业设施选址的自然因素包括：①土地资源。建厂需要土地，土地的地理位置、面积、地质条件、地价等都是重要的选址因素。②气候条件。对气候有特殊要求的企业，气候条件是非常重要的选址因素。选址主要考虑温度、湿度、风向、风力、灾害性天气的种类、严重程度和发生概率等。③水资源。水是生产与生活的必需资源，对水的要求不仅要考虑数量问题，还要考虑质量问题。④物产资源。企业需要使用物产资源作为制造产品的原材料，甚至有的企业对资源产地有依赖性，因此，接近原材料产地对于生产加工是十分有利的。

（四）生产与运作全球化

生产与运作全球化和竞争全球化互为因果关系，使得当今世界范围内的竞争愈演愈烈。在这种情况下，企业要保持竞争能力，至少有以下三种方法：①采取合理化措施，调整产品结构，提高生产效益，降低劳动成本；②革新产品，占领新生市场；③调整生产基地，把生产搬到销售机会好或生产成本低的国家和地区。上述第三种方法说明，全球范围内的设施选址问题已经成为企业保持竞争力所必须妥善解决的问题之一。生产与运作全球化对设施选址的影响主要表现在以下三个方面：

1. 可选地址增多

传统的设施选址只局限于某个国家或地区，而当前的选址决策必须面向全球范围进行。

2. 选址问题复杂化

在本国或本地区选址时所考虑的因素偏重于经济方面，如运输成本、原材料成本等，然而，全球化前提下的选址问题则需考虑政治、文化、民族习惯等多方位的因素。

3. 需考虑该地区能否适应生产与运作全球化的技术要求

全球设施选址对生产管理技术和方法提出了新的挑战。毫无疑问，在全球范围内组织生产的管理难度大大增加，需要许多技术的辅助和支持，如互联网、管理信息系统等。企业在进行全球设施选址决策时，必须考虑在该地区是否具备使企业在全球范围内组织生产和运作管理的环境和配套能力。

还可以列出许多因素，但需要指出的是，不同的企业对建厂的环境条件有不同的要求，在有的企业看来是十分重要的因素，对另一个企业可能是无关紧要的。因此在选址时，要根据企业自身的要求确定要考虑的因素，并分清主次。例如，制造业和服务业企业在进行设施选址时，所考虑的因素存在一定差异，制造业企业设施选址更多地考虑地区因素。而对于服务业来说，那些需要与顾客直接接触的服务业企业的服务质量的提高有赖于对最终市场的接近与分散程度时，设施必须靠近顾客群。企业应该根据实际情况对影响选址决策的因素进行筛选和评估，通过调查研究对各个不同的选址方案进行评比。

三、制造业和服务业选址的特点比较

由于制造业与服务业本身的特点存在较大差异，因而两者在设施选址时所表现出的特点也存在一定的不同，具体见表4-1。由表4-1不难看出，服务业选址的重点是将服务更有效地提供给客户，也就是如何更快更及时地提供服务。所以选址的原则要以此为方向，如要离目标客户近，在目标客户集中的区域或客户容易找到的地方等。当然，因服务内容及成本以及运作模式不同，导向也会发生变化，如利用网络的服务就是个特例。而制造业的选址的重点在于如何选择一个效能和效率最优的位置及布局，所以以下几点是选址时需要重点评估的：是否具有供应链优势，是否接近原材料产地，物流是否便捷，是否离客户近，是否有环境保护等相关政策制约等。但制造业与服务业选址也存在一定的共性，即都需要考虑投资环境、政治、文化、经济、政策、法律、税收等因素，以及对投资回报率的影响。

表 4-1 制造业与服务业选址的特点比较

行业类别 比较角度	制造业	服务业
设立成本	相对较高	相对较低
地理区域	原材料供应地或劳动力成本较低的区域	目标客户群的集中区域
交通条件	货物运输方便	客户到达方便
财务指标	成本最低	利润最大

四、单一设施选址的基本步骤及方法

（一）单一设施选址的类型

单一设施选址是指独立地选择一个新的设施地点，其生产与运作不受企业既有设施网络的影响。在有些情况下，所要选择位置的新设施是现有设施网络中的一部分。如某餐饮公司要新开一个餐馆，但餐馆是与现有的其他餐馆独立运营的，这种情况也可看作单一设施选址。单一设施选址的问题常出现于以下几种情况：

1. 新成立企业或新增加独立经营单位

在这种情况下，设施选址基本不受企业现有经营因素的影响，在进行选址时要考虑的主要因素与一般企业设施选址考虑的因素相同。

2. 企业扩大原有设施

企业扩大原有设施情况下，可首先考虑两种选择：原地扩建或另选新址。原地扩建的益处是便于集中管理，避免生产与运作的分离，充分利用规模效益；但也可能带来一些不利之处，如失去原有的生产与运作方式的特色，物流变得复杂，生产控制也变得复杂，在某些情况下还有可能失去原来的最佳经济规模。另选新址的主要益处是企业可以不依赖于唯一的设施厂地，便于引进、实施新技术，可使生产组织方式特色鲜明，还可在更大范围内选择高质

量的劳动力等。只有在后一种选择下,才会涉及真正选址的问题。

3. 企业迁址

企业迁址的情况不多,通常只有小企业才有可能考虑这种方式。一个白手起家的小企业,随着业务的发展,可能会感到原有的空间太小,从而考虑重新选择一处更大的设施空间,这种情况下的新选位置不宜离原有位置太远,以便仍能利用现有的人力资源。但在某些特殊情况下,也会遇到一些大企业迁址的问题。

(二) 单一设施选址的基本步骤

(1) 明确目标。首先要明确,在一个新地点设置一个新设施是符合企业发展目标和生产与运作战略的,且能为企业带来收益。只有在此前提下,才能开始进行选址工作。目标一旦明确,就应该指定相应的负责人或工作团队,开始进行工作。

(2) 收集有关数据,分析各种影响因素,对各种因素进行主次排列,拟订出初步的候选方案。这一步要收集的资料数据应包括多个方面,如政府部门有关规定,地区规划信息,工商管理部门有关规定、土地、电力和水资源等有关情况,以及与企业经营相关的该地区物料资源、劳动力资源和交通运输条件等信息。在有些情况下,还需征询一些专家的意见。在收集数据的基础上,列出很多要考虑的因素,但必须对所有列出的影响因素加以分析,分清主次,并进行必要的权衡取舍。在必要的情况下,对多种因素的权衡取舍也需要征询多方面的意见,如运用德尔菲法等。经过这样的分析之后,将目标相对集中起来,拟订出初步的候选方案。候选方案的个数根据问题的难易程度或可选择范围的不同而不同,如3~5个。

(3) 对初步拟订的候选方案进行详细的分析。所采用的分析方法取决于各种要考虑的因素是定性的还是定量的。例如,运输成本、建筑成本、劳动力成本和资源成本等因素等可以定量分析。而生活环境、当地的文化氛围和扩展余地等,难以用明确的数值来表示,则需要进行定性分析,或采用分级加权法,人为地加以量化,进行分析与比较。也有一些方法可同时考虑定性与定量因素,如选址度量法。

(4) 在对每一个候选方案都进行上述的详细分析之后,会得出各个方案的优劣程度的结论,或找到一个明显优于其他方案的方案。这样就可选定最终方案,并准备详细的论证材料,以提交企业最高决策层批准。

(三) 单一设施选址的评价方法

由于厂址选择具有重要性和高风险性,所以实施选址前必须提供较多备选方案,由此产生了一个多方案多因素的决策问题。下面介绍单一设施选址的基本方法。

1. 负荷距离法

负荷距离法是一种单一设施选址的定量方法。负荷距离法的目标是在若干个候选方案中,选定一个目标方案,它可以使总负荷(货物、人或其他)移动的距离最小。当与市场的接近程度等因素至关重要时,使用这一方法可从众多候选方案中快速筛选出最有吸引力的方案。这一方法也可在设施布置中使用。

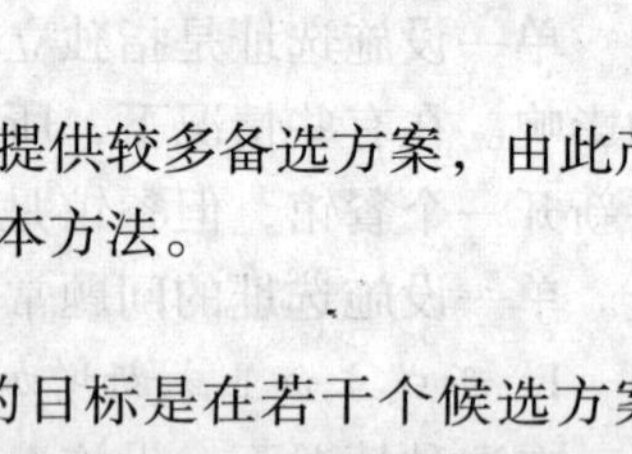

在负荷距离法中,首先需要计算新选址位置与目的地的距离,如图4-1所示。

在图4-1中,A 表示一个待选的配送中心的位置,B 表示向 A 供应产品的生产厂家。那么,A、B 之间的距离最好是按实际距离来计算。例如,如果是用货车运输,则实际距离取决

图4-1 两点之间的距离

$C(x_0, y_0)$
$B(x_B, y_B)$
$A(x_A, y_A)$

于公路系统和所行走的路线。有两种计算距离的方法：

（1）几何距离法。其计算公式为

$$d_{AB} = \sqrt{(x_A - x_B)^2 + (y_A - y_B)^2}$$

式中，d_{AB} 为 A、B 两点之间的距离；x_A、x_B、y_A、y_B 分别为 A、B 两点的横坐标和纵坐标。显然，几何距离法表示两点之间的最短距离，但这种距离有时是不现实的。

（2）直线距离法。直线距离表示行走路线是沿上图中的虚线走的。这在很多情况下，例如，城市中不同街区之间的行走，是比较符合实际的。总负荷的一般计算公式为

$$l_d = \sum l_I d_I$$

式中，ld 为总负荷，即新选位置与各个目的地之间的负荷距离乘积的和；l_I 和 d_I 分别为目的地 I 距新选位置的距离和移动负荷的大小。其中，l_I 是几何距离或直线距离。很显然，在各个候选方案中，总负荷数值越小，该方案越优。

使用上面的公式可以计算出总负荷最小的选址地点，但在现实生活中，往往会遇到无法选择该点的情况，如该点的地价过高，该点的其他条件极不理想等。因此，需要考虑其他尽可能有的可行方案。下面是两种可用的方法：

（1）穷举法。穷举法是指在可选范围内，均匀地选择若干个点，计算出每个点的总负荷数，然后加以比较，选出总负荷数最小的点。如果该点的其他影响因素使决策者无法选择该点作为新设施地址时，可考虑临近其他的较优位置。

（2）重心法。重心法可以比穷举法更快地得到较优位置。该方法是一种布置单个设施的方法，这种方法要考虑现有设施之间的距离和要运输的货物量。在最简单的情况下，这种方法假设运入和运出成本是相等的，它并未考虑在不满载的情况下增加的特殊运输费用。重心法的具体使用步骤如下：首先，要在坐标系中标出各个地点的位置，目的在于确定各点的相对距离。坐标系可以随便建立。在选址中，经常采用经度和纬度建立坐标。其次，根据各点在坐标系中的横纵坐标值求出运输成本最低的位置坐标 X 和 Y，重心法使用的公式是

$$C_x = \frac{\sum D_{ix} V_i}{\sum V_i}, C_y = \frac{\sum D_{iy} V_i}{\sum V_i}$$

式中，C_x 为重心的 x 坐标；C_y 为重心的 y 坐标；D_{ix} 为第 i 个地点的 x 坐标；D_{iy} 为第 i 个地点的 y 坐标；V_i 为运到第 i 个地点或从第 i 个地点运出的货物量。

最后，选择求出的重心点坐标值对应的地点作为我们要布置设施的地点。

【例 4-1】某物流公司拟建一仓库，该仓库负责四个工厂的物料供应配送，各工厂的具体位置与年物料配送量如表 4-2 所示，请利用重心法确定物流公司的仓库地址位置。设拟建物流公司仓库地址对各工厂的单位运输成本相等。

表 4-2　各工厂的具体位置与年物料配送量

工厂及其地理位置坐标/km	P₁		P₂		P₃		P₄	
	D_{1x}	D_{1y}	D_{2x}	D_{2y}	D_{3x}	D_{3y}	D_{4x}	D_{4y}
	20	70	60	60	20	20	50	20
年配送量/t	2000		1200		1000		2500	

解：由表 4-2 可知各工厂的地理位置坐标和年物料配送量，通过上述重心法公式计算

可得

$$C_x = \frac{\sum D_{ix} V_i}{\sum V_i} = \frac{20km \times 2000t + 60km \times 1200t + 20km \times 1000t + 50km \times 2500t}{2000t + 1200t + 1000t + 2500t} = \frac{257000km \cdot t}{6700t} = 38.4km$$

$$C_y = \frac{\sum D_{iy} V_i}{\sum V_i} = \frac{70km \times 2000t + 60km \times 1200t + 20km \times 1000t + 20km \times 2500t}{2000t + 1200t + 1000t + 2500t} = \frac{282000km \cdot t}{6700t} = 42.1km$$

由此确定该物流公司的仓库地址位置设在中心为（38.4，42.1）的地点。

2. 因素评分法

因素评分法在常用的选址方法中也许是使用最广泛的一种，因为它以简单易懂的模式将各种不同因素综合起来。因素评分法的具体步骤如下：决定一组相关的选址决策因素；对每一因素赋予一个权重以反映这个因素的重要性；对所有因素的打分设定一个共同的取值范围，一般是1~10或1~100；对每一个备选地址的所有因素按设定范围打分；用各个因素的得分与相应的权重相乘，并把所有因素的加权值相加，得到每一个备选地址的最终得分；选择具有最高总得分的地址作为最佳方案。

运用因素评分法应注意：在运用因素评分法计算过程中可以感觉到，由于确定权数和打分完全靠人的主观判断，只要判断有误差就会影响评分数值，最后影响决策。目前关于确定权数的方法很多，比较客观的方法是层次分析法，该方法的操作并不复杂，有较为严密的科学依据，我们推荐在作多方案多因素评价时尽可能采用层次分析法。

【例4-2】美国一家化妆品公司由于现有的生产能力有限，决定开辟一个新的厂址以扩大它的古龙香水的生产供应。表4-3列出了一些管理者认为重要的影响选址的因素，他们要对两个可能的厂址进行比较和权衡。

表4-3 影响化妆品公司选址的重要因素及各方案得分

因素	权重	得分（百分制）		权重×得分	
		圣克劳德	比灵斯	圣克劳德	比灵斯
劳动成本、态度	0.25	70	60	17.5	15.0
运输系统	0.05	50	60	2.5	3.0
教育和健康	0.10	85	80	8.5	8.0
税收结构	0.39	75	70	29.3	27.3
资源和生产率	0.21	60	70	12.6	14.7
合计	1	—	—	70.4	68.0

通过因素评分法计算得到的结果可知，该公司应拟在圣克劳德选址建厂，因为该地综合评分值较高，为70.4。

3. 盈亏分析法

盈亏分析法是厂房选址的一种基本方法，也称生产成本比较分析法，是根据产量、成本和利润三者之间的相互依赖关系，对企业的盈亏平衡点和盈利情况的变化进行分析的一种方法。成本、产量和利润之间的关系可用一种称为"盈亏平衡分析图"的坐标图来描述，具体如图4-2所示。

对制造业来说，无论建厂在何处，市场销售价格都相同，故收入曲线相同。假如可供选择的各个方案均能满足厂址选择的基本要求，但各方案的投资额不同，投产以后原材料、

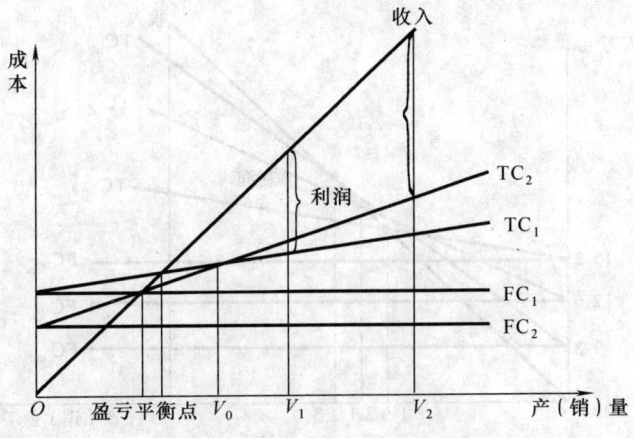

图 4-2 盈亏平衡分析图

燃料和动力等变动成本不同。这时，可利用损益平衡分析法的原理，以投产后生产成本的高低作为比较标准。如果投产后市场销售量大于 V_0，则选择方案一为最优方案；如果投产后市场销售量小于 V_0，则方案二优于方案一。

对服务业来说，选址的不同直接影响销售额，这时就不能用成本最低作为选择原则，而应该以利润最大作为选择原则。如图 4-2 所示，假如选址 1 的营业额为 V_1，选址 2 的营业额为 V_2，这时就不能因为选址 1 的总成本低于选址 2 而选择方案一，选址 2 的营业额高于选址 1，有可能使总利润高于选址 1，这时就必须先计算两种方案的净利润再进行比较。

【例 4-3】 某企业投资生产某种产品，计划年产量为 20000 件。有甲、乙、丙三个厂址可供选择，由于各厂址在建设、设备运输、安装、公共设施利用、交通等方面造成可变成本和固定成本差异，现将有关资料列于表 4-4。试用盈亏平衡分析来选择厂址。

表 4-4 各方案费用资料

项目	厂址方案		
	甲	乙	丙
单位产品可变成本/（元/件）	12	14	16
固定成本总额/元	152000	126000	92000
单价/（元/件）	20	20	20
计划年产量/件	20000	20000	20000

解： 先根据已知条件画出盈亏平衡分析图（如图 4-3 所示）。
然后求出各方案的盈亏平衡点产量

$$x_{甲B} = \frac{C}{S-V} = \frac{152000}{20-12} = 19000 \text{（件）}$$

$$x_{乙B} = \frac{C}{S-V} = \frac{126000}{20-14} = 21000 \text{（件）}$$

$$x_{丙B} = \frac{C}{S-V} = \frac{92000}{20-16} = 23000 \text{（件）}$$

式中，X_B 为盈亏平衡点；C 为固定成本总额；S 为单价；V 为单位产品可变成本。

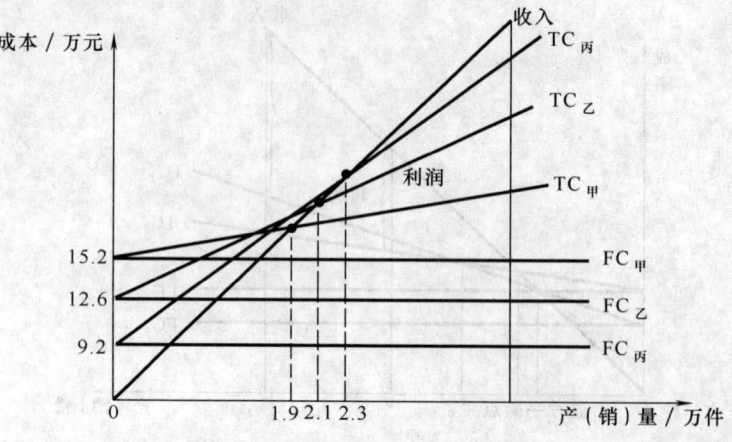

图 4-3 厂址选择的盈亏平衡分析图

若按计划年产量组织生产，方案甲是可行方案；其余两个方案的盈亏平衡点都高于预计的市场销售量，企业采用这两个方案都将亏损，故乙方案和丙方案都是不可行方案。

各方案的期望盈亏额为

甲方案的期望盈亏额 $= 20000 \times 20 - 152000 - 20000 \times 12 = 8000$（元）

乙方案的期望盈亏额 $= 20000 \times 20 - 126000 - 20000 \times 14 = -6000$（元）

丙方案的期望盈亏额 $= 20000 \times 20 - 92000 - 20000 \times 16 = -12000$（元）

显然，应选择在甲地建厂。

五、设施网络中的新址选择

（一）设施网络中新址选择的类型

在相互作用的设施网络中，实际上还存在以下几种类型，它们在选址上的主要考虑因素不尽相同，具有自身的特点：

1. 产能扩大型

产能扩大型的新设施网络增加的目的是在原有基础上扩大生产规模，新增加的设施与原有设施是并列的关系。这种类型的新设施网络是指以某一种或某一系列产品为中心，分别建立不同的设施，例如，大批量生产选址在市场或原材料产地，如家电公司的电饭锅厂、电熨斗厂等，日用化学品公司的护肤用品厂、洗涤用品厂，等等。这种类型的设施增加的主要目的是为了能够进行大批量生产，各个厂都要面向所有的市场区域。这种类型的设施在选址时较注重接近原材料产地或供应商，在可能的条件下，也应考虑产品外运的便捷程度和成本。

2. 目标市场型

目标市场型的新设施网络是指设施网络中的各个设施分别面向各自一定的市场区域，往往以区域市场的需要为中心来布置不同的生产设施，其目的在于降低运输费用，快速交货。这种布置方法主要考虑的是运输问题（运费、运输时间），常用于体积、重量较大的产品。如，造纸、塑料、玻璃、管道等制造业的产品在每一地区均有需求，因此对于规模较大的企业来说，往往以区域需要为中心来布置不同的生产设施。此外，为了以"快速交货"为主要竞争点，有时也采用这种方式布置设施。例如，在西方很多国家都有的承诺"3分钟以内送货上门"的比萨饼店，其店面自然选在目标市场附近。

3. 生产工艺型

生产工艺型的新设施网络是指以企业整个生产环节中的某一环节为中心，分别建立不同的设施或工厂，且设施之间的相互作用和互相依赖是选择的关键。每个厂有各自的生产工艺和技术，分别负责整个生产过程的几个阶段，然后把其产品供应给装配总厂。这种设置方法使得各个不同厂的生产均可达到一定批量，以取得规模经济效果。这种设置方法的各个设施之间的相互作用、相互依赖性是最强的。

总的来说，设施网络中的新址选择比单一设施选择问题更复杂，因为在这种情况下决定新设施的位置时，还必须同时考虑新设施与其他现有设施之间的相互影响和作用，以及整个设施网络的工作任务重新分配的问题，以便达到整体运营效果最优的目的。

（二）新址选择方法——运输表法

选择新址常用的方法就是把市场分成多个区域，在每个区域适当的中心位置建立设施，确定该设施的服务目标，并为之提供服务。如果该区域需求增加了，可在该区域内再增加一处设施；如果要进入新的目标区域市场，则在新区域建立新的设施。具体方法可采用运输表法。运输表法是线性规划方法中的一种。当一个问题涉及多个供应地运输货物到多个需求地时，就适合用此种方法，如有多个工厂、多个分销中心的公司选址问题。

1. 运输表法的原理

运输表法是一种迭代方法，也称运输模型（Transportation Model），用来在 M 个"供应源"和 N 个"目的地"之间决定一个任务分配方法，使得运输成本最小。这是一种可用来进行设施网络选址的优化方法。这种方法实际上是线性规划法的一种特殊形式，其中的"供应源"指的是制造产品的企业，而"目的地"则为配送中心。其基本原理是在确定设施位置及其生产能力后，绘制运输表格，运用迭代法求出最优运输方案和最小运输费用，然后不断变化位置及生产能力的组合，再分别求出相应的最优运输方案和最小运输费用，最后比较各组合的最小费用，选取最小运输费用对应的方案。

2. 采用运输表法需要考虑的因素

在实际运用中，运输表法并不能把涉及设施网络选址问题的所有因素全顾及到，而是在设施位置和各个设施的生产能力给定的条件下，求得最优运输方式。因此，企业的管理者必须对"位置"和"能力"这两个因素变量进行多种组合，在每一种组合下分别使用此方法，从而寻求一个最优的运输方式和最佳位置。此外，用这种方法得到的最优选择只是考虑了运费最优，实际上还需要考虑投资成本、生产成本以及其他一些定性因素，才有可能得出最后的结论。

3. 运输表法的基本模型

运输表法的基本模型如表4-5和表4-6所示。其中的"供应源"是工厂（已有工厂或准备新建工厂），"目的地"是配送中心。对于这样一个运输问题，无论是用手工计算还是计算机求解，首先都需要建立一个如表4-7所示的表格，表中的行和列分别代表工厂和配送中心（最后一行和最后一列除外），每一个单元中应填入从该单元所在行的工厂向该单元所在列的配送中心运输的量，其中单位运输成本表示在该单元的左上角。运输成本假定与运输量成正比。有时候不希望或不可能有从某一供应源至某一目的地的运输，在这种情况下，可使该单元的单位运输成本足够大，如是其他单元的100倍，这样在模型求解过程中就自然会排除这种选择。在上述模型中，每一行运量的和应该等于该行所代表的工厂的生产能力，每一列运输量的和应该等于该列所代表的配送中心的需求，分别表示在矩阵的最后一行和最后一列，该生产能力总量还应该等于需求总量。

表 4-5 示例数据表（一）

运量与运费 \ 配送中心 \ 工厂	配送中心			生产能力
	1	2	3	
A	5.0	6.0	5.4	400
B	7.0	4.6	6.6	500
需求	200	400	300	900 / 900

表 4-6 示例数据表（二）

运量与运费 \ 配送中心 \ 工厂	配送中心			生产能力
	1	2	3	
A	5.0	6.0	5.4	400
C	6.0	6.2	5.1	500
需求	200	400	300	900 / 900

【例 4-4】 某食品公司的某产品系列在工厂 A 生产，生产能力是 400。随着市场需求的增长以及公司业务量的扩大，现有的三个配送中心的需求都在增长，预计分别为 200、400 和 300。公司正在考虑再建一个生产能力为 500 的工厂，初步考虑建在 B 地或 C 地。从 A 地的工厂到三个配送中心的单位运输成本分别是 5.0 元、6.0 元、5.4 元，从 B 地的工厂到三个配送中心的单位运输成本分别是 7.0 元、4.6 元、6.6 元，从 C 地的工厂到三个配送中心的单位运输成本分别是 6.0 元、6.2 元、5.1 元，如表 4-5 和表 4-6 所示。试运用运输表法确定公司选址在何地才能使其运输方式和总运输成本都实现最优。

针对 B 地和 C 地采用运输表法，分别计算出两地选址情况下的最优运输方式如表 4-7 和表 4-8 所示，B、C 两地的总运输成本分别为 4580 元和 5140 元，由计算结果可知，企业若想实现运输方式和总运输成本最优，应将工厂建在 B 地。上述事例中的求解过程是一个迭代过程，当问题不太复杂时，可用手算，如例 4-4。当问题较复杂时，可选用适当的软件包来求解。无论采用什么方法求解，得出的结果应保证用完每个工厂的生产能力，每个配送中心的需求也都得到满足。

表 4-7 示例运算结果表（一）

运量与运费 \ 配送中心 \ 工厂	配送中心			生产能力
	1	2	3	
A	5.0 200	6.0	5.4 200	400
B	7.0	4.6 400	6.6 100	500
需求	200	400	300	900 / 900

表 4-8 示例运算结果表（二）

运量与运费 工厂 \ 配送中心	配送中心			生产能力
	1	2	3	
A	5.0 200	6.0 200	5.4	400
C	7.0	5.4 200	6.2 300	500
需求	200	400	300	900 900

第二节 生产和服务设施布置

设施布置是指在一个给定的设施范围内，对多个经济活动单元进行位置安排。所谓经济活动单元，是指需要占据空间的任何实体，如机器、工作台、通道、桌子、储藏室和工具架等，也包括人。给定的设施范围可以是一个工厂、一个车间、一座百货大楼、一个写字楼或一个餐馆等。

设施布置的目的是将企业内的各种物质设施进行合理安排，使它们组合成一定的空间形式，既满足生产过程的需要，又能达到行程最短、面积最省、时间最少、耗费最小的经济目标。

设施布置是在设施位置选定之后进行的，它要确定组成企业的各个部分的平面或立体位置，并相应地确定物料流程、运输方式和运输路线等。具体来说，设施布置要考虑以下四个问题：

（1）应包括哪些经济活动单元？这个问题取决于企业的产品、工艺设计要求、企业规模、企业的生产专业化水平与协作化水平等多种因素。反过来说，经济活动单元的构成又在很大程度上影响生产率。例如，在某些情况下一个工厂集中有一个工具库就可以，但在另一些情况下，也许每个车间或每个工段都应有一个工具库。

（2）每个单元需要多大空间？空间太小，可能会影响生产率，影响工作人员的活动，有时甚至会引起人身事故；空间太大，是一种浪费，同样会影响生产率，并且使工作人员之间相互隔离，产生不必要的疏远感。

（3）每个单元空间的形状如何？每个单元的空间大小、形状如何以及应包含哪些单元，这几个问题实际上相互关联。例如，一个加工单元，应包含几台机器，这几台机器应如何排列，因而占用多大空间，这些都需要综合考虑。如果只能在限定的空间内考虑，那么是一字排开，还是三角形排列？若根据加工工艺的需要，必须是一字排开或三角形排列，则必须在此条件下考虑需多大空间以及所需空间的形状。在办公室的设计中，办公桌的排列就是类似的问题。

（4）每个单元在设施范围内的位置如何？这个问题应包括两层含义：单元的绝对位置与相对位置。相对位置的重要意义在于它关系到物料搬运路线是否合理，能否节省运费与时间，以及通信是否便利等。此外，如果内部相对位置影响不大，还应考虑与外部的联系，如将有出入口的单元设置于路旁。

一、企业经济活动对设施布置的影响

1. 企业的产品和工艺特点

企业的目标最终要通过产品或服务来实现,因此,企业的产品或服务从根本上决定着企业经济活动单元的构成。对于制造企业来说,首先,企业的产品品种决定企业所要配置的主要生产单元,如属于机械制造的汽车制造厂可由毛坯、加工、装配车间组成;流程式的制药企业严格按照工艺流程的阶段组成车间;提供劳务服务的餐饮业就可能由配菜、厨房、饭厅等部分构成。相似产品也可能采取不同的工艺方法,例如,汽车制造如果采取了纳米技术,就不需要锻造和铸造车间。

2. 企业生产规模

企业的生产规模是指劳动力和生产资料在企业集中的程度,如企业职工人数、固定资产总值、产品总产值等。企业按生产规模的大小可分为大型企业、中型企业和小型企业。大型企业往往按照对象专业化设置车间,且同类型车间设置多个;小型企业往往按照工艺专业化设置车间,车间数量较少,有时还将机械加工与装配设置在同一个车间。

3. 企业的生产专业化与协作化水平

企业的生产专业化与协作化水平主要是从两个方面影响企业的经济活动单元构成:①采用不同专业化形式(指产品对象专业化或工艺对象专业化)的企业,对工艺阶段是否配备完整的要求不同,从而造成了经济活动单元构成上的不同;②企业的协作化水平越高,即通过协作取得的零部件、工具和能源等越多,则企业的主要生产单元就越少。例如,很多标准件都可以从外界得到,没必要全部自己建立这样的生产单元。今天,企业正在向两个不同的趋势发展,一是生产的集中化和专业化,即生产要素越来越多地向大型专业化企业集中;二是生产的分散化,即生产要素向与大企业协作配套的小型企业扩散,以大企业为核心构成一个企业群体,以固定的协作关系从事某些专门零部件的生产或完成某些工艺过程。这两种发展趋势给企业的设施布置带来了一些新要求。

4. 企业的技术水平

企业的技术水平主要是指装备的技术水平,它直接影响着企业经济活动单元的构成。采用数控设备、加工中心等高技术设备拥有率较高的企业,其生产单元的组成较简单;反之,则较复杂。

二、设施布置类型选择的影响因素

在设施布置中,到底选用哪一种布置类型(工艺专业化布置、对象专业化布置、混合布置和固定布置),除了考虑生产组织方式战略以及产品加工特性以外,还应该考虑其他一些因素。也就是说,一个好的设施布置方案,应该能够使设备、人员的效益和效率尽可能高。为此,还应该考虑以下一些因素:

1. 所需投资

设施布置将在很大程度上决定所要占用的空间、所需设备以及库存水平,从而决定投资规模。如果产品的产量不大,设施布置人员可能愿意采用工艺专业化布置,这样可以节省空间,提高设备的利用率,但可能会带来较高的库存水平,因此,这里存在一个平衡问题。如果是对现有的设施布置进行改造,更要考虑所需投资与可能获得的效益相比是否合算。

2. 物料搬运

在考虑各个经济活动单元之间的相对位置时，物流的合理性是一个主要考虑因素，即应该使搬运量较大的物流的距离尽可能短，使相互之间搬运量较大的单元尽量靠近，以便使搬运费用尽可能少，搬运时间尽可能短。一般情况下，在一个企业中，从原材料投入到产品产出的整个生产周期中，物料只有15%左右的时间是在加工工位上，其余都处于搬运过程中或库存中，搬运成本可达总生产成本的25%～50%。由此可见，物料搬运是生产与运作管理中相当重要的一个问题。而一个好的设施布置，可使搬运成本大为减少。

3. 柔性

设施布置的柔性一方面是指对生产的变化有一定的适应性，即使变化发生了也能达到令人满意的效果；另一方面是指能够较容易地改变设施布置，以适应变化情况。因此，在一开始设计布置方案时，就需要对未来进行充分预测，考虑可改造性。

4. 其他

其他还需要着重考虑的因素有：①劳动生产率。在进行设施布置时要注意不同单元操作的难易程度悬殊不宜过大。②设备维修。注意不要使空间太狭小，以免导致设备之间的相对位置不好。③工作环境。如温度、噪声水平和安全性等，均受设施布置的影响。④人的情绪。要考虑到是否可使工作人员相互之间能有所交流，是否给予不同单元的人员相同的责任与机会，使他们感到公平等。

三、设施布置形式

（一）工艺导向布局

工艺导向布局遵循工艺专业化原则，按照工艺性质的不同来划分生产单位（车间，班组）。在工艺专业化的生产单位里集中了相同的工艺设备，对不同的产品完成相同工艺的加工。如制造企业中的锻造车间、铸造车间、机械加工车间、装配车间等。如图4-4所示，将所有的车床放在一处，将所有的镗床放在另一处。被加工的零件，根据预先设定好的流程顺序从一个地方转移到另一个地方，每项操作都由适宜的机器来完成。

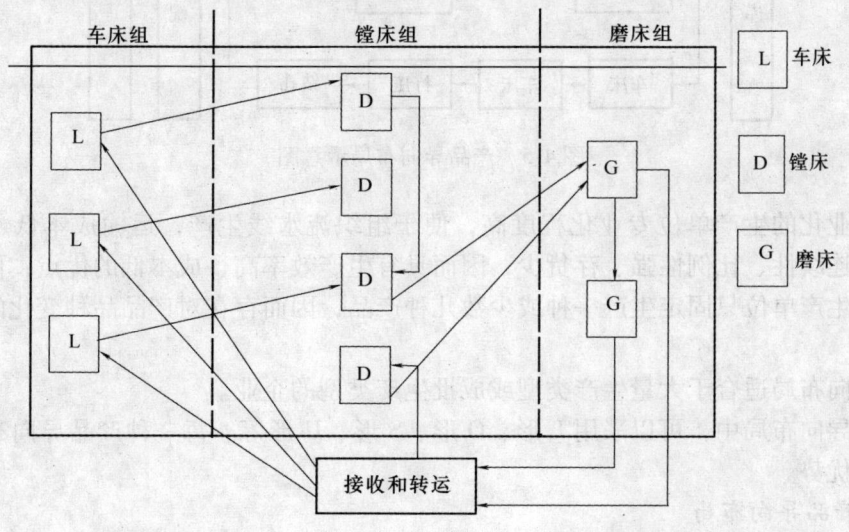

图4-4 工艺导向布局示意图

工艺专业化的生产单位具有对产品品种变化适应能力强、生产系统可靠性高、工艺管理方便等优点，但由于加工对象通常需要跨越多个生产单位才能完成加工工艺，变换产品时需要重新调整设备，耗费的非生产时间较多，因而也有加工路线长、运输成本高、生产周期长、组织管理复杂、生产效率低等缺点。

在工艺导向布置的计划中，最为常见的做法是合理安排部门或工作中心的位置，以减少材料的处理成本。换句话说，零件和人员流动较多的部门应该相邻。这种方法的材料处理成本取决于：①两个部门（i 或 j）在某一时间内人员或物品的流动量；②与部门间距离有关的成本。成本可以表达为部门之间距离的一个函数。这个目标函数可以表达成以下的形式

$$最小成本 = \sum_{i=1}^{n}\sum_{j=1}^{n} X_{ij}C_{ij}$$

式中，n 为工作中心或部门的总数量；i，j 为各个部门；X_{ij} 为从部门 i 到部门 j 物品流动的数量；C_{ij} 为单位物品在部门 i 和部门 j 之间流动的成本。

工艺导向布局应尽量减少与距离相关的成本。C_{ij} 这个因子综合考虑了距离和其他成本。于是可以假定不仅移动难度相等，而且装卸成本也是恒定的。虽然它们并非总是恒定不变的，但为了简便起见，可以将这些数据（成本、难度和装卸费用等）概括为一个变量。

工艺导向布局适合于单件生产或小批量生产类型以及顾客化程度高的生产与服务。

（二）产品导向布局

产品导向布局也称为对象专业原则，是指按照产品（多零件、部件）建立生产单位。在对象专业化的生产单位里，集中了为制造某种产品所需的各种设备，对相同的产品（零件、部件）进行不同工艺的加工。如汽车制造企业的发动机车间、齿轮车间、曲轴车间等。如图 4-5 所示，该车间有三个生产小组，每一个小组生产制造一种零件（或部件）。该零件可以在生产小组完成大部分加工工艺，每一个小组的设备种类完全不同。

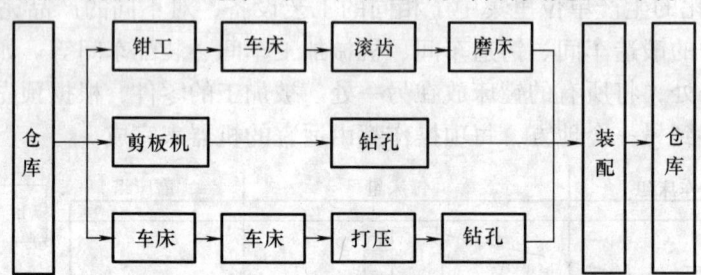

图 4-5 产品导向布局示意图

对象专业化的生产单位专业化程度高，便于组织流水线生产，运输成本低、生产周期短、生产的连续性、比例性强、存货少，因而具有生产效率高、成本低的优点；但是因为对象专业化的生产单位只固定生产一种或少数几种产品，因而存在对产品品种变化的适应能力差的缺点。

产品导向布局适合于大量生产类型或成批生产类型的企业。

在产品导向布局中，可以采用 L 形、O 形、S 形、U 形等。每一种产品导向布局都有其适应范围和优势。

1. L 形产品导向布局

L 形产品导向布局通常是根据设施或建筑物的形状，将其设置成一个直角三角形，分别

将其内部相应的常用设备组合在两边，再将两边相连，集中发挥各自的优势，如厨房布局类型（见图4-6）。一般来说，当设施或建筑物面积、形状不便于设备作相背型或直线型布局时，往往采用L形布局。L形产品导向布局适用于设施或建筑物不允许直线流动的情形。

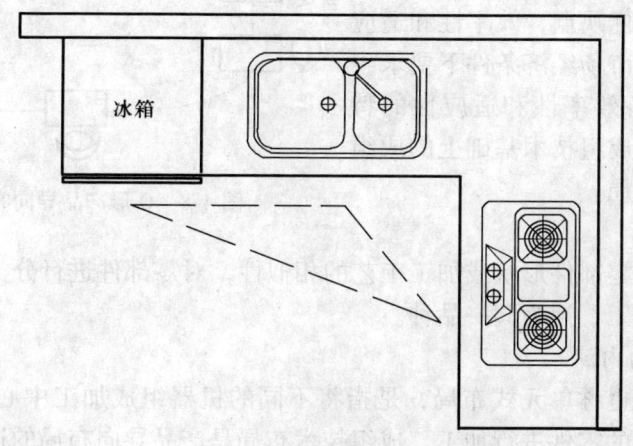

图4-6　L形产品导向布局示意图

2. U形产品导向布局

在U形产品导向布局中，生产线摆放如U形，一条流水线的出口和入口在相同位置，一个加工位置中可能同时包含几个工艺，所以U形布局需要培养多能工。U形产品导向布局最大的好处在于在提高出产效率方面效果明显。它减少了步行浪费和工位数，从而缩短周期、提高效率；同时也减少了操作工人，降低了成本，有利于物料搬运；另外，由于人员、搬运设备和站台都可以只建一个，也改变了以往出产车间脏、乱、差的特点，形成既不占用很大空间又具有高速度的生产线，特别适合劳动密集型产品的出产加工。具体示意图如图4-7所示。

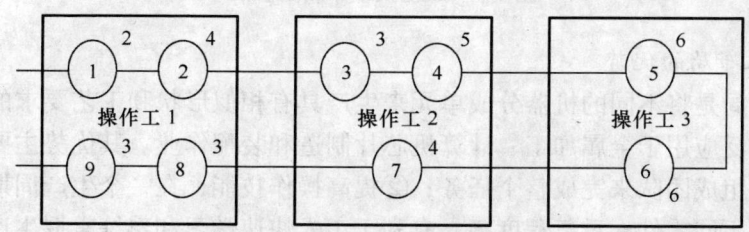

图4-7　U形产品导向布局示意图

3. O形产品导向布局

由于在O形产品导向布局中，所需工序划分过细，隔断太多，工序间不连续，导致其工艺路线迂回而冗长，因此，该类型产品导向布局常见于由物料搬运机器人服务的制造单元中。具体示意图如图4-8所示。

事实上，任何企业，特别是机械制造企业，纯粹按照产品导向布局和工艺导向布局的较少，常常是同时采用两种专业化形式进行生产单位的布置。例如，一些工厂总体上是采用工艺导向布局（包括毛坯生产、机械加工、部装和总装三阶段），在毛坯生产阶段采用工艺导向布局，在加工阶段、部装和总装阶段采用产品导向布局。

（三）成组技术布局

上述两种布局各有优缺点，效率性和适应性不能兼容，但在现代市场经济条件下要求生产与运作系统同时具备效率性和适应性的特征，于是出现了建立在成组技术基础上的成组加工单元或成组技术布局。

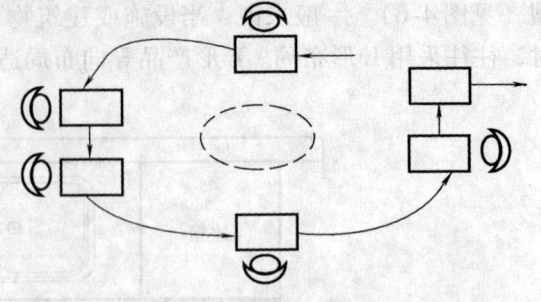

图 4-8　O 形产品导向布局示意图

1. 成组技术

成组技术是指按照零部件形状或加工工艺的相似性，对零部件进行分类编组，对同组的零部件按相同的方法加工，视为同一品种。

2. 成组技术布局的内涵

成组技术布局形状也称单元式布局，是指将不同的机器组成加工中心（工作单元）来对形状和加工工艺相似的零件进行加工。成组技术布局是产品导向布局的进一步发展，它吸取了产品导向布局效率高的特点，又通过多组零件的加工提高了生产系统的柔性，是一种适应多品种小批量生产的方式。具体如图 4-9 所示。

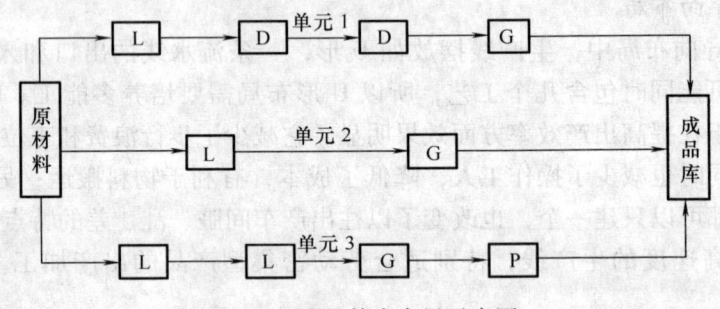

图 4-9　成组技术布局示意图

3. 成组技术布局的优势

成组技术布局是将不同的机器分成单元来生产具有相似形状和工艺要求的产品。成组技术布局现在被广泛应用于金属加工、计算机芯片制造和装配作业。其优势主要包括：①改善人际关系，工人组成团队来完成整个任务；②提高操作技能，在一个生产周期内，工人只能加工有限数量的不同零件，重复程度高，有利于工人快速学习和熟练掌握生产技能；③减少在制品和物料搬运，一个生产单元完成几个生产步骤，可以减少零件在车间之间的移动；④缩短生产准备时间，加工种类的减少意味着模具的减少，因而可提高模具的更换速度。

4. 成组技术布局的实现步骤

（1）将零件分类。该步骤需要建立并维护计算机化的零件分类与编码系统。

（2）识别零件组的物流类型，以此作为工艺布置和再布置的基础。

（3）将机器和工艺分组，组成工作单元。在分组过程中经常会发现，有一些零件由于与其他零件联系不明显而不能分组，还有专用设备由于在各加工单元中的普遍使用而不能具体分到任一单元中去。这些无法分组的零件和设备都放到"公用单元"中。

图 4-10 和图 4-11 分别展现的是运用成组技术前后的企业布局的改变。

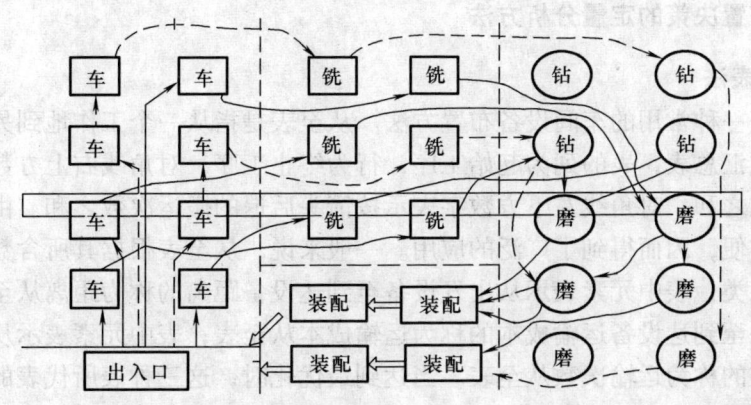

图 4-10　运用成组技术之前

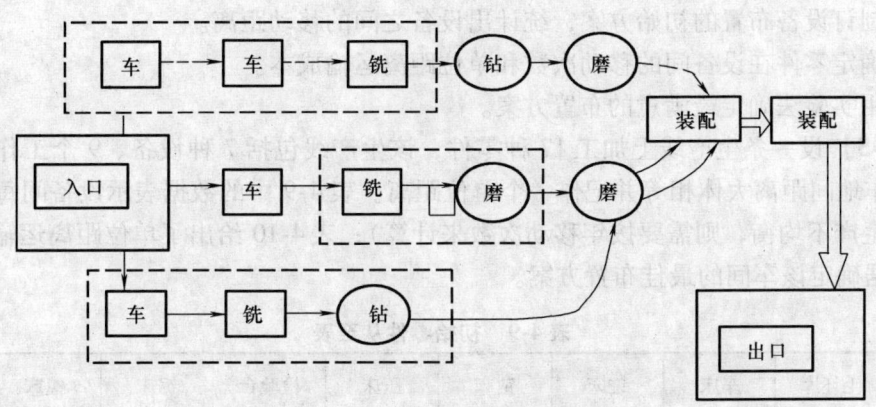

图 4-11　运用成组技术之后

（四）柔性加工单元布局

在成组技术布局中，更强调设施布置设计的柔性。柔性是指系统适应环境变化的能力。对于现代企业的设施布置设计来说，其柔性体现在能够根据业务的繁忙程度，及时对现代企业的设施布置进行调整。一般来说，现代企业布置设计的柔性、弹性可以从布置设计、建筑技术、机械制造等多方面考虑采取多种措施来实现。具体措施包括：①考虑到将来可能发生的变化布置设计，要适当留有余地；②把未来有较大扩充可能性的作业区，布置在现代企业可以扩展的纵深方向；③多利用大跨度车间厂房，一则可以提高空间利用率，二则便于作业区在此厂房内作局部调整；④利用组合式厂房，可拆卸墙体，必要时拆迁重新组装重建，利于快速变动和调整；⑤采用数控设备，以减少变换产品时的设备调整时间。成组技术布局虽然可以提高系统的柔性，但由于有变换品种的设备调整时间，故效率性不如单一品种的对象专业化生产单位。采用数控设备后，当变换品种时，不必对生产线或设备做大的变更，只要调整加工程序就可以快速完成，大大提高了生产效率。故柔性加工单元布局又称为成组技术布局与数控技术相结合的产物。

四、设施布置决策的定量分析方法

（一）从至表法

从至表法是一种常用的车间设备布置方法。从至表是指从一个工作地到另一个工作地搬运次数的矩阵式汇总表，表的列为起始工序，行为终止工序，对角线右上方数字表示按箭头前进的搬运次数之和，对角线左下方数字表示按箭头后退的搬运次数之和。由于从至表法表达清晰且阅读方便，因而得到了广泛的应用。一般来说，从至表根据其所含数据元素的意义不同，可分为三类：表中元素表示从出发设备至到达设备距离的称为距离从至表；表中元素表示从出发设备至到达设备运输成本的称为运输成本从至表；表中元素表示从出发设备至到达设备运输次数的称为运输次数从至表。当达到最优化时，这三种表所代表的优化方案分别可以实现运输距离最小化、运输成本最小化和运输次数最小化。其中，运输成本从至表法的运用基本步骤如下：

（1）选择典型零件，制定典型零件的工艺路线，确定所有机器设备。
（2）制订设备布置的初始方案，统计出设备之间的移动距离。
（3）确定零件在设备间的移动次数和单位距离运输成本。
（4）用实验法确定最满意的布置方案。

【例4-5】设一条生产线上加工17种零件，该生产线包括7种设备、9个工作地，任意相邻两工作地间距离大体相等并记作一个单位距离。表4-9中的数据表示设备间每月移动次数（如果生产不均衡，则需要按年移动次数来计算）；表4-10给出了单位距离运输成本。请用这些数据确定该车间的最佳布置方案。

表4-9 初始零件从至表

从\至	毛坯库	车床	铣床	钻床	压床	检验台	锯床	镗床	磨床
毛坯库		22	80		10		30		
车床			15	20		10			10
铣床		30		60		10			30
钻床		10				20	10		40
压床			10						
检验台		10							20
锯床			20						60
镗床									10
磨床									

解：将运输次数矩阵与单位距离运输成本矩阵的相同位置的数据相乘，得到从一台机器到另一台机器的每月运输成本，如表4-11所示。然后，再将对角线对称的成本元素相加，得到两台机器（工作地）间的每月运输总成本，如表4-12所示。接着，确定紧密相邻的系数。其确定依据就是总运输成本的大小，从大到小降序排列，就得到了机器（工作地）之间的紧密相邻程度。如本例，根据表4-12中的①②③④⑤⑥⑦⑧等的顺序，可知应将铣床

和毛坯库相邻布置，将铣床和钻床相邻布置，将毛坯库和锯床相邻布置，等等，这一过程要经过多次试验才能找到较好方案。

表 4-10 单位距离运输成本矩阵

从＼至	毛坯库	车床	铣床	钻床	压床	检验台	锯床	镗床	磨床
毛坯库		2	2	2	2	3	4	2	1
车床	1		3	2	2	3	2	1	1
铣床	1	1		2	2	2	1	2	1
钻床	2	1	2		2	4	1	2	1
压床	3	2	2	1		6	2	1	1
检验台	1	3	2	1	1		2	2	2
锯床	1	1	1	1	2	2		1	1
镗床	2	1	1	2	3	1	1		2
磨床	2	1	2	2	4	2	1	1	

表 4-11 单位距离每月运输成本

从＼至	毛坯库	车床	铣床	钻床	压床	检验台	锯床	镗床	磨床
毛坯库		44	160		40		120		
车床			45	40		30			10
铣床		30		120		10			30
钻床			20				20	20	40
压床			20						
检验台			20						40
锯床				40					60
镗床									20
磨床									

表 4-12 单位距离每月总运输成本

从＼至	毛坯库	车床	铣床	钻床	压床	检验台	锯床	镗床	磨床
毛坯库		44⑦	160①		40⑩		120③		
车床			75④	40⑧		30			10
铣床				140②	20	30			30
钻床							60⑤	20	40（11）
压床									
检验台									40⑨
锯床									60⑥
镗床									20
磨床									

如果将9个机器（工作地）按照3×3的格局安排，经过反复调整，最终较优的方案如图4-12所示。

上述方案并不是最优，可通过一些计量方法或软件找到最优方法。

（二）作业相关图布置法

作业相关图法是由穆德提出来的，它是根据企业各个部门之间的活动关系密切程度布置其相互位置。企业的一些职能部门和服务部门，由于

锯床	钻床	磨床
毛坯库	铣床	检验台
车床	压床	镗床

图 4-12 最终布置方案

相互之间没有明确的运输量，不能采用从至表法来进行优化布置，用作业相关图布置法可将定性问题定量化。一般可将各部门之间的关系密切程度分为六个等级，如表4-13所示。

表 4-13 关系密切程度分类及代号

代号	关系密切程度	评分	代号	关系密切程度	评分
A	绝对必要	10	O	普通的	4
E	特别重要	8	U	不重要	2
I	重要	6	X	不予考虑	0

形成其密切程度的原因，可能是单一的，也可能是综合的，一般可根据表4-14所列原因确定组成部分的关系密切程度，并赋予相应的分数。

表 4-14 关系密切程度形成的原因

代号	关系密切程度形成原因	代号	关系密切程度形成原因
1	使用共同的记录	6	工作流程的连续性
2	共用人员	7	做类似的工作
3	共用地方	8	使用共同的设备
4	人员接触程度	9	可能的不良秩序
5	文件接触程度		

使用如表4-13和表4-14所示的两种资料，确定出所有部门之间的相互关系，按照关系密切程度的部门相邻布置的原则，通过构造"关系树"或计算关系密切程度来合理安排布置方案。

【例4-6】 某外贸公司欲布置其6个部门，这些部门包括行政部、财务部、市场部、经理部、人事部、外联部（以上部门分别称为部门1、部门2、部门3、部门4、部门5、部门6）。根据所租用的办公楼位置计划将这6个部门布置在一个2×3的区域内。已知这6个部门间的作业关系密切程度如图4-13所示，请根据图4-13作出合理布置。

解：第1步，做出作业相关图（只考虑A和X），如图4-13所示。

第2步，根据作业相关图，编制主联系簇。编制原则是，从关系"A"出现最多的部门开始，如本例的部门6

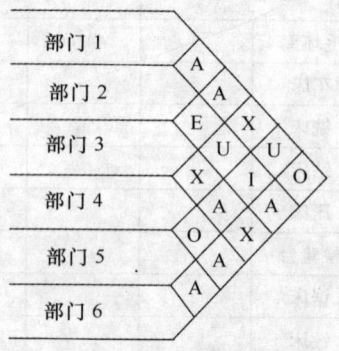

图 4-13 部门间的作业关系密切程度

出现了3次，首先确定部门6，然后将与部门6的关系密切程度为A的——联系在一起。考虑其他"A"关系部门，如能加在主联系簇上就尽量加上去，否则画出分离的子联系簇。本例中，所有的部门都能加到主联系簇上去，如图4-14所示。

第3步，画出"X"关系联系图。如图4-15所示。

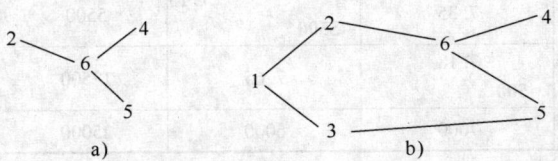

图4-14 A关系主联系簇

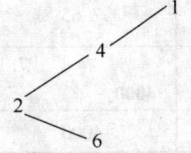

图4-15 X关系主联系簇

第4步，根据联系簇图和可供使用的区域，用实验法安置所有部门，结果如图4-16所示。

| 1(行政部) | 2(财务部) | 6(外联部) |
| 3(市场部) | 5(人事部) | 4(经理部) |

图4-16 部门布置结果

(三) 线性规划方法

线性规划法是一种运筹学方法。它能根据一定的约束条件，从多个可选方案中选出最优方案。目前，该方法在物流和运输系统中得到了广泛使用，它的目标是在给定的供给、需求和能力等约束条件下，使原材料采购、产品生产或运输销售的成本最小。

一般地，设施选址中的线性优化模型为：

目标函数为
$$\min Z = \sum_{i=1}^{m}\sum_{j=1}^{n} C_{ij} X_{ij}$$

约束条件为
$$\sum_{i=1}^{m} x_{ij} = b_j, \sum_{j=1}^{n} x_{ij} = a_i, x_{ij} \geq 0$$

式中，m 为工厂数；n 为销售点数；a_i 为工厂 i 的产品生产能力（数量），$i = 1, 2, \cdots, m$；b_j 为销售点 j 的产品总需求数量，$j = 1, 2, \cdots, n$；C_{ij} 为在工厂 i 生产的单位产品运到销售点 j 的生产运输费用；X_{ij} 为从工厂 i 运到销售点 j 的产品数量。

【例4-7】 某集团已建有两个工厂 F_1、F_2 和4个销售点 P_1、P_2、P_3、P_4。根据市场需求，拟再建一个工厂，可供选择的地点分别为 F_3 和 F_4。根据以往资料，各厂单位产品生产和运输费用如表4-15所示。试确定最佳厂址。

表4-15 各厂单位产品生产和运输费用 （单位：万元）

至 从	P_1	P_2	P_3	P_4	年产量/台
F_1	8.00	7.80	7.70	7.80	7000
F_2	7.65	7.50	7.35	7.15	5500
F_3	7.15	7.05	7.18	7.65	12500
F_4	7.08	7.20	7.50	7.45	12500
需求量/台	4000	8000	7000	6000	25000

解：根据线性规划方法，采用最小费用分配法求解。

若新厂设在 F_3 处，所有产量分配如表4-16所示。

表 4-16　新厂设在 F_3 处的产量分配

从＼至	P_1	P_2	P_3	P_4	年产量/台
F_1	8.00	7.80	7.70　6500	7.80　500	7000
F_2	7.65	7.50	7.35	7.15　5500	5500
F_3	7.15　4000	7.05　8000	7.18　500	7.65	12500
需求量/台	4000	8000	7000	6000	25000

因此，将厂址设于 F_3 处的全部费用为

$C_3 = 6500 \times 7.70 + 500 \times 7.80 + 5500 \times 7.15 + 4000 \times 7.15 + 8000 \times 7.05 + 500 \times 7.18$
$= 181865$（万元）

若新厂设在 F_4 处，采用相同的解法，结果如表 4-17 所示。

表 4-17　新厂设在 F_4 处的产量分配

从＼至	P_1	P_2	P_3	P_4	年产量/台
F_1	8.00	7.80	7.70　7000	7.80	7000
F_2	7.65	7.50	7.35	7.15　5500	5500
F_4	7.08　4000	7.20　8000	7.18	7.45　500	12500
需求量/台	4000	8000	7000	6000	25000

因此，将厂址设于 F_4 处的全部费用至少为

$C_4 = 7000 \times 7.70 + 5500 \times 7.15 + 4000 \times 7.08 + 8000 \times 7.2 + 500 \times 7.45 = 182870$（万元）

将两方案进行比较，可知 $C_4 > C_3$，则

$C_4 - C_3 = 182870 - 181865 = 1005$（万元）

因此，应选择在 F_3 处设厂，以节省运费。

（四）计算机辅助设施布置方法

计算机辅助设施布置不是一种单项技术，而是一种求解问题的方法。它可以运用各种模型和技术，对实际问题进行建模和求解。计算机辅助设施布置的一个突出优点是能够解决用解析方法难以解决的十分复杂的问题。它利用计算机的强大功能，帮助人们解决设施布置的复杂任务，为生产系统的设施新建和重新布置提供强有力的支持和帮助，节省大量人力和财力，尤其是对大型项目和频繁的重新布置更有利用价值。

目前，计算机辅助设施布置方法主要包括最优化算法、面向新建型系统布置程序、面向改进型系统布置程序等几类。

1. 最优化算法

应用于设施布置问题中的常用最优化算法是二次分配问题模型（Quadratic Assignment Problem，QAP）。所谓二次分配问题，是指在新设施之间存在相互关联时，所要进行的设施布置问题，即如何布置 m 个设备给 n 个地点，使得布置方案的物料搬运费最小。其目标函

数一般以最低物料搬运费用为最优解。

【例4-8】设一生产线为单行布局，共有 n 台机床，设机床分别为 t_i，$i = 1, 2, \cdots, n$。t_i 的布局位置坐标为 x_i，沿布局方向上的长度尺寸为 l_i。在一个生产周期内，工件在机床 t_i 与 t_j 之间的往返搬运次数为 f_{ij}，单位距离搬运费用为 C_{ij}，且机床 t_i 和 t_j 之间的最小间距为 d_{ij}，如图4-17所示。

目标函数为

$$\min Z = \sum_{i=1}^{n-1} \sum_{j=i+1}^{n} c_{ij} f_{ij} | x_i - x_j |$$

约束条件为：机床互不干涉，即

$$\begin{cases} |x_i - x_j| \geq d_{ij} + (l_i + l_j)/2 \\ x_i \geq 0, i = 1, 2, \cdots, n \end{cases}$$

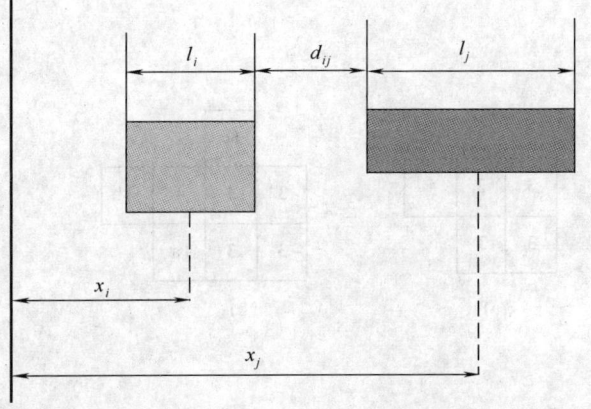

图4-17 生产线为单行布局图

2. 面向新建型系统布置程序

面向新建型系统布置程序根据某种规则，逐一对所有设施的位置作出安排，最终得出较好的布置方案。

(1) CORELAP算法。CORELAP算法是将SLP运用到计算机上，得到一个使各设施间接近度最大的布置方案。这种算法的出发点是部门之间的关系表，布置的目标是实现部门之间最大的密切度。具体步骤如下：

1) 首先将关系图中的每一个关系代码按照表4-18所示的对应关系数值化，再对每个部门所有关系值求和，得到关系总和（TCR）；然后在生成了布置矢量后，开始向布置图中放置部门。放置原则是保证进入布置图的部门与前面进入的相邻部门的关系值的和NCR（Neighbor Closeness Rating）最大。

表4-18 关系代码数值表

关系代码	A	E	I	O	U	X
数值	6	5	4	3	2	1

2) 由图4-18可知部门1有3种放置方法。若将部门1放置在位置1a，则与部门3和部门4相邻，依此类推，可得 NCR1a = CR13 + CR14、NCR1b = CR14、NCR1c = CR13，所以应该选择位置1a进入布置图。

3) 对布置图进行评估，计算任意两部门间的关系值与该两部门间的最短直线距离之积的总和。根据该总和值可以比较不同方案的优劣，值越小方案越优。

【例4-9】已知某公司部门关系图如图4-19所示，试根据CORELAP方法进行系统布置。

解：首先，根据组织部分关系代码数值表及公司部门关系图，得出该公司部门间的关系总和（TCR），如表4-19所示。

然后，根据各部门与其他部门关系总和及相互关系确定布置顺序：首先，部门2的总和最高，所以首先布置该部门；其次，在其他部门中，部门1与部门2具有A级关系，所以随后布置部门1；再次，部门4、部门5与部门2同属I级关系，且TCR值相等，但部门4的面积大,所以先布置部门4后布置部门5;最后布置与部门2具有O级关系的部门3。这样,布置顺序为2——1——4——5——3。具体如图4-20所示。

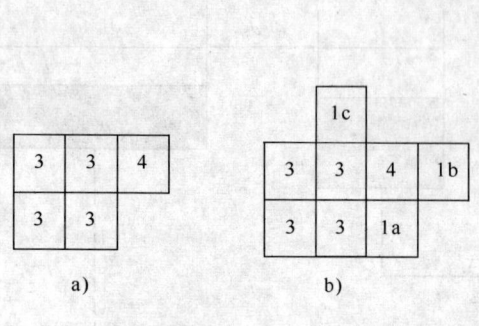

图4-18 部分设施布置方法

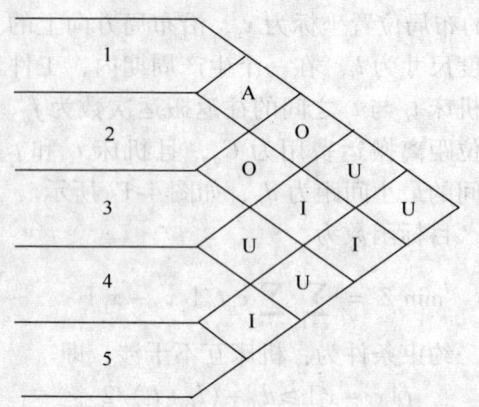

图4-19 公司部门关系图

表4-19 TCR表

部门	1	2	3	4	5	关系总和（TCR）
1	—	6	3	2	2	13
2		—	3	4	4	17
3			—	2	2	10
4				—	4	12
5					—	12

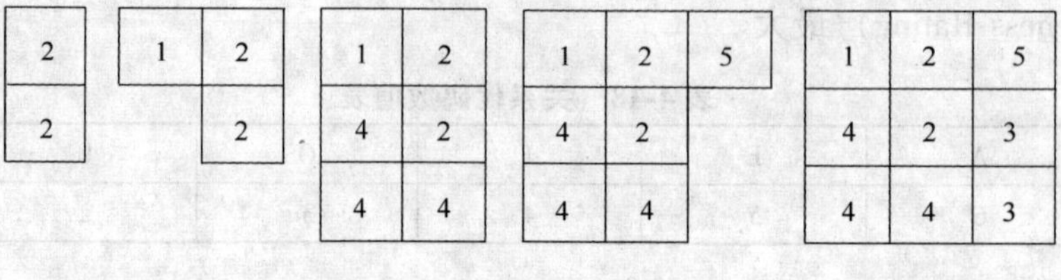

图4-20 CORELAP布置过程

最后,评估布置方案,其中2个单元间的距离为到达公共边最少需要的直线距离。对不同方案进行比较,总得分越小的方案越优,如表4-20所示。

表4-20 布置方案评估结果

关系代码	关系值	从	至	距离	乘积
A	6	1	2	0	0
I	4	2	4	0	0
I	4	2	5	0	0
I	4	4	5	2	8
O	3	1	3	2	6
O	3	2	3	0	0

(续)

关系代码	关系值	从	至	距离	乘积
U	2	1	4	0	0
U	2	1	5	1	2
U	2	3	4	1	2
U	2	3	5	0	0
				布置分	18

(2) 改进生成树算法。改进生成树算法适用于求解单行机床布局问题。具体步骤为：①求得单位距离物料搬运费用矩阵 F；②从矩阵 F 中查找 f_{ij} 的最大值，即计算 $f_{i^* j^*}$ 相邻布置，记为 $\{t_{i^*}, t_{j^*}\}$；③继续计算最大值 $f_{p^* q^*} = \max \{f_{i^* k}, f_{j^* l}\}$，若 $p^* = i^*$，则将机床 t_{q^*} 与机床 t_{i^*} 相邻布置，记为 $\{t_{q^*}, t_{i^*}, t_{j^*}\}$，否则，若 $p^* = j^*$，则将机床 t_{q^*} 与机床 t_{j^*} 相邻布置，记为 $\{t_{i^*}, t_{j^*}, t_{q^*}\}$；④从矩阵 F 中消去 p^* 行 p^* 列；⑤重复上述步骤，直至所有机床布置完毕。

【例 4-10】已知某一生产线由 6 台机床组成，各机床间物料搬运量 f_{ij} 及单位搬运成本 C_{ij} 分别如表 4-21 和表 4-22 所示，试利用改进生成树算法进行机床布局。

表 4-21 各机床间物料搬运量 f_{ij}

从＼至	机床 1	机床 2	机床 3	机床 4	机床 5	机床 6
机床 1	0	40	80	21	62	90
机床 2	40	0	72	12	24	28
机床 3	80	72	0	14	41	9
机床 4	21	12	14	0	21	12
机床 5	62	24	41	21	0	31
机床 6	90	28	9	12	31	0

表 4-22 单位搬运成本 C_{ij}

从＼至	机床 1	机床 2	机床 3	机床 4	机床 5	机床 6
机床 1	0	4	4	6	4	5
机床 2	4	0	2	5	2	3
机床 3	4	2	0	5	3	3
机床 4	6	5	5	0	5	8
机床 5	4	2	3	5	0	4
机床 6	5	3	3	8	4	0

解：首先，由搬运量 f_{ij} 及单位距离搬运成本 C_{ij} 求出单位距离物料搬运矩阵 F，如表 4-23 所示。

表 4-23 单位距离物料搬运矩阵 F

从＼至	机床 1	机床 2	机床 3	机床 4	机床 5	机床 6
机床 1	0	160	320	126	248	450
机床 2	160	0	144	60	48	84

(续)

从\至	机床1	机床2	机床3	机床4	机床5	机床6
机床3	320	144	0	70	123	27
机床4	126	60	70	0	105	96
机床5	248	48	123	105	0	124
机床6	450	84	27	96	124	0

然后，利用单位距离物料搬运矩阵 F，经过数次布置，得出机床排列次序，如表4-24所示。$f_{p*q*} = \max \{f_{i*k} f_{j*l}\}$。

表4-24 机床排列次序

步骤	i^*	j^*	p^*	q^*	f_{i*j*}/f_{p*q*}	布局	消去行/列
①	1	6			450	$t_1 t_6$	
②	1	6	1	3	320	$t_3 t_1 t_6$	1
③	3	6	3	2	144	$t_2 t_3 t_1 t_6$	3
④	2	6	6	5	124	$t_2 t_3 t_1 t_6 t_5$	6
⑤	5	5	5	4	105	$t_2 t_3 t_1 t_6 t_5 t_4$	5

最后，根据机床排列次序生成树，具体示意图如图4-21所示。

3. 面向改进型系统布置程序

（1）CRAFT算法。CRAFT算法是指利用计算机辅助设施相对定位技术，在原有布置方案上求得改进布置，得到一个以降低系统物流搬运成本的布置方案。其中的交换通常以两两交换的方式进行，选择具有公共边或相等面积的部门进行交换，其他无公共边或面积不相等的部门不能交换。具体步骤为：①给定物料搬运结果矩阵，给定初始布置方案，计算物料搬运费用；②进行位置交换、费用比较，选择优化方案；③重复上述步骤，直至物料搬运费用不再减小。

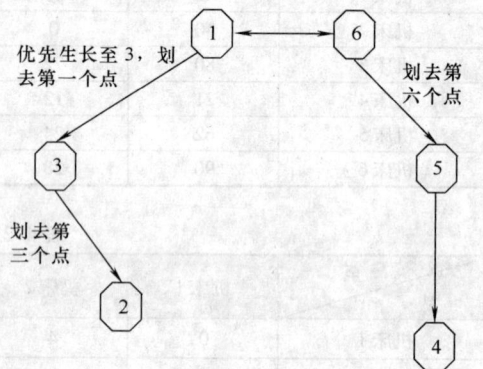

图4-21 生成树示意图

【例4-11】如图4-22所示，有A、B、C、D四个地点，分别用P_1、P_2、P_3、P_4表示，要在四个地点布置四台机床，分别用t_1、t_2、t_3、t_4表示。假设四台机床的占地面积相等，可以布置在任一地点上。

解：设计加工工艺从至表，即地点对之间的物料搬运量和搬运距离，其中，距离的计算采用部门中心间的折线距离，具体情况如表4-25和表4-26所示。

首先，成对地交换设备的布置地点，来改善初始布置方案。具体情况如表4-27所示。

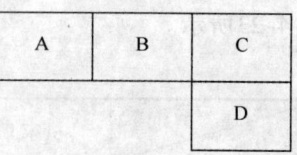

图4-22 四个地点分布

表 4-25 地点对之间的物料搬运量

从＼至	P_1	P_2	P_3	P_4
P_1	0	50	20	100
P_2	50	0	30	10
P_3	20	30	0	70
P_4	100	10	70	0

表 4-26 地点对之间的物料搬运距离

从＼至	P_1	P_2	P_3	P_4
P_1	0	1	2	3
P_2	1	0	1	2
P_3	2	1	0	1
P_4	3	2	1	0

表 4-27 初始布置方案

迭代次数	i	j	布置方案	搬运费用	优选方案
1	1	2	$t_2 t_1 t_3 t_4$	430	1 分别与 2、3、4 交换位置
		3	$t_3 t_2 t_1 t_4$	450	
		4	$t_4 t_2 t_3 t_1$	600	
	2	3	$t_1 t_3 t_2 t_4$	600	
		4	$t_1 t_4 t_3 t_2$	410	√
	3	4	$t_1 t_2 t_4 t_3$	450	

然后，在上一次的优化结果上，继续重复整个过程，得到结果如表 4-28 所示。

表 4-28 优选方案第 2 次迭代结果

迭代次数	i	j	布置方案	搬运费用	优选方案
2	1	2	$t_4 t_1 t_3 t_2$	420	
		3	$t_3 t_4 t_1 t_2$	370	√
		4	$t_2 t_4 t_3 t_1$	510	
	2	3	$t_1 t_3 t_4 t_2$	510	
		4	$t_1 t_2 t_3 t_4$	510	
	3	4	$t_1 t_4 t_2 t_3$	440	

经过第 3 次迭代，最终得到优选方案如表 4-29 所示。

表 4-29 优选方案第 3 次迭代结果

迭代次数	i	j	布置方案	搬运费用	优选方案
3	1	2	$t_4 t_3 t_2 t_1$	430	
		3	$t_4 t_3 t_1 t_2$	410	√
		4	$t_2 t_4 t_1 t_3$	460	

(续)

迭代次数	i	j	布置方案	搬运费用	优选方案
3	2	3	$t_3 t_1 t_4 t_2$	460	
		4	$t_3 t_2 t_1 t_4$	450	
	3	4	$t_3 t_4 t_2 t_1$	450	

（2）MultiPLE算法。MultiPLE算法是类似于Craft的一种改善型软件，其特点为：①输入数据为从至表，目标函数为基于距离的目标函数，距离计算采用中心点直线距离；②部门间的交换采用两两交换；③在每次迭代中选择布置成本下降最大的方案。MultiPLE与Craft的区别在于MultiPLE的交换可以不局限于两个相邻部门之间，这一点的实现主要通过空间填充曲线SFC（Space Filling Curve）来实现，其中，SFC是指填充一定空间的一条折线。对于MultiPLE算法图（如图4-23所示）中的64个单元，该曲线对每个单元只访问一次，恰能游历64个单元。这样在布置顺序矢量确定后，各部门就根据自己的面积，沿着SFC进行放置，直至完成整个布置。

【例4-12】6个部门的面积分别为16、8、4、16、8、12，布置矢量（布置顺序）为1—2—3—4—5—6。根据SFC的布置如图4-24所示。

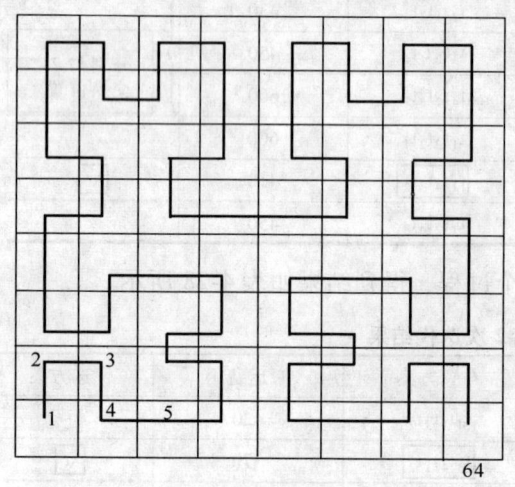

图4-23　MultiPLE算法图

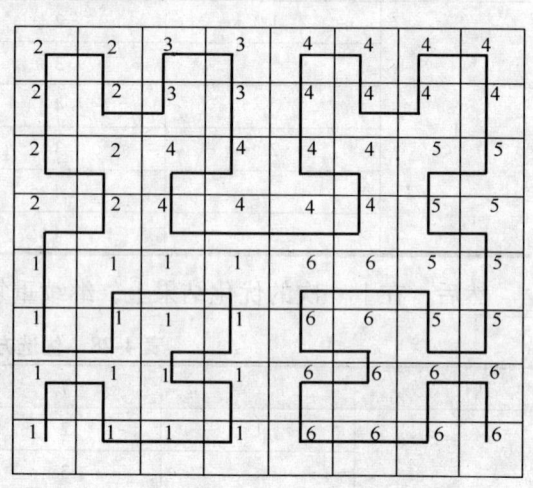

图4-24　SFC的布置

对于一个问题，任意生成一个初始布置顺序矢量，并根据SFC生成初始布置；同时，经过任意部门的交换，生成新的布置矢量，根据SFC生成新的布置，并计算各部门中心间的直线距离；重复上述步骤，直至得到最低物流费用的布置方案。

第三节　非制造业的设施布置

一、办公室布置

办公室布置的内容主要是确定人员座位的位置和办公室物质条件的合理配置。布置时一般要了解办公室的工作性质与内容、办公室内部的组织与人员分工、办公室与其他单位的联系；还可以绘制业务流程图作为布置的依据；还要了解办公室定员编制，以及根据工作需要应配备的家具、通信工具和主要办公用品等；在充分掌握情况的基础上，按办公室的位置和面积进行合理布置，并绘制平面图。办公室布置与生产制造系统布置有着根本的区别，主要表现在：①生产制造系统加工处理的对象是有形物品，而办公室加工处理的对象则是信息以及组织内外的来访者；②办公室的工作效率往往取决于人的工作速度，而生产制造系统与设备速度有相当大的关系；③办公室布置中，同一类工作任务可选用的办公室布置有多种，组织结构、各个部门的配置方式、部门之间的相互关系和相对位置的要求对办公室布置有更重要的影响。

（一）办公室布置主要考虑因素

在进行办公室布置时，通常考虑的因素有很多，但有两个主要的因素是必须加以重点考虑的：信息传递与交流的迅速、方便；人员的劳动生产率。

1. 信息传递与交流的迅速、方便

信息的传递与交流既包括各种书面文件、电子信息的传递，也包括人与人之间的信息传递和交流。对于需要跨越多个部门才能完成的工作，部门之间的相对地理位置也是一个重要问题。在此应用工作设计和工作方法研究中的"工作流程"的概念来考虑办公室布置是很有帮助的。工作设计和工作方法研究中的各种图表分析技术也同样可以应用于办公室布置。

2. 人员的劳动生产率

办公室布置中要考虑的另一个主要因素是办公室人员的劳动生产率。当办公室人员主要是由高智商、高报酬的专业技术人员构成时，劳动生产率的提高就具有更重要的意义。而办公室布置会在很大程度上影响办公室人员的劳动生产率，所以必须根据工作性质的不同、工作目标的不同来考虑什么样的布置更有利于生产率的提高。例如，在银行营业部、贸易公司和快餐公司的办公总部，开放式的大办公室布置使人们感到交流方便，促进了工作效率的提高；而在一个出版社，这种开放式的办公室布置则可能会使编辑们受到无端的干扰，使得他们无法专心致志地工作。

3. 办公室内的工作环境

各种嘈杂的声音会使人感到不愉快，容易分散人的注意力，造成工作上的错误。所以，办公室应布置在比较安静、适中的位置。如果修建办公大楼，则大部分办公室可以集中在一起，这样既便于工作上相互联系，又可以求得比较安静的工作环境。如果没有办公大楼，则办公室就可能比较分散，这样的好处是接近生产现场，便于为生产服务，但可能不够安静，必须采取具体措施，如安装隔音装置等，以排除各种杂音。为保证安静，应将电话和其他发声设备安装在对他人工作干扰最少的位置；客人来访最好设有单独会客室，如不具备此条件，也应将会客处布置在办公室的入口附近。

4. 办公室的采光、照明条件

办公室内的光线过强或过弱，都会让人疲劳，降低工作效率。一般来说，自然光优于人造光，间接光优于直射光，匀散光优于聚焦光。自然光有益于人的身心健康，但早晚、阴雨天可能造成光线不足，因此需要有其他的人造光进行补充。布置办公室内的座位时，应尽量使自然光来自于办公桌的左上方或斜后上方。

5. 办公室面积和工作人员的座位

安排工作人员的座位时要考虑业务工作的流程和同一业务小组的工作需要，尽可能地采

取对称布置,避免不必要的文书移动。

6. 办公用品的摆放

办公室内的用品应摆放整齐,方便使用。文件箱、文件柜的大小、高度最好一致,并尽量靠墙放置或背对背放置。常用的文件箱相应布置在使用者附近。办公用品和其他室内装饰物要经济实用,不要不切实际地一味追求豪华。

(二)办公室布置的主要模式

办公室布置根据行业和工作任务的不同有多种模式,归纳起来,可以分为以下几种类型:

1. 传统的封闭式办公室布置模式

传统的封闭式办公室是将办公楼分割成多个小房间,伴之以墙、门和长长的走廊。显然,这种布置可以保持工作人员之间足够的独立性,但却不利于人与人之间的信息交流和传递,使人与人之间产生疏远感,而且,这种布置模式几乎没有调整和改变布局的余地。具体如图4-25所示。

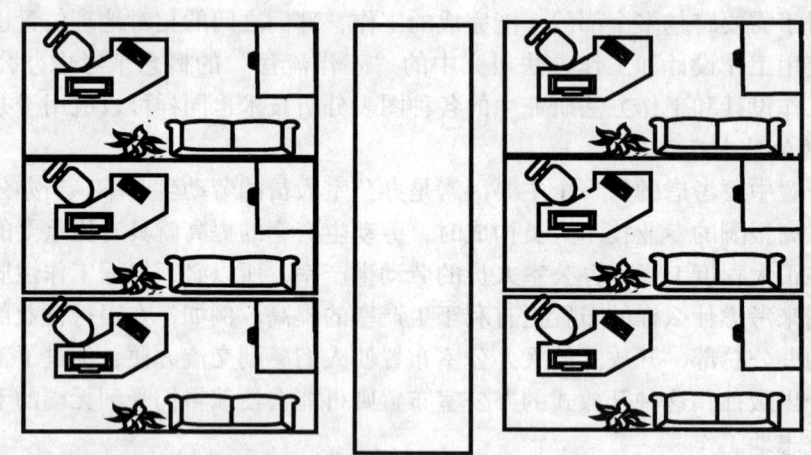

图4-25 传统的封闭式办公室布置模式

2. 开放式办公室布置模式

开放式办公室布置的主要特点是在一间很大的办公室内,可同时容纳一个或几个部门的十几人、几十人甚至上百人共同工作。这种布置方式不仅方便了同事之间的交流,也方便了部门领导与一般员工的交流,在某种程度上消除了等级的隔阂。但这种方式的弊端是有时会出现员工之间相互干扰及闲聊等情况。具体如图4-26所示。

3. 带有半截屏风的组合办公室布置模式

在开放式办公室布置的基础上,进一步发展起来的一种布置模式是带有半截屏风的组合办公室布置模式。这种布置既利用了开放式办公室布置的优点,又在某种程度上避免了开放式布置情况下的相互干扰、闲聊等弊端。而且这种模式使布置有很大的柔性,可随时根据情况的变化重新调整。采用这种模式进行办公室布置,建筑费用比传统的封闭式办公建筑要少,改变布置的费用也低得多。

4. "活动中心"式的新型办公室布置模式

目前,在很多组织中,封闭式布置和开放式布置都是结合使用的。20世纪80年代,在

第四章　生产和服务设施的选址与布置

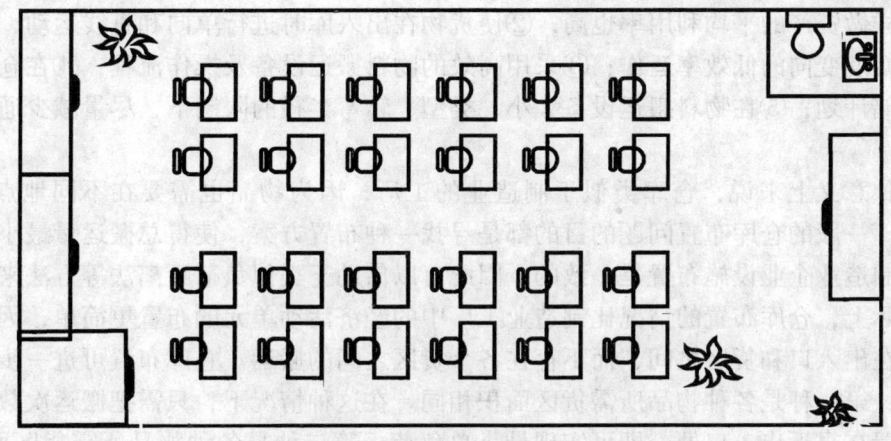

图 4-26　开放式办公室布置模式

西方发达国家又出现了一种称为"活动中心"的新型办公室布置模式。在每一个活动中心，有会议室、讨论间、电视电话、接待处、打字复印和资料室等进行一项完整工作所需的各种设备和空间。楼内有若干个这样的活动中心，每一项相对独立的工作集中在这样一个活动中心进行，工作人员根据工作任务的不同，在不同的活动中心之间移动。但每人仍保留有一个小小的传统式个人办公室。显而易见，这是一种比较特殊的布置形式，较适合于项目型的工作。

5. "远程"办公室布置模式

20 世纪 90 年代以来，随着信息技术的迅猛发展，一种更加新颖的办公形式——"远程"办公也正在从根本上冲击着传统的办公室布置方式。所谓"远程"办公，是指利用信息网络技术，将处于不同地点的人们联系在一起，共同完成工作。例如，人们可以坐在家里办公，也可以在出差地的另一个城市或飞机、火车上办公，等等。可以想象，当信息技术进一步普及、其使用成本进一步降低以后，办公室的工作方式和对办公室的需求，以及办公室布置等均会发生很大的变化。

二、仓库布置

1. 仓库布置的内涵

仓库布置是指对一个仓库的各个组成部分，如库房、货棚、货场、辅助建筑物、铁路专运线、库内道路、附属固定设备等在规定的范围内，进行平面和立体的全面合理的安排。仓库布置总平面图如图 4-27 所示。

2. 仓库布置的原则

非制造企业在进行仓库布局时，主要遵循以下基本原则：①尽可能地充分利用仓库的面积和高度，采用立体储存

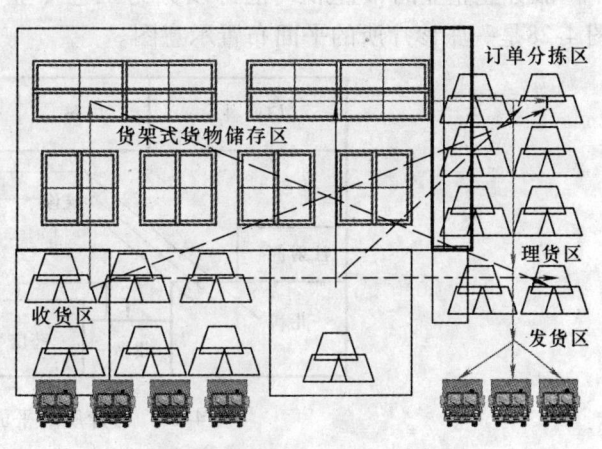

图 4-27　仓库布置总平面图

方式，这样做资产的平均利用率也高；②使货物在出入库时进行单向和直线运动，避免逆向操作和大幅度变向的低效率运作；③采用高效的物料搬运设备及操作流程；④在仓库里采用有效的存储计划；⑤在物料搬运设备大小、类型、转弯半径的限制下，尽量减少通道所占用的空间。

从某种意义上来说，仓库类似于制造业的工厂，因为物品也需要在不同地点（单元）之间移动。一般的仓库布置问题的目的都是寻找一种布置方案，使得总搬运量最小。这个目标与很多制造业企业设施布置是一致的，因此可以借助于类似负荷距离法等方法来求得最佳方案。实际上，仓库布置的情况比制造业工厂中的经济活动单元的布置更简单，因为全部搬运都发生在出入口和货区之间，而不存在各个货区之间的搬运。仓库布置可进一步分为两种不同情况：第一种是各种物品所需货区面积相同。在这种情况下，只需把搬运次数最多的物品货区布置在靠近出入口处，即可实现最小总负荷。第二种是各种物品所需货区面积不同。在这种情况下，首先需要计算某物品的搬运次数与所需货区数量之比，取该比值最大者布置于靠近出入口处，其他依次往下排列。

以总负荷数最小为目标是一种简单易行的仓库货区的布置方法。在实际中，根据情况的不同，仓库布置可以有多种方案、多种考虑目标。例如，物品的需求经常是季节性的，而且各个季节不同。如一个储存家用电器的仓库，在元旦、春节期间应把电视、取暖器等放在靠近入口处；在夏季应该将空调、风扇、冰箱等放在入口处。又如，空间利用的不同方法也会带来不同的仓库布置要求，在同一面积内，高架立体仓库可存储的物品要多得多。搬运设备、存储记录方式等的不同，也会带来布置方法上的不同。再如，新技术的引入会使考虑的有效方案的可能性更多：计算机仓库信息管理系统可使得搬运人员迅速知道每一物品的准确仓储位置，并为搬运人员设计一套汇集不同物品与同一货车上的最佳搬运行走路线；自动分拣运输线可使仓储人员分区工作，而不必跑遍整个仓库，等等。总而言之，根据目标的不同、所使用技术的不同以及仓储设施本身的特点，仓库的布置方法有多种。

三、服务企业平面布置

与制造业不同，服务业的设施布置需要更多地考虑到顾客与服务的关系密切程度。

服务业企业的布置形式也可以分为工艺专业化和产品专业化两种，不过以前者居多。图 4-28 是一张诊疗所的平面布置示意图。

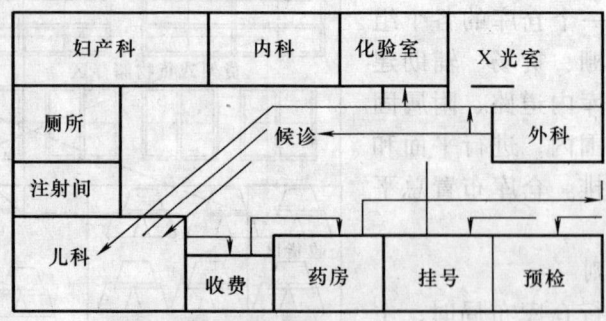

图 4-28 诊疗所的平面布置示意图

从图中可以看出病人要在多个部门停留。可以想象，当诊所规模扩大成一所大医院，疾病的诊断和治疗越来越需要依靠先进的设备,病人在医院中要到许多部门作仪器设备检查,行走距离会很长。特别对于病情较重的住院病人,需护工护送,这无疑会增加成本。这时我们会遇到运输费用最小化的医院平面布置问题。

以下以零售商店布置为例,简单介绍服务业的设施布置问题:

1. 零售商店布置的目标

零售商店布置的目标是使店铺的单位面积净收益达到最大。研究表明,单位面积的净收益与零售商提供给顾客购物信息的有效率直接相关。研究还表明,零售商店的展示率越高,投资回报率越高。

2. 零售商店设施布置的原则

(1) 商品的空间布置摆放要顺应顾客的购买心理,即将顾客认为相关联的商品集中摆放,而不是按照商品的物理特性或货架大小与服务条件等其他因素来摆放,许多超市分区布置就是典型的例子。

(2) 提供给顾客更多的购物信息,激发顾客的购买欲望。如一些超市设计的环形购物通道,让顾客看到了所有的商品。

(3) 将吸引力强和利润高的商品摆放在醒目的位置。

(4) 利用通道两端展示率高的特点,进行新品牌商品的推销和特价商品的销售。

(5) 将经常购买的商品布置在超市的四周,以迎合顾客倾向于环形购物的习惯,如奶制品区、熟食区、生鲜蔬果区等。

(6) 将一些商品布置在收银台附近,可以增加额外的销售量。

(7) 在超市收银台外,布置一些特色商品店(如快餐店、洗衣店、药店等),充分利用多种商业业态的集聚效应,吸引更多的顾客。

(8) 零售商店还应该提供必要的顾客休息区、排队等待区、结账区、顾客整理区、大型停车场等。

图 4-29 是一家超市的平面布置图,这种成角度的布置的好处是视线更开阔,顾客进入店铺后在主干道上就可以看清通道上方的标志,查找货物比较方便。由于服务业的生产过程和消费过程融为了一体,消费者会对整个服务过程提出质量要求,因此服务业还十分强调环境的布置,如家具的式样、颜色、室内的灯光、墙壁的色彩和图案等。

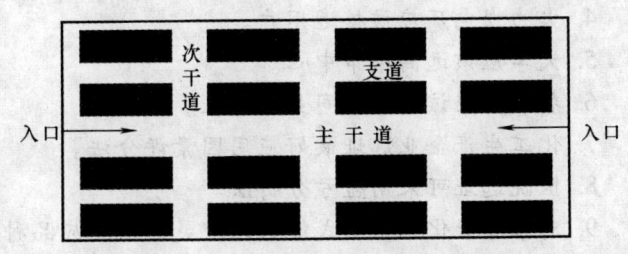

图 4-29　一家超市的平面布置形式

小　结

本章阐述了生产与服务设施的选址与布置问题。第一节介绍了生产与服务设施的选址,包括选址的重要性、难点、影响设施选址的因素和方法,重点介绍了设施选址的评价方法,包括负荷距离法、因素评分法、盈亏分析法。第二节介绍了生产和服务设施的布置,包括设施布置的目标、设施布置的影响因素、设施布置的类型、设施布置决策的方法,重点介绍了工艺导向布局、产品导向布局的原理以及从至表法、线性规划法等设施布置的决策方法,还介绍了计算机辅助设施选址和布置的一些方法。第三节介绍了非制造业设施布置,包括办公室、零售业、仓库等非制造业设置布置的特征和方法。

思考与练习

思考题

1. 企业为什么要进行设施选址?
2. 解释下列概念:设施、设施选址、设施布置。
3. 为什么说设施选址决定了企业经营的先天优势?
4. 设施选址应考虑哪些因素?
5. 设施选址的原则是什么?
6. 设施选址的方法有哪些?各种方法适应哪些选址问题?
7. 制造业和服务业选址要考虑的因素有什么不同?
8. 分析一个大型超市选址应考虑的因素和选址应采用的方法。
9. 设施布置的类型有哪些?
10. 分析比较工艺导向、对象导向布局的优缺点?
11. 设施布置有哪些方法?各适应哪些设施布置问题?
12. 走访一家超市,观察其设施布置并绘出布置图,评价其合理性,并找出改进的方面。

判断题

1. 选址决策与企业原址无关。
2. 一家计算机生产企业的选址主要考虑生产成本的因素。
3. 纺织厂应该靠近棉花产地。
4. 火力发电厂应该接近用户。
5. 大学应该远离城市中心。
6. 餐饮店应该错开相同业态选址。
7. 化工生产企业选址最好应用因素评分法。
8. 医院选址可采用盈亏分析法。
9. 对象专业化组织形式能够比较灵活地适应品种变化的生产要求。
10. 运输表法属于单一设施选址方法。
11. U形产品导向布局需要工人是多面手。
12. 产能扩大型设施网络中的各个设施分别面向各自一定的市场区域,往往以区域市场的需要为中心来设置不同的生产设施,其目的在于降低运输费用,快速交货。
13. 办公室的布置最好采用从至表法。
14. 车间布置只能采用作业相关图法。
15. 某拖拉机轴承车间设有制造轴承所需的各种设备及操作工人,则这个车间的组织形式是工艺专业化。

选择题

1. 选址是企业的一个重大决策,主要原因是(   )。

A. 选址是一项巨大的永久性投资 B. 选址决定了生产成本的高低
C. 选址决定了劳动者的素质 D. 选址决定了原材料的可获得性
2. 选址考虑运输费用属于（　　）。
A. 政治因素   B. 社会因素   C. 经济因素   D. 自然因素
3. 许多城市建立的经济开发区，对选址而言，进入经济开发区的优势之一是（　　）。
A. 劳动力成本低   B. 原材料成本低   C. 产业集聚效应   D. 土地成本低
4. 家乐福、沃尔玛等大型超市没有在中国香港选址的主要原因是（　　）。
A. 客流量不够   B. 劳动力成本高   C. 运输成本高   D. 土地成本高
5. 当一个工厂或一个服务设施有多个原材料供应点时，最适合的选址方法是（　　）。
A. 盈亏分析法   B. 因素评分法   C. 线性规划运输模型   D. 重心法
6. 一个造船厂建立生产单位宜采用（　　）。
A. 工艺导向布局   B. 产品导向布局
C. 成组技术布局   D. 柔性加工单元布局
7. 下列生产单位中，可以采用对象专业化原则布局的是（　　）。
A. 铸造车间   B. 发动机车间   C. 机械加工车间   D. 热处理车间
8. 出版社中编辑办公室的布置宜采用（　　）。
A. 开放式布置   B. 封闭式布置   C. 活动中心布置   D. 远程办公布置
9. 超市布置应遵循的重要原则是（　　）。
A. 最大的商品展示率 B. 最大的客流量 C. 最畅通的顾客通道 D. 最大的空间
10. 计算机辅助选址决策与设置布置只适合（　　）。
A. 可定量研究的决策   B. 可定性研究的决策
C. 大型企业   D. 所有决策

计算题

1. 银山公司是北京的一家互联网及软件公司，公司的业务急剧扩大之后，决策层决定新建一处客户服务中心，以提高其服务水平，进而提高竞争力。但现在需要解决的主要问题是客户服务中心的地址选在哪里。公司主管列出了各项选址影响因素，并对三个备选地点进行了打分。结果如表4-30所示。

表4-30　影响因素及评分

因素	权重	A	B	C
劳动力成本	30	65	80	90
技能水平	15	50	45	75
电信基础设施	45	95	90	40
客户集中程度	50	75	90	85
是否接近主干道	25	80	80	55

(1) 选择哪个地点更优？
(2) A地客户集中程度分值要达到多少才能保持A、B的分值持平？
(3) 电信基础设施的权重要达到多少才能使C地成为更好的地址？
2. 某集团的两个工厂分别生产A、B两种产品，供应三个市场M_1、M_2、M_3，已知条件如表4-31所示。现需设置一个中转仓库，以便将A、B两种产品通过该仓库间接向三个市场供货。试采用重心法确定仓库的最佳选址。

表4-31 某集团选址相关信息

节点	产品	运输总量	运输费率	坐标 X_i	坐标 Y_i
P_1	A	2000	0.05	3	8
P_2	B	3000	0.05	8	2
M_1	A、B	2500	0.075	2	5
M_2	A、B	1000	0.075	6	4
M_3	A、B	1500	0.075	8	8

3. 一家机器小制造商欲迁址，并确定两个地区以供选择。A地的年固定成本为80万元，可变成本为1.4万元/单位；B地的年固定成本为92万元，可变成本1.3万元/单位。无论厂址选在哪里，都不会影响产品售价和市场需求量。

（1）当产量为多少时，两地的总成本相等？

（2）当产量处在什么范围时，A地优于B地或B地优于A地？

4. 一家汽车美容厂有两个地点可供选择：市中心和郊区，经测算，相关资料如表4-32所示。

表4-32 汽车美容厂选址信息

方案	月租金和其他固定支出/元	劳动力、材料等费用/辆	美容价格/(元/辆)	预计汽车美容需求量/辆
市中心	7000	30	80	300
郊区	4700	25	60	200

根据以上资料选择最优方案。

5. 某单位有五个部门目前是按照图4-30的方式布置的，部门间的运动是在矩形的路径上。每个月的行程次数、每条行程的成本和每次行程的距离如表4-33、表4-34和表4-35所示。

3	2	1
5	4	

图4-30 部门布置方式

表4-33 每个月部门间的行程次数

部门	1	2	3	4	5
1		100	200	100	400
2			200	500	300
3				100	100
4					200
5					

表4-34 部门间每次行程的成本

部门	1	2	3	4	5
1		12	34	56	34

(续)

部门	1	2	3	4	5
2			57	25	17
3				43	63
4					52
5					

表 4-35　部门间的距离

部门	1	2	3	4	5
1		1	2	2	3
2			1	1	2
3				2	1
4					1
5					

(1) 试计算部门间移动的月成本。
(2) 如果部门 1 和部门 3 交换位置，试计算部门间移动的月总成本。
(3) 部门 1 和部门 3 交换位置的一次性成本为 22500 元。如果部门交换位置的成本必须在两个月或更短的时间内收回，那么值得作出这样的改变吗？

6. 有一个家用仓库，共有 16 个货区，分别储存有 7 种家电。仓库有一个出入口，进出仓库都要经过该口，仓库平面示意图如图 4-31 所示。统计资料显示，该仓库每种物品每周的搬运次数如表 4-36 所示，问应该如何安排不同货物的货区才能使总搬运量最小？

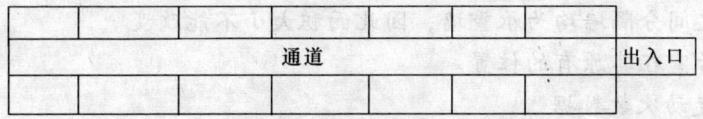

图 4-31　仓库平面示意图

表 4-36　货物搬运次数表

储存物品	每周搬运次数	所需货区
电烤箱	280	1
空调	160	2
微波炉	360	1
电视机	800	4
电冰箱	600	4
电风扇	900	1
其他	100	1

案例分析

某镇医院的平面布置

某镇医院是该镇旅游区的镇级医院，医院各诊室（部门）目前的平面布置如图 4-32 所示。

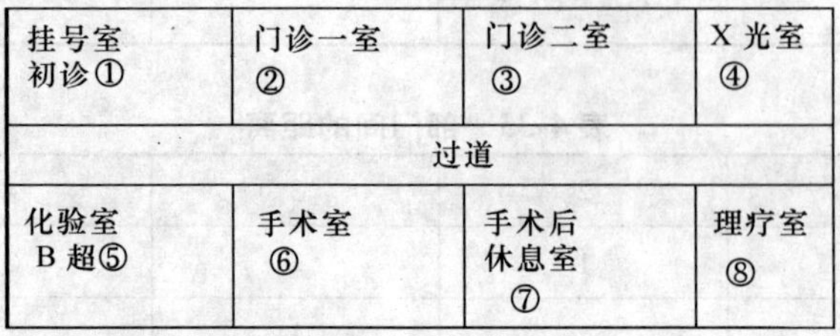

挂号室
初诊①
门诊一室
②
门诊二室
③
X 光室
④
过道
化验室
B 超⑤
手术室
⑥
手术后
休息室
⑦
理疗室
⑧

图 4-32　某镇医院的平面布置图

为了进一步方便病人，减少病人就诊时在医院中行走的距离，医院准备更改原有的平面布置。

医院诊室布置方案原始数据及有关条件如下：

1. 方案目标

使病人进入医院后在就诊区总的走动距离最短。

2. 面积及距离

（1）每间诊室面积为 $10\text{m} \times 10\text{m} = 100\text{m}^2$。

（2）假设相邻诊室、相对诊室、斜对门诊室之间的距离均为 10m，相隔一个诊室的为 20m，其余依此类推。

3. 限制条件

（1）各诊室之间分隔墙均为承重墙，因此面积大小不能改变。

（2）保持挂号室在其原有的位置。

4. 每天病人走动次数数据

通过分析以往医院病人就诊记录，可以得出病人每天在各诊室（部门）间平均走动次数的数据，具体如图 4-33 所示。

100
50
100
30
20
30
20
20
20
30
10

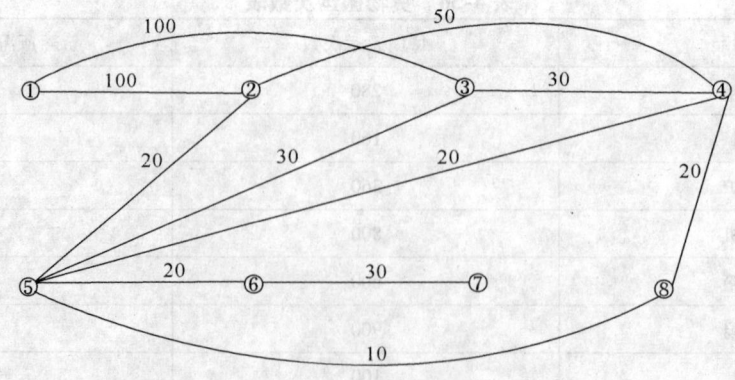

图 4-33　病人每天在各诊室间平均走动次数

问题：

1. 统计出各诊室之间病人每天的走动次数和走动距离。

2. 对诊室的位置进行重新布置，使病人总的走动距离最短。

3. 统计出新布置方案的每天病人走动次数和总走动距离，与原方案进行比较，计算减少的移动距离和幅度。

第五章 流水生产的组织

导入案例

流水线在汽车生产中的应用

发动机是汽车领域技术最密集的关键部件,在汽车发动机装配过程中,由于被装配零件的多样性、工艺的烦琐性,汽车发动机装配线就显得尤为重要。汽车发动机装配线是一个对发动机顺序装配的流水线工艺过程,每个工位之间是流水生产,因此,每个环节都必须具备高可靠性和一定的灵敏度,才能保证生产的连续性和稳定性。

汽车发动机装配线主要包括总装线、分装线、工位器具及线上工具等。在总装线和分装线上,目前国内普遍采用柔性输送线输送工件,并在线上配置自动化装配设备以提高效率。柔性输送线主要有摩擦辊道和启停式动力辊道两种。装配线上的自动化设备主要有自动打号机、拧紧机、自动翻转机以及其他专用装配设备等,这些自动化设备可大大提高装配线的装配能力。

目前,装配线普遍采用现场总线控制方式,通过现场分布I/O统一控制装配线的运行及完成各工位间的通信,采用以太网等方式组建现场信息监控系统,实现装配线上的信息采集、排产下达、工位监控及装配提示等功能。

在发动机生产过程中,装配线是发动机最终状态、最终结构、最终精度的展示,对确保发动机的精度、质量至关重要。一条发动机装配线要保证发动机的装配技术条件,实现高精度;要保证装配节拍,实现高效率;要多机型同时装配,实现高柔性;要有效地控制装配精度,实现高质量。要实现以上几个方面必须从生产线的规划入手。

一条发动机装配线尽管具备各种功能,但其最终目的、最基本功能就是保质、保量和按节拍装配出合格的发动机,究竟是否具备这些功能,还要经生产实践检验。新工艺、新技术及新产品的不断涌现,使发动机装配向智能化、数字化和可视化发展,未来的发动机装配线的规划将有更多选择。

流水生产是对象专业化的空间组织方式和产品在工序间平行移动的时间组织方式的集合。流水生产方式产生于1913年美国的福特汽车公司,最初用于汽车装配,生产效率大大提高,产品成本大幅度降低,使当时作为奢侈品的汽车成为大众消费品,走进了千家万户。

为了追求低成本,福特成功地将劳动分工和作业标准化运用到汽车生产中。他们首先将汽车装配工作分解为许多工序;然后制定出每道工序的操作标准,使每道工序的操作时间尽可能相等;最后按加工顺序布置工作地,按固定的标准顺序对产品进行加工。福特汽车在开发流水线后的10年中,汽车成品出产的间隔时间从80多小时下降到3分钟左右,销售价格从2000多美元降到了263美元。流水生产成为了工业时代生产效率最高的先进生产组织方式。

最初的流水线只能生产单一品种的产品,随着市场需求多样化和生产技术的发展,尤其是数控技术的出现，流水生产方式也在不断地发展，出现了多品种生产的流水线。

第一节　流水生产的特点和分类

一、流水生产的特点

流水生产又称流水线生产，是指工作地（设备）按生产对象的工艺顺序排列，生产对象按一定的工艺路线以规定的速度（节拍），流水般地经过每道工序的工作地完成加工过程。流水生产的主要特点如下：

1. 工作地的专业化程度高

流水线固定生产一种或少数几种产品或零件，工作地专业化程度很高，一般只固定完成一道或几道工序，因此可以使用专业设备或专业工具。

2. 按节拍出产产品

所谓节拍，就是流水线相继产出两件相同制品之间的时间间隔。生产对象在各道工序按一定的时间间隔投入流水线或从流水线产出，保持一定的节拍；两批相同制品之间也按一定的时间间隔投入流水线或从流水线产出，保持一定的节奏。

3. 生产加工过程的连续性

生产对象在各个工作地之间进行平行移动或平行顺序移动，最大限度地减少了设备的加工间歇时间。

4. 各环节生产能力的比例性

流水生产各道工序的生产能力是平衡的、成比例的，即各道工序单件制品的加工时间与各道工序的工作地（或设备）数比值大致相等。也就是说，如果完成某件制品的加工需要 m 道工序，流水线各道工序的工作地分别为 $s_1, s_2, \cdots, s_m$，各道工序的单件作业时间分别为 $t_1, t_2, \cdots, t_m$，流水线的节拍为 r，则使流水线各道工序之间保持平衡的条件是

$$\frac{t_1}{s_1} = \frac{t_2}{s_2} = \cdots = \frac{t_m}{s_m} \approx r$$

二、流水线的分类

企业的流水生产形式是多种多样的，按不同标准可将流水线作如下分类：

（一）按生产对象的移动方式划分

1. 固定流水线

固定流水线是指生产对象固定，工人携带工具沿着顺序排列的生产对象进行移动加工，经过一个循环完成一批产品的加工或装配的流水线。这类流水线适用于不便运输的大型制品，如重型机械、船舶的加工和装配。

2. 移动流水线

移动流水线是指生产对象移动，工人、设备和工具的位置固定，生产对象经过各个工作地的加工或装配后，成为半成品或成品的流水线。这类流水线应用比较广泛，适用于批量较大的生产，如汽车、电视机等。

还有一种移动流水线是设备和工具固定，工人和生产对象移动，一个工人经过各个工作

地完成整个生产过程的全部加工或装配后，使生产对象成为半成品或成品。一般来说，当工件大而重、不便于从传送带上取下来时可采用这种方式，如汽车的装配。

（二）按生产对象的数目划分

1. 单一对象流水线

单一对象流水线是指仅生产一种制品或零件，生产的数量足够大，使流水线几乎满负荷运转，品种却固定不变的流水线。因此单一对象流水线又称为不变流水线。这类流水线适用于大量生产的产品。

2. 多对象流水线

多对象流水线是指生产两种或两种以上结构相似制品的流水线。根据制品输入方式的不同，多对象流水线又可分为可变流水线、混合流水线和成组流水线。

（1）可变流水线可以成批轮番地生产几个品种不同但结构和工艺相似的制品，通常在变换品种时要人工调整相应的设备和工装夹具。

（2）混合流水线是将多个品种不同但结构和工艺相似的制品混合送入流水线，在变换品种时自动地调整相应的设备和工装夹具。

（3）成组流水线是根据相似零件组的工艺路线来进行设备布置，工序间采用小车或轨道进行运输。它是成组技术在生产过程中的应用，具有大量流水生产的优点，但在流水线中流动的不是一种零件，而是一组相似的零件。

（三）按生产过程的连续程度划分

1. 连续流水线

连续流水线是指生产对象在各道工序间的转移是连续的，没有或很少有间隔时间的流水线。它是流水线中最完善的形式，能够实现最短的生产周期和最少的在制品占用量。

2. 间断流水线

间断流水线中，生产对象在各道工序间缺乏精确的同期化，各道工序的生产能力不完全平衡，因而单位时间内各工序所能生产的制品数量不同，制品在工序间会出现停留等待现象，生产过程不完全连续。

（四）按流水线节拍的形式划分

1. 强制节拍流水线

强制节拍流水线用机械化传送装置等专门设备来强制实现规定的节拍，工人必须在规定的时间内完成自己的工作，如有延误或违反操作规程就会影响下道工序的生产。

2. 自由节拍流水线

自由节拍流水线是指由工人自行保持规定的节拍，并不严格按照节拍生产产品的流水线。该种流水线一般在各道工序间都有一定数量的在制品存货用以调节流水线的节拍。

（五）按流水线的自动化程度划分

按自动化程度的不同可将流水线分为手工流水线、半自动流水线和自动化流水线。

自动化流水线由自动机床和自动化输送装置组成，制品在一道工序加工完毕后，自动地由一台机床送至另一台机床，流水线上的工人只起监督作用。至于手工流水线和半自动流水线，其含义简明易懂，这里不作阐述。

（六）按运输设备种类划分

按运输设备种类的不同，流水线可分为无专用运输设备流水线、非机动专用运输设备流水线和机械化运输设备流水线。

在无专用运输设备流水线上,制品或由工人自己用手传送给下一个工作地,或用普通工具运送。

在非机动专用运输设备流水生产线上,制品主要靠自身的重力来运输,一般采用的运输设备有斜面滑道、辊道等。在机械化运输设备流水线上,通常采用传送带、循环悬吊运送器等。

对于机械化运输设备流水线,可按其工作方式的不同再将流水线细分为分配式流水线和工作式流水线两类。

采用分配式传送带时,各工作地排列在传送带的一侧或两侧,传送带传送制品经过各工作地时,工人从传送带上取下制品,在工作地上加工,加工完毕后,再送回传送带上(见图5-1)。

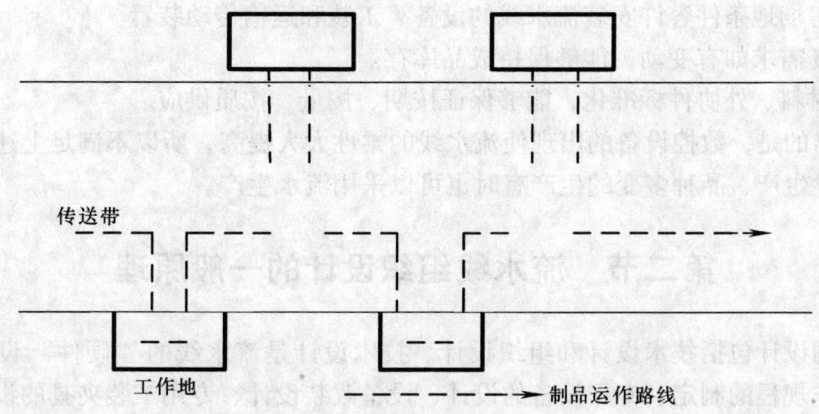

图 5-1　分配式传送带示意图

采用工作式传送带时,工人在传送带的一侧或两侧,他们不必从传送带上取下制品,而是对传送带上的制品直接进行加工(见图5-2)。

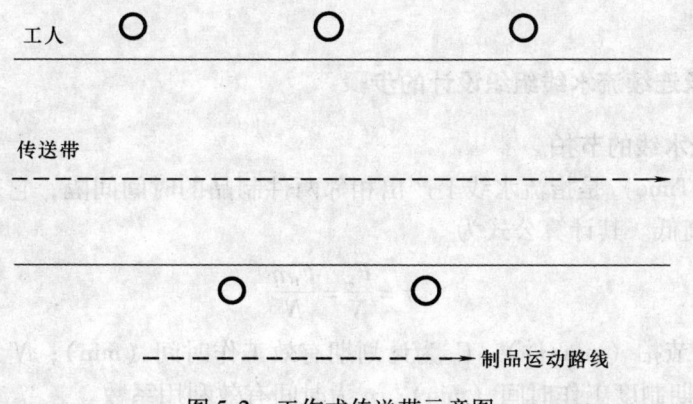

图 5-2　工作式传送带示意图

三、组织流水生产的必要条件

在组织流水生产以前,必须进行可行性分析。一方面,技术上要可行;另一方面,由于

流水线需要大量投资,要测算流水线可能带来的经济效益。采用流水线一般应具备下列条件:

(1) 市场产品需求量大,产品生命周期较长。一般来说,进行流水生产的设备资金投入量很大,并且流水线基本上都以对象专业化原则进行大批量生产,如果产品的市场需求量不大,生命周期不长,很难取得规模效应,前期的投资也很难取得回报。所以,市场需求量不大的产品不适于流水生产。

(2) 产品结构和工艺相对稳定,产品结构设计应反映现代科技成就并基本定型,有良好的结构工艺性。由于流水生产的专业化程度很高,并且其设备、工具都是专用的,故一般来讲,流水生产不适于单件生产类型的企业。

(3) 工艺过程的各道工序有良好的可分性,又能根据工序同期化的要求进行合并,从而使得各工序作业时间相差不大,便于流水线平衡。

(4) 厂房场地条件容许安装流水线的设备、工装和运输传动装置。

(5) 市场需求如有变动,能够保持成品库存。

(6) 原材料、外协件标准化,能够保证按期、按量、按质供应。

需要指出的是,数控设备的出现使流水线的柔性大大提高,所以不满足上述条件的单件生产、小批量生产、品种多变的生产有时也可以采用流水生产。

第二节 流水线组织设计的一般原理

流水线的设计包括技术设计和组织设计。技术设计是流水线的"硬件"设计,包括工艺路线、操作规程的制定、专用设备的设计、设备改装设计、专用工装夹具的设计等。组织设计是流水线的"软件"设计,包括流水线的节拍和生产速度的确定、设备需要量及其负荷的计算、流水线平衡(工序同期化)、工人配备、生产对象传送方式设计、流水线的平面布置等。本节主要介绍流水线组织设计的内容,即流水线的"软件"设计。流水线的设计内容与流水线的类型有关,但基本原理大致相同,本节以单一对象连续流水线为例介绍流水线设计的一般原理。

一、单一对象连续流水线组织设计的步骤

(一) 计算流水线的节拍

节拍(Cycle Time)是指流水线上产出相邻两件制品的时间间隔,它表明流水线速度的快慢或生产率的高低。其计算公式为

$$r = \frac{F_e}{N} = \frac{F_0 \eta}{N}$$

式中,r 为流水线节拍(min/件);F_e 为计划期有效工作时间(min);N 为计划期制品数量(件);F_0 为计划期制度工作时间(min);η 为时间有效利用系数。

有效工作时间是指规定的上班时间减去设备维护、更换工具、用餐和休息的时间。

如果计算出来的节拍数值很小,同时零件的体积、重量也很小,不适于按件传送,则可以实行成批传送。这时,顺序出产两批同样制品之间的时间间隔称为节奏或运输节拍,它等于节拍与运输批量的乘积,即

$$r_g = rn$$

式中，r_g 为节奏；n 为运输批量。

【例5-1】 某流水线上计划月出产量为7000件，废品率为3%，月制度工作时间为25天，每天实行两班制，每班8h，时间利用率为90%，试计算该条流水线的节拍。

解

$$r = \frac{25 \times 2 \times 8 \times 60 \times 90\%}{7000 \times (1 + 3\%)} = 3 (\text{min}/件)$$

（二）进行工序同期化

工序同期化是指通过各种技术组织措施使流水线各道工序的单件时间与流水线节拍相等或成整倍数关系。

工序同期化是流水线组织设计中最重要、也是最困难的环节，但只有通过工序同期化才能实现流水线的高效率。

机械加工流水线和装配流水线的工序同期化原理有差别，相关内容将在本节第二小节加以介绍。

（三）计算和确定每道工序所需的工作地数

机械加工流水线经过同期化，每道工序的单件时间与流水线节拍相等或成整倍数关系，为了使每道工序的生产能力相平衡，必须为每道工序配备相应的工作地数。工作地数的计算公式为

$$S_i = \frac{t_i}{r}$$

式中，S_i 为第 i 道工序的工作地（设备）计算数；t_i 为 i 工序单件工时。

计算出来的工作地数如果不是整数还需修正成整数。

【例5-2】 接例5-1，如果该流水线有5道工序，经同期化后每道工序的单件时间分别为 3.1min、6min、8min、9min、3min，则每道工序的工作地数为：$S_1 = 3.1/3 = 1.03$，$S_2 = 6/3 = 2$，$S_3 = 8/3 = 2.67$，$S_4 = 9/3 = 3$，$S_5 = 3/3 = 1$。

经修正，每道工序的工地数为：$S_1 = 3.1/3 = 1$，$S_2 = 6/3 = 2$，$S_3 = 8/3 = 3$，$S_4 = 9/3 = 3$，$S_5 = 3/3 = 1$。

第一道工序必须通过精确同期化才能压缩单件时间。

（四）计算流水线的总负荷率

流水线总负荷率的计算公式为

$$k = \frac{\sum t_i}{Sr} \times 100\%$$

式中，k 为流水线总负荷率；t_i 为第 i 道工序的作业时间；r 为流水线节拍；S 为流水线平衡后实际采用的工作地数。

流水线的负荷率越大，流水线的中断时间就越短，生产效率就越高。一般而言，机械化流水线的负荷率应不低于75%，手工装配流水线的负荷率应在85%以上。

与流水线负荷率相反的是流水线的时间损失率，也称流水线的闲置率。其计算公式为

$$\text{时间损失率} = 1 - k$$

当流水线的时间损失率为零时，流水线的生产效率为100%，此时流水线达到完全

平衡。

(五) 计算流水线的工人配备数量

(1) 手工流水线工人配备数量的计算公式为

$$P = \sum_{i=1}^{m} P_i = \sum_{i=1}^{m} S_i g W_i$$

式中，P 为流水线工人总数；P_i 为第 i 道工序工人数；S_i 为第 i 道工序工作地数；g 为日工作班次；W_i 为每个工作地同时工作的人数。

(2) 半自动流水线工人配备数量的计算公式为

$$P = (1 + b) \sum_{i=1}^{m} \frac{S_i g}{f_i}$$

式中，P 为流水线工人总数；S_i 为第 i 道工序工作地数；g 为日工作班次数；b 为考虑缺勤等因素的后备工人百分比；f_i 为第 i 道工序每个工人看管的设备数。

(六) 计算流水线传送带的速度和长度

流水生产采用什么样的节拍，需考虑工序同期化和加工对象的重量、体积、精度、工艺性等特征。当工序同期化程度很高，工艺性良好，制品的重量、精度和其他技术条件要求允许严格地按节拍出产产品时，采用强制节拍；否则采用自由节拍或粗略节拍。

强制节拍流水线采用三种类型的传送带：分配式传送带、连续工作式传送带、间歇（脉动）工作式传送带。自由节拍流水线一般采用连续工作式传送带、辊道、平板运输车、滑道等运输装置。粗略节拍流水线一般采用辊道、重力滑道、手推车、叉车、吊车等运输工具。

在采用机械化传送带时，需要计算传送带的速度和长度。在工作式传送带连续运动时，传送带的速度 V 可按下式计算

$$V = \frac{L_0}{r}$$

式中，L_0 为传送带分区单位长度。

工作式传送带的速度不能太快，否则会影响工人安全顺利地完成工序作业。在工作式传送带间歇运动时，每隔一个节拍移动一次。工作式传送带工作部分的总长度可按下式计算

$$L = \sum_{i=1}^{m} L_i + L_g$$

式中，L 为传送带长度；L_i 为第 i 道工序的工作地长度；L_g 为后备长度。

在分配式传送带流水生产线上，传送带具有运输和分配制品的功能。分配式传送带的速度应该和流水生产线的节拍相配合，其长度计算方法与工作式传送带相同。

(七) 对流水线进行平面布置

流水生产线的平面布置应当有利于工人操作，使制品运输路线最短，生产面积得以充分利用。同时，要考虑流水生产线之间的相互衔接，尽可能做到零件加工完毕处，恰好是部件装配开始处；部件装配完毕处，正是总装开始处。从而使所有流水生产线的布置符合产品生产过程的流程。流水线的平面布置一般有如图 5-3 所示的直线形、直角形、开口形、山字形、环形、蛇形等。每种平面布置的流水线在工作地排列有单列式和双列式两种形式。单列式是指将工作地排列在传送带的一侧，双列式是指将工作地排列在传送带的两侧。

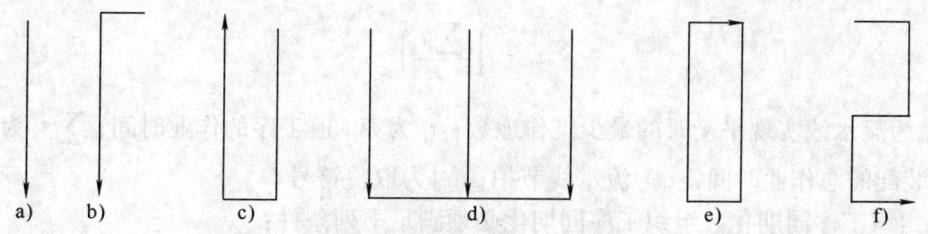

图 5-3　流水线布置形状示意图

二、工序同期化原理

（一）机械加工流水线工序同期化原理

机械加工流水线工序同期化的主要方法是工序的分解和合并，即将原始工序分解为工步，然后按照流水线的节拍对工步进行合并，使合并后的新工序单件时间等于流水线节拍或与节拍成整倍数关系。由于受机械加工工艺技术的限制，不同的加工工序不能随意合并，所以，机械加工流水线工序同期化比较困难，同期化程度比较低。

【例 5-3】流水线上有两道工序，单件作业时间分别为 18min 和 14min，流水线的节拍为 10min，试对该流水线进行工序同期化。

解：将两道大工序分解为 5 个工步或小工序，再按照节拍的时间和工序同期化的要求将 5 个工步合并为 3 道工序，过程如图 5-4 所示。

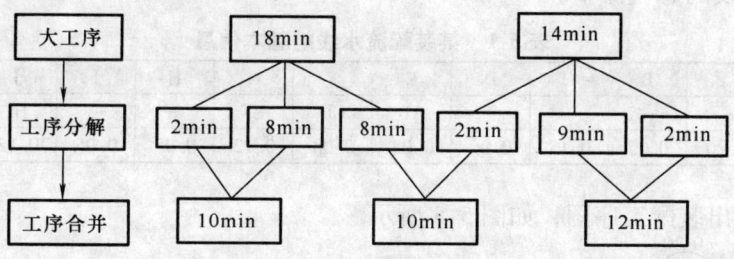

图 5-4　工序同期化示意图

经过初步的工序分解合并后往往需要进行精确同期化，其措施有：
（1）采取高效率的设备和工艺装备。
（2）改进操作方法和工作地的布置。
（3）提高工人的熟练程度与工作效率。
（4）调整工人。

（二）装配流水线工序同期化的原理

装配流水线一般都是手工流水线或自动化流水线，主要特征是不受加工设备的限制，工序的分解和合并比较容易，工序同期化程度高。装配流水线工序同期化也称为装配流水线的平衡设计，其步骤如下：
（1）计算流水线的节拍。
（2）计算流水线所需的最少工作地数量。

工作地（Station）是工人使用劳动工具对生产对象进行作业的场所，它由一定的设备、场地面积构成。流水线所需的最少工作地数量的计算公式为

$$S_{\min} = \left[\frac{\sum t_i}{r}\right]$$

式中，$S_{\min}$ 为流水线实现平衡时的最少工作地数；t_i 为第 i 道工序的作业时间；$\sum t_i$ 为单件产品加工或装配的总作业时间；r 为流水线节拍；[ ] 为取整符号。

(3) 组织工序同期化。组织工序同期化必须满足下列条件：
1) 保证各工序之间原来的先后顺序不变。
2) 分配给每个工作地的工序加工时间之和（T_{ei}）不能大于流水线的节拍。
3) 使各工作地数量尽量少。

(4) 计算流水线的时间损失系数 ε_L 和平滑系数 SI。

$$\varepsilon_L = \frac{Sr - \sum_{i=1}^{s} T_{ei}}{Sr} \times 100\%$$

$$SI = \sqrt{\sum_{i=1}^{s}(r - T_{ei})^2}$$

(5) 优化方案。选择时间损失系数和平滑系数小的方案为较优方案。

【例 5-4】某装配流水线计划每小时装配 200 件产品，每小时用于生产的时间是 50min。表 5-1 是装配工序名称、每道工序的作业时间及紧前工序等信息。试进行装配流水线平衡，并计算装配流水线的总负荷率。

表 5-1　某装配流水线的基本信息

工序名称	A	B	C	D	E	F	G	H	I	J	K	L
紧前工序	—	—	—	—	AB	CD	EF	—	—	HI	J	K
作业时间/min	0.20	0.05	0.15	0.06	0.03	0.08	0.12	0.05	0.05	0.12	0.15	0.08

解：(1) 画出装配工序图，如图 5-5 所示。

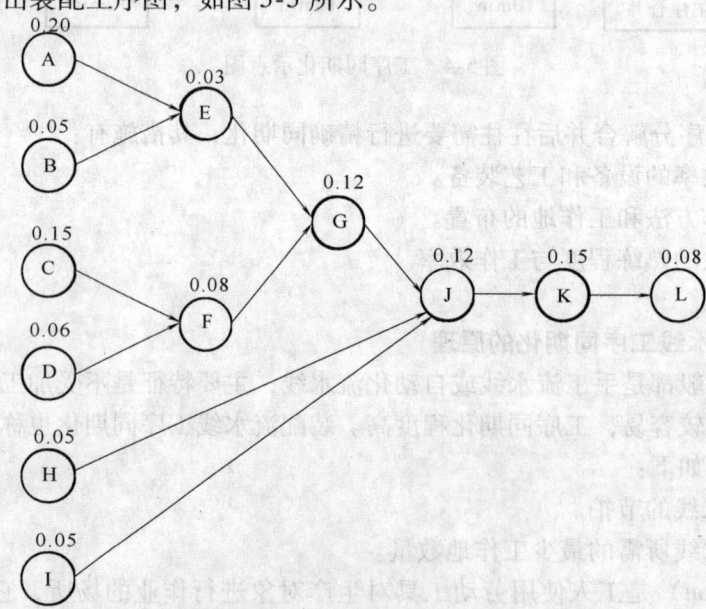

图 5-5　装配作业先后顺序图

图 5-5 中，圆圈表示装配流水线的作业元素，圈内字母为作业元素的名称，圆圈上面的数字为该元素的单件作业时间，箭头方向代表作业元素之间的先后顺序。

（2）计算该装配流水线的节拍

$$r = 50/200 = 0.25 \text{（min/件）}$$

（3）单件产品装配总工时为 1.44min，则每小时装配 200 件产品的最少工作地数为

$$S_{\min} = [1.44/0.25] = [4.56] = 5$$

（4）进行装配流水线平衡。流水线平衡常用的工序分配方法有列举消去法和分支定界法，前者适用于手工计算，但通常只能求得一个满意解；后者计算量较大，一般需借助于计算机，但可求得最优解。这里我们主要介绍列举消去法。

列举消去法的特点是，从第一道工序开始，根据工序先后顺序的要求，将能和第一道工序组合在一起的、作业时间之和等于或接近于节拍的工序编为一组，分配给一个工作地。在列举各种编组方案时，消去明显不合理的编组，如各工序作业时间之和超过节拍或远小于节拍，违反工序间的先后顺序等的编组。如果有作业时间相等的多个编组时，则可保留一个，消去其余的。在列出第一个工作地的编组方案的基础上，按上述步骤进行第二个工作地的编组。如此反复进行，直到把所有的工序都分配完为止。

第一个工作地的工序编组方法有：

1) AB 组合，工作地作业时间为 0.20 + 0.05 = 0.25（min）。
2) AH 组合，工作地作业时间为 0.20 + 0.05 = 0.25（min）。
3) BCD 组合，工作地作业时间为 0.05 + 0.15 + 0.06 = 0.26（min）。
4) BDHI 组合，工作地作业时间为 0.05 + 0.06 + 0.05 + 0.05 = 0.21（min）。
5) CHI 组合，工作地作业时间为 0.15 + 0.05 + 0.05 = 0.25（min）。

……

保留组合 1），将其他组合消去。用同样的方法再进行 2 号工作地的工序编组分配，直到将所有工序分配完为止。该装配流水线平衡的结果见表 5-2 和图 5-6。

表 5-2 装配流水线平衡表 （单位：min）

工作地序号	工序	工序单件作业时间	工作地单件作业时间	工作地闲置时间
1	A B	0.20 0.05	0.25	0.25 - 0.25 = 0
2	C H I	0.15 0.05 0.05	0.25	0.25 - 0.25 = 0
3	D E F	0.06 0.03 0.08	0.17	0.25 - 0.17 = 0.08
4	G J	0.12 0.12	0.24	0.25 - 0.24 = 0.01
5	K L	0.15 0.08	0.23	0.25 - 0.23 = 0.02

表 5-2 只是该装配流水线平衡结果的一种，还有其他的平衡结果读者可自行作出。

（5）计算装配流水线的总负荷率及平滑系数。

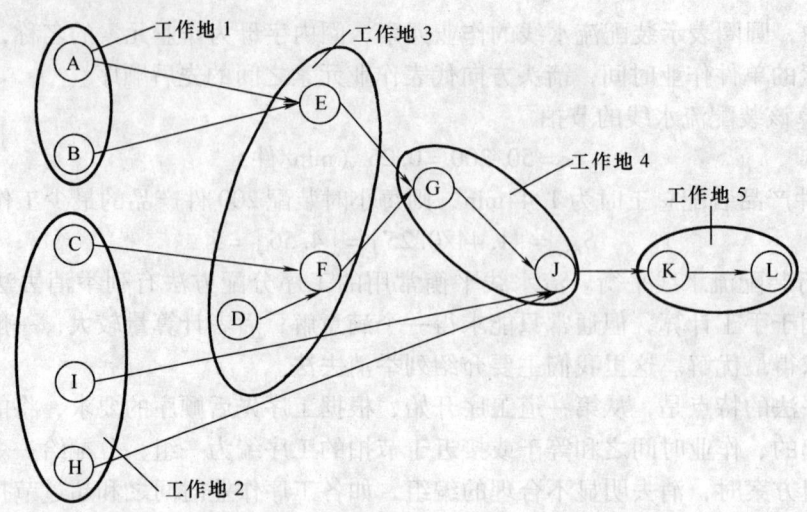

图 5-6 装配流水线工作地布置方案图

$$k = \frac{\sum t_i}{Sr} \times 100\% = \frac{1.14}{0.25 \times 5} \times 100\% = 91.2\%$$

$$\mathrm{SI} = \sqrt{\sum_{i=1}^{s}(r - T_{ei})^2}$$
$$= \sqrt{(0.25-0.25)^2 + (0.25-0.25)^2 + (0.25-0.17)^2 + (0.25-0.24)^2 + (0.25-0.23)^2}$$
$$= 0.083$$

第三节 多对象流水线的组织设计

随着社会需求的个性化、多样化，企业生产的同类产品的品种规格和型号越来越多，需要在同一条流水线上生产多种产品，由此产生了多品种流水生产线的组织设计问题。但是由于流水生产线的高效率来自于生产作业的高度分工和操作的标准化，各工序的同期化程度又很高，所以流水线适应多品种的能力是十分有限的，只有当产品在结构、工艺上相同或相近时，才有可能组织多品种流水生产。

一、可变流水线

可变流水线的基本特征是在一条流水线上轮番生产几种产品，当由一种产品转产到另一种产品时，流水线需要作小幅度的调整。轮番的时间间隔可大可小，小者可以为数天，大者可以为几个月。当只生产某种产品时，流水线如单一品种流水线那样工作。

可变流水线的组织设计程序与单一品种流水线的程序基本相同，只是节拍和设备需要量的计算要作一些改变。

可变流水线的组织设计步骤如下。

（一）计算节拍

不同品种的产品虽然在结构、工艺上相近，但加工的工序时间可能不等，因此节拍也会有所不同。节拍计算有代表产品法和加工劳动量比重法，下面主要介绍代表产品法。

代表产品法是指将各种产品的产量按加工劳动量折合为某一种代表产品的产量,据以计算节拍。

设在某可变流水生产线上加工 A、B、C 三种产品,其计划产量分别为 N_A、N_B、N_C,产品时间定额分别为 T_A、T_B、T_C。首先假定代表产品为 A,再将产品 B 和 C 的产量换算成 A 的产量,则总产量 N 为

$$N = N_A + N_B \varepsilon_1 + N_C \varepsilon_2$$

式中 ε_1 和 ε_2 是产品 B 和 C 的单件时间定额与产品 A 的单件时间定额的比值,即

$$\varepsilon_1 = \frac{T_B}{T_A}$$

$$\varepsilon_2 = \frac{T_C}{T_A}$$

则各种产品的节拍 r_A、r_B、r_C 可按下式计算

$$r_A = \frac{F_e}{N_A + N_B \varepsilon_1 + N_C \varepsilon_2}$$

$$r_B = r_A \varepsilon_1$$

$$r_C = r_A \varepsilon_2$$

【例 5-5】设在可变流水生产线上生产 A、B、C 三种产品,其计划月产量分别为 2000 件、1875 件、1857 件,每种产品在流水生产线上各工序的单件作业时间之和分别为 40min、32min、28min。流水生产线按两班制工作,每月有效工作时间为 24000min,现选择 A 为代表产品,则

计划期以代表产品 A 计算的总产量 = $\left(2000 + 1875 \times \frac{32}{40} + 1857 \times \frac{28}{40}\right) = 4800$(件)。

代表产品 A 的节拍 = $\frac{24000}{4800} = 5$(min/件)

产品 B 的节拍 = $5 \times \frac{32}{40} = 4$(min/件)

产品 C 的节拍 = $5 \times \frac{28}{40} = 3.5$(min/件)

(二)计算各道工序设备数量

各道工序设备数量的计算仍采用基本公式 $S_i = t_i / r$,先分别求出每个加工对象各道工序的设备需要量,如计算得到生产 A 产品所需要的设备数为 S_{A1}、S_{A2}、S_{A3}、$\cdots$、S_{Am},同样可计算出 B 产品、C 产品的设备需要数为 S_{Bi}、S_{Ci} 等,然后将各种产品在各道工序的设备需求数列表分析。各种产品在各道工序的设备需要量一般应满足下面的系列等式

$$S_{A1} = S_{B1} = S_{C1}$$
$$S_{A2} = S_{B2} = S_{C2}$$
$$\vdots$$
$$S_{Am} = S_{Bm} = S_{Cm}$$

这样才能使可变流水线上的设备和人员达到满负荷,并有利于组织管理。否则需要进行工序同期化处理。

（三）计算设备负荷系数

各道工序的设备负荷系数（k_i）的计算公式为

$$k_i = \frac{N_A t_{A1} + N_B t_{B1} + \cdots + N_j t_{j1}}{S_i F_e} = \frac{\sum_{j=1}^{q} N_j t_{j1}}{SF_e}$$

式中各符号含义与前述相同。整个流水线的设备负荷系数 k 的计算公式为

$$k = \frac{\sum_{j=1}^{q} N_j t_{j1}}{SF_e}$$

其余步骤的实施方法与单一品种流水线相同。

可变流水线提高了流水生产方式适应市场需求多样化的能力，但是市场对各品种的需求不是轮番的，为了随时提供多种产品，只能保持较大的成品库存。这是不利的一面。混合流水线则克服了这个弱点。

二、混合流水线

混合流水线的基本特征是在同一条流水线上按一定的投产顺序同时生产多种产品。流水生产不允许频繁调整设备，要求产品是结构与工艺特征相似的系列产品或"成组产品"，混合流水线的问世实现了多品种、小批量、大规模生产的方式，保留了流水生产大规模、高效率、低成本的优势，提高了多品种生产的灵活性，能随时满足市场的多样化需求，大大增强了企业的竞争能力。混合流水线的优点很突出，但组织的难度很大，要求满足较为严格的条件：产品的系列化、标准化、通用化程度要高；加工中转换产品时如需调整设备，必须能够做到快速，如快速更换模具、夹具、工具等。所以，混合流水线一般为手工装配流水线或采用数控设备的机械加工流水线采用。

混合流水线在组织设计上要解决三个问题：①工序同期化；②绘制产品加工综合顺序图；③确定产品的投产顺序。如果装配流水线和采用数控设备的机械加工流水线采用混合流水线组织，工序同期化就比较简单。本书主要介绍后两个问题。

（一）绘制产品加工综合顺序图

产品加工综合顺序图是指反映该条流水线上生产的全部产品的加工先后顺序的图表，它是确定最少工作地及工序同期化的依据。由于混合流水线生产的产品其工艺特点和结构有很大的相似性，为将多个单一产品的作业顺序图综合为统一的综合先后顺序图提供了可能。

绘制产品加工综合先后顺序图的基本步骤为：首先按照单一产品流水线的模式将每一种产品的工艺过程分解为一个个的作业元素；然后编制出每一种产品的作业顺序图；再将每种产品的作业顺序图中的相同地方作为综合顺序图的主体，将不同的地方添加进来以形成最后的综合顺序图。图 5-7 给出了一个简单的综合过程。

（二）确定产品的投产顺序

确定投产顺序的原则是使出产的品种均衡化。有许多确定投产顺序的优化方法，本书介绍比较简单实用的生产比倒数法。

生产比倒数法是指从各品种计划产量中找出最大公约数，计算各品种的生产比倒数，再按一定的规则确定投产顺序。制品在流水线上传送的顺序称作连锁，每个循环称为循环流

程。下面通过一个例子说明其应用。

【例5-6】设某混合流水线生产A、B、C三种产品，生产计划分别为3000件、2000件和1000件。试用生产比倒数法编制投产顺序。

解：(1) 计算生产比 X_i。用各产品产量的最大公约数去除各产品产量数，本例最大公约数为1000，算得生产比如下：

$$X_A = \frac{3000}{1000} = 3;\ X_B = \frac{2000}{1000} = 2;\ X_C = \frac{1000}{1000} = 1$$

生产比总和为6，表示有3个A产品、2个B产品、1个C产品构成一个循环流程。

(2) 计算生产比倒数 m_j。

$$m_A = \frac{1}{X_A} = \frac{1}{3};\ m_B = \frac{1}{X_B} = \frac{1}{2};\ m_C = \frac{1}{X_C} = 1$$

(3) 编制投产顺序。编制过程如表5-3所示，编制的规则为：

1）生产比倒数最小的产品先投产，如有多个最小生产比倒数，则安排最小生产比倒数晚出现的产品先投产。采用这一原则时，如出现连续投入同一产品时，应排除这个产品，再按此规则排序。

2）对已选定的生产比 m_j 标上"*"号，并更新 m_j 值，即在所选定的产品的 m_j 上再加上该产品的 m_j。

3）重复以上过程，直至排得的连锁中各产品的数目分别等于它们的生产比时，则表明投产顺序已确定，可以停止排序。

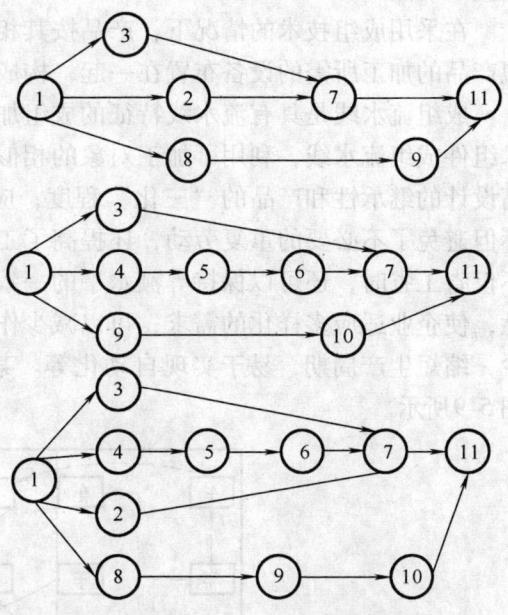

图5-7 综合先后顺序图

表5-3 生产比倒数法确定投产顺序计算表

计算次数	A产品	B产品	C产品	连锁	备注
1	$\frac{1}{3}$ *	$\frac{1}{2}$	1	A	
2	$\frac{1}{3} + \frac{1}{3} = \frac{2}{3}$	$\frac{1}{2}$ *	1	AB	
3	$\frac{2}{3}$ *	$\frac{1}{2} + \frac{1}{2} = 1$	1	ABA	
4	$\frac{2}{3} + \frac{1}{3} = 1$	1 *	1	ABAB	规则1
5	1 *	—	1	ABABA	规则3
6	—	—	1 *	ABABAC	

三、成组流水线

成组流水线是成组技术在生产过程中的应用。它是按产品的形状、加工工艺、加工路线或其他某种特征方面的相似性，对产品进行分类，将具有某种相似性的产品按产品专业化进行布置，组织生产。统计分析表明，机械产品中相似件占70%~75%，为成组技术的应用提供了可能。

在采用成组技术的情况下,产品按其相似性来分组;而对于设备,则是把进行某一组相似产品的加工所需的设备布置在一起,构成一个小生产线或加工单元。

成组流水线是具有流水线特征的成组加工单元。成组流水线具有以下优点:采用成组技术组件成组流水线,利用了加工对象的相似性,不但可以节省大量的设计工作量,还可以提高设计的继承性和产品的"三化"程度;应用成组工艺设计,由计算机自动生成加工工艺,不但避免了不必要的重复劳动,还提高了工艺设计水平;在制定工时定额、材料定额等时,不仅省工省时,还可以保持等额水平的一致性;成组流水线的建立还可以提高生产系数的柔性,使企业适应多样化的需求;可以减少作业更换时间,减少中间在制品库存,使物流量减少,缩短生产周期,易于实现自动化等。某车间运用成组流水线前后的变化,如图5-8和图5-9所示。

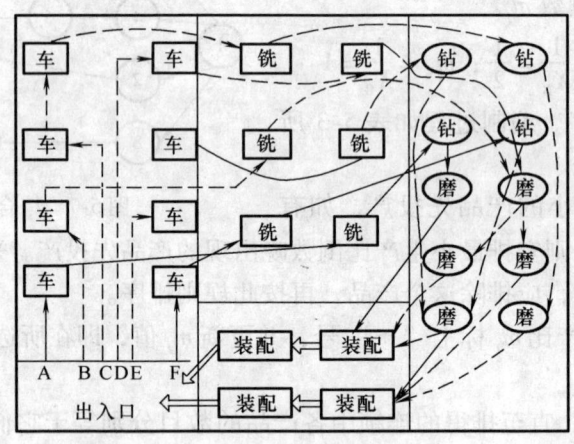

图5-8 运用成组流水线之前

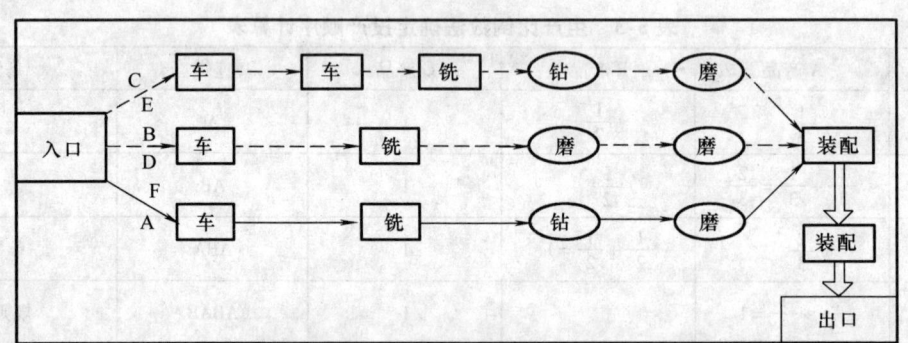

图5-9 运用成组流水线之后

成组流水线根据相似零件组的工艺流程配置设备,设备随时可以进行局部调整以适应不同零件的制造,而且不过分强调节拍,工序间的运输采用辊道或小车。成组流水线与普通流水线的主要区别在于成组流水线之间流动的不是固定的一种零件,而是一组相似的零件。在成组流水线的基础上可以组织以成组技术为逻辑基础的柔性制造系统和计算机集成制造系统,使多品种小批量生产方式采用自动化生产技术。

第四节 间断流水线的组织设计

在工序同期化程度不高但又符合组织流水线条件的情况下，为了提高产品的生产效率，可组织间断流水线。下面以不变间断流水线为例阐述其原理。

不变间断流水线的组织原理与不变连续流水线相比有以下几点不同：

（1）一个工人兼管几个负荷不足的工作地。
（2）一台设备兼作多道负荷不足的工序。
（3）减少负荷不足工序的工作班次。

无论是哪种情况，都要确定工人或设备兼职数和周转在制品数量，并编制流水线指示图表。

【例5-7】 某流水线有4道工序，节拍为6min/件，在没有进行优化的情况下，间断流水线的工作指示图表如表5-4所示。

表5-4 间断流水线工作指示图表

节拍/min	工序	单件时间/min	$S_{计}$	$S_{采}$	工作地号	工人号	看管周期/h 1	2	3	4	周转在制品数	周转在制品定额
6	I	12	2	2	01 02	1 2						
	II	3	0.5	1	03	3						
	III	6	1	1	04	4						
	IV	9	1.5	2	05 06	5 6						

表5-4显示，在没有进行优化的情况下，需要6个工作地（设备）、6个工人，而且第三道工序和第六道工序的加工是间断的，这样不利于设备和工人的充分利用。可以通过工人兼管和设备兼作来优化间断流水线的设计，本书假定采用工人兼管的方式来优化间断流水线的设计，优化后的流水线工作指示图表如表5-5所示。

表5-5显示，让三号、五号、六号工作地连续加工，其中五号工作地的工作时间持续到整个看管周期，而三号和六号工作地的工作时间只是看管周期的一部分（这里是一半），一个工人可以兼管两个工作地，这样就可以少用一个工人。如果设备可以兼作，其原理也是如此。

如何才能使各道工序在安排的作业时间内连续加工呢？这就要通过周转在制品来保证。周转在制品的形成与消耗见表5-6。

周转在制品数是指在看管周期内积累在某工序上的未及时加工制品的最大数量，它是上下两道工序在同段加工时间内加工制品数量之差。看管周期之初或之末形成的周转在制品是

表 5-5　间断流水线工作指示图表

节拍/min	工序	单件时间/min	$S_{计}$	$S_{采}$	工作地号	工人号	看管周期/h 1	2	3	4	周转在制品数	周转在制品定额
6	Ⅰ	12	2	2	01 02	1 2						
	Ⅱ	3	0.5	1	03	3						
	Ⅲ	6	1	1	04	4						
	Ⅳ	9	1.5	2	05 06	5 3						

表 5-6　周转在制品的形成与消耗

节拍/min	工序	单件时间/min	$S_{计}$	$S_{采}$	工作地号	工人号	看管周期/h 1	2	3	4	周转在制品数	周转在制品定额
6	Ⅰ	12	2	2	01 02	1 2						
	Ⅱ	3	0.5	1	03	3						20	20
	Ⅲ	6	1	1	04	4						20	
	Ⅳ	9	1.5	2	05 06	5 3						17	

编制生产计划必须考虑的一个期量标准，因而称为周转在制品定额。

在制品数量占用了流动资金，降低了生产效率。在间断流水线上要降低在制品定额可以缩短看管周期。看管周期是指同一个工人前后看管同一个工作的时间间隔。本例中，如果看管周期缩短为 2h，周转在制品定额就降低为 10 个；如果缩短为 1h，周转在制品就降低为 5 个，依此类推。看管周期的长短还影响到兼管工人的在多个兼管工作地的转换频率，比较适当的看管周期为 2h。

小　结

本章阐述了流水生产线组织设计的基本原理和方法。第一节介绍了流水生产的基本概念、特征和类型。第二节介绍了流水线组织设计的一般原理，主要包括流水线节拍的计算、工序同期化的意义及基本方法以及流水线上需要的工作地数量（或设备）的计算和确定等；重点介绍了装配流水线工序同期化的步骤及列举消去法的原理。第三节介绍了多对象流水线的设计，主要介绍了可变流水线和混合流水线投产顺序的确定方法。第四节介绍了间断流水线的组织设计原理，主要介绍了间断流水线上工人看管多个负荷不足的工作地的方法，以及间断流水线上周转在制品的确定等。

思考与练习

思考题
1. 什么是流水线？为什么说流水生产是先进的生产组织方式？
2. 流水生产的特征是什么？
3. 流水线是如何分类的？为什么有不同种类的流水线？
4. 流水线组织设计的一般原理是什么？
5. 什么是工序的同期化？工序同期化的意义是什么？
6. 如何进行工序同期化？机械加工流水线和装配流水线工序同期化的区别是什么？
7. 多品种流水线的组织设计与不变流水线组织设计的区别是什么？
8. 为什么混合流水线的组织设计要确定产品的投产顺序？如何确定投产顺序才是合理的？
9. 间断流水线组织设计要解决的关键问题是什么？
10. 什么是看管周期、周转在制品定额？两者的关系是什么？
11. 如何计算周转在制品数量？如何确定周转在制品定额？

判断题
1. 汽车生产流水线是按照工艺专业化来布置设备的。
2. 单件生产类型的企业也适合采用流水生产方式。
3. 在流水线上，产品或零件采用顺序移动方式。
4. 一盒快餐的生产周期是 1h，则快餐流水线的节拍就是 1h。
5. 无论是哪种流水线，工期同期化的原则就是使每道工序的单件加工时间等于节拍。
6. 混合流水线的设计要确定流水线上各种产品的投入顺序。
7. 生产比倒数法的原则之一是生产比倒数最大的先投产。
8. 装配流水线的工序同期化程度通常高于机械加工流水线。
9. 间断流水线上某些工序的加工过程是持续间断的。
10. 工人兼管多道工序可以降低间断流水线运行的成本。
11. 周转在制品定额是指周转在制品的最大数量。

选择题
1. 流水生产的特征之一是（　　）。
   A. 多品种生产　　　　　　　　B. 工序同期化程度高
   C. 工艺专业化原则　　　　　　C. 顺序移动方式
2. 适合流水生产方式的行业是（　　）。
   A. 船舶生产　　B. 特种设备　　C. 家电行业　　D. 电影制片
3. 适合强制节拍流水线的运输装置是（　　）。
   A. 传送带　　　B. 滚道　　　　C. 手推车　　　D. 叉车
4. 混合流水线上生产的产品具有（　　）的特征。
   A. 成组性　　　B 差异性大　　 C. 无差异性　　D. 典型性

5. 生产比总和表示（　　）。
   A. 年产量　　　　　　　　　　B. 月产量
   C. 日产量　　　　　　　　　　D. 一个循环流程中产量
6. 周转在制品数量的大小取决于（　　）。
   A. 流水线的节拍　B. 工人的数量　C. 看管周期的长短　D. 工作地数
7. 一般情况下，（　　）需要绘制流水线指示图表。
   A. 连续不变流水线　B. 可变流水线　C. 混合流水线　D. 间断流水线
8. 确定产品投产顺序的目的之一是（　　）。
   A. 品种均衡化　　B. 产量均衡化　　C. 效率均衡化　　D. 时间均衡化
9. 工序同期化的基本方法是（　　）。
   A. 代表产品法　　　　　　　　B. 工序的分解与合并
   C. 生产比倒数法　　　　　　　D. 劳动量比例法
10. 比较合适看管周期为（　　）。
    A. 1h　　　　B. 2h　　　　C. 4h　　　　D. 8h

计算题

1. 某单一产品流水线的装配过程可分解为10道工序，装配顺序及单件工序作业时间见表5-7。该产品日产量为225件（不考虑废次品），实行两班制工作，每班工作8h，每班休息30min。试计算流水线的节拍、最小工作地数和负荷系数并组织工序同期化。

表5-7　装配顺序及单件工序作业时间

工序名称	A	B	C	D	E	F	G	H	I	J
紧前工序	—	A	A	A	B	C	D	EF	FG	HI
作业时间/min	2	2.5	1.7	2.4	1.5	0.5	0.4	1.3	1.6	0.5

2. 某单一产品装配线计划每小时出产60件产品，每小时用于生产的时间是50min。表5-8是每道装配工序的作业时间及紧前工序等信息，要求：
   （1）画出装配工序先后顺序图。
   （2）确定该装配线的节拍。
   （3）计算每小时装配60件产品所需的最少工作地数。
   （4）组织工序同期化并计算装配线负荷系数。

表5-8　装配工序及每道工序作业时间

工序名称	A	B	C	D	E	F	G	H	I
紧前工序	—	A	B	B	B	B	CDE	GF	H
作业时间/min	0.69	0.55	0.21	0.59	0.70	1.10	0.75	0.43	0.29

3. 一装配流水线计划每小时装配200件产品，每小时用于生产的时间是50min。表5-9是有关该装配流水线的有关信息，要求：
   （1）画出装配工序先后顺序图。
   （2）计算该装配线的节拍。
   （3）计算最少工作地数。

(4) 用列举消去法分配工作的时间。
(5) 计算时间损失系数和平滑系数。
(6) 如果有多种方案,选择一种最优方案。
(7) 画出经过平衡设计后的流水线装配工序先后顺序图。

表5-9 装配线工序及作业时间

工序名称	A	B	C	D	E	F	G	H	I	J	K	L
紧前工序	—	—	—	—	AB	CD	EF	—	—	HIG	J	K
作业时间/min	0.2	0.05	0.15	0.06	0.03	0.08	0.12	0.05	0.05	0.12	0.15	0.08

4. 某混合流水线生产A、B、C、D四种产品,其日产量分别为400件、300件、200件和100件,请用生产比倒数法安排四种产品的投产顺序。

5. 某零件机械加工生产阶段准备组织流水生产。该流水线有7道工序,采用两班制生产,每班8h,日产量为480件(不考虑废品和停工时间)。经同期化后的单件工序的时间分别为 $t_1 = 4\text{min}$, $t_2 = 2\text{min}$, $t_3 = 3\text{min}$, $t_4 = 1\text{min}$, $t_5 = 2.5\text{min}$, $t_6 = 1.5\text{min}$, $t_7 = 1.8\text{min}$。看管周期为2h。

试根据以上资料,编制间断流水线的工作指示图表。
(1) 计算该条流水线的节拍。
(2) 计算和确定每道工序的工作地数。
(3) 确定每个工作地在看管周期内的作业延续时间。
(4) 确定每个工作的工人数(号)。
(5) 画出周转在制品形成与消耗图。
(6) 计算在制品数量和确定周转在制品定额。
(7) 调整各道工序的作业时间安排,使周转在制品定额最小。

案例分析

草籽娃娃

1. 产品

当草籽娃娃的主人把它们从盒子里取出时,他们会发现一个光秃秃的惹人喜爱的人头状小东西,这个小东西的直径大约为8cm。在水中浸泡后,将其再放到潮湿的环境中呆上几天,它就会长出一头漂亮的"绿发"。

2. 制作过程

草籽娃娃通过一个混合批量流水线生产过程加工出来。6个填充机操作员同时工作。把锯末和草籽装进尼龙袋子里,这样就制成了基本的球形体;操作员把球形体放入塑料的装载盒里,每盒可装25只;在另一个批量作业地,一个操作工人把带有塑料外衣的电线在一个简单的模具上缠绕一下,就制成了草籽娃娃的眼镜。

接下来,由工人组成一个流水线:三个塑形工把球形体从装载盒中拿出来,通过加工使球形体看起来更像人头,相关工作包括为它们塑造出鼻子和耳朵。在塑形工的旁边有两个工人,他们把先前做好的眼镜架在草籽娃娃的鼻子上,并把两只塑料的小眼睛用胶水黏在镜框里。经过塑形盒组装的草籽娃娃都转交给一个工人，他负责用织物染料给它画上一个红红的嘴巴。画完后把它们放在一个晾干架上。经过5h晾干以后，两个包装工把草籽娃娃放进盒里，然后再把它们装入便于运输的箱子里。

为了分析生产能力，企业对草籽娃娃的各加工工序及时间作了估计。估计的时间如下：填充——1.5min；塑形——0.8min；制作眼睛——0.4min；构造眼镜——0.2min；涂染——0.25min；包装——0.33min。除去不可避免的拖延和休息时间，企业认为可以对一个时长8h的班次按7h计算工作时间。

问题

1. 按此计算方法，一个班次可以生产多少草籽娃娃？两个班次和三个班次各能生产多少？如果一周工作7天，一天有三个班次，那么一周能生产多少草籽娃娃？哪项作业是瓶颈作业？

2. 如果要求他的工人按瓶颈作业的时间完成每一项作业，那么在一个班次当中，每个工人的赋闲时间是多少？工人的时间利用率是多少？

3. 企业接到一张大订单，预计还会有更多的订单，于是要求把严重提高到每天4000件。请问应该如何处理？

4. 一个好客户来了，他要求企业马上为他生产一种特制的草籽娃娃，即在草籽锯末的混合物中加入一种秘密的成分。假定有一台填充机、一个塑形工、一个眼睛安装工、一个涂料工和两个包装工可以在需要的时候马上停下来，并且能够投入到特制品的生产中，那么生产一批即25件特制品需要多长时间？

5. 如果这位顾客说他必须在45min后离开。企业能够及时把样品做好吗？如果不能，应该怎么做才能提高企业的服务声誉？你有好的建议吗？

6. 在作业的改进上你能提几条建议吗？

第六章 生产与运作能力的计算与规划

导入案例

容声公司的产能扩张

容声公司是国内生产冰箱的大型企业。进入21世纪后，企业面临更加激烈的市场竞争，产品需求日益多样化；随着数控技术的发展，产品更新换代的速度不断加快，公司由原来的大批量生产方式不断转向多品种小批量生产方式，企业的生产设备随时面临如何更新换代、生产能力如何不断扩充的决策。公司高层希望企业在2010年实现产能300万台的目标；现有生产流水线全部改造成运用数控设备的自动流水线。但公司高层在决策中却面临着这样一些抉择：生产能力是逐渐扩展还是一步到位地扩展，前者面临的投资风险小，但有可能因产能不够而丢失市场份额；运用数控设备可以增加生产系统的柔性，但也面临着巨额投资风险，且如果市场需求降低或需求不均衡，自动流水线的闲置成本巨大，会增加公司的运营成本，降低市场竞争力。在作决策之前，公司高层最关注的问题是在尽量少投入的情况下提高公司的产能和降低产能投资风险，并满足市场需求。

当一个企业制定了竞争策略，决定了要提供什么产品或服务，在什么地方生产或提供服务以及用什么方式进行生产或提供服务后，接下来就要解决生产与运作能力的规划问题。在给定的生产与运作组织方式下，现有的生产与运作能力能否满足生产或提供服务的要求？如果不能，应该如何扩大生产与运作能力，如何合理规划生产与运作能力。生产能力过大，会产生设备闲置的损失，能力过小，会产生机会损失。本章主要介绍生产能力的概念、种类，生产能力的计算，生产能力与生产任务的平衡，生产与运作能力的规划，学习曲线等内容。

第一节 生产能力概述

一、生产能力的概念

企业的生产能力是指企业全部生产性固定资产在一定时期内（通常为一年），在一定的技术组织条件下，经过综合平衡后所能生产一定种类和一定质量产品的最大数量；或者能够加工处理一定原材料的最大数量。它是反映企业生产可能性的一种指标，一般以实物指标为计量单位，如表6-1所示。

表6-1 各行业的生产能力测算指标

行业类型	投入	产出
汽车行业		年产汽车的数量
炼油行业	年处理原油的数量	年产成品油的数量

(续)

行业类型	投入	产出
制糖行业	年处理甘蔗或甜菜的数量	年产食糖的数量
纺织行业	年处理棉花的数量	年产纺织品的数量
钢铁行业	年处理铁矿石的数量	年产钢铁产品的数量

上述生产能力的定义，有以下四方面的含义：

（1）企业的生产能力是按照直接参与生产的固定资产来计算的，是固定资产能力的综合反映。影响生产能力的因素有很多，如固定资产、劳动者、原材料、企业管理水平等。在工场手工业时代，生产能力的大小主要取决于劳动者的数量、劳动者的技能以及分工协作情况。但在现代社会化大生产条件下，劳动者的能力必须同机器设备的生产能力相适应，而相对于影响生产能力的其他因素而言，固定资产是一个主要的和比较稳定的因素。

（2）企业的生产能力是指在一定时期内所能生产产品的最大数量。生产能力一般可按年、季、月、日、班、小时为时间单位。为了便于与年度生产计划相平衡，通常按年来计算生产能力。班、小时等则作为计算流水生产能力的时间单位。

（3）企业的生产能力是指在一定的技术组织条件下生产产品的能力。一定的技术组织条件包含两方面的含义：一是指产品结构和技术组织稳定；二是指充分利用各种生产资源，即原材料、燃料、动力等供应正常，劳动力配备合理，机器设备和工装基本配套齐全，充分开工等。

（4）企业的生产能力是指企业的综合生产能力。企业的生产能力是各基本生产车间、辅助生产车间等各个环节生产能力综合平衡的结果。

二、生产能力的种类

（一）设计生产能力

设计生产能力是指企业筹建时设计任务书和技术文件中所规定的生产能力。它是按照工厂设计中规定的企业产品方案、技术装备和各种设计参数计算出来的最大年产量。企业基建工程竣工后，需要经过一个熟悉和掌握技术的过程才能达到设计生产能力。设计能力也不是不可突破的，在学习效应下，实际生产能力会超过设计生产能力。

（二）查定生产能力

查定生产能力是指企业在没有达到设计生产能力，或虽达到了设计生产能力，但由于产品结构、协作关系和技术组织条件发生了很大的变化，原有的设计生产能力不能反映实际情况时，由企业重新调查核定的生产能力。该能力是以现有固定资产等条件为依据，根据查定年度内可能实现的先进技术组织措施来计算确定的。

（三）现有的生产能力

现有的生产能力也称为计划生产能力，是指企业在计划年度内实际可能达到的生产能力。它根据企业现有条件，并考虑计划年度内所能实现的各种技术组织措施效果来计算和确定。计划生产能力基本决定了企业当期的生产规模，是企业编制年度生产计划的依据。

以上三种生产能力在水平上是存在差异的，它们的用途也有所不同。设计能力和查定能力可以作为确定企业生产规模，编制企业长远规划和扩建、改建方案，安排企业技术改造项目的依据，现有生产能力可以作为企业编制年度计划、确定生产指标的依据。

此外，生产能力还可以根据需要进行不同的分类：按照空间范围来分，生产能力可以分为单台设备生产能力、工段或班组生产能力、车间生产能力和企业生产能力；按照时间长短来分，生产能力可以分为长期生产能力、中期生产能力和短期生产能力。

三、影响生产能力的因素

影响企业生产能力的因素有很多，如产品品种的多少，产品结构的复杂程度，零部件的标准化和通用化水平，技术质量要求，机器设备的数量、性能及成套性，工艺装备和工艺方法，职工队伍的素质，生产组织和劳动组织的形式等。但从查定生产能力的角度来看，上述因素可归纳为三个基本因素，即固定资产的数量、固定资产的工作时间和固定资产的生产效率。

1. 固定资产的数量

固定资产的数量是指在计划期内，用于生产的全部机器设备的数量、厂房和其他生产用建筑物面积的数量。其中机器设备的数量包括：①正在运转的设备；②正在检修、安装或准备检修、准备安装的设备；③因暂时没有任务或其他不正常原因而停用的设备。

生产面积的数量主要指受生产面积影响较大的铸造车间、铆焊车间、装配车间等生产部门的面积，也包括堆放原材料和毛坯等仓库的面积。

2. 固定资产的工作时间

固定资产的工作时间是指按照企业现行工作制度计算的机器设备的全部有效工作时间和生产面积的全部利用时间。

在连续生产条件下，年有效工作时间可按全年日历天数、每日班次，每班工作时间计算；季节性生产企业的有效工作时间应按全年可能生产的天数计算。在间断生产条件下，全年有效工作时间按日历时间中扣除节假日时间和设备检修时间来确定。其计算公式为

$$F_e = F_y H \eta_0 = F_y H(1-\theta)$$

或

$$F_e = F_y H - D$$

式中，F_e 为设备全年有效工作时间，单位为 h；F_y 为设备全年制度工作日数；H 为每日制度工作小时数，即工作日长度；η_0 为设备制度工作时间的计划利用系数；θ 为设备计划停修率；D 为设备计划停修小时数。

生产面积的利用时间总数一般按照制度工作时间来确定，其计算公式为

$$T_m = M t_m$$

式中，T_m 为生产面积利用时间总数；M 为生产面积数；t_m 为生产面积利用的延续时间数。

3. 固定资产的生产效率

固定资产的生产效率又称固定资产生产率定额。它包括机器设备的生产效率和生产面积的生产效率。

机器设备的生产效率有两种表示方式：一种是单台设备在单位时间内的产量定额，另一种是单台设备制造单位产品的时间消耗定额（台时定额），二者互为倒数。设备的生产率定额是计算生产能力的最基本因素。在设备的数量及工作时间总数一定的条件下，定额水平对生产能力的大小起着决定性作用。

生产面积的生产效率也有两种表示方式：一种是单位产品占用平方米小时数定额，另一

种是单位平方米小时的产量定额，两者也互为倒数。

第二节　生产能力的计算和确定

生产能力的计算和确定主要是指查定生产能力的确定。它一般是从最基层开始，自下而上地进行，即先计算设备及设备组的生产能力，再平衡确定各小组、工段的生产能力然后平衡确定各车间的生产能力，最后根据各车间的生产能力，综合平衡确定整个企业的生产能力。

一、流水线生产类型企业生产能力的计算和确定

对采用流水线大量生产的企业，生产能力的确定方法是首先计算每条流水线的生产能力，再确定车间的生产能力，最后通过平衡，求出全厂的生产能力。

（一）流水线生产能力的计算

流水线生产能力计算公式为

$$M_{流} = \frac{F_e}{r}$$

式中，$M_{流}$ 为流水线生产能力；F_e 为计划期流水线有效工作时间；r 为流水线节拍。

（二）车间生产能力的确定

车间生产能力的确定需要分几种情况讨论：①如果车间仅仅是零件加工车间，每个零件有一条专用生产线，而所有零件又都是为本厂的产品配套，那么该车间的生产能力应该取决于生产能力最小的那条流水线的能力；②如果车间是一个部件制造车间，它既有零件加工流水生产线，又有部件装配流水线，这时它的生产能力应该由装配流水线的能力决定。即使有个别的零件加工能力低于装配流水线的生产能力，也应该按照这个原则确定，零件加工能力不足可以通过其他途径补充。

（三）企业生产能力的确定

1. 平衡基本生产车间的生产能力

基本生产车间的生产能力通常按主导生产环节来确定。所谓主导生产环节，是指产品加工的关键工艺或关键设备，这些生产环节的能力决定了某些基本生产车间的能力，同时也基本限定了工厂的生产能力。

2. 平衡基本生产车间与辅助生产部门的生产能力

当基本生产车间与辅助生产部门的生产能力不一致时，企业的生产能力由基本生产车间的能力决定。如果辅助部门的能力不足，可以采取各种措施来提高它的能力，以保证基本生产车间的能力得到充分利用。

二、成批加工生产类型企业的生产能力计算

在成批和单件小批生产类型企业中，计算生产能力通常从设备组开始。设备组通常指按照工艺专业化的原则构成的生产单位。

（一）设备组生产单一产品时生产能力的计算

当设备组仅生产一种产品时，其生产能力的计算公式为

$$M = \frac{SF_yH(1-\theta)}{t}$$

式中，M 为设备组生产能力；S 为设备组内同类设备的数量；F_y 为设备计划期制度工作日数；H 为设备每天制度工作小时数；t 为单位产品的台时定额；θ 为设备计划停修率。

（二）设备组生产多种产品时生产能力的计算

当设备组生产的产品超过一种时，通常可按不同情况采用代表产品法进行生产能力的计算。

所谓代表产品法，就是从有相似性的多品种中选择一种产品为代表计算设备组的生产能力。其基本步骤如下：

（1）选择代表产品。选择代表产品的原则是：①选择代表企业专业方向的主要产品；②选择在多品种中产量较大的产品；③选择在结构和工艺上具有代表性的产品。

（2）计算以代表产品表示的生产能力，其公式为

$$M_{代} = \frac{SF_e}{t_{代}}$$

式中，$M_{代}$ 为生产代表产品的生产能力；S 为设备组内同类设备的数量；F_e 为计划期设备组有效工作时间；$t_{代}$ 为代表产品的台时定额。

（3）将各种产品的计划产量换算为代表产品的产量，求和得出用代表产品表示的计划期总产量。换算系数为具体产品台时定额与代表产品台时定额之比，公式为

$$k_i = \frac{t_i}{t_{代}}$$

式中，k_i 为第 i 种产品的换算系数；t_i 为第 i 种产品的台时定额；$t_{代}$ 为代表产品的台时定额。

（4）将具体产品的计划产量与代表产品计算的生产能力相比较，可判断设备组生产能力的富余或不足。

【例6-1】 某厂生产甲、乙、丙、丁四种产品，在铣床组的台时定额分别为18、60、30、90 台时。该铣床组共有 30 台机床（都在正常运转中），采用两班制生产，设备停修率为 10%。试求该铣床组的年生产能力。

选择乙为代表产品，依据以上步骤，计算结果如表 6-2 所示。

表 6-2 代表产品法生产能力计算表

产品名称	计划产量	台时定额/(台时/台)	各产品换算系数	各产品换算为代表产品产量/台	以代表产品表示的生产能力	能力富余(+)或不足(-)
①	②	③	④=③/60	⑤=②×④	⑥=$\frac{30\times254\times15.5\times0.9}{60}$	⑦=⑥-Σ⑤
甲	400	18	0.3	120	1772	+52 能力富余
乙	1000	60	1	1000		
丙	600	30	0.5	300		
丁	200	90	1.5	300		
合计				1720		

（三）车间（工段）生产能力的计算和确定

一般情况下，各设备组的生产能力是不等的，确定车间（工段）的生产能力时要进行

综合平衡。在确定车间（工段）生产能力时，首先要抓住关键设备组的生产能力，然后使其他设备组的生产能力与之相适应。所谓关键设备组，是指完成劳动量比重最大或者需要较大投资才能提高其生产能力的设备组。确定过程中，对于生产能力不足的薄弱环节，要制定相应措施，消除薄弱环节；对生产能力过剩的富余环节，也要采取措施，使之得到合理利用。经过平衡后的生产能力就可作为车间（工段）的生产能力。

在图6-1中，假定镗床是关键设备，可以确定车间月生产能力为100台。能力不足的设备组可以通过能力调整措施来解决。

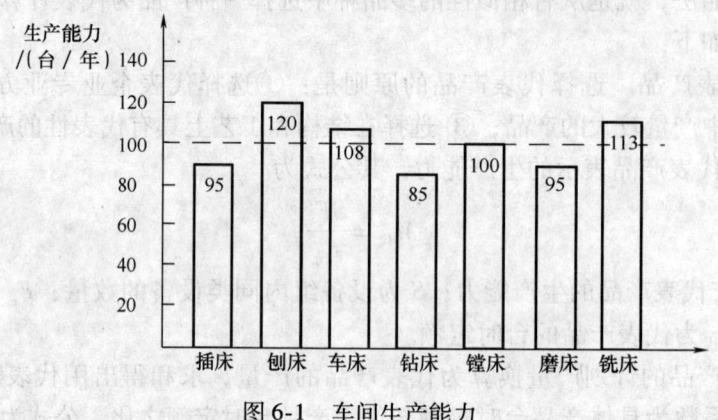

图6-1 车间生产能力

（四）企业生产能力的确定

企业生产能力的确定可以参照流水线生产类型企业生产能力的确定原理。

需要指出的是，关于车间、工厂生产能力的确定，并没有严格的规定。有人认为应该以最小设备组的生产能力或最小车间的生产能力来确定，即遵循所谓的"水桶原理"。也有人认为，应该以关键设备的生产能力来确定，理由是关键设备价值高，企业不可能有备用的，也难以找到外协者，购置新的又可能因能力利用不足而不经济，所以企业生产能力只能受制于关键设备的生产能力。

三、服务行业运作能力的度量

服务行业范围大，运作能力的表现千差万别，一般考虑以投入量为计量标准比较合理。只要确定了计量标准就可以比较方便地计算和确定运作能力，原理类似于制造业。

表6-3列举了一部分服务行业生产能力的度量方法。

表6-3 部分服务行业生产能力的度量方法

企业组织类型	生产能力度量	
	输入表达方式	产出表达方式
医院	可供治疗的床位数量	每天治疗的病人数量
航空公司	飞机数量	每周飞行的座位数乘公里数
餐饮店	可供就餐的座位数量	每天服务的顾客数量
零售商	可供商品展示的空间规模	每天商品销售额
影剧院	观众座位数量	每周观众数量

第三节 生产能力与生产任务的平衡

现有生产能力是编制年度生产计划的依据,在编制年度生产计划时需要将现有生产能力与生产任务进行平衡。生产能力与生产任务的平衡一般采取台时法。

台时法是将主要设备的能力台时数与完成生产任务所需台时数相比较,即先计算设备在计划期内的有效工作时间,然后根据单位产品的台时定额,计算完成计划产品所需要的台时总数,两者进行比较完成平衡工作。基本步骤如下。

1. 计算计划期内某设备组的有效台时数

其计算公式为

$$T_0 = SF_e = SF_y H(1-\theta)$$

式中,T_0 为计划期某设备组的有效台时数;

其余符号的含义同前。

2. 计算完成计划任务所需的任务台时

其计算公式为

$$T_1 = \sum_{i=1}^{n} N_i t_i \beta(1+\alpha)$$

式中,T_1 为完成计划任务所需的任务台时总数;N_i 为第 i 种产品计划产量,$i=1,2,\cdots,n$;t_i 为第 i 种产品的台时定额;β 为台时定额计划压缩系数;α 为考虑补废的台时损失系数。

3. 设备台时能力与生产任务的平衡

设备台时能力与生产任务的平衡方法有两种:差值平衡法和比值平衡法。

(1) 差值平衡法。差值平衡法的计算结果有三种情况:

1) $T_0 - T_1 = 0$,即能力平衡,这是理想状况,说明设备组既能完成生产任务,生产能力又得到了充分利用。

2) $T_0 - T_1 > 0$,即能力有余,说明设备组能完成生产任务,而且生产能力还有富余,企业可以根据市场需求,考虑增加生产任务,使生产能力得到充分利用。

3) $T_0 - T_1 < 0$,即能力不足,说明设备不能完成生产任务,因此必须挖掘潜力,采取有效措施,提高生产能力。若实在有困难,则只能考虑外协加工或减少生产任务。

(2) 比值平衡法。比值平衡法是指通过计算设备的负荷系数来对设备台时能力和生产任务进行平衡。其计算结果同样会出现三种情况:

$$设备负荷系数 = \frac{T_1}{T_0} \begin{cases} =1 \text{——能力平衡} \\ <1 \text{——能力有余,即低负荷工作} \\ >1 \text{——能力不足,即超负荷工作} \end{cases}$$

台时法一般采用台时平衡表(如表6-4所示)进行。

表 6-4 台时平衡表

| 设备名称 | 设备能力/台时 | | | | | 计划期产品任务 | | | | | | | | | 平衡结果 | | |
| | 设备数量 | 计划期内工作天数 | 每天工作小时数 | 设备停修率 | 设备开动率 | 有效开动台时 T_0 | 甲产品 | | | 乙产品 | | | 丙产品 | | | 任务台时合计 T_1 | $T_0 - T_1$ | | 措施 |
							台时定额	计划产量	所需台时	台时定额	计划产量	所需台时	台时定额	计划产量	所需台时		能力有余	能力不足	
A	9	77	15.5	10%	90%	9667	41	105	4305	34	165	5610	60	10	600	10515		−848	
B	6	77	15.5	10%	90%	6445	18	105	1890	24	165	3960	27	10	270	6120	325		
⋮																			

第四节 学习效应与学习曲线

一、学习曲线的概念

（一）学习效应

所谓学习效应，是指当一个人重复地从事某一项工作时，由于熟练程度不断提高和通过学习不断积累经验，从而使继续从事该项工作所需的时间随着重复次数的增加而逐渐减少，在降低到一定水平后才趋于稳定，如图 6-2 所示。不仅个人在从事重复性工作时存在学习效应问题，一个组织（如一个部门、一个企业）通过经验积累，不断改进管理方法，也会产生学习效应。

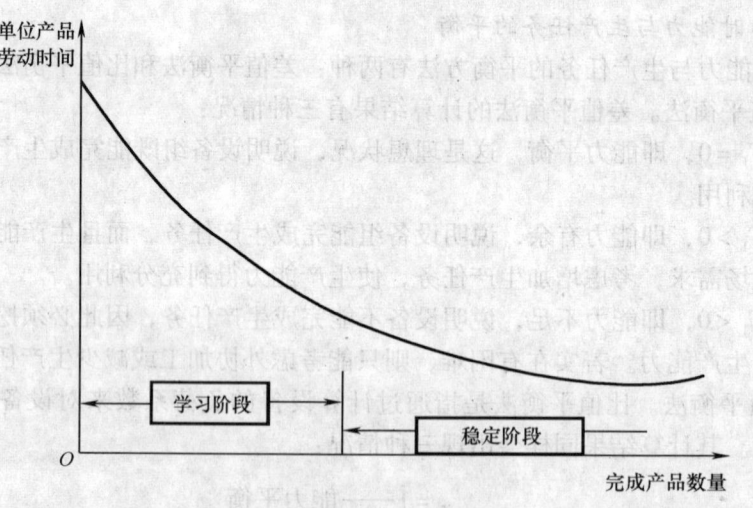

图 6-2 学习曲线

（二）学习曲线

图 6-2 所示的这条曲线称为学习曲线（Learning Curve）。它表示累计完成的产品数量和完成单位产品所需的劳动时间之间的关系。

学习曲线最初是美国在飞机制造业中发现的。当时发现生产每一架飞机所需的劳动时间随着生产量的增加而逐步有规律地下降：生产第4架飞机所需的工时是第2架飞机的80%，生产第8架飞机所需的工时又是第4架飞机的80%，即产量每增加一倍，单位产品的劳动量降低20%。而且对几个主要飞机制造厂进行调查后得到的结果很相似，即无论生产的是战斗机还是轰炸机或运输机，都存在当产量增加一倍时，单位产品的劳动量降低20%的规律。这一下降的百分比成为学习曲线的下降率。通常把（1－下降率）称为学习率，即当学习曲线的下降率为20%时，其学习率为80%。不同的行业在不同的情况下生产不同的产品，其学习曲线的下降率往往是不同的。

二、学习曲线的数学模型

学习曲线的建立基于以下的假设：①当重复生产的产品数量每增加一倍时，生产单位产品所需的劳动量将按一个固定的百分比下降；②其下降率服从指数分布。

基于以上假设可以建立下述学习曲线的数学模型：

$$W_n = W_1 \times n^b$$

式中，W_n 为生产第 n 台产品时的加工工作量；W_1 为生产第 1 台产品时的加工工作量；n 为产品的累计生产数；b 为 $\lg r/\lg 2$，其中，r 为学习率。

【例 6-2】 一机床制造厂生产某型号的数控机床，第一台机床的加工劳动量为20000h，当知道该类产品的学习率为80%时，请估算生产第 30 台产品时其加工劳动量应降为多少？这 30 台机床的平均单台机床工时为多少？

第 30 台机床的加工劳动量应为

$$W_n = W_1 \times n^b = 20000 \times 30^{\lg 0.8/\lg 2} = 20000 \times 0.334559 = 6691.189 \text{（h）}$$

前 30 台机床的平均单台加工工作量为

$$(\sum W_i)/30 = (W_1 + W_2 + W_3 + \cdots + W_{30})/30 = W_1(1 + 2^b + 3^b + \cdots + 30^b)/30$$

上式中的 $(1 + 2^b + 3^b + \cdots + 30^b)$ 与具体产品的加工劳动量无关，只与学习率 r 及生产的产品数量 n 有关，是一种劳动量系数，因此可以事先制成表格（见表 6-5）备查。由表 6-5 可知，当 $r = 80\%$，$n = 30$ 时，积累劳动量系数为 14.02。因此平均单台劳动量为

$$(20000 \times 14.02)/30 = 9346.67 \text{（h/台）}$$

表 6-5 学习曲线的产品劳动量系数表

生产数量	不同学习效率时单位产品的劳动量系数			不同学习效率时积累的劳动量系数		
	70%	80%	90%	70%	80%	90%
1	1.0000	1.0000	1.0000	1.000	1.000	1.000
2	0.7000	0.8000	0.9000	1.700	1.800	1.900
3	0.5682	0.7021	0.8462	2.268	2.502	2.746
4	0.4900	0.6400	0.8100	2.758	3.142	3.556
5	0.4368	0.5956	0.7830	3.195	3.738	4.339
6	0.3977	0.5617	0.7616	3.593	4.299	5.101
7	0.3674	0.5345	0.7439	3.960	4.834	5.845
8	0.3430	0.5120	0.7290	4.303	5.346	6.574
9	0.3228	0.4930	0.7161	4.626	5.839	7.290

(续)

生产数量	不同学习效率时单位产品的劳动量系数			不同学习效率时积累的劳动量系数		
	70%	80%	90%	70%	80%	90%
10	0.3058	0.4765	0.7047	4.931	6.315	7.994
12	0.2784	0.4493	0.6854	5.501	7.227	9.374
14	0.2572	0.4276	0.6696	6.026	8.092	10.72
16	0.2401	0.4096	0.6561	6.514	8.920	12.04
18	0.2260	0.3944	0.6445	6.972	9.716	13.33
20	0.2141	0.3812	0.6342	7.407	10.48	14.61
22	0.2308	0.3697	0.6251	7.819	11.23	15.68
24	0.1949	0.3595	0.6169	8.213	11.95	17.10
25	0.1908	0.3548	0.6131	8.404	12.31	17.71
30	0.1737	0.3346	0.5963	9.305	14.02	20.73
35	0.1605	0.3184	0.5825	10.13	15.64	23.67
40	0.1498	0.3050	0.5708	10.90	17.19	26.54
45	0.1410	0.2936	0.5607	11.62	18.68	29.37
50	0.1336	0.2838	0.5518	12.31	20.12	32.14
60	0.1216	0.2676	0.5367	13.57	22.87	37.57
70	0.1123	0.2547	0.5243	14.74	25.47	42.87

三、学习曲线的应用

（1）当已知该类产品的学习率时，可以根据制造第一台产品的加工劳动量，推算出制造第 n 台产品时的加工劳动量和这 n 台产品的总加工劳动量及平均每台产品的加工劳动量。从而为准确估计新订单的产品成本提供依据。

（2）对某一类型产品积累了一定的制造工作量的数据后，可以测算其学习曲线的下降率或学习率。

根据学习曲线数学模型公式进行变换，可得 $r = 10^{b\lg 2}$，其中，$b = \lg(W_n/W_1)/\lg n$。

这里应注意，不同的产品、不同的生产情况其学习率 r 是不相同的。一般，产品结构和工艺过程复杂的产品其学习效应比简单产品显著。因为复杂产品有更多的机会去改进产品结构、工艺流程、工具和加工方法，特别是没有相似产品、缺乏生产经验的新产品，其学习效应会更显著。影响学习率的另一个重要因素是生产的机械化、自动化程度。机械化、自动化程度越高，生产的速率将主要取决于设备能力，人通过学习取得的经验对它的影响越小。因此在一个以人为主的生产系统中，其学习效应比一个自动化生产系统效果更明显。由此不分析具体生产条件就盲目套用其他企业和其他产品的学习曲线是不正确的。

（3）正确确定生产能力水平。由于学习效应可以提高劳动效率，因而也能提高生产能力，在拟定企业生产能力计划时，必须考虑学习效应对生产能力水平的影响和生产能力提高的弹性空间，更加积极地去满足市场对企业生产产品或提供服务的需求。

（4）正确制定市场竞争策略。先进入某一市场的产品，其生产中学习效应会优先于其他后进入市场的竞争者，企业可以率先采用低价策略获取竞争优势。

第五节 生产与运作能力规划

生产与运作能力规划是指对满足企业未来发展需要的长期生产能力水平进行规划。长期生产能力规划涉及新设施和新设备投资，需要进行投资决策。本节主要讨论长期生产能力规划的内容和方法。

一、生产能力水平的种类

（一）最佳运行生产能力

由于生产成本是产量的函数，生产能力的大小直接影响生产成本的高低。单位成本曲线可以用来确定最佳运行生产能力。单位成本曲线如图 6-3 所示。曲线最低点对应的产量表示最小单位成本下的生产量，把这个产量定义为最佳运行生产能力。这个概念的实际意义不在于引导我们去寻找成本曲线，而是提醒企业，在固定资产规模相对稳定的条件下，存在着一个使单位成本最小的生产量。在制订生产计划时，要考虑产量对成本的影响，使计划生产量的水平达到最佳运行生产能力。

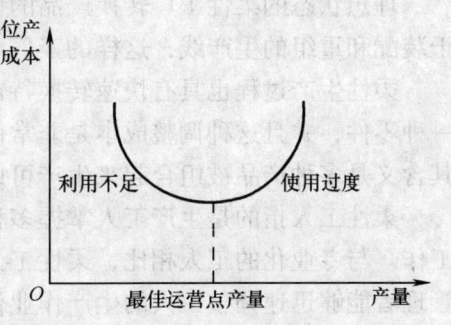

图 6-3 单位成本曲线

（二）经济规模运行能力

从长期来看，当所有生产要素都可以变化时，生产规模是可以选择的。当一个工厂的规模扩大时，由于产量的增加会使平均成本降低，因此扩大规模是有利的。成本随产量的增加而呈下降趋势的原因是多方面的：分摊到每个产品的设备费用随产量上升而下降；一台设备与另一台用途相同但能力比其大一倍的设备相比，它们的价格不呈正比关系，即后者的能力虽然大一倍，但价格不是前者的两倍；当企业规模扩大时，设备以及其他资源的充分利用提高了资源的使用效率，导致成本下降；此外，当产量足够大时，非制造成本，如市场营销费用、研究与开发费用、企业管理费等分摊到每件产品的份额会变得很小。

但是，平均单位成本不可能无限制地减少，当生产规模扩大到一定程度时，管理的难度增加，系统效率反而会下降，虽然投入增加了，但产出没有成比例地增加，这时企业达到了它的规模经济生产能力。经济规模与最佳运行生产能力之间的关系如图 6-4 所示。图中标出了企业的生产规模分别为 100 台、200 台、300 台、400 台时的单位成本曲线，以及每一规模下的最佳运行生产能力。企业生产规模从 100 台到 200 台，再到 300 台，它的单位成本呈下降趋势，在 300 台的最佳运行生产能力上，单位产品成本达到最小，当生产规模再继续扩大时，单位产品成本反而开始上升，因此可知该厂的经济规模产能就是 300 台，此时的运行能力就是经济规模运行能力。

（三）柔性生产能力

生产能力的柔性是指生产能力的可变性与适应性。柔性生产能力是指当市场需求大幅波动时，企业生产可以快速、高效、低耗地调整生产能力水平以适应市场对产量和品种变化的

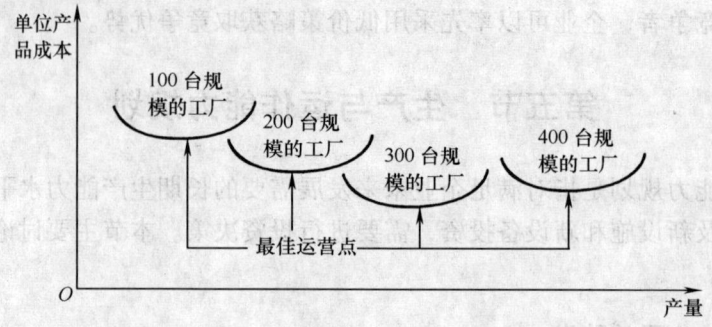

图 6-4 经济规模与最佳运行生产能力的关系

需求。它包括三层含义：柔性工厂、柔性生产过程和柔性工人。

理想状态的柔性工厂转换产品的调整时间为零，它使用可移动设备、可装卸内墙以及易于装配和重组的生产线，这样的工厂可以实现快速转换。

柔性生产过程也具有快速转换特性，生产线可以从制造一种零件简单、方便地调整到另一种零件，并且这种调整成本是非常低的。有时把具有这种特性的生产能力称为范围经济，其含义是多种产品被组合起来生产可以有更低的成本。

柔性工人指的是生产工人掌握多种技能和能力，可以很容易地从一种工作调换到另一种工作。与专业化的工人相比，柔性工人需要得到更广泛的技能培训。此外，在生产现场需要管理者能够迅速调整工人的生产作业任务。

（四）单元生产能力

大规模生产虽然有助于降低生产成本，但存在着柔性低、对市场需求变化的应变能力差等缺点。随着市场竞争特点的变化，仅有经济规模生产能力不再能够确保竞争优势。技术快速更新、产品生命周期缩短对生产设施柔性方面提出了越来越高的要求，这使得维持具有大规模生产能力设施的经济性越来越困难，企业必须变大规模生产为各个生产设施单元。

生产设施单元化是指企业通过小生产设施的规模及范围，在保持其柔性的同时，集中精力于优势产品或项目，以提高生产经营绩效。自 1970 年起，许多企业开始从大规模生产转向生产设施单元化。例如，将原有生产各种类型产品的大型工厂重新组合成若干个专业技术性较强、分别只生产为数不多的几种产品的小型工厂或车间，以便将其精力集中在所生产的产品上，提高效率和绩效。即使是在一个大规模生产设施中，生产设施单元化可通过组建"厂中厂"来实现。在每一个"厂中厂"即生产设施单元中，机器设备和人员配备、工艺技术和生产过程根据所生产的产品进行设计与组合，突出特点与竞争优势。某一生产设施单元与其他生产设施单元之间的界限可以根据各自所占的空间来划分，也可以通过生产组织之间的关系来界定。

生产设施单元的概念已为许多大型企业所接受和采纳，这些企业中不乏世界级著名企业，如通用电气航空工程公司、惠普公司、美国电话电报公司等。生产设施单元的优点还包括减少管理层次、易于实行团队工作来解决问题、改善沟通方式和途径等。

生产设施单元的概念同样适用于服务行业，例如，专业连锁店在比较显眼的位置开设小型分店，充分利用自身特长，注重为特定顾客服务。

二、规划生产能力应考虑的其他因素

规划生产能力除了正确地选择生产能力水平外,还应该考虑备用生产能力的大小、扩展生产能力的时机与规模及学习曲线。

(一) 备用生产能力的大小

一般来说,生产设施的平均利用率不应当太高,若太接近100%,则意味着可能会因为生产能力不足而失去顾客订单或使服务水平下降。设计生产能力首先要考虑的因素是备用生产能力。备用生产能力是指生产设施的平均利用率低于100%的程度,即设计生产能力超出预计产出的程度,以百分比表示,其计算公式为

$$C_b = 100 - u$$

式中,C_b为备用生产能力;u为生产设施(能力)平均利用率。

备用生产能力与生产设施平均利用率之间是此消彼长的关系。不同行业和企业,其最佳备用生产能力的确定也有所差异。对于资本密集型行业,设备投资成本很高,备用生产能力以低于10%为宜。但供电企业也属于资本密集型产业,它们倾向于将备用发电能力控制在15%~20%,以避免供电不足而失去对顾客的服务。因此,必须慎重考虑和权衡备用生产能力的高低。对于服务业来说,如一个银行职员每天接待顾客的业务能力是一定的,但顾客需求并不均匀,在一周内的某些天(如星期一)顾客的需求可能会高于该周的其他时间,甚至在一天中各时间段的顾客需求也会有较大差别。诸如此类的需求,尤其是在服务性行业,不可能通过产品库存的方式或长时间等候使之均匀化,而要在顾客到来后为其尽快提供服务。这种情况下,这种即时性服务的特点要求具备足够充裕的备用生产能力来应付高峰期的需求。

当未来需求不确定及可供生产或服务调用的资源缺乏灵活性时,需要较强的备用生产能力。从外,还应考虑到缺勤、假日和节日以及其他种种因素,留有一定的备用生产能力。时常加班或工作任务不得不实行外包而使得生产成本增加,都是由于备用生产能力过低所致,也是需要扩大生产能力的征兆。

在资本密集型企业,由于生产设施昂贵,保持低水平备用生产能力是非常重要的。表6-6列出了根据阿贝尔(Abell)和哈芒德(Hammond)调查统计得到的在不同备用生产能力程度下资本密集型产业的投资回报率(ROI)。

表6-6 产业资本密集程度与投资回报率

资本密集程度 (投资强度)	备用生产能力		
	较高水平(低于15%)	中等水平(15%~30%)	较高水平(高于30%)
	投资回报率(%)		
低	28	21	25
中	24	17	20
高	17	11	7

注:投资回报率=税前收入/平均投资额。

由表6-6中的数据可知,对于资本密集程度高的企业,备用生产能力高(大于30%)时,投资回报率只有7%;备用生产能力低(低于15%)时,投资回报率增至17%。可见,

对于资本密集型产业，投资回报率与备用生产能力之间存在着较强的相关关系，保持低水平的备用生产能力对资本密集程度高的企业来说是很重要的。需要指出的是，这种较强的相关关系并不存在于劳动密集型企业之中。无论劳动密集型企业的生产设计利用程度如何，其投资回报差别都不大，因为在劳动密集型企业中，生产设施所需投资强度低，生产设施利用率的高低对企业投资回报率的衡量影响不大。

（二）扩展生产能力的时机与规模

规划生产能力还需要对何时需要在现有生产能力基础上进行扩展、以多大规模进行扩展进行决策。图6-5给出了两种相对极端的策略：一种是进攻型策略，即生产能力每次扩展规模较大，持续时间较长；另一种是保守型策略，即生产能力每次扩展规模较小，持续时间较短，扩展次数相对较多一些。可见，扩展生产能力的规模增大，可持续时间也随之延长。进攻型策略下的生产能力扩展通常超前于生产需求，拥有较多的备用生产能力，可使因缺乏生产能力而导致的销售额损失减少到最低。保守型策略下的生产能力扩展滞后于生产需求，但灵活性较强，通常可依赖短期措施以应付和弥补生产能力的不足，这些短期措施包括延长工作时间、雇佣临时员工、租赁设备、将工作任务外包、容忍缺货、延迟设备的防护性维修，等等。这些短期措施也存在着不利方面，如延长工作时间会使工资成本增加，并有可能使生产率降低。

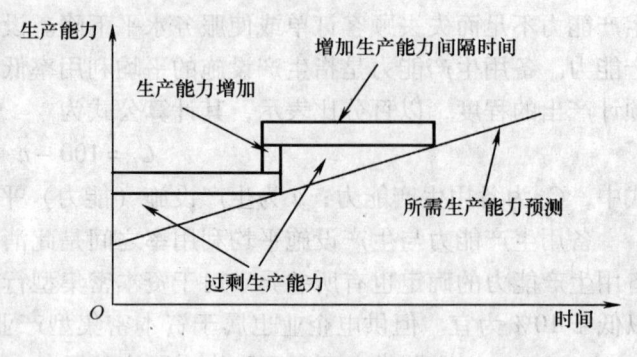

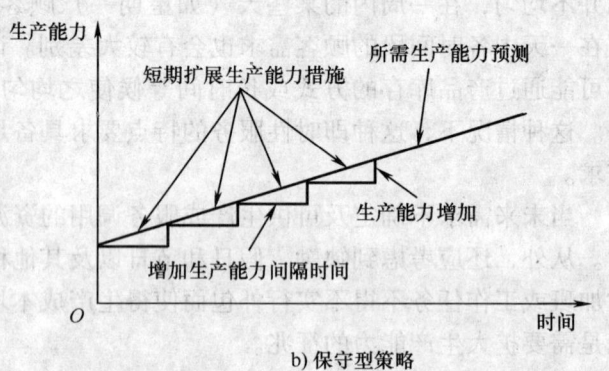

图6-5 生产能力扩展的两种极端策略

需要指出的是，上述两种极端策略并不一定是经济的。就进攻型策略而言，生产能力大规模扩展通常意味着高昂的设备购买成本，并在一定期间内会形成过剩的生产能力，使生产成本增加。对于保守型策略，虽然设备购买成本相对较低，但较为频繁的设备更新会增加生产设施置换成本和人员培训费用，同时难免因原有设备闲置而产生机会成本。

在经济规模效应和学习效应比较明显的情况下，实行进攻性策略较有利。企业可降低生产成本和实行价格竞争策略，以强大的生产能力抢先占有市场，并以此作为竞争优势来扩大市场份额。采用保守型策略可以降低若干风险，如资产专用性带来的资金陷阱风险，对需求的预测过分乐观的市场风险，技术进步过快导致的回收风险等。

企业到底选择哪种策略需要进行科学的决策，可以根据信息的充分程度采用风险性决策或不确定性决策的方法，如决策树法、可行性研究等。这涉及另一些学科的知识，受篇幅所限，这里就不展开介绍了。

（三）学习曲线

学习曲线理论揭示了学习效应会逐步提高企业的生产能力水平，企业不能以当前的生产效率作为永恒不变的参数确定企业未来的生产能力。

三、服务业运作能力规划

（一）服务业运作能力的特性

服务业运作能力规划在许多方面与制造业有本质区别。它有几个重要的特点：运作能力的时效性、运作能力的地域性、运作能力需求的易变性，这三个特点对服务业运作能力规划具有特殊要求。

1. 运作能力的时效性

服务业的产品不同于制造业产品，它不能被存储起来留到以后使用，所以，当一次服务需求到来时，必须要有运作能力去满足需求。例如，对于宾馆业的客房服务，顾客不可能将客房服务买回家留到以后消费，宾馆也不可能将淡季多余的床位（即多余的能力）存储起来，留到旺季去补充能力不足。

2. 运作能力的地域性

服务业的运作能力必须设置在顾客附近，这与制造业不同。制造业可以在一个地方生产，然后把产品运到其他地方销售，生产与消费是可以分开的，而服务业则与它相反。在服务以前，运作能力必须先提供给顾客，然后才能提供服务。服务与消费是在同一地点同一时间发生的。例如，在其他城市的空余客房是不能提供给本地顾客的。

3. 运作能力需求的易变性

服务系统的需求表现出很高的易变特性，其原因主要有两个方面：

（1）顾客的不同个性会直接影响服务系统。每个顾客常常有不同的要求，对服务过程有不同程度的感受，需要有不同的服务员提供服务，每个顾客接受服务的时间长短不一，导致服务系统的最小运作能力很难确定。

（2）顾客行为和社会环境的变化导致需求的易变性。例如，大学生在校学习时，学校附近的餐馆生意兴隆，而到了寒暑假则生意清淡。在一天中，餐馆的生意也是不均衡的。服务业的短期运作能力计划的时间跨度常常为 10~30min，而制造业的短期运作能力计划的时间跨度就比较长，可以是一周以上。

（二）运作能力利用率与服务质量

为服务业企业制订运作能力规划，无论是短期的还是长期的，都必须考虑日常的运作能力利用率与服务质量之间的关系。图 6-6 描述了排队服务系统的运作能力利用的一般规律（因为大多数服务企业属于排队服务系统，所示该图具有普遍意义）。

关于服务系统能力的利用率有两个基本参数：一个是顾客平均到达率（λ），即平均每小时到达的顾客数；另一个是平均服务率（μ），即平均每小时服务的顾客数。运作能力利用率（ρ）的计算公式为：

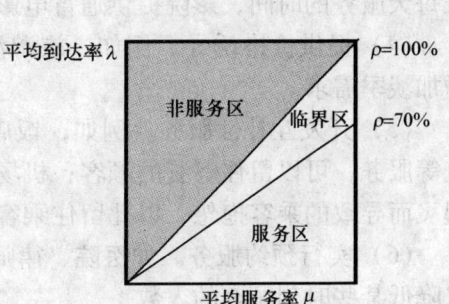

图 6-6 能力利用率与质量的关系

$$\rho = \frac{\lambda}{\mu}$$

一般认为最合理的运作能力利用率在 70% 左右。因为在这个比率下,既可以使服务员处于工作状态,没有过多的空闲时间,也可以使他们从容地为顾客服务,同时,也有足够的备用生产能力。图 6-6 中的临界区表示,顾客能够得到服务,但由于生产能力比较紧张,服务质量会下降。位于顶部的非服务区表示进入服务系统的顾客太多,超出了系统的服务能力,部分顾客可能得不到服务。

对于不同的服务企业,最佳的运作能力利用率由自身的特点决定。当顾客到达与服务时间具有很大的不确定性,或者因能力不足不能及时提供服务会造成严重后果时,利用率应该定得低一些。例如,医院的急诊部、消防站等,它们的服务关系到人的生命与财产,必须保证随时有足够的力量投入抢救。反之,对于那些可计划的服务系统,如计算机训练班,或者不直接与顾客接触的系统,如邮件分拣系统,其能力利用率可以计划到百分之百。还有一些服务系统,也希望达到百分之百的利用率。如体育比赛,希望门票供不应求,因为不仅每张门票能产生利润,而且爆满的运动场所创造出的特殊气氛,会刺激运动员表现得更出色,令观众获得满足,进而能促进以后比赛门票的销售。戏院、酒吧也有这个特点。另外,百分之百的利用率对航空公司来说也是理想状态,但顾客会因机舱过分拥挤而感到不舒服,基于这个原因,航空公司可以安排更多的公务舱位。

(三)调节服务能力

由于服务的生产和消费是同时进行的,所以如果服务需求与服务能力不匹配,将导致人员和设备闲置或服务能力不足而丢失服务市场。如何根据服务运作能力的特性满足服务市场波动的需求,提高服务运作能力的利用效率,需要采取一些策略。

进行服务能力管理的一个基本思想是根据需求的波动来调节能力,使之与不断变化的需求相平衡。对于制造业来说,即使需求的波动很大,企业仍然可以通过库存来解决,而服务业只能利用服务能力本身的弹性解决一些问题:

(1)吸收额外需求。如一节地铁车厢只能提供 40 个座位,但可以通过增加扶手和站立的空间来增加运营的能力,许多时候站立的乘客多于座位上的乘客。

(2)改变设施的布置。许多排队等候服务的项目,可以通过来回弯曲的排队通道容纳更多的人排队,如上海世博会的每一个展馆外面都设置了这样的排队设施,使排队的观众增加了几倍。

(3)延长服务时间。如大学提供周末班和假期班,餐馆提供 24 小时服务,航空公司延长每天服务的时间,影院提供通宵电影等。

(4)提供价格诱导。例如,旅游淡季的价格大大低于旺季价格,可以降低旺季需求,增加淡季需求。

(5)开发互补性服务。例如,饭店在最繁忙的时段给等餐的顾客提供音乐、电视、扑克等服务,可以留住等餐的顾客;机场开设购物、餐饮、电视等服务,可以降低飞机不按时起飞而导致的乘客抱怨,以此留住乘客。

(6)实行预约服务。如医院、律师事务所、美容院、房屋销售等,可以实行预约服务,以降低某些时刻顾客的人数。

（四）扩大服务能力

然而，服务能力本身的弹性是有限的，如果企业面临的是一个不断增长的市场，就需要考虑服务能力的扩大问题，在不同时期，扩大服务能力的侧重点和方式均有不同。

1. 创业期

服务机构在创业期一般只在一个地区进行单项服务，这个阶段要扩大服务能力通常是在原有的规模上增加设施和人员。此时需要考虑两个问题：一是增加服务设施和人员的投资是否提高了成本；二在原有的有限空间内增添设施和人员是否提高了服务水平，如果提高了成本，而服务水平没有提高甚至下降，这样的扩大服务能力的投资是不合理的。

2. 扩张方式合理化期

如果服务机构在创业阶段所处地区的市场需求已经饱和，就需要考虑在其他地区设立分支机构或分店来扩大服务能力。

采取不同的扩张方式会有不同的经济效果。如果实行连锁经营的扩张方式，则会获得规模经济的收益；如果采取加盟的扩张方式，则会获得范围经济的效益；如果采取子母公司的扩张方式，则会获得资本放大效益；如果采取集团组织方式，则既可节约交易成本又能利用市场的效率机制。服务机构在扩大服务能力时，要权衡多种扩张方式的利弊，进行科学决策。

3. 成长期

进入成长期，随着营业额的增加，服务机构管理的复杂程度也在上升。这时服务能力扩张的主要内容是引进新的经营观念，改善原有服务设施的管理模式，更新或重新布置老化的设施，增添新的服务设施。

4. 成熟期

在成熟期，经营效率和核心竞争力因竞争的充分而显得更为重要。从调整服务能力方面来提高核心竞争力的途径有扩大服务规模求规模效益，专注于特色经营领域求差异化发展，全方位多元化求整体竞争力的提高，等等。

生产与运作能力规划通常涉及新的投资，具有较大的风险性，因此，对生产与运作能力规划必须进行充分的调查、论证、多方案的评价选择及风险分析等，这部分内容在有关学科中有详细介绍，由于篇幅有限，在此不作阐述。

小　　结

本章第一节介绍了企业生产与运作能力的含义、种类及决定因素；第二节介绍了企业生产能力计算和确定的步骤和方法；第三节阐述了如何用台时法对生产能力与生产任务进行平衡；第四节介绍了影响生产能力水平的重要因素——学习效应的基本原理、基本计算方法和在企业经营决策中的应用；第五节讨论了长期生产与运作能力水平的类型、规划生产能力应该考虑的因素和决策思路，以及服务能力的规划问题。

思考与练习

思考题

1. 如何理解企业的生产能力？

2. 如何计算和确定企业生产能力？
3. 如何进行生产能力与生产任务的平衡？
4. 如何理解生产能力的规划？
5. 如何确定生产能力水平？
6. 备用生产能力对生产能力规划有什么影响？
7. 试比较分析生产能力扩张的两种基本策略的优缺点及其适用条件。
8. 试比较分析服务业运作能力规划与制造业的区别。
9. 服务业运作能力的利用率与服务质量之间的关系是什么？
10. 学习曲线的原理是什么？
11. 学习曲线对企业规划生产与运作能力有什么影响？
12. 如何进行服务能力扩张？

判断题
1. 供应商不能准时提供所需的原材料，会使企业的产能降低。
2. 工人实行两班制可以使产能提高一倍。
3. 通常，炼钢企业用年产钢量表示生产能力。
4. 代表产品法适用于品种单一的企业计算生产能力。
5. 对生产能力与生产任务进行平衡时可用台时法。
6. 设备负荷系数大于1说明能力不足。
7. 只有通过不断的理论学习才能产生学习效应。
8. 学习曲线有助于企业对未来生产能力需求的正确估计。
9. 最佳运行生产能力是指生产能力与生产需求的完全一致。
10. 劳动密集型行业的备用生产能力与投资回报率密切相关。
11. 在经济规模效应和学习效应比较明显的情况下，实行进攻型扩展生产能力策略是有利的。
12. 如果说制造业的生产能力具有刚性，那么服务业的服务能力就有弹性。

选择题
1. 一个生产与运作系统的能力是用（　　）来度量的。
   A. 规模经济　　　　B. 市场占有率　　　C. 生产或服务能力　　D. 投资额
2. 当一个生产与运作系统的能力受原材料质量影响较大时，可用（　　）度量生产能力。
   A. 产出量　　　　B. 投入量　　　　C. 销售量　　　　D. 库存量
3. 影响生产能力大小的因素有固定资产的数量、固定资产有效工作时间和（　　）
   A. 劳动力的数量　　　　　　　　　B. 劳动力的工作效率
   C. 固定资产生产效率　　　　　　　D. 生产面积的数量
4. 一个企业的生产能力的核算，首先从（　　）环节开始。
   A. 车间　　　　B. 工段、班组　　　C. 总厂　　　　D. 单台设备
5. 以"水桶原则"来决定生产能力大小的环节是（　　）。
   A. 关键环节　　　B. 主导环节　　　C. 薄弱环节　　　D. 以上都是
6. 当所有生产要素都可以变化时，企业应当按照（　　）确定生产能力水平。

A. 最佳运行生产能力　　　　　　　　　B. 经济规模运行能力
C. 柔性生产能力　　　　　　　　　　　D. 单元生产能力

7. 供电企业属于资本密集型产业，一般备用发电能力是（　　）。
A. 10%以下　　B. 15%~20%　　C. 20%~30%　　D. 30%以上

8. 服务系统的运作能力利用率越高，意味着（　　）。
A. 服务质量越高　　　　　　　　　　　B. 顾客满意度越高
C. 服务质量越低　　　　　　　　　　　D. 备用能力越高

9. 进攻型策略下的生产能力扩展通常（　　）于生产需求。
A. 超前　　B. 滞后　　C. 等同　　D. 紧跟

10. 如果服务机构在创业阶段所处地区的市场需求已经饱和，说明该企业处于（　　）。
A. 创业期　　　　　　　　　　　　　　B. 扩张方式合理化期
C. 成长期　　　　　　　　　　　　　　D. 成熟期

11. 如果要获得范围经济，合理的扩张方式是（　　）。
A. 连锁经营　　B. 加盟　　C. 子母公司　　D. 集团组织

计算题

1. 某公司生产一种面点早餐食品，其生产设施的使用效率为90%，生产能力平均利用率为80%。该公司有3条生产线用于生产此种早餐食品，每条生产线每周工作7天，每天有3个班次，每班工作8小时。每条生产线的设计生产能力为每小时可生产120份标准型早餐面点，试计算这3条生产线1周的额定生产能力。

2. 某写字楼的复印中心为两个部分（A和B）复制各种业务报告。每份报告所需的复印时间因其页数、装订方式而异。每个部门复印需求的有关信息如表6-7所示。该中心每年的工作日为250天，每天工作8小时。复印中心认为，它们需要保持15%的能力缓冲。则该中心为了满足这两个部门的文件复印需求，至少需要几台复印机？

表6-7　A、B部门的复印需求

	部门A	部门B
年需求（需要复印的报告种类数）	50	100
每种报告复制份数	40	60
每份复制时间/h	0.5	0.7
作业准备时间/h	5	8

3. 某企业生产甲、乙、丙、丁四种产品，在车床上加工的台时定额分别为20台时、30台时、40台时、80台时。车床组共有4台车床，实行两班制生产（15.5h），设备停修率为10%。根据预测，4种产品在未来一段时间的年需求量分别为100、200、250、100。

要求：

（1）用代表产品法确定车床组的生产能力。

（2）目前车床组生产能力是否满足未来市场对甲、乙、丙、丁四种产品的需求？若不满足，请提出平衡生产能力的措施。

4. 管理者正在某鞋业公司的一个关键瓶颈作业环节制订能力计划。该公司以设备投入数量来表示生产能力。公司的产品有3个品种：男士皮鞋、女士皮鞋和儿童皮鞋。有关数据如表6-8所示。该企业每年运行时间为50周，每周工作5天，每天工作两个班次，每个班次工作8h。过去的数据表明，5%的备用生产能力是合理的。

表6-8 3种产品的相关数据

产品	时间标准		批量/双	每年需求预测/万双
	h/双	每批设备调整/h		
男士皮鞋	0.05	0.5	240	8
女士皮鞋	0.1	2.2	180	6
儿童皮鞋	0.02	3.8	360	12

要求：
(1) 该瓶颈环节需要多少台设备？
(2) 如果该作业环节目前只有2台设备，则能力差距有多大？
(3) 提出平衡生产能力的措施。

5. 某电子企业生产一种线路板产品，第一件生产时间为50h，学习率为80%。

要求：
(1) 估计第40个产品所需生产时间。
(2) 计算前10个产品的平均单件生产时间。
(3) 描绘学习曲线。

案例分析

南滨器件公司

南滨器件公司始建于2002年，在最初的两年里经历了一些困难，但公司管理者经营有方，使公司保持了稳定的增长，2010年公司的销售额超过了1200万元。南滨器件公司生产各种中小型金属器件供当地其他制造厂商使用。其中50%的客户订单都属于单件或小批量种类，订货数量从1件到500件不等，平均每次订货数量为35件。南滨公司的订单一般是通过参与竞争投标来获得。

南滨公司的生产厂内采用工艺专业化设施布置，共有32台机器设备，价值280万元。生产能力具有灵活性，大部分工人都经过技能培训，可操作几种不同的机器设备。根据技能水平的不同，工人工资按小时计为每小时56元到112元不等。工厂目前每天工作1个班次，每周工作5天。在夏季，公司放假2周，在此期间工厂停止生产。就生产与运作管理而言，机器设备的生产能力是主要的限制性因素，生产负荷过多时，通常利用加班延长工作时间来弥补生产能力的不足。

生产与运作中存在瓶颈作业环节，这是一个具有4台机器设备的加工中心，每台设备运转时需要配备1人看管操作。操作工人的工资为80元/h。由于该加工中心设备利用率高，公司管理者给这4台机器设备均配置了固定操作员工，这样工人操作更趋于专业化，可以提高生产效率。

根据对市场需求的判断，公司管理者认为该加工中心机器设备的生产需求还将增加。若按每台设备年运转时间为200h计算，则该加工中心将需要4~10台设备来完成下一年度的生产任务。根据销售增长趋势和经济环境，公司管理者对生产设备的需求程度作了如表6-9所示的概率预测。

表6-9 所需设备数的概率预测

所需设备数	概率	所需设备数	概率
4	0.10	8	0.50
6	0.25	10	0.15

新设备从订购到交货大约需要6个月的时间，为此，公司管理者必须决定需要购买几台新设备供明年生产使用。1台机器设备的购买成本和安装费用合计为24.8万元，设备采用直线折旧，所得税率为25%。要求设备投资最低回报率为14%。每台设备的经济寿命是10年，使用8年后设备残值为零。

运作加工中心最经济的方法是采用正常工作时间。利用机器设备加工产品部件的标准时间是10h/件，这意味着在每天1班工作制的情况下，1台机器设备每年可生产加工200个产品部件。此外，生产加工每一个产品部件需花费的直接人工成本、原材料成本和间接变动成本共计960元。

如果由于缺少设备而使得正常工作时间内的生产能力不够，则公司管理者必须寻找最适合的解决方法。一种办法是加班。加班工资是正常时间工作工资的1.5倍。工人在某种程度上也愿意加班，因为这可以增加收入，但他们并不希望加班过多，所以每周加班时间最长不得超过15h。另外，加班过于频繁、时间过长反而可能会降低生产效率，产品部件的加工时间可能会因此上升到11h/件。

弥补生产能力不足的另一种可能方式是将生产任务外包，委托其他零部件制造商加工产品部件。产品部件外包加工的数量不超过100件时，每件加工成本是2480元，高于100件时加工成本是2360元。通过外包加工可利用的生产能力足以容纳南滨器件公司可能提供的需要外包加工的产品部件数量。

第3种解决生产能力不足的方法是当现有生产能力满负荷运转时，公司不再投标获取更多的生产订单。但这不仅会使公司失去即时可得的利润（该加工中心产品部件的销售价格是2800元/件），并且可能会失去未来潜在的客户订单。

弥补生产能力不足的最后一种可能途径是增加工作班次，实行2班甚至3班制生产。在过去的生产经营中，公司管理者曾拒绝过此种途径。因为这需要增加生产管理人员，雇佣到好的夜班工人也很不容易。增设夜班，生产效率可能不高，并且产品质量控制也不一定能够得到保障。另外，还需要支付夜班费等。作为管理者需要考虑的一个重要问题是，如果生产需要不能达到预期水平，可能不得不解聘已接受过培训的新员工，而这是公司管理者不希望看到的。

如果购买的机器设备数量超过了下一年度实际所需，则公司管理者不得不面临生产能力过剩的问题。若所有的机器设备不能得到充分利用，则操作这些机器设备的员工岗位将不再固定，有些员工会被调配到工厂的其他岗位工作。然而，通过这种方式来消化富余劳动力的程度是有限的。如果生产需求过低，有些新增员工不得不被解聘，则企业面临的问题与前述类似。对此，一种解决办法是出售一些过剩的机器设备，另一种是维持现状，期待今后其他年度的生产需求会尽快再次回升。

问题：

1. 制订南滨公司的生产能力计划，说明制订计划所需的条件假设。
2. 给处于瓶颈状态的加工中心提出购买机器设备数量方面的建议，解释所提出的建议的合理性。
3. 就所提出的建议而言，如果实际需求超过了生产能力，或实际需求低于生产能力，公司管理者对此将作出什么样的决策？

第七章 生产与运作计划

导入案例

普耐尔公司的万能生产计划

经过9年的打拼,普耐尔公司在市场上逐渐成长起来,从最初只能生产附加值低的普通U盘发展到其他一系列电子产品。公司产品畅销国内外,占整个MP3市场的20%以上。但由于电子产品升级换代快,竞争对手强大,需要企业对市场有非常灵敏的反应能力,这一切考验着管理层的经营能力。

为了完成公司的目标,生产部必须要制订出合理的长短期生产计划,保证生产部既能够满足市场的订单需求,又能使生产能力、人力资源以及其他配套资源得到充分利用。而要做到这一点,生产部经理深知难度很大。因为根据过去的经验,顾客的订单经常带有很大的突然性,有时节假日突然接到一个大单,生产部不得不紧急安排人手,调配资源来满足顾客的需要,公司为此付出了很多加班费用;有时正在生产中的产品突然要求停产而改生产其他订单产品,公司为此要付出多余的设备调整费用;并且经常到了2、3月份销售部还没有开完年度订货会,也就没有正式订单,设备和工人都闲置着,造成了很大浪费。市场上发生这种异常变化时,生产部感到要完成公司下达的成本控制目标非常困难。于是生产部经理找到销售部经理,希望销售部能与顾客进行有效沟通,以便提前知晓顾客的需求变化,方便生产部作出合理安排。销售部经理告诉他:"说实在的,我们也非常希望客户能及时与我们签订合同,能保持订单的平稳,保证订单的交货期。但为了争取客户我们不能够给客户提太多的要求,所以生产部门只能适应这种状况。"

针对上述情况,生产部门召开了一个高级管理人员会议商讨对策。有人提议道:"生产部门要完成公司的成本计划,就必须进行均衡生产,制订均衡生产计划,以不变应万变,这样才能保证我们的资源利用效率。"有人反驳说:"这一点我们做生产管理的人当然都非常清楚,问题是均衡生产计划无法应对突然增加或减少的订单。"效率与柔性的平衡问题让生产部最终做出了一个他们称为"万能计划"的生产计划。计划制订的依据主要是对过往年份的生产订单变化情况分析所得结果,以及对未来市场变化的一个简单预测。计划的主要内容是:①采用以周为单位的滚动生产计划,尽量将工作精细化,以增加生产线的柔性;②保持生产线80%的开工率,这样进可攻、退可守,在应对订单突然增加方面生产能力有余地。

企业生产计划是企业生产与运作管理的依据,也是生产与运作管理的核心内容。现代企业从事的是社会化大生产,企业内部分工精细,相互协作,任何一部分活动都不可能离开其他部分而单独进行。尤其是生产与运作活动,它需要调配多种资源,在需要的时候、按需要的量提供所需的产品或服务,这一过程更离不开周密的计划。无论是制造业还是服务业,都需要编制生产与运作计划,但相比之下,制造企业的生产计划更为复杂。本章将重点介绍制造企业综合生产计划和主生产计划的编制原理和方法，并简单介绍几种典型服务系统的综合计划方案。

第一节　生产与运作计划概述

一、生产与运作计划的构成

按照计划来管理企业的生产经营活动称为计划管理。计划管理是一个过程，通常包括编制计划、执行计划、检查计划完成情况和制定改进措施四个阶段。计划管理包括企业生产经营活动的各个方面，如生产、供应、销售、设备、成本、财务、劳资等。它不仅是计划部门的工作，所有其他部门和车间都要涉及。

1. 长期计划

长期计划的主要任务是确定企业未来 2~10 年的发展目标，一般 5 年一个周期。它由企业战略计划、产品与市场计划、财务计划以及资源（能力）计划等组成。企业战略计划要结合企业外部环境与内部条件，确定企业的发展总目标以及竞争战略；产品与市场计划则把企业的发展总目标转化为企业生产的产品及结构、生产的数量及规模、产品质量及生产方式、市场细分及市场地位等；财务计划则是从资金需要量和投资回报等方面对企业发展总目标的可行性与经济和理性进行分析；资源（能力）计划则确定为实现企业的发展总目标、实施产品和市场计划而所需增加的设施、设备及人力资源需要量。

2. 年度计划

（1）综合生产计划。综合生产计划（Aggregate Production Planning，APP）是对企业未来较长一段时间内资源和需求之间的平衡所作的概括性设想，是根据企业所拥有的生产能力和需求预测对企业未来较长一段时间内的产出内容、产出量等问题所作的决策性描述。综合性生产计划按照以下方式对产品、产量和时间作出总量安排。

1）产品。按照产品的需求特征、加工特性、所需人员和设备的相似性等，将产品综合为几大系列，根据产品系列来制订综合生产计划。

2）时间。综合生产计划的计划期通常是 1 年（有些生产周期较长的产品，如大型机床等，可能是 2 年、3 年或 5 年）。有些企业也把综合生产计划称为年度生产计划或年度生产大纲。在该计划期内，使用的计划时间单位是月、双月或季。在采用滚动式计划方式的企业，计划时间单位还可能是月或周。表 7-1 为某公司综合生产计划的一部分。

表 7-1　某公司的综合生产计划（部分）

	1 月	2 月	3 月
A 产品产量/台	2000	3000	4000
B 产品产量/台	6000	6000	6000

3）人员。综合生产计划可用几种不同的方式来考虑人员的安排问题。例如，按照产品系列或产品工艺特点将人员需求分成相应的组，制订产品组或技术组的人员需求计划；根据需求或生产数量波动制订人员变动计划。

4）目标。综合生产计划的目标是在计划期内既满足产品的预测需求量，同时又使生成本最小化的每个月或每个季度的产出率、劳动力水平、库存水平达到最佳组合。

（2）产品需求预测。产品需求预测主要预测的是最终产品的市场需要量，它与综合生产计划的产出量一起，将作为下一层次的计划——主生产计划制订的主要依据。

（3）主生产计划。主生产计划（Master Production Schedule，MPS）是确定每一具体的最终产品在每一具体时间段内的生产数量的计划。这里的最终产品主要指对于企业来说最终完成、要出厂的产成品，它可以是直接用于消费的消费产品，也可以是供其他企业使用的部件或配件。主生产计划通常是以周为时间单位，在有些情况下，也可能是旬或月。表7-2中的 A 产品分为 A1 型、A2 型、A3 型三个型号，根据表7-1的综合生产计划所制订的主生产计划见表7-2。

表 7-2　G 公司的主生产计划　　　　　　　　　　（单位：台）

	1月				2月				3月			
周次	1	2	3	4	5	6	7	8	9	10	11	12
A1 型产量		320		320		480		480		640		640
A2 型产量	300	300	300	300	450	450	450	450	600	600	600	600
A3 型产量	80			80		120		120		160		160
月产量	2000				3000				4000			

（4）粗能力计划。粗能力计划（Rough Cut or Resource Planning，RCRP）也称为资源能力计划，是用来检查主生产计划的可行性、避免主生产计划超出能力约束范围的计划。粗能力计划的内容包括核查现有的生产能力是否满足主生产计划的要求；在服务业，其内容主要是核查劳动力资源数量和结构的可行性；在外购数量或外包数量较大的企业，也包括主要供应商的供货能力和加工能力。

3. 短期计划

（1）物料需求计划。在主生产计划确定之后，就要确定最终产品所需的全部物料（原材料、零件、部件等）的数量和准备时间。所谓物料需求计划（Material Requirement Planning，MRP），就是将主生产计划所规定的最终产品分解成零部件和原材料的生产和采购计划，以保证主生产计划按期完成。即外购什么、生产什么、什么物料必须在什么时候订货或开始生产，每次订多少、生产多少，等等。物料需求计划要解决的是主生产计划规定的最终产品在生产过程中的相关需求问题。

（2）能力需求计划。能力需求计划（Capacity Requirement Planning，CRP）又称为细能力计划，用于检查物料需求计划的可行性。它根据物料需求计划所规定的计划订单或已下达的 MRP 订单，详细安排每一个工作中心的能力负荷大小及相应的工作时间，它还可以帮助进一步核查粗能力计划的有效性。

（3）最终装配计划。最终装配计划（Final Assembly Scheduling，FAS）确定了最终产品的短期产出进度计划。最终装配计划需要及时根据顾客的定制要求以及产品的最终特征要求，调整总进度计划。例如，一家计算机制造厂会在最终装配计划阶段，按照顾客的定制要求来选择相应的配置，以确保计算机总进度计划的执行。但如果不是订货型企业，就不需要制订最终装配计划。

（4）投入／产出计划与控制。投入／产出计划与控制处理各种物料投入或物料采购的进度计划与控制报告和程序，以保证物料需求计划的按期执行。

（5）生产作业控制。生产作业控制（Production Activity Control，PAC）用于描述车间作业计划进度与控制。具体来说，它根据物料需求计划输出的派工信息，编制车间内部的设备或加工中心的作业顺序和作业完工期。这时，主生产计划已经被细化为切实可行的日工作计划。

（6）采购计划与控制。采购计划与控制是指根据物料需求计划输出的采购信息，编制物料采购计划，保证供应商及时供货。同时还需要进行物料的投入/产出计划与控制，以便及时掌握由于各种原因而需要变化的物料采购与交货情况。

以上简要介绍了制造系统的整个分层计划体系。可以看出，每层计划都是在寻求能力（资源）需求和可用能力（资源）之间的均衡，并在动态的能力均衡中不断进行计划决策。本章主要介绍综合生产计划和主生产计划的编制。

二、制订计划的一般步骤及滚动式计划

（一）制订计划的一般步骤

制订计划的一般步骤如图7-1所示。

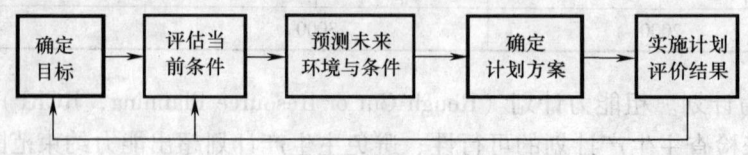

图7-1 制订计划的一般步骤

（1）确定目标，即根据上期计划执行的结果来进行，目标要尽可能具体，如利润指标、市场占有率等。

（2）评估当前条件，即弄清楚现状与目标有多大差距。当前条件包括外部环境与内部条件。外部环境主要包括市场情况、原材料、燃料、动力、工具等供应情况以及这些因素之间的协作关系情况。内部条件包括设备状况、工人状况、劳动状况、新产品研制及生产技术准备状况、各种物资库存情况及在制品占用量等。

（3）预测未来的环境，即根据国内外各种政治因素、经济因素、社会因素和技术因素综合作用的结果，预测未来，把握现状将如何变化，找出达成目标的有利因素及不利因素。

（4）确定计划方案，包括拟定多个可实现目标的可行计划方案，并从中按一定的标准选择一个计划方案。

（5）实施计划与评价结果，检查目标是否达到，如未达到，要找出原因，决定采取什么措施，以及是否需修改计划，等等。

（二）滚动式计划的编制方法

滚动式计划是一种在市场多变的环境下编制计划的一种科学方法，它可以有效解决计划的稳定性与市场多变性之间的矛盾。

按编制滚动计划的方法，整个计划期可分为几个时间段，其中，第一个时间段的计划为执行计划，后几个时间段的计划为预计计划。执行计划较具体，要求按计划实施。预计计划比较粗略。每经过一个时间段，根据执行计划的实施情况以及企业内、外条件的变化，对原

来的预计计划作出调整与修改，原预计计划中的第一个时间段的计划变成了执行计划。滚动式计划详见图 7-2。

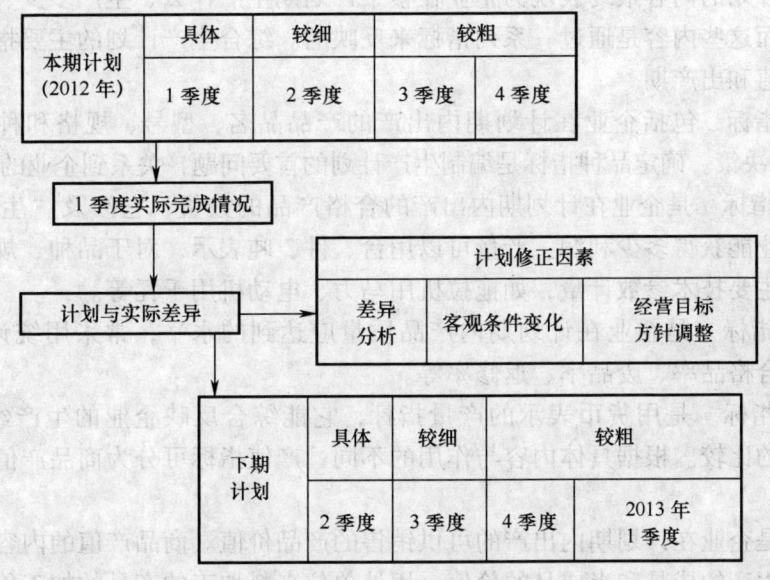

图 7-2 滚动式计划示意图

滚动式计划方法有以下优点：

（1）计划的严肃性和应变性都能得到保证。计划是根据实际环境条件修订过的，可以基本保证完成，体现了计划的严肃性；预计计划允许修改，体现了应变性。

（2）提高了计划的连续性。逐年滚动，自然形成新的年度计划，因此提高了计划的连续性。

第二节 综合生产计划

一、综合生产计划的主要目标

综合生产计划是企业的整体计划，它不是一个部门计划，因此其目标与部门目标也有所区别。而且，综合生产计划目标的综合实现与部门目标有时是相矛盾的。因此，在综合生产计划的制订过程中必须处理好这些关系，妥善解决矛盾才能达到企业的整体经营目标。综合生产计划的主要目标可概括为：①成本最小或利润最大；②顾客服务最大化（最大限度地满足顾客需求）；③最小库存费用；④生产率稳定（变动最小）；⑤人员水平变动最小；⑥设施、设备的有效利用。

很显然，这几个目标之间存在某种矛盾。例如，顾客服务最大化要求快速、按时交货，可以通过增加库存来实现，这就与上述目标中的最小库存费用相矛盾。但是，我们还是可以把综合生产计划的目标归结为：用最小的成本，最大限度地满足需求。因此，在制订综合生产计划时，需要权衡这些目标因素，同时结合一些非定量因素进行决策。

二、综合生产计划的指标体系

综合生产计划的内容最终表现为企业在整个计划期生产什么、生产多少、如何生产、什么时候出产，而这些内容是通过一系列指标来反映的。综合生产计划的主要指标有品种、产量、质量、产值和出产期。

(1) 品种指标　包括企业在计划期内出产的产品品名、型号、规格和种类数，它涉及"生产什么"的决策。确定品种指标是编制生产计划的首要问题，关系到企业的生存和发展。

(2) 产量指标　是企业在计划期内出产的合格产品的数量，它涉及"生产多少"的决策，关系到企业能获得多少利润。产量可以用台、件、吨表示，对于品种、规格很多的系列产品，也可用主要技术参数计量，如拖拉机用马力、电动机用千瓦等。

(3) 质量指标　是企业在计划期内产品质量应达到的水平，常采用统计指标来衡量，如一等品率、合格品率、废品率、返修率等。

(4) 产值指标　是用货币表示的产量指标，它能综合反映企业的生产经营活动成果，便于不同行业的比较。根据具体内容与作用的不同，产值指标可分为商品产值、总产值与净产值三种。

商品产值是企业在计划期内出产的可供销售的产品价值。商品产值的内容包括用本企业自备的原材料生产的成品和半成品的价值、用外单位来料加工的产品的加工价值、工业劳务的价值。只有完成商品产值指标，才能保证流动资金正常周转。

总产值是企业在计划期内完成的以货币计算的生产活动总成果的数量。总产值包括商品产值、期末期初在制品价值的差额、订货者来料加工的材料价值。总产值一般按不变价格计算。

净产值是企业在计划期内通过生产活动新创造的价值。由于扣除了部门间的重复计算，它能反映企业在计划期内为社会提供的国民收入。净产值指标的算法有两种：生产法和分配法。按生产法计算，净产值 = 总产值 - 所有转入产品的物化劳动价值；按分配法计算，净产值 = 工资总额 + 福利基金 + 税金 + 利润 + 属于国民收入初次分配的其他支出。

(5) 出产期　出产期是指为了保证按期交货确定的产品出产期限。正确地决定出产期很重要。因为如果出产期太紧，则保证不了按期交货，会给用户带来损失，也会给企业的信誉带来损失；如果出产期太松，则不利于争取顾客，还会造成生产能力的浪费。

三、均衡需求条件下的综合生产计划的编制

一般来说，品种的选择属于企业战略决策问题，在编制年度生产计划时一般不进行品种的决策，产量的决策是核心内容。编制生产计划的主要内容是确定年度内各种产品产量及进度安排。

(一) 产量的确定

影响产量决策的主要因素是市场需求、企业的盈利目标、企业的生产能力（资源）。

1. 根据市场需求确定计划生产量

市场需求是指市场对本企业产品的需求，它取决于该产品的全部市场需求和企业的市场占有率水平，主要体现在企业的销售计划中。只要根据销售计划中需求的预测和销售数量目标，"以销定产"，确定生产的数量，就可使产量符合市场需求。根据销售计划确定产量

的公式为

$$\text{计划生产量} = \text{计划销售量} - \text{期初库存量} + \text{期末库存量}$$

表 7-3 是根据"以销定产"原则确定的计划生产量。

表 7-3 综合生产计划表

项目	一季度	二季度	三季度	四季度
①期初库存	400	450	375	275
②计划销售量（需求预测）	1800	1500	1100	1600
③安全库存（0.25×需求预测）	450	370	275	400
④计划生产量（②+③-①）	1850	1425	1000	1725
⑤期末库存（①+④-②）	450	375	275	400

需要说明的是，在表 7-3 中，为简化起见，期末库存只考虑了安全库存；安全库存是按照需求预测的 25% 来计划的。但在理论上，期末库存和安全库存的确定比较复杂，相关内容将在本书第八章加以介绍。

2. 根据企业盈利目标确定计划生产量

在目前竞争激烈的市场环境中，许多企业的计划生产量指标主要是按照企业盈利目标来确定，然后再根据生产数量的需要确定市场竞争和营销策略，使生产的产品能销售出去。

（1）在单一品种生产条件下，盈亏平衡点产量和目标生产量的计算公式分别为

$$Q_0 = \frac{F}{P - V}$$

$$Q^* = \frac{F + E}{P - V}$$

式中，Q_0 为盈亏平衡点产量；Q^* 为目标生产量；F 为固定成本；P 为单位产品价格；V 为单位产品变动成本；E 为目标利润。

（2）在多品种生产条件下，盈亏平衡点产量和目标生产量的计算方法是，首先计算盈亏平衡点的销售额（S_0）和目标销售额（S^*），再将其还原成具体产品的产量。其计算公式为

$$S_0 = \frac{F}{1 - K} \qquad K = \frac{\sum V_i Q_i}{\sum P_i Q_1}$$

$$S^* = \frac{F + E}{1 - K}$$

式中，K 为综合变动成本率。

【例 7-1】某通用机械厂要安排第二年的生产计划。上一年的产品品种、收入、成本如表 7-4 所示，该厂固定成本总额为 100 万元，问：①在该品种结构下的保本点销售额及保本点各产品销售额和销售量各为多少？②若目标利润为 80 万元，应实现的销售额为多少，各产品销售额和销售量是多少？③若该企业要求经营安全率的目标为 30%，企业在产量指标方面应该达到多少？

部分计算结果见表 7-4。

表 7-4 多品种生产下盈亏分析表

产品名称	销售量/台	单价/元	销售收入/万元	品种结构比例(%)	单位变动成本/元	变动成本总额/万元	销售额/万元	销售量/台	销售额/万元	销售量/台
	①	②	③ = ①×②	④ = ③/300	⑤	⑥ = ⑤×①	⑦ = 200×④	⑧ = ⑦/②	⑨ = 360×④	⑩ = ⑨/②
甲	1000	600	60	20	264	26.4	40	667	72	1200
乙	2000	600	120	40	360	72.0	80	1333	144	2400
丙	500	2400	120	40	1032	51.6	80	334	144	600
Σ			300	100		150	200		360	

由表 7-4 中的数据可知

$$k = \frac{150}{300} = 0.5 \qquad s_0 = \frac{100}{1-0.5} = 200 \text{（万元）}$$

$$S^* = \frac{100 + 80}{1 - 0.5} = 360 \text{（万元）}$$

其余计算结果见表 7-4。

（1）在上一年的品种结构下，企业的销售额必须达到 200 万元才能不亏不盈，将盈亏平衡点的销售额还原为甲、乙、丙三种产品的销售量分别是 667 单位、1333 单位和 334 单位。

（2）当目标利润为 80 万元时，企业的销售额必须达到 360 万元，还原为甲、乙、丙三种产品的销售量分别是 1200 单位、2400 单位、600 单位。

（3）经营安全程度的分析。经营安全程度的分析主要通过计算经营安全率（Z）来确定。经营安全率的计算公式为

$$Z = \frac{Q_i - Q_0}{Q_i} \times 100\%$$

或

$$Z = \frac{S_i - S_0}{S_i} \times 100\%$$

式中 Q_i 为实际可以达到的销售量；S_i 为实际可以达到的销售额。

经营安全率越大，企业的经营安全程度越高。判断经营安全程度可参考表 7-5。

表 7-5 经营安全程度判断表

评价指标	经营安全程度				
	安全	尚好	不太安全	警惕	危险
经营安全率（%）	>30	25~30	20~25	10~20	<10

根据表 7-5，若要使企业的经营安全率达到 30%，企业的销售收入应该为

$$S_i = \frac{s_0}{1 - 30\%} = \frac{200}{1 - 30\%} = 285.71 \text{（万元）}$$

3. 根据企业生产的可能性确定生产指标

这是考虑企业内部条件，也是制订生产计划时必须考虑的重要问题。生产的可能性取决于企业生产要素的满足程度。生产要素包括资金的供应、劳动力的结构和水平、生产能力水平、原材料、动力供应等。

根据生产能力的大小确定生产指标实际上就是计划生产能力与生产任务的平衡，其原理在上一章已经做了介绍，这里用具体例子加以说明。

【例7-2】 某企业生产两种产品 A、B，根据已有的订单，产品的台时定额及产品出产试计划如表 7-6 和表 7-7 所示。

表 7-6 产品出产试计划

产品	一月	二月	三月	四月	五月	六月
A	400	200	250	350	200	100
B	0	300	350	200	300	300

表 7-7 产品台时定额

产品	车床 52	磨床 19
A	3.9	6.8
B	1.7	3.8

要求：调整试计划使设备的负荷尽可能均衡，但要满足 1 月底至少出产 400 台 A 产品，且 750 台 A 产品和 1100 台 B 产品必须在 5 月底前出产的要求。

首先计算试生产计划的设备负荷，计算结果如表 7-8 所示。

表 7-8 试生产计划的设备负荷　　　　　　　　（单位：台时）

设备	一月	二月	三月	四月	五月	六月
车床 52	2720	2400	2960	3100	2440	1760
磨床 19	1560	1290	1570	1705	1290	900

表 7-8 显示，按照原来的试生产计划，每月两种设备的负荷是不均衡的，如车床 52 的六月负荷最低为 1760 台时，四月负荷最高为 3100 台时，如果不对生产计划作调整，就会出现设备负荷不均，不能完成生产任务。在满足订单交货期的要求下，将试生产计划调整为表 7-9。

表 7-9 调整后的生产计划

产品	一月	二月	三月	四月	五月	六月
A	400	220	220	220	220	220
B		290	290	290	290	290

调整生产计划的原则就是在满足一些特殊订单的硬性要求后使生产任务尽可能地均衡安排。调整后的生产任务是否合理，还必须通过计算调整计划后的设备负荷来分析。调整生产计划后的设备负荷如表 7-10 所示。

表 7-10　调整生产计划后的设备负荷　　　　　　　　　　（单位：台时）

设备	一月	二月	三月	四月	五月	六月
车床 52	2700	2627	2627	2627	2627	2627
磨床 19	1560	1351	1351	1351	1351	1351

表 7-10 显示，调整生产计划后，设备的负荷比较均衡，基本上消除了时高时低、高低差距大的现象，能够保证生产任务的完成和设备的充分利用。

（二）品种的确定

在均衡需求条件下，企业的多品种生产基本属于多品种批量生产的成批生产类型，品种比较稳定，生产的重复程度高，在编制年度生产计划时，品种的选择只有在资源有限的情况下才有选择的要求。多品种批量生产条件下品种产量的优化问题可用线性规划方法来解决。

利用线性规划，可求得在一组资源约束下（生产能力、原材料、动力等）各种产品的产量，使利润最大。例如，有 n 种产品品种和 m 种资源约束，可采用以下形式的线性规划来优化

$$\max Z = \sum_{i=1}^{n}(r_i - C_i)x_i$$

满足

$$\sum_{i=1}^{n} a_{ik}x_i \leq b_k, \quad k = 1, 2, \cdots, m$$

$$x_i \leq U_i$$

$$x_i \geq L_i, \quad L_i \geq 0, \quad i = 1, 2, \cdots, n$$

式中，x_i 为产品 i 的产量；b_k 为资源 k 的数量；a_{ik} 为生产一个单位产品 i 需要资源 k 的数量；U_i 为产品 i 最大潜在销售量（通过预测得到）；L_i 为产品 i 的最小生产量；r_i 为产品 i 的单价；C_i 为产品 i 的单位可变成本。

线性规划可用单纯形法求解。关于单纯形法，运筹学中已有详细介绍，本书不再赘述。

（三）产品出产计划的编制

产品出产计划的编制是指把全年的任务具体分配到各季、各月，甚至到周。它是制订主生产计划的依据。

1. 大量生产类型产品出产进度安排

大量生产类型是典型的备货型生产，其生产的直接目标是补充成品库存。产品出产进度的安排要使生产率均匀，保证生产的节奏性。

各季或各月产量的分配方式有以下三种：

（1）均匀分配方式。均匀分配是指将全年计划产量按平均日产量分配给各月。这种方式适用于需求稳定、生产自动化程度较高的情况。

（2）均匀递增分配方式。均匀递增分配是指将全年计划产量按劳动生产率的每季（或每月）平均增长率，分配到各月生产。这种方式适用于需求逐步增加、企业劳动生产率稳步提高的情况。

（3）抛物线递增分配方式。抛物线递增分配是指将全年产量按开始增长较快、以后逐

渐缓慢的递增方式安排各月任务。这种方式适合于新产品投放市场的情况。

2. 成批生产类型产品出产进度安排

成批生产产品由于品种较多，各种产品产量数相差较大，因此不能采用大量大批生产方式来安排生产。具体方法有：

（1）对于订有合同的产品，要按合同规定的数量与交货期安排生产，以减少库存。

（2）对于产量大、季节性需求变动小的产品，可按"细水长流"方式安排生产。

（3）对于产量小的产品，要权衡库存费用与生产准备费用，确定投产批量，做到经济合理。

（4）同一系列、不同规格的产品，当产量较少时，尽可能安排在同一时期内生产，这样可以集中组织通用件的生产。

成批生产产品出产进度的安排如表 7-11 所示。

表 7-11 成批生产产品出产进度计划表

顺序号	产品名称	全年任务	2012 年											
			第一季度			第二季度			第三季度			第四季度		
			1	2	3	4	5	6	7	8	9	10	11	12
1	A_1	600	40	40	40	40	50	60	50	50	50	60	60	60
2	A_2	420	30	30	30	30	35	35	35	35	40	40	40	40
3	A_3	100		40		20	20	20						
4	A_4	180	20	25		40	50	50						
5	A_5	100				25	30							
6	A_6	80					10		10	20		20	20	
7	A_7	75		15	10				15	20			15	
8	A_8	95	10			20	25	10	20	10				
9	A_9	105	20			20	25	25	15					
10	A_{10}	80				10	10			20		20	20	

四、非均衡需求条件下的综合生产计划的编制

与均衡需求相比，非均衡需求条件下需求总量在各个时期变动较大，或低于企业生产能力（资源）或高于企业生产能力（资源），制订计划的核心问题就是通过各种策略实现市场需求和生产能力（要素）的大致平衡，同时使生产计划的成本最小。

（一）综合生产计划的策略和相关成本

1. 综合生产计划的策略

（1）通过库存来对应市场需求的变化。

（2）通过调整工人数来应对市场需求的变化。

（3）通过加班或缩短工时来应对市场需求的变化。

（4）通过转包来解决生产能力的不足。

（5）通过改变生产率使其与需求率一致。

2. 综合生产计划的相关成本

采用上述任何策略都会有代价，即综合生产计划成本。对上述策略的选择必须建立在对综合生产计划成本计算的基础上。具体来说，综合生产计划有以下相关成本：

（1）正常生产成本。它是指在计划期内，员工在正常的8小时内生产某种产品的固定成本和变动成本，包括直接的和间接的人工成本（正常工资）。

（2）与产出率有关的成本。在与产出率有关的成本中，最主要的有新员工招聘成本、解聘员工的成本、加班生产时高于正常生产的人工成本（加班工资）。

（3）存货成本。存货占用资金的机会成本是存货成本中最主要的部分，存货成本还包括在存货过程中发生的陈旧成本、保险费、税收、仓库折旧等费用。

（4）转包成本。当企业生产能力不足且在短期内不可能或没有必要进行固定资产投资，但又不想放弃市场机会时，可将部分业务给外部的相关厂家生产，由此必须支付的费用就是转包成本。这部分成本也许低于自己生产的成本，也许高于自己生产的成本。

（5）延期交货成本。延期交货成本包括延期交货的违约金，也包括延期交货的信誉损失和销售机会的损失。

（二）非均衡需求条件下产品出产计划的制订技术

非均衡需求是最大量、最普遍的一种需求现象。如何在满足市场非均衡需求的条件下保证企业生产均衡性的要求是产品出产计划要解决的问题。综合生产计划的制订方法通常有试算法、运输矩阵法、线性规划法等。其中，试算法易于理解和掌握，如果使用电子表格，这一过程更为简单。

1. 试算法

企业一般采用试算法来制订综合生产计划。试算法主要是对各种综合计划方案的成本进行比较来选择较优方案。

处理非均衡需求有三种纯策略：改变库存水平、改变工人的数量和改变生产率（Production Rate）。

（1）改变库存水平。改变库存水平就是通过库存来调节生产，而维持生产率和工人数量不变。如图7-3所示，当需求不足时，由于生产率不变，库存量就会上升。当需求过大时，将消耗库存来满足需要，库存就会减少。这种策略可以不必按最高生产负荷配备生产能力，节约了固定资产投资，是处理非均衡需求常用的策略。成品库存的作用好比是水库，可以蓄水和供水，既防旱又防涝，保证水位正常。但是，通过改变库存水平来适应市场的波动，会产生维持库存费；同时，库存也破坏了生产的准时性。对纯劳务性生产，不能采用这种策略。纯劳务性生产只能通过价格折扣等方式来转移需求，使负荷高峰比较平缓。

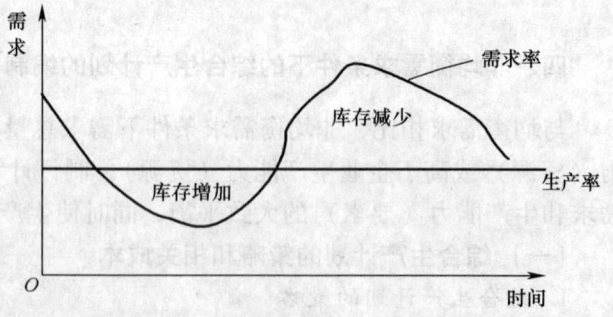

图7-3 通过改变库存水平来适应需求波动

（2）改变生产率。改变生产率就是要使生产率与需求率匹配（如图7-4所示），需要多少就生产多少。这是准时生产制（Just-in-time）所采用的策略，它可以消除库存。忙时加班加点,闲时把工人调到其他生产单元或做清理工作。当任务太多时,可以采取转包的办法。这种策略引起的问题是生产不均衡,同时会多付加班费或增加外购成本。

(3)改变工人数量。改变工人数量就是在需求量大时多雇工人,在需求量小时裁减工人。这种做法不一定可行。对技术要求高的工种一般不能采取这种策略,因为技术工人不是随时可以雇用到的。另外,工人队伍不稳定会引起产品质量下降和一系列的管理问题。

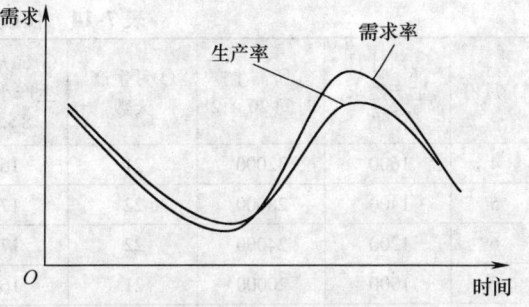

图 7-4 生产率与需求率匹配

(4)综合策略。以上三种纯策略可以任意组合成综合策略。例如,可以将改变工人的数量与改变库存水平结合起来使用。

下面以一个例子说明如何应用试算法。

【例 7-3】某公司欲将预测的市场需求(如表 7-12 所示)转化为生产需求。

表 7-12 预测的市场需求

①月份	②预计月生产需求量/件	③累计需求量/件	④每月正常工作日数/天	⑤累计正常工作日数/天
4	1600	1600	21	21
5	1400	3000	22	43
6	1200	4200	22	65
7	1000	5200	21	86
8	1500	6700	23	109
9	2000	8700	21	130
10	2500	11200	21	151
11	2500	13700	20	171
12	3000	16700	20	191
1	3000	19700	20	211
2	2500	22200	19	230
3	2000	24200	22	252

成本信息的预算如表 7-13 所示。

表 7-13 成本信息的预算

生产	成本
单件产品工时数/h: 20 工人每天工作的时间/h: 8 安全库存数/件: 1000	招收一个工人的成本/元: 300 解雇一个工人的成本/元: 200 单位维持库存成本/(元/(件·月)): 6

假设生产中无废品和返工。设每年的需求类型相同。因此在计划年度开始时的工人数等于计划年度结束时的工人数,相应地,库存量也近似相等。现比较不同策略下的成本费用。

(1)仅改变工人的数量。采取这种纯策略需假定随时可以雇到工人,采用这种策略所得的各项数据可见表7-14。

表7-14 仅改变工人数量的策略

①月份	②预计月生产需求量/件	③所需生产时间 20×②	④月生产天数	⑤每人每月生产小时数 8×④	⑥需工人数 ③/⑤	⑦月初增加工人数	⑧月初裁减工人数	⑨变更费/元 300×⑦ 或 200×⑧
4	1600	32000	21	168	190		37	7400
5	1400	28000	22	176	159		31	6200
6	1200	24000	22	176	136		23	4600
7	1000	20000	21	168	119		17	3400
8	1500	30000	23	184	163	44		13200
9	2000	40000	21	168	238	75		22500
10	2500	50000	21	168	298	60		18000
11	2500	50000	20	160	313	15		4500
12	3000	60000	20	160	375	62		18600
1	3000	60000	20	160	375			0
2	2500	50000	19	152	329		46	9200
3	2000	40000	22	176	227		102	20400
合计						256	256	128000

维持1000件安全库存需 1000×6×12 = 72000 元。

总费用 128000 + 72000 = 200000（元）

（2）仅改变库存水平。这种策略需允许晚交货（Back-ordering）。由于252天内需生产24200件产品，则平均每个工作日生产96.03件，需96.03×20=1920.63h，每天需工人1920.63/8=240.08人，取241人，则每天平均生产241×8/20=96.4件产品。仅采用改变库存水平的策略所得的各项数据如表7-15所示。总费用为209253元。

表7-15 仅改变库存水平的策略

①月份	②累计生产天数	③累计产量 ②×96.4	④累计生产需求	⑤月末库存 ③－④+1000	⑥维持库存费 6×（月初库存量+月末库存量）/2
4	21	2024	1600	1424	7272
5	43	4145	3000	2145	10707
6	65	6266	4200	3066	15633
7	86	8290	5200	4090	21468
8	109	10508	6700	4808	26694
9	130	12532	8700	4832	28920
10	151	14556	11200	4356	27564
11	171	16484	13700	3784	244200
12	191	18412	16700	2712	19488
1	211	20340	19700	1640	13056
2	230	22172	22200	972	7836
3	252	24293	24200	1093	6195

（3）一种混合策略。混合策略可以有很多种，这里只介绍其中的一种（见表7-16）。考虑到需求的变化，在前一段时间采取相对较低的均匀生产率，在后一段时间采取相对较高的均匀生产率。4月初需生产1600件，每天需生产76.19件。设前一段时间采用每天80件的生产率，则每天需工人 80×80/8 = 200 人。生产到8月底，累计109天生产了 109×80 = 8720 件。在余下的 252 - 109 = 143 天内，要生产 24200 - 8720 = 15480 件产品，平均每天生产 15480/143 = 108.25 件，需 108.25×20/8 = 270.6 人，取271人。因此，9月初要雇用71人，每天可生产 271×8/20 = 108.4 件产品。年末再裁减71人。这种混合策略的总费用为179275元。

表 7-16　一种混合策略

①月份	②累计生产天数	③生产率	④累计产量	⑤累计需求	⑥月末库存 ④-⑤	⑦维持库存费	⑧变更工人数费用
4	21	80	1680	1600	1080	6240	
5	43	80	3440	3000	1440	7560	
6	65	80	5200	4200	2000	10320	
7	86	80	6880	5200	2680	14040	
8	109	80	8720	6700	3020	17100	
9	130	108.4	10996	8700	3296	18948	71×300 = 21300
10	151	108.4	13273	11200	3073	19107	
11	171	108.4	15441	13700	2741	17442	
12	191	108.4	17609	16700	1909	13950	
1	211	108.4	19777	19700	1077	8958	
2	230	108.4	21836	22200	636	5139	
3	252	108.4	24221	24200	1021	4971	71×200 = 14200

反复试验法不能保证获得最优策略，但可以不断改善所采取的策略，读者还可以通过改变混合策略来减少总费用。

2. 运输矩阵法

运输矩阵法又称为图表作业法，实际上是一种表格化的线性规划方法。用运输矩阵编制综合生产计划的基本假设是：在每一计划期内的正常生产能力、加班时间和外包都有一定的限制，每一期间的需求预测量是已知的，成本和产量的关系为线性关系。通过运输矩阵法可以给出使总成本最低的最优生产计划。使用这种方法，计划制订者必须明确正常时间、加班时间、转包合同的生产（供应）能力、各期存货水平，以及各变量的相关成本情况。

运输模型的符号和格式见表7-17。在表中，从左到右成本在不断变化。如果产品在生产当期就交付了，正常生产成本、加班成本和转包成本都居于最低水平（在第1期行与第1

期列的交点是正常成本，第 2 期行与第 2 期列交点是正常成本，依此类推）。如果产品在某个时期生产完毕，但交付使用却在之后的时期（也就是越过了一列），持有成本就会以每期 h 的比率增加。于是持有两期产品将增加 $2h$ 的成本，无论这些产品是来自于正常生产时间、加班生产还是转包合同。相反，如果采用延迟交货，当你从右向左穿越各列时，从同一期（也就是第 3 期）的行与列交点处开始，单位成本递增。比如说，如果第 2 期需要的产品第 3 期才交货，则每单位发生延迟交货成本 b。最后，由于运输问题要求保持供求平衡，所以，补充一假设栏为闲置生产能力，该栏成本为 0。

表中符号的含义为：r——每单位产品正常时间的生产成本；R——正常时间的合计生产能力；t——每单位产品加班时间的生产成本；T——加班时间的合计生产能力；s——每单位产品转包合同的生产成本；S——转包合同的合计生产能力；b——每单位产品每期延迟交货成本；h——每单位产品每期库存持有成本；n——计划跨期数。

表 7-17 制订综合计划的运输模型的符号和格式

生产	需求	第1期	第2期	第3期	…	第n期	闲置生产能力	生产能力
时期	期初库存	0	h	$2h$	…	$(n-1)h$	0	I_0
第1期	正常时间	r	$r+h$	$r+2h$	…	$r+(n-1)h$	0	R_1
	加班时间	t	$t+h$	$t+2h$	…	$t+(n-1)h$	0	T_1
	转包合同	s	$s+h$	$s+2h$	…	$s+(n-1)h$	0	S_1
第2期	正常时间	$r+b$	r	$r+h$	…	$r+(n-2)h$	0	R_2
	加班时间	$t+b$	t	$t+h$	…	$t+(n-2)h$	0	T_2
	转包合同	$s+b$	s	$s+h$	…	$s+(n-2)h$	0	S_2
第3期	正常时间	$r+2b$	$r+b$	r	…	$r+(n-3)h$	0	R_3
	加班时间	$t+2b$	$t+b$	t	…	$t+(n-3)h$	0	T_3
	转包合同	$s+2b$	$s+b$	s	…	$s+(n-3)h$	0	S_3

下面通过例 7-4 来说明运输矩阵在实际中的应用。

【例 7-4】 某轮胎公司有关产量、需求、生产能力和成本的数据如表 7-18 所示。

表 7-18 公司产量、需求、生产能力及成本数据

月份 \ 销售期	第1期	第2期	第3期
	3	4	5
需求/件	800	1000	750
生产能力/件			
正常时间	700	700	700
加班时间	50	50	50
转包合同	150	150	150
起初库存/件	100		

成本/元	
每件正常时间	40
每件加班时间	50
每件转包合同	70
每月每件库存持有成本	2
每月每件延迟交货成本	4

该问题的线性规划运输模型解决方案见表 7-19。

表 7-19 该公司的运输模型表

生产时期	需求	第1期 (3月份)	第2期 (4月份)	第3期 (5月份)	闲置生产能力/件	生产能力/件
时期	期初库存	0 / 100	2	4	0	100
第1期	正常时间	40 / 700	42	44	0	700
第1期	加班时间	50	52 / 50	54	0	50
第1期	转包合同	70	72 / 50	74	0 / 100	150
第2期	正常时间	44	40 / 700	42	0	700
第2期	加班时间	54	50 / 50	52	0	50
第2期	转包合同	74	70 / 150	72	0	150
第3期	正常时间	48	44	40 / 700	0	700
第3期	加班时间	58	54	50 / 50	0	50
第3期	转包合同	78	74	70	0 / 130	150

需要注意以下几点：

（1）库存持有成本为2元/月，持有成本呈线性变动，即两个月的持有成本为4元/件。

（2）运输问题需要供求保持平衡，所以，补充一栏假设为闲置生产能力，该栏成本给定为零，将没有使用的生产能力填入该栏中。

（3）表7-19中各列的数据为需求所要求的生产水平，可以看到，3月份的需求量为800件，其中100件来自期初库存，有700件来自正常时间的生产。

（4）该公司3月份、4月份和5月份的产品生产计划安排如下：

1）3月份的需求通过库存100件和3月份正常时间出产700件来满足。

2）4月份的需求由3月份的加班时间出产50件、转包合同50件和4月份正常时间出产700件、加班时间出产50件、转包合同150件来满足。

3）5月份的需求由5月份正常时间出产700件、加班时间出产50件来满足。

4）3月份、5月份有共计230件转包合同的生产能力未被利用。

该计划的总成本 = (100×0) + (700×40+50×52+50×72) + (700×40+50×50+150×70) + (700×40+50×50) = 105700(元)

3. 线性规划方法

从理论上讲，上述问题的最优策略可以通过多种数学模型来求得，最常用的数学模型就是线性规划。线性规划是运筹学的一个重要分支，理论上最完善，实际应用也最广泛。上面讨论的运输矩阵法是线性规划法的一种特殊形式，它只以能力为约束条件。对于多品种生产的企业，在进行生产计划决策时，经常会遇到这样的问题，即根据销售量预测资料和企业现有的条件，如何合理地利用人力、物力、财力来决定各种产品的生产量，使企业取得最好的经济效益。这种生产计划决策问题可运用线性规划的方法来解决。运用线性规划模型，首先要把实际问题抽象化，建立线性规划模型，然后用图解法和单纯形法确定出各种产品的最优产量。

线性规划的基本结构要素是决策变量、约束条件和目标函数。决策变量时决策者需要考虑和控制的因素用X_1，X_2，…，X_n来表示，约束条件是实现目标的资源限制条件，如生产能力、原材料供应量、产品销售、劳动力资源、资金供应等。目标函数是决策者在问题明确后，对问题要达到的目标所进行的数学描述，它是一个极值问题——极大值或极小值，如产量最大、利润最大、成本最低等。

这样的线性规划模型可以处理大量变量和约束条件问题，可以决定最优库存水平、任务积压量、外协量、正常生产量、加班生产所需的临时聘用和解聘劳动力量的多少问题，其局限是各个变量之间的关系必须是线性的。

【例7-5】某公司为某一类产品制订综合生产计划，基本方针是不积压生产任务。每一工人每月可生产5000件产品，外协和加班都是可以选择的，但每月加班量不超过正常生产量的15%。设D_t为t月月初的需求（假定预先已知，不是变量），W_t为t月月初可使用的工人人数，H_t为t月月初聘用的工人人数，L_t为t月月初解聘的工人人数，I_t为t月月初的库存量，S_t为t月月初的外协量，O_t为t月的加班生产量，则每月都可以得到下列的约束关系式

$$W_t = W_t - 1 + H_t - L_t \text{（人员的数量关系）}$$

$$I_t = I_t - 1 + 5000W_t + O_t + S_t - D_t \text{（库存关系式）}$$

$$O_t < 0.15 \times (5000W_t) \quad \text{(加班量关系式)}$$

其中有6个变量、3个基本约束关系式。此外，还需要决定目标函数，或成本最小，或利润最大等。如设：C_W 为每个工人每月的正常工资，C_h 为一个工人的聘用费用，C_l 为一个工人的解聘费用，C_I 为单件产品的月库存费用，C_s 为单件产品的外协费用，C_o 为单件产品的加班生产费用，则成本最小的目标函数为

$$TC = \sum_{t=1}^{12}(C_W W_t + C_h H_t + C_I I_t + C_s S_t + C_o O_t)$$

一个单位计划期（月）内，有6个变量、3个基本约束关系式。如果整个计划期的长度是12个月，则有72个变量和36个约束关系式。由此可以看出，这样一个简单的问题，其中包含的变量和约束条件是相当多的，采用这种模式制订综合计划离不开计算机的支持。

目前，解线性规划问题的软件比较多，最常用的是 LINDO 和 LINGOU。

第三节 主生产计划

一、主生产计划概述

综合生产计划是整个公司各系列产品的生产时间和数量的安排，如家电生产企业生产多少电视机、洗衣机、冰箱、微波炉、空调机，但不能明确平板电视机、等离子电视机、液晶电视机、背投电视机等的产量，更不能明确各种尺寸的电视机的产量。要将综合生产计划付诸实施，就必须进一步将综合生产计划按照产品品种、规格、型号分解为具体的生产任务，这就是主生产计划（MPS）。主生产计划是从综合生产计划开始，对综合生产计划的分解和细化。MPS 方案的制订是一个反复试行、反复平衡的过程。当一个方案制订出来后，需要与所拥有的资源进行平衡，直至得到一个符合资源约束条件的方案，必要时还必须修改综合生产计划。MPS 方案将作为物料需求计划的依据，确定每一零部件生产或采购的时间和数量。

例如，家电企业生产电视机，有四种最终产品：平板电视机、等离子电视机、液晶电视机、背投电视机，尽管所有电视机都要装一些相同的零件和部件，有一些类似的构造和工艺流程，但每种产品还是会有不同的材料、零件和生产流程，对材料、零件的购买和制造有不同的要求，所以必须将电视机总的生产数量分解为具体产品的数量和生产时间，如表 7-20 所示。

表 7-20 分解综合生产年计划

综合生产计划												
月份	1				2				3			
计划产出	800				1000				900			
主生产计划												
周次	1	2	3	4	5	6	7	8	9	10	11	12
平板电视机	200				250			200			220	
等离子电视机		300			200							380

(续)

综合生产计划								
液晶电视机		150			350		150	
背投电视机		150					150	
总计	800			1000			900	

有了主生产计划，企业才能保证销售计划的执行，并依据它进行物料、劳动力和设备等资源的供应和准备。一个有效的主生产计划必须充分考虑企业的生产能力，粗能力计划将决定企业是否有足够的能力来执行主生产计划。

二、主生产计划的制订

主生产计划制订的程序主要是计算现有的库存量、确定主生产计划的产品生产量与生产时间以及待分配库存量等。

1. 计算现有的库存量

现有的库存量是指每周的需求被满足之后，库中仍有的、可以利用的库存量。其计算公式为

$$I_t = I_{t-1} + P_t - \max(F_t, CO_t)$$

式中，I_t 为 t 周周末现有库存；I_{t-1} 为 $(t-1)$ 周周末库存；P_t 为 t 周的主生产计划量，即企业准备在 t 周完成并发送的产品数量；F_t 为 t 周的预计需求量；CO_t 为 t 周准备发货的顾客订货量。

上式中，在预计需求量和实际顾客订货量中取最大者是为了最大限度地满足需求。

【例7-6】 某电视机生产企业要为SYD202型产品制订一个MPS。综合生产计划提供的该产品1月份预测需求量为180台，2月份预测需求量为180台，平均每周需求量分别为50台和45台。该产品生产批量为120台，表7-21是该产品的有关信息。

表7-21 SYD202型产品现有库存计算表　　　　（单位：台）

期初库存量：130	生产批量：120							
	1月份				2月份			
	周次				周次			
	1	2	3	4	5	6	7	8
预测需求量	50	50	50	50	45	45	45	45
顾客订货量	60	35	20	10	0	0	0	0
现有库存量	70	20	-30					
MPS量								

由表7-21可知，SYD202型产品的现有库存量（期初）是130台，在预测需求量一栏中，标明了1月份和2月份的需求量。这些预测需求量不一定反映实际的销售情况。顾客订货量一栏标明的是顾客的实际订货量，即每周应发往顾客的量。第1周顾客订货量大于预测需求量，第1周周末的库存量为130+0-60=70台；第2周周末的库存量为70+0-50=20台；第3周周末库存量为20+0-50=-30台，该负数是一个要求生产的信号，表示在该周

至少应生产出30台产品来满足需求，否则就会出现缺货现象。

2. 确定主生产计划的出产量和出产时间

确定的主生产计划生产量和生产时间的原则是保证现有库存量是非负的，因为现有库存量是负数就说明库存不能满足顾客需求，必须增加生产量。但企业采用的是批量生产，补充库存的生产数量必须是批量的倍数，这样有可能使得出产量大于需求量，产生新的库存，继续满足以后计算期的需求；然后继续计算库存的消耗，直至下次缺货的发生。这一过程反复进行，直至该计划长度内各期的需求得到满足。上例中8周的出产量和出产时间如表7-22所示。

表7-22　SYD202型产品的出产量和出产时间　　　　　（单位：台）

期初库存量：130	生产批量：120							
	1月份				2月份			
	周次				周次			
	1	2	3	4	5	6	7	8
预测需求量	50	50	50	50	45	45	45	45
顾客订货量	60	35	20	10	0	0	0	0
现有库存量	70	20	90	40	115	70	25	100
MPS量			120		120			120

3. 计算待分配库存

待分配库存是市场营销部门用来答应顾客在确切的时间内供货的产品数量，对于临时的、新来的订单，营销部门也可以利用待分配库存来签订供货合同，确定具体的供货日期，这类典型的产品库存称为待分配库存。

待分配库存的计算在第1周与以后各周略有不同。第1周的待分配库存等于现有的期初库存加本周的主生产计划量减去第一个主生产量达到之前的全部订货量。在以后的各周，只在有主生产量时才计算待分配库存。计算方法为：该周的主生产计划量减去从该周至下一期（不包括该期）的主生产计划量达到为止的全部订货量。以后各周的待分配库存计算中之所以不考虑现有库存量，是因为现有库存量已经在第1周的计算中使用了。

假定该企业又收到了SYD202型产品的订单，新订单如表7-23所示。

表7-23　SYD202型产品新订单

订单序号	订单量/台	交货时间（周序号）
1	25	2
2	80	4
3	5	3
4	120	4

企业必须判断在现在这种主生产计划的安排下能否接受该订单。判断的主要依据是这批订单所要求的发货日期。首先需要决定该产品的待分配库存量。第1周的待分配库存为130+0-(60+35)=35台，即直至下一期（第3周）的主生产计划量达到之前，现有的库存量除满足已接受的全部订单外还剩余35台，这35台可用来满足要求在第1周和第2周发

货的新订单。第 3 周的待分配库存为 120 − (20 + 10) = 90 台，可用来满足要求在第 3 周和第 4 周发货的新订单，但新订单的数量是 80 + 5 + 120 = 205 台，超过了待分配库存，需要与买主协商调整交货期。由于在 2 月份没有接受新订单，故第 5 周和第 8 周的待分配库存就等于主生产计划量，即 120 台，可以用来满足要求在第 5 周、第 6 周、第 7 周发货的新订单。

SYD202 型产品的待分配库存量的计算结果如表 7-24 所示。

表 7-24 SYD202 型产品的待分配库存量

期初库存量：130	生产批量：120							
	1 月份				2 月份			
	周次				周次			
	1	2	3	4	5	6	7	8
预测需求	50	50	50	50	45	45	45	45
顾客订货	60	35	20	10	0	0	0	0
现有库存量	70	20	90	40	115	70	25	100
MPS 量			120		120			120
待分配库存量	35		90		120			120

根据待分配库存量，上述四个订单中，1、2、3 号订单的交货时间和数量均可接受，即第 1 周的待分配库存满足 1 号订单第 2 周的 25 台和 3 号订单第 3 周的 5 台；第 3 周的待分配库存可以满足 2 号订单第 4 周交货的 80 台；第 4 个订单要求在第 4 周交货 120 台，待分配库存量只能满足 15 台（5 + 10 = 15），可以与客户协商，在第 4 周前交货 15 台，第 5 周交货 105 台或 120 台，否则只好放弃第 4 号订单。如果客户同意第 5 周交货 120 台，经过对订单处理后，主生产计划、库存量和待分配库存均发生了变化，如表 7-25 所示。

表 7-25 SYD202 型产品的主生产计划

期初库存量：130	生产批量：120							
	1 月份				2 月份			
	周次				周次			
	1	2	3	4	5	6	7	8
预测需求	50	50	50	50	45	45	45	45
顾客订货	60	60	25	90	120	0	0	0
现有库存量	70	10	80	110	110	65	20	95
MPS 量			120	120	120			120
待分配库存量	10		95	20	0			120

三、粗生产能力计划

主生产计划的初步方案产生后，生产管理部门必须根据资源约束条件来判断方案是否可行。所谓资源约束条件，主要是指生产能力的约束，其他资源在综合生产计划制定时就进行了平衡，主生产计划的变动对生产能力的影响最大。通常，用粗生产能力计划来检查主生产计划方案是否可行。之所以称为"粗生产能力计划"，是因为它只是对实际资源需求的一个大致估计。比较了实际可用的能力和计划需求的能力之后，就可以得出目前的生产能力是否满足需求的结论，如果两者不匹配，就应该修改主生产计划，如取消部分订单、延迟部分订单的交货期或者部分订单外包。

粗生产能力计划与主生产计划平衡时一般都需要对两者进行调整。调整的方法有：改变预计的负荷量或改变生产能力。对于前者，可以采取重新安排订单、拖延交货时间、终止订单、订单拆零、改变产品组合；对于能力的改变，可以通过改变产品的生产工艺、加班生产、租赁设备、雇用临时工、订单外包等措施来增加生产能力。

【例7-7】某公司生产全自动洗衣机，有两款产品，分别是XQY80-B22和XQY70-B22，两种产品的平均存货成本分别为3元/月和5元/月。这两种产品未来6个月的需求预测如表7-26所示。

表7-26 未来6个月的需求预测

产品名称	月份					
	1	2	3	4	5	6
XQY80-B22	750	600	800	850	900	700
XQY70-B22	350	400	500	450	300	500

这两种产品均需要经过机械加工、组装、油漆三个主要生产车间加工处理。其单件定额及车间的可用工时如表7-27所示。

表7-27 车间单件定额及能力工时

产品名称	车间名称及单件定额/h		
	加工车间	组装车间	油漆车间
XQY80-B22	1.5	0.8	1.2
XQY70-B22	1.7	1.4	0.9
车间能力工时/(h/月)	1950	1600	1560

如果公司按照预测需求同时生产两种产品，对三个车间能力工时的需求如表7-28所示。

表7-28 车间生产能力需求　　　　　　　　　　　　（单位：h）

月份 车间名称	1	2	3	4	5	6
加工车间	1720	1580	2050	2040	1860	1900
组装车间	1090	1040	1340	1310	1140	1260
油漆车间	1215	1080	1410	1425	1350	1290

表7-28显示，只有加工车间在3、4月份的负荷超出了生产能力，其余的都在生产能力的范围之内，由于XQY80-B22产品的库存成本低于XQY70-B22产品，于是重点调整XQY80-B22产品，减少3、4月份的产量，增加1、2月份的产量，使前4个月的产量都是750，尽可能实现均衡。调整后的生产计划及能力需求如表7-29、表7-30所示。

表 7-29　调整后的生产计划

产品名称	月份					
	1	2	3	4	5	6
XQY80-B22	750	750	750	750	900	700
XQY70-B22	350	400	500	450	300	500

表 7-30　车间生产能力需求　　　　　　　　　　（单位：h）

车间名称＼月份	1	2	3	4	5	6
加工车间	1720	1805	1720	1890	1860	1900
组装车间	1090	1160	1300	1230	1140	1260
油漆车间	1215	1260	1350	1305	1350	1290

表 7-30 显示，调整生产计划，三个车间的负荷都没有超出生产能力，且负荷比较均衡。事实上，这种调整是多次反复进行的，如果调整比较复杂，还需列出多种方案进行比选。

四、订货型企业主生产计划的制订

单件小批生产（Job-shop Production）是典型的订货型生产，其特点是按用户订单的要求，生产规格、质量、价格、交货期不同的专用产品。

单件小批生产方式与大量大批生产方式都是典型的生产方式。大量大批生产以其低成本、高效率与高质量取得的优势，使得一般中等批量生产难以与之竞争。但是，单件小批生产却以其产品的创新性与独特性，在市场中牢牢地站稳了脚跟。其原因主要有以下三个：

（1）大量大批生产中使用的各种机械设备是专用设备，专用设备是以单件小批生产方式制造的。

（2）随着科技的飞速进步和竞争的日益加剧，产品生命周期越来越短，大量研制新产品成了企业赢得竞争优势的关键。新产品虽然要进行大量大批生产，但在研究与试制阶段，其结构、性能、规模还要作各种改进，只能以单件小批生产方式生产。

（3）单件小批生产制造的产品大多为生产资料，如大型船舶、电站锅炉、化工炼油设备、汽车厂的流水线生产设备等，它们是为新的生产活动提供的手段。

对于单件小批生产，由于订单到达具有随机性，产品需求往往又是一次性需求，无法事先对计划期内的生产任务作总体安排，也就不能应用线性规划进行品种和产量组合上的优化。但是，单件小批生产仍需要编制生产计划大纲。生产计划大纲可以对计划年度内企业的生产经营活动和接受订货决策进行指导。一般来讲，编制大纲时，已有部分确定的订货，企业还可根据历年的情况和市场行情，预测计划年度的任务，然后根据资源的限制进行优化。单件小批生产企业的生产计划大纲只能是指导性的，产品出产计划是按订单制订的。因此，对单件小批生产企业，接受订货决策十分重要。

（一）接受订货决策

当用户订单到达时，企业要作出接不接、接什么、接多少和何时交货的决策。在作出这项决策时不仅要考虑企业所能生产的产品品种，现已接受任务的工作量，生产能力与原材料、燃料、动力供应状况，交货期要求等，还要考虑价格是否能接受。因此，接受订货是一项十分复杂的决策。其决策过程可用图 7-5 表示。

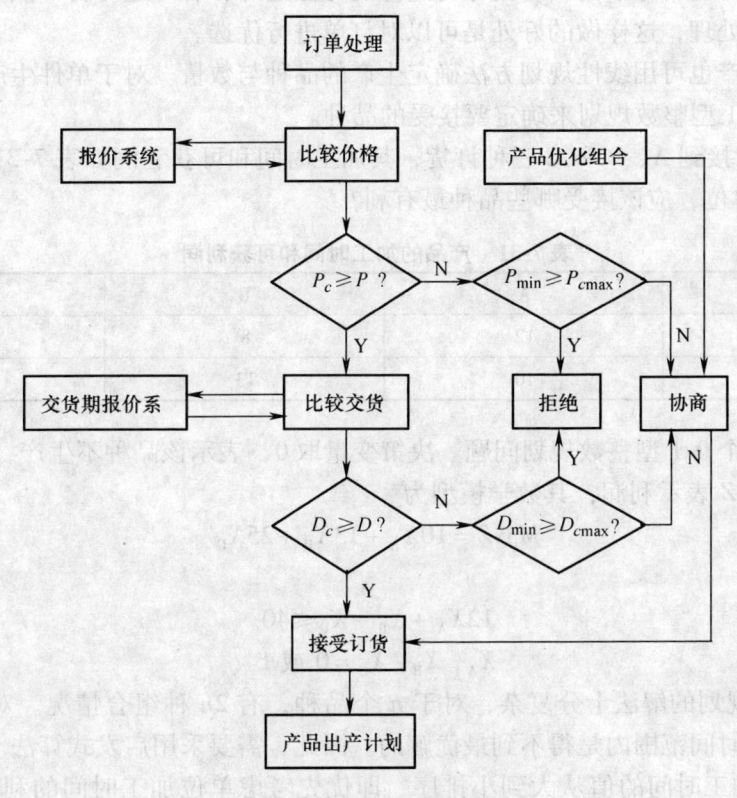

图 7-5　订货决策过程

用户订货一般包括要订货的产品型号、规格、技术要求、数量、交货时间 D_c 和价格 P_c。在顾客心里可能还有一个可以接受的最高价格 P_{cmax} 和最迟交货时间 D_{cmax}。超过最高价格或最迟交货时间，顾客将另寻生产厂家。

对于生产企业来说，它会根据顾客所订的产品和对产品性能的特殊要求以及市场行情，运用它的报价系统（计算机和人工的）给出一个正常价格 P 和最低可接受的价格 P_{min}，也会根据现有任务情况、生产能力和生产技术准备周期、产品制造周期，通过交货期设置系统（计算机和人工的）设置一个正常条件下的交货期和赶工情况下最早的交货期 D_{min}。

在品种、数量等其他条件都满足的情况下，显然，当 $P_c \geq P$ 和 $D_c \geq D$ 时，订货一定会被接受。接受的订货将列入产品出产计划。当 $P_{min} > P_{cmax}$ 或者 $D_{min} > D_{cmax}$ 时，订货一定会被拒绝。若不是这两种情况，就会出现很复杂的局面，需经双方协商解决。其结果是可能接受订货，也可能拒绝订货。较紧的交货期和较高的价格，或者较松的交货期和较低的价格，都可能成交。符合企业产品优化组合的订单可能在较低价格下成交，不符合企业产品优化组合的订单可能在较高价格下成交。

从接受订货的决策过程可以看出，品种、数量、价格与交货期的确定对订货型企业十分重要。

(二）品种、价格与交货期的确定

1. 品种的确定

对于订单的处理，除了前面讲的即时选择的方法之外，有时还可将一段时间内接到的订单累积起来再作处理，这样做的好处是可以对订单进行优选。

对于小批生产也可用线性规划方法确定生产的品种与数量。对于单件生产，无所谓产量问题，可采用 0-1 型整数规划来确定要接受的品种。

【例 7-8】 已接到 A、B 和 C 三种订货，其加工时间和可获利润如表 7-31 所示，能力工时为 40 个时间单位，应该接受哪些品种最有利？

表 7-31 产品的加工时间和可获利润

产品	A	B	C
加工时间	12	8	25
利润	10	13	25

解：这是一个 0-1 型整数规划问题。决策变量取 0，表示该品种不生产，决策变量取 1，表示生产。若用 Z 表示利润，其数学模型为

$$\text{Max} Z = 10X_A + 13X_B + 25X_C$$

满足

$$12X_A + X_B + X_C \leq 40$$
$$X_A, X_B, X_C = 0 \text{ 或 } 1$$

0-1 型整数规划的解法十分复杂，对于 n 个品种，有 $2n$ 种组合情况。对于规模较大的实例，在正常的时间范围内是得不到最优解的。因此，需要采用启发式算法。有一种启发式算法是按利润/加工时间的值从大到小排序，即优先考虑单位加工时间的利润最大的任务。对于本例，有

$$A: 10/12 = 0.83, \quad B: 13/8 = 1.63, \quad C: 25/25 = 1$$

于是，得到优选顺序为 B——C——A。选择 B，余下能力工时为 32；再选择 C，余下能力工时为 7，不足以加工产品 A。因此只能选择 B 和 C，结果获利 38。

2. 价格的确定

确定价格的方法有很多，归纳起来有成本导向定价法、目标导向定价法和市场导向定价法。成本导向定价法是以产品成本作为定价的基本依据；目标导向定价法是以企业战略目标的实现作为定价的前提；市场导向定价法是根据市场的竞争状况和供求关系等因素确定价格。在制订生产计划时的定价方法主要采用成本导向定价法和市场导向定价法。

成本导向定价法中的成本可以采用完全成本和变动成本。采用完全成本作为定价依据的意图是生产和销售该种产品必须使全部成本得到补偿并有一定的盈利。其计算公式为

$$\text{价格} = \text{成本}（1 + \text{成本利润率}）$$

其中的成本是单位产品的变动成本加上分摊的固定成本。成本利润率一般参照行业的平均水平确定。这种方法一般适用于定价的主动权在企业一方时。

采用变动成本作为定价依据的意图是生产和销售该种产品必须至少使变动成本得到全部补偿，否则，企业生产和销售该种产品就无利可图，其计算公式为

$$\text{价格} > \text{单位产品变动成本}$$

只要价格大于单位产品的变动成本，生产和销售该产品就会有贡献，"贡献"对企业的意义在于减少亏损或增加利润。这种方法一般适用于定价的主动权在客户一方时。

上述两种价格可作为正常价格 P 和可接受的最低价格 P_{min}。

市场导向法是按市场行情定价，然后再推算成本应控制的范围。按市场行情，主要是看具有同样或类似功能产品的价格分布情况，然后再根据本企业产品的特点，确定顾客可以接受的价格。按此价格来控制成本，使成本不超过某一限度，并尽可能小。

对于单件小批生产的机械产品，一般采用成本导向定价法。由于单价小批生产的产品的独特性，它们在市场上的可比性不是很强。因此，只要考虑少数几家竞争对手的类似产品的价格即可。而且，大量统计资料表明，机械产品原材料成本占成本的 60%～70%，按成本定价是比较科学的。

由于很多产品都是第一次生产，而且在用户订货阶段，只知产品的性能、容量上的指标，并无设计图样和工艺，按原材料和人工的消耗来计算成本是不可能的，因此往往采取类比的方法来定价，即按过去已生产的类似产品的价格，找出同一大类产品价格与性能参数、重量之间的相关关系，来确定将接受订货的产品价格。

3. 交货期的确定

正确设置交货期是保证按期交货的前提条件。交货期设置过松，对顾客没有吸引力，还会增加成品库存；交货期设置过紧，超过了企业的生产能力，造成误期交货，会给企业带来经济损失和信誉损失。

交货期的确定主要考虑生产该产品的生产周期及发货周期。生产周期是指从接受订货后的生产技术准备工作开始一直到产品经过制造完工后进入成品库的时间，交货周期是指产品从成品库发出，经过发运，交到顾客手中的时间。其中，最主要的时间是产品生产周期。货期的确定实质上就是正确计算产品生产周期。产品生产周期一般可采用经验估计法、生产周期图表法等方法确定，如果顾客要求的交货期比较短，则可采用网络计划技术中的"时间优化"或"时间费用优化"的原理缩短生产周期，在正常条件下确定的生产周期可作为正常交货期 D 的重要依据，在"时间优化"或"时间费用优化"的条件下确定的生产周期可作为最早交货期 D_{min} 的主要依据。

第四节　服务业运作计划

服务系统通常具有下列特点：①它们没有最终产品的库存；②对它们产出的需求，每周、每天、甚至每小时的变化都很大；③它们的操作是劳动密集型的。因为服务的需求变化很大，服务的消费与生产同时进行，服务的主要方法是通过个体进行，因此对服务人员的作业计划（Scheduling Personnel）的合理编制就显得相当重要。

一、服务中的人员作业计划

变化很大的需求可以通过人员作业计划的编制来应付，通常采用的方法有以下几种。

（1）使用先到先服务的优先权排序，协调顾客需求和服务能力的差异。这种方法使管理人员得以通过人员作业计划实现系统能力平衡。

（2）使用一些方法减少服务需求的变化。医疗、法律和其他类型的服务经常采用预约就是出于这个目的。医院的优先权系统允许安排特定类型的病人优先就诊,如急诊病人或病危病人。其他病人可通过预约进行安排。

(3) 采用适应性较强的人员作业计划使得系统能力与顾客需求相一致。这种方法通过改变在一天中不同时间的人数来改变系统的能力。因为全职人员通常一周工作40h,所以还应考虑和引入一些休息和个人闲暇时间,对全职人员进行适当调配。

(4) 对紧急服务,如救火和救护部门,需要制订24h的全天计划。在低需求时期,让员工执行需要的、而不是紧急的任务。在需求高峰时期,动员全部人员,需要时向他们支付加班报酬。

二、收入管理

收入管理也称为收益管理,是指在不同的时期,对具有不同需求的顾客采取不同的产品和服务定价,以产生最大收入或收益的价格策略。

在服务业中,计划部门很难预测服务需求,也无法通过库存来调节需求,但可以通过价格策略来改变不同时期的需求,同时通过价格策略使服务企业的收入或收益最大,如航空公司、饭店、影院等。

实施收入管理的企业要针对细分市场进行差别性定价,优化资源配置。在成本不变的情况下使收入最大化,并同时将机会成本和风险降到最低。

公司实行收入管理要具备下列特点:①产品价值具有易逝性,如酒店的房间和床位;②产品或服务可以在消费前进行销售;③需求的变化比较大;④企业服务能力相对固定,短期内不易改变;⑤市场可以根据顾客需求偏好进行细分,这是实行差别定价的前提;⑥变动成本比较低,固定成本比较高。

【例7-9】某酒店拥有100间客房。以前,该酒店对每间客房收取一样的费用,即900元/晚。每间客房变动成本很低,大概为90元,包括清洁打扫、空调费以及一次性消费的清洁用品。客房的平均出售率为50%。目前,客房需求情况如图7-6所示。

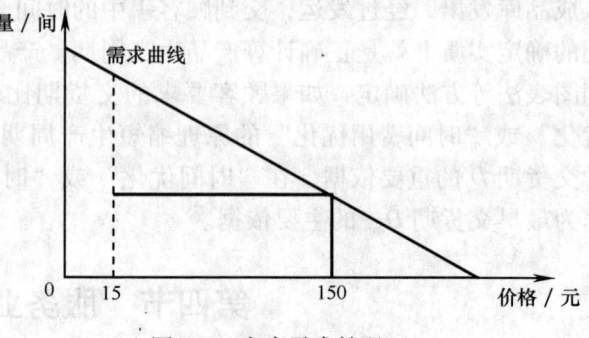

图7-6 客房需求情况

$$净销售收入 = (价格 - 变动成本) \times 销售量$$
$$= (900 - 90) \times 100 \times 50\%$$
$$= 40500(元)$$

如果通过市场调查,估计有两种细分市场:①讲阔气的客人愿意支付高于900元/间的价格,但变动成本将升至100元;②讲实惠的客人愿意支付低于900元/间的价格,而变动成本不变。于是酒店制定了两种房价:估计以600元/间的价格可以销售约30间,以1200元/间的价格可以销售30间,这样总的净销售收入为

$$净销售收入 = (1200 - 100) \times 30 + (900 - 90) \times 30 = 57300(元)$$

显然这种几个价格层次的策略比单一价格的净销售收入高16800元。

从数学上分析,设置更多的价格档次,可以带来更多的收入,但实际上,应该考虑下面几点：

（1）不同层次的价格必须可行，必要时调整服务质量，使顾客感到公平合理。

（2）做好资源使用的预测工作并预计所需时间。如需要安排多少头等舱的座位？顾客能为海景房多支付多少钱？

（3）应对需求变化。应对不同价格带来的管理复杂性、预测不准确带来的需求复杂性。

小　　结

本章阐述了生产与运作计划的编制原理与方法。第一节阐述了生产与运作计划的层次与种类，各种计划的特点与主要内容，制订生产与运作计划的一般步骤和滚动式计划的原理。第二节阐述了综合生产计划的编制，包括综合生产计划指标和目标，均衡需求条件下生产计划的编制，重点是产量指标的确定；还阐述了非均衡需求条件下生产计划的编制，重点是如何确定生产进度，介绍了运用试算法、运输矩阵法、线性规划方法来优化生产大纲。第三节阐述了主生产计划的编制，包括如何将综合生产计划转化为主生产计划指标、如何与生产能力进行平衡；介绍了订货型企业主生产计划的制订，主要是对订单的优化处理。第四节阐述了服务业运作计划的编制，主要包括两个方面：如何调节服务需求和人员计划，使服务需求和服务能力一致；如何确定不同的服务价格使收入最大化。

思考与练习

思考题

1. 生产与运作计划的构成及内容是什么？
2. 滚动式计划的原理和作用是什么？
3. 综合生产计划有哪些指标？它们的经济含义是什么？
4. 制订综合生产计划的步骤是什么？
5. 均衡需求和非均衡需求条件下编制生产计划有何区别？
6. 均衡需求条件下如何确定产量与进度？
7. 非均衡需求条件下如何优化生产大纲？
8. 主生产计划要解决什么问题？
9. 制订主生产计划的步骤是什么？
10. 订货型企业制订生产计划的特点是什么？
11. 订货型企业如何制订生产计划？
12. 服务业运作计划的特点是什么？
13. 收入管理的原理是什么？

判断题

1. 综合生产计划的编制可以不考虑生产能力。
2. 综合生产计划也称为生产大纲，不涉及具体产品型号规格。
3. 滚动式计划方法不适合均衡需求条件下的生产计划编制。
4. 需求预测可直接作为生产计划的数量和进度指标。
5. 均衡需求条件下数量指标的确定只需满足销售计划即可。

6. 非均衡需求条件下，进度计划是重点。
7. 反复实验法的应用性最强。
8. 粗能力计划一般用来检验主生产计划是否可行。
9. 主生产计划如果不可行，只能采取终止订单的办法。
10. 收入管理法只适合服务业运作计划的编制。

选择题

1. 综合计划的计划期限一般为（　　）。
   A. 五年　　　　　B. 三年　　　　　C. 一年　　　　　D. 半年
2. 将具体产品型号规格作为计划对象的计划称为（　　）。
   A. 综合生产计划　　　　　　　　B. 主生产计划
   C. 物料需求计划　　　　　　　　D. 生产作业计划
3. 将产品的需求计划转化为产品零部件、原材料需求计划的是（　　）。
   A. 综合生产计划　　　　　　　　B. 主生产计划
   C. 物料需求计划　　　　　　　　D. 生产作业计划
4. 确定生产大纲需要多种信息，来自企业外部的信息是（　　）。
   A. 生产能力水平　　　　　　　　B. 企业经营目标
   C. 现有库存水平　　　　　　　　D. 订单需求
5. 在均衡需求条件下，编制年度生产计划时，（　　）的确定是核心内容。
   A. 品种指标　　　B. 产量指标　　　C. 质量指标　　　D. 出产进度
6. 在非均衡需求条件下，编制年度生产计划的核心是（　　）。
   A. 生产进度的合理安排　　　　　B. 品种指标的确定
   C. 产量指标的确定　　　　　　　D. 生产能力的确定
7. 如果企业没有转包生产的安排，在非均衡需求条件下编制生产计划的方法一般是（　　）。
   A. 试算法　　　B. 运输矩阵法　　　C. 线性规划法　　　D. 盈亏分析法
8. 主生产计划主要确定现有的库存数、产品生产量与生产时间，以及（　　）。
   A. 待分配库存量　B. 工人数量　　　C. 原材料数量　　　D. 生产能力
9. 要确定主生产计划实施的可行性，需要编制（　　）。
   A. 物料需求计划　　　　　　　　B. 粗能力计划
   C. 原材料供应计划　　　　　　　D. 资金供应计划
10. 通过改变延迟部分订单的交货期的方式来进行主生产计划的平衡，这种策略是（　　）。
    A. 改变生产负荷量　　　　　　　B. 改变生产能力
    C. 改变经营目标　　　　　　　　D 改变品种结构
11. 订货型企业编制年度计划的核心是（　　）。
    A. 是否接受订单的决策　　　　　B. 订单价格的决策
    C. 订单交货期的决策　　　　　　D. 订单优化的决策
12. 服务业企业，可以通过（　　）调节需求。
    A. 库存　　　　　B 人员计划　　　C. 价格策略　　　D. 服务能力

计算题

1. 某企业预测年需求量为 5000 台。有关的成本与价格资料如表 7-32 所示。

表 7-32 某企业的生产成本与产品价格

项 目	金 额
固定成本/(元/年)	3000
单台可变成本/(元/台)	0.5
产品售价/(元/台)	1.0

（1）若按市场需求量进行生产会亏损还是会盈利？亏损或盈利多少？

（2）经测算企业经过技术改造，预计固定成本将增加至 5000 元/年，这对产量有何影响？

（3）若企业的目标利润确定为 10000 万元，产量指标应确定为多少？如果市场需求量不变，能否保证目标利润的实现？

2. 某公司生产 A、B 两种产品。A 产品的单位库存成本为 2 元/月，B 产品为 4 元/月。表 7-33 中给出了该公司今后 6 个月的需求预测。

表 7-33 公司今后 6 个月的需求预测

产品名称	月份					
	1	2	3	4	5	6
A	800	850	800	900	800	850
B	425	300	500	500	400	500

该公司有三个加工中心 X、Y、Z 生产 A、B 两种产品，工时定额如表 7-34 所示。

表 7-34 A、B 两种产品的工时定额

产品名称	加工中心		
	X	Y	Z
A	1.4	0.7	1.1
B	1.5	1.3	0.8

要求：

（1）若按照预测来生产产品，试计算三个加工中心的能力负荷，判断按照预测生产的可行性。

（2）若按照预测生产不可行，试对预测值进行调整，制订一个使库存费用最低、加工能力能满足生产需求的生产计划。

3. 某微波炉生产企业预测出的下一计划年度的需求以及其他有关资料如表 7-35 所示。

表 7-35 下一计划年度的需求及其他相关资料

季 度	需求量/千台	各种可利用生产能力的最大产量/千台		
		正常生产	加班生产	外包生产
1	80	80	15	10

(续)

季度	需求量/千台	各种可利用生产能力的最大产量/千台		
		正常生产	加班生产	外包生产
2	70	60	10	10
3	100	70	15	5
4	90	80	20	10

该产品期初库存为 10000 台，要求到期末保持库存 30000 台。各种能力的成本为正常班生产 =50 元/台，加班生产 =75 元/台，外包生产 =130 元/台，库存成本 =5 元/(台·季)。此外，季度产量水平每增加 1000 台的变化劳力成本为 1200 元，每减少 1000 台的变化劳力成本为 1800 元。期初的生产能力为 9 万台/季。试为该企业制订保证成本最低的生产计划方案。

4. 经预测，今后 12 个月某产品的月需求量分别是 418 台、414 台、395 台、381 台、372 台、359 台、386 台、398 台、409 台、417 台、421 台、425 台。目前公司有 40 个工人，平均每人每月生产 10 件代表产品；若有 10% 的加班时间，则每月生产 11 件产品；若有 20% 的加班时间，则每月生产 12 件产品。聘用和解雇一名工人分别需支付 500 元和 450 元，正常工作时间每月支付员工 1250 元，而加班实际则支付 1.5 倍的报酬。单位库存成本为 4 元/月。现在库存为 800 台，这也是公司希望的库存水平。

(1) 试制订一个混合策略的生产大纲来满足预测需求。
(2) 这个策略的总成本是多少？
(3) 还有没有使总成本更低的策略？

5. 小熊玩具厂生产手动玩具 A 和电动玩具 B 两种高级产品，主要加工工序是制造、组装和喷漆等工序。表 7-36 给出了企业各车间在全部生产某一种玩具时的生产能力。当混合生产时，可对表中的数据进行线性组合。试用线性规划法确定生产计划，使得企业总利润最大，并求出总利润。

表 7-36 生产能力水平和单位产品利润

车间	A	B
结构制造	550	550
组装	800	300
喷漆	600	400
单位产品利润/元	450	550

6. 某产品在未来 10 个月的预测量和客户合同如表 7-37 所示。鉴定提前期为 2 个月，批量为 150 单位。试完成表格中的空白部分。

表 7-37 主生产计划表

月份	1	2	3	4	5	6	7	8	9	10
预测量	150	120	130	100	90	80	70	90	80	100
合同量	140	130	120	90	100	100	80	90	80	90

(续)

月份	1	2	3	4	5	6	7	8	9	10
在途量		100								
预计可用库存量										
计划订单产出量										
计划订单投入量										
待分配库存量										

案例分析

精工公司生产计划问题

精工公司是一个多品种生产企业，共生产7种产品。该公司机械加工车间的设备种类、数量、加工单位产品的利润（在这里，利润定义为销售价格与原材料成本之差）和时间如表7-38所示：

表7-38 单位产品利润和所需设备工时

产品代号	1	2	3	4	5	6	7	设备数量/台
单位产品利润/(元/件)	10.00	6.00	3.00	4.00	1.00	9.00	3.00	—
磨床/(h/件)	0.05	0.7	—	—	0.3	0.2	0.5	4
立钻/(h/件)	0.1	2.00	—	0.3	—	0.6	—	2
水平钻/(h/件)	0.2	6.0	0.8	—	—	—	0.6	3
镗床/(h/件)	0.05	0.03	—	0.07	0.1	—	0.08	1
刨床/(h/件)	—	—	0.01	—	0.05	—	0.05	1

从1月份至6月份，每个月需要检修的设备如表7-39所示（在检修的月份，被检修的设备全月不能用于生产）。

表7-39 设备检修计划

月份	计划检修设备	月份	计划检修设备
1	一台磨床	4	一台立式钻床
2	两台立式钻床	5	一台磨床和一台立式钻床
3	一台镗床	6	一台刨床和一台水平钻床

经预测，每个月各种产品的市场销售量的最大值如表7-40所示。

表7-40 产品市场销售量的最大值

月份\产品代号	1	2	3	4	5	6	7
1	500	1000	300	300	800	200	100
2	600	500	200	0	400	300	150
3	300	600	0	0	500	400	100
4	200	300	400	500	200	0	100
5	0	100	500	100	1000	300	0
6	500	500	100	300	1100	500	60

每种产品的最大库存量为100件,库存费用为0.5元/(件·月)。在1月初,所有产品都没有库存;而在6月底,每种产品都有50件库存。车间实行两班制,每班工作8h。为简单起见,每月工作日按24天计算,生产过程中,各种工序没有先后次序的要求。

问题:

1. 如果不考虑库存要求,试制订6个月的生产计划,使总利润最大。
2. 如果考虑库存要求,试制订6个月的生产计划,使总利润最大。
3. 哪些设备的能力应该增加?请列出购置新设备的优先顺序。
4. 是否可以通过调整设备的检修计划来提高利润额?试提出一个使利润能增加的设备检修计划。

第八章　独立需求库存管理

导入案例

凯玛特和沃尔玛的竞争

美国的两大连锁型零售企业凯玛特和沃尔玛都始建于20世纪60年代，到1987年，凯玛特还主导着美国折扣连锁零售的市场，其销售额达256.3亿美元，而沃尔玛仅为159.6亿美元。然而到1991年1月底，沃尔玛的销售额开始超过凯玛特，两者的销售额分别为326亿美元和297亿美元。有趣的是，到1991年沃尔玛取得了连锁零售业第一的位置，但它相对凯玛特来说，店铺数仍然较少，两者的店铺数分别为1721个和2330个。到1997年，沃尔玛完全确立了自己在零售业中的主导地位，销售额上升至1061亿美元，凯玛特仅为314亿美元。凯玛特的市场份额从1987年的34.5%下降到1995年的22.7%，而沃尔玛则从20.1%上升为41.6%。到2002年，凯玛特几乎到了破产的边缘。市场上业绩的变化反映出什么问题呢？凯玛特为了应对来自沃尔玛的竞争，采取的策略是注重营销实力，使用著名人士作为代言人，加强在国内电视台上的广告攻势。而沃尔玛则采用不同的策略，它在运营系统上投资数百万美元用于降低运营成本。例如，沃尔玛开发了一个覆盖全公司的计算机信息系统，将每个零售店的销售数据即时传送到总部，这样非常有利于对每个零售店库存的控制。另外，沃尔玛开发了复杂而有效的商品配送系统。一体化的信息系统和配送系统大大减少了缺货的情况和高库存的浪费。沃尔玛在收银台采用条形码读码技术，从而省去了对商品价格检查的需要，既提高了信息的准确度，又改进了顾客服务水平。而当时凯玛特却没能很好地掌握库存控制的有效方法。

库存是现代企业生产与运作管理中非常重要的环节，生产与运作管理中控制职能的主要内容之一就是库存控制。本章在介绍库存的概念、作用、分类的基础上，主要介绍独立需求库存控制问题，包括库存控制系统、库存控制基本模型；讨论随机需求的库存控制问题；介绍供应链环境下的库存控制原理。

第一节　库　　存

一、库存的定义

从直观上看，库存就是"仓库里存放的物品"，这是对库存狭义的理解。从一般意义上来理解，库存是指企业组织中处在转换系统中的所有物品，在企业的财务报表中，企业的库存就是企业的全部资产。本章中的库存主要指狭义的库存。由于库存不能马上为企业创造经济效益，同时企业却要为库存物资承担资金、场地、人员占用而发生库存成本，因而存在需要控制的一面；但由于库存是企业生产所必备的，对保证企业生产的正常秩序作用重大，因而又具有积极的一面。因此，合理控制企业的物资库存是企业生产管理中的一项重要而经常性的工作。具体地说，库存控制工作就是要确定企业最合理的库存水平，既保证生产的需要和维持对顾客的服务水平，又不造成浪费，使库存总成本最低。

二、库存的作用

库存策略的制定主要依赖于对生产过程和市场行情的仔细分析，在企业中库存主要是起着以下五个方面的作用：

1. 使企业获得规模经济

一个组织要想实现在采购、运输和制造等物流过程方面的规模经济，拥有一个适当的库存是必要的。大批量的订货能够使企业在众多方面获得优势：降低原材料的采购价格和运输费用；降低单位产品的制造成本；减少因缺货而形成的订单损失和信誉下降等。

2. 平衡供求方面的关系

一方面，产品季节性的供给和需求使企业不得不持有库存，例如在节假日，产品需求量剧增，这就要求企业能够有充足的货源来迅速满足市场的需要；另一方面，某些产品的需求在一定的时期中可能相对比较平稳，但其相应的原材料的供给和需求变化较大，这同样会要求企业保留适当的原材料库存以保持生产的连续性，避开不利的价格变动。

3. 有助于物流系统的合理化

合理的仓库选址可以带来多方面的便利，减少耗费在运输配送方面的时间和费用。原材料能够从仓库中被合理地配送到各个生产基地，满足生产的需要；产成品能够被迅速运往仓库，然后配送到各地满足顾客的需求。这些方面的专业化极大地节省了运输环节的费用。

4. 预防需求和订货周期的不确定性

市场需求情况的瞬息万变以及订货周期的不确定性常常使库存不足，从而导致缺货损失，这时合理的库存就显得十分重要。存储生产所需要的原材料不仅能够保持正常生产的连续性，而且常常会在未来原材料价格上涨或原材料短缺时赚取额外的利润。

5. 在某些关键领域起到缓冲、调节的作用

库存可以缓和由于物资供应的延迟、短缺而造成的对生产过程的冲击；可以作为配送环节的中介，调节生产过程中因原材料、半成品的不足而可能发生的比例失调。

三、库存问题的分类

（一）单周期库存与多周期库存

单周期库存与多周期库存分别对应于单周期需求、多周期需求，是根据对物品需求的重复次数来分的。所谓单周期需求，是指仅仅发生在比较短的一段时间内或库存时间不可能太长的需求，也称为一次性订货量问题。多周期需求则指在足够长的时间里对某种物品重复的、连续的需求，其库存需要不断地补充。与单周期需求问题比，多周期需求问题普遍得多。

单周期需求一般出现在下面两种情况中：①偶尔发生的某种物品的需求；②经常发生的某种生命周期短的物品的不定量的需求。属于第一种情况的物品如由奥运会组织委员会发行的奥运会纪念章或新年贺卡；属于第二种情况的物品如易腐物品（如鲜鱼）或其他生命周

期短的易过时的商品（如日报和期刊）等。对单周期需求物品的库存控制问题称为单周期库存问题，对多周期需求物品的库存控制问题称为多周期库存问题。

（二）独立需求库存与相关需求库存

来自用户的对企业产品和服务的需求称为独立需求。独立需求最明显的特征是需求的对象和数量不确定，只能通过预测方法粗略地估计。相反，我们把企业内部物料转化各环节之间所发生的需求称为相关需求。相关需求也称为非独立需求，它可以根据对最终产品的独立需求精确地计算出来。例如，某汽车制造厂年产汽车万辆，这是通过预计市场对该厂产品的独立需求来确定的。一旦万辆汽车的生产任务确定之后，对构成该种汽车的零部件和原材料的数量和需要时间是可以通过计算精确地得到的。对零部件和原材料的需求就是相关需求。相关需求可以是垂直方向的，也可以是水平方向的。产品与其零部件之间垂直相关，与其附件和包装物之间则水平相关。

独立需求库存问题和相关需求库存问题是两类不同的库存问题。后者将在下一章专门介绍，前者则是本章讨论的重点。另外，相关需求和独立需求都是多周期需求，对于单周期需求，是不必考虑相关与独立的。企业中成品库存的控制问题属于独立需求库存问题，在制品库存和原材料库存控制问题属于相关需求库存问题，但因为原材料的供应数量和时间受市场等因素的影响，企业无法完全控制，故将原材料库存纳入独立需求控制范畴。

第二节 库存控制系统

库存控制系统由输入、输出、约束条件和运行机制四个方面组成，如图8-1所示。

库存控制系统的输入、输出是各种资源；约束条件是指对资金、空间等的约束；运行机制包括控制哪些参数以及如何控制。对于独立需求库存控制系统，输出端是不可控的，而输入端，即库存系统向外发出订货的提前期也是随机变量，可以控制的一般是订货点（即何时发出订货）以及订货量（一次订多少）这两个参数。库存控制系统正是通过控制订货点和订货量来满足外界需求并使总体库存费用最低的。

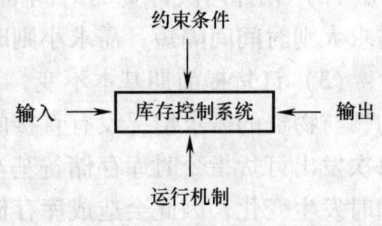

图8-1 库存控制系统

任何库存控制系统都要回答两个基本问题：什么时候再订货？一次订货的数量是多少？

在库存管理中，针对以上两个问题，对独立需求库存的控制可分为三大类：①定量控制系统，即通过观察库存是否达到重新订货点来实现；②定期控制系统，即通过周期性的观测实现对库存的补充；③最大最小控制系统，即通过周期性的观测及与既定订货点的比较来决定是否补充库存。

一、定量订货控制系统

定量订货库存控制也称订货点控制，如图8-2所示。

图8-2中的 Q 是每次的订货批量，LT 为订货提前期，是从发出订货至到货的时间间隔，包括订货准备、发出订单、供方生产、产品发运、产品到货验收、入库等过程的时间，一般是随机变量。定量订货就是预先设定一个重新订货点，在日常生产活动中连续不断地监视库

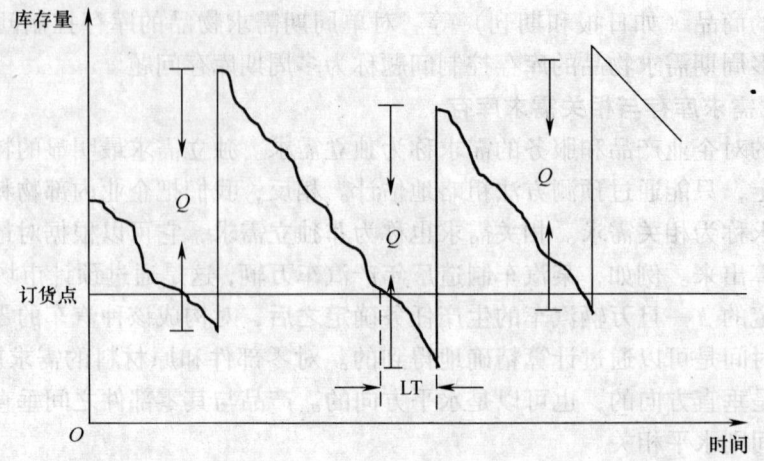

图 8-2 定量订货库存控制

存水平,当库存量下降到订货点时就发出订货通知。每次按相同的订货批量 Q 补充库存。这种控制方法虽然工作量较大,但对库存量控制得比较严密,一般适用于重要物资的库存控制。

定量订货控制具有如下特点:

(1) 每次的订货批量(Q)通常是固定的,批量大小的确定主要遵循总库存成本最低的原则。

(2) 相邻两次订货的时间间隔通常是变化的,其大小主要取决于需求量的变化情况,需求大则时间间隔短,需求小则时间间隔长。

(3) 订货提前期基本不变,订货提前期是由供应商的生产与运输能力等外界因素决定的,与物资的需求情况没有直接的联系,故通常被认为是一个常数。从图 8-2 中可见,尽管每次发出订货指令时库存储备基本相等,从订货到交货的时间间隔也相同,但由于需求可能随时发生变化,因此会造成库存储备的实际最大值或最小值时高时低,并不稳定。

基于上述特点,定量订货控制方式的要点是订货批量的确定与订货点的设立,前者影响整个库存平均水平,后者影响服务水平。

定量订货控制方式适用于需求量大且价格昂贵的重要物资,及市场上随时可以采购到的物资的库存控制。

定量订货控制方式常采用收发卡片法或双堆法确定订货时机。

(1) 收发卡片法。顾名思义,收发卡片法就是用特别设计的收发卡片控制订货时间的方法。收发卡片上通常写着物资代号、名称、规格、货位、最低库存储备量以及物资进出库的时间、数量、领料单位等信息。库存管理人员可以通过查看收发卡片上现有库存量与最低库存储备量等基本信息,决定是否订货或何时订货。

(2) 双堆法。采用双堆法的企业,在每次进货时,均将物资分成两部分储备,一部分作为订货点的库存储备,单独存放。其余的作为经常性储备,供日常发料之用。一旦在发料过程中发现经常性储备使用殆尽时,则动用留做订货点的库存储备物资,同时马上发出订货指令。相比之下,双堆法操作起来更为直观、简单。

二、定期订货控制系统

针对定量订货费用较大、工作量较大的缺点，定期订货控制系统按照预先确定的时间间隔，周期性地检查库存量，随后发出订货指令，将库存补充到目标水平，如图 8-3 所示。

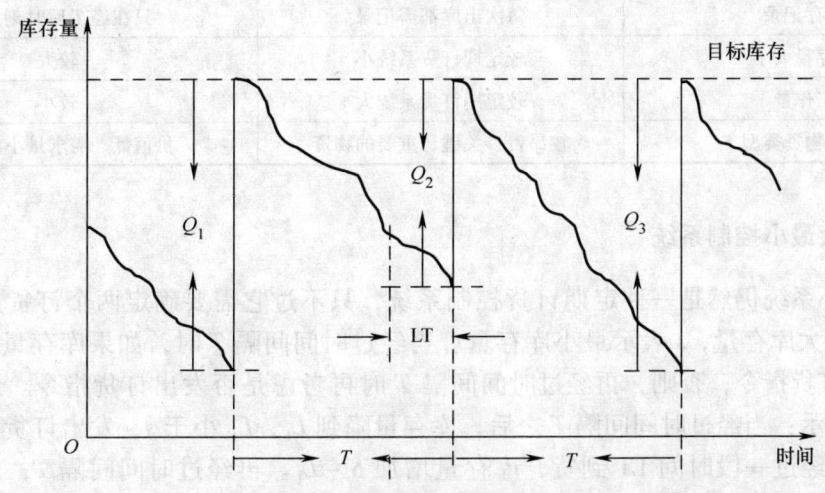

图 8-3　定期订货控制系统

图 8-3 中的 Q_1、Q_2、Q_3 是各次的订货量，T 是库存检查周期，LT 仍为订货提前期。定期订货控制系统没有订货点，每次只按预定的周期检查库存，依据目标库存和现有库存状况，计算出需要补充的数量 Q，然后按订货提前期发出订货指令，使库存达到目标水平。

定期订货控制具有下列特点：

（1）订货间隔期是固定的，通常为"月"或"季"，但价值低、需求量小的物品其订货间隔期也可为"年"。

（2）每次订货的数量根据库存数量和目标库存量（或最高库存水平）确定。

（3）需求率是随机变量，在需求率较高的周期，可能出现缺货现象。

具有下列特点的物资可以考虑采用定期订货方式实行库存控制：

（1）需要定期盘点和定期采购的物资。这些物资主要指需要成批生产的各种原材料、配件、毛坯和零配件等。企业在编制上述物资的生产计划或采购计划时通常需要考虑现有库存的情况，由于计划是定期制订并执行的，因此，这些物资需要定期盘点和定期采购。

（2）具有相同供应来源的物资。具有相同供应来源的物资是指同一供应商生产或产地在同一地区的物资。由于物资来源的相似性，采用统一采购策略，不仅能够节约订货和运输费用，而且可以获得一定的价格折扣，降低购货成本。定期检查存货可以保证统一采购的顺利进行。

（3）需要计划控制的物资。价值较高的物资由于占用较多的资金，需要通过计划控制库存数量，达到降低库存成本的目的。因此，此类物资的生产与采购通常纳入计划管理，多采用与计划期同步进行的定期订货方式控制。

定量订货控制系统与定期订货控制系统的基本区别在于定量订货系统属于"事件驱动型"，而定期订货系统属于"时间驱动型"。表 8-1 列出了两种系统的区别因素。

表 8-1　两种系统的特征因素比较表

因素	定量订货系统	定期订货系统
订购量	每次订购固定批量 Q	每次订购量 Q 不同
何时订购	当库存量降至订购点时	经固定周期 T
库存记录	每次出库都需记录	只在经 T 后时刻记录
库存量大小	较定期订货系统小	较大
工作量	较定期订货系统大	较小
适合物资类型	较昂贵、关键、重要的物资	价值低、需求量小的物资

三、最大最小控制系统

最大最小系统仍然是一种定期订货控制系统，只不过它需要确定两个订货点 S、s，其中，S 表示最大库存量，s 表示最小库存量。当经过时间间隔 T 时，如果库存量降到 s 及以下，则发出订货指令；否则，再经过时间间隔 T 时再考虑是否发出订货指令。最大最小系统如图 8-4 所示：当经过时间间隔 T 之后，库存量降到 L_1，L_1 小于 s，发出订货指令，订货量为 $S-L_1$，经过一段时间 LT 到货，库存量增加 $S-L_1$。再经过时间间隔 T，库存量降到 L_2，L_2 大于 s，不发出订货指令。再经过时间 T，库存量降到 L_3，L_3 小于 s，发出订货指令，订货量为 $S-L_3$，经过一段时间 LT 到货，库存量增加 $S-L_3$。如此反复循环。

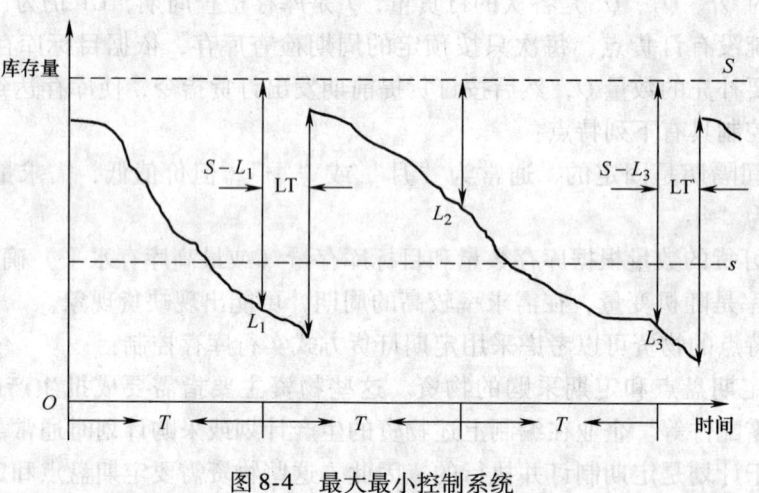

图 8-4　最大最小控制系统

第三节　库存控制基本模型

库存控制的基本模型有单周期库存基本模型和多周期库存基本模型，而多周期库存基本模型包括经济订货批量模型、经济生产批量模型和有价格折扣时的经济订货批量模型。

一、单周期库存模型

对于单周期需求来说，库存控制的关键在于确定订货批量。对于单周期库存问题，订货量就等于预测的需求量。

由于预测误差的存在，根据预测确定的订货量和实际需求量可能不一致。一方面，如果需求量大于订货量，就会失去潜在的销售机会，导致机会损失——即订货的机会（欠储）成本。另一方面，假如需求量小于订货量，所有未销售出去的物品将可能以低于成本的价格出售，甚至可能报废，还要另外支付一笔处理费。这种由于供过于求导致的费用称为陈旧（超储）成本。显然，最理想的情况是订货量等于需求量。

为了确定最佳订货量，需要考虑各种由订货引起的费用。由于只发出一次订货指令和只发生一次订购费用，所以订货费用为一种沉没成本，它与决策无关。库存费用也可视为一种沉没成本，因为单周期物品的现实需求无法准确预计，而且只通过一次订货来满足。所以即使有库存，其费用的变化也不会很大。因此，只有机会成本和陈旧成本对最佳订货量的确定起决定作用。确定最佳订货量可采用期望损失最小法、期望利润最大法等方法。

（一）期望损失最小法

顾名思义，期望损失最小法就是比较不同订货量下的期望损失，取期望损失最小的订货量作为最佳订货量。已知库存物品的单位成本为 C，单位售价为 P。若库存物品在预定的时间内销售不出去，则单价只能降为 S（$S<C$），单位超储损失为 $C_o = C-S$；若需求超过存货，则单位欠储损失为 $C_u = P-C$。设订货量为 Q 时的期望损失为 $E_L(Q)$，则取使 $E_L(Q)$ 最小的 Q 为最佳订货量。$E_L(Q)$ 可通过下式计算

$$E_L(Q) = \sum_{d>Q} C_u(d-Q)P(d) + \sum_{d<Q} C_o(Q-d)P(d) \tag{8-1}$$

式中，$P(d)$ 为需求量为 d 时的概率。

【例 8-1】 根据过去的记录，新年期间某商店挂历的需求分布率如表 8-2 所示。

表 8-2 某商店挂历的需求分布率

需求 d/份	0	10	20	30	40	50
概率 $P(d)$	0.05	0.15	0.20	0.25	0.20	0.15

已知，每份挂历的进价 $C=50$ 元，售价 $P=80$ 元。若挂历在 1 个月内卖不出去，则每份挂历只能按 $S=30$ 元卖出。求该商店应该进多少挂历为好？

当实际需求 $d<Q$ 时，将有一部分挂历卖不出去，单位超储损失 $C_o = C-S = 50-30 = 20$（元）；当实际需求 $d>Q$ 时，将产生欠储损失，且单位欠储损失 $C_u = P-C = 80-50 = 30$（元）。

若 $Q=30$ 份，则

$$E_L(Q) = [30 \times (40-30) \times 0.20 + 30 \times (50-30) \times 0.15] + [20 \times (30-0) \times 0.05 + 20 \times (30-10) \times 0.15 + 20 \times (30-20) \times 0.20] = 280(元)$$

当 Q 取其他值时，可按同样的方法算出 $E_L(Q)$，结果如表 8-3 所示。由表 8-3 可以得出最佳订货量为 30 份。

（二）期望利润最大法

期望利润最大法就是比较不同订货量下的期望利润，取期望利润最大的订货量作为最佳订货量。设订货量为 Q 时的期望利润为 $E_L(Q)$，则

表 8-3　期望损失计算表

订货量 Q/份	实际需求 d						期望损失 $E_L(Q)$/元
	0	10	20	30	40	50	
	$P(D=d)$						
	0.05	0.15	0.20	0.25	0.20	0.15	
0	0	300	600	900	1200	1500	855
10	200	0	300	600	900	1200	580
20	400	200	0	300	600	900	380
30	600	400	200	0	300	600	280
40	800	600	400	200	0	300	305
50	1000	800	600	400	200	0	430

$$E_L(Q) = \sum_{d<Q}[C_u d - C_o(Q-d)]P(d) + \sum_{d>Q} C_u Q P(d) \tag{8-2}$$

【例 8-2】 已知数据同例 8-1，求最佳订货量。

解： 当 $Q=30$ 份时 $E_L(30)=[30\times(0-20)\times(30-0)]\times0.05+[30\times10-20\times(30-10)]\times0.15+[30\times20-20\times(30-20)]\times0.20+30\times30\times0.25+30\times30\times0.20+30\times30\times0.15=575$（元）

当 Q 取其他值时，可按同样方法算出 $E_L(Q)$，结果如表 8-4 所示。

表 8-4　期望利润计算表

订货量 Q/份	实际需求 d						期望损失 $E_L(Q)$/元
	0	10	20	30	40	50	
	$P(D=d)$						
	0.05	0.15	0.20	0.25	0.20	0.15	
0	0	0	0	0	0	0	0
10	−200	300	300	300	300	300	275
20	−400	100	600	600	600	600	475
30	−600	−100	400	900	900	900	575
40	−800	−300	200	700	1200	1200	550
50	−1000	−500	0	500	1000	1500	425

由表 8-4 可以得出最佳订货量为 30，与期望损失最小法得出的结果相同。

二、多周期库存模型

在介绍多周期库存模型前，先要对与库存有关的费用进行分析。只有在费用分析的基础上，才能有明确的优化方向。

（一）与库存量有关的相关费用

在制定库存策略时，首先需要对库存费用进行分析，明确其特征并由此判断其对库存策略的影响。与库存量相关的费用可以分为以下两大类。

1. 随库存量增加而增加的费用

此类费用与库存量的变化方向相同，主要包括以下四种：

（1）存货成本。库存本身有价值，占用了资金，这些资金本可以用于其他活动创造新的价值，而库存使该部分资金闲置，造成机会损失。存货成本是维持库存物品本身所必需的花费。

（2）仓储空间费用。要维持库存必须建造仓库、配备设备，还要照明、修理、保管，等等，这些方面的支出是维持仓储空间的费用。

（3）物品变质和陈旧损失。在闲置过程中，物品会发生变质、陈旧，如药品过期、机油失效、颜色变化、鲜货变质等。

（4）税收和保险费。一些国家征收库存税，以防止公司对一些稀缺物资囤积居奇的行为；库存物品的存放过程中可能会发生各种损失，需要支付保险费来保证库存的安全。

2. 随库存量增加而减少的费用

此类费用与库存量的变化方向相反，主要包括以下五种：

（1）订货费。每次订货均会产生费用，如定价谈判、准备订单、通信、收货检查等。它一般与订货次数有关，而与每次的订货量无关。如果每次的订货量越多，则分摊在每项物资上的订货费就越少；反之，则分摊的订货费就越多。

（2）调整准备费。在生产过程中，准备图样、工艺和工具，调整机床，安装工艺设备等都要消耗一定的准备时间和费用。如果消耗一次调整准备费的物资越多，则分摊在每项物资上的费用就会越少，反之，则分摊的调整准备费就越多。

（3）采购费和加工费。每次的采购量越大，则可能会有价格折扣；而每次加工的批量越大，则单位产品的加工费用越少。

（4）生产管理费。加工批量大，每批工件占用的管理工作量就越少，相应地，分摊给每批工件的生产管理费就越少。

（5）缺货损失费。采购或生产批量越大，发生缺货的可能性就越低，缺货损失就越少。

3. 库存总费用的计算

计算库存总费用一般以年为时间单位。归纳上述费用，年库存费用包括以下四项：

（1）年维持库存费（Holding Cost）。年维持库存费是维持库存所必需的费用，以 C_H 表示。它包括存货成本、仓库及设备折旧、税收、保险、陈旧损失等。通常，该费用与物品价值和平均库存量有关。

（2）年补充订货费（Recorder Cost）。年补充订货费以 C_R 表示。它与全年发生的订货次数有关，与每次订货量无关。

（3）年采购费（Purchasing Cost）。年采购费以 C_P 表示。它与订货价格和订货数量有关。在一般情况下，全年的需求量是定值。

（4）年缺货损失费（Shortage Cost）。年缺货损失费以 C_S 表示，反映的是失去销售带来的机会损失、信誉损失以及影响生产造成的损失。它与缺货多少、缺货次数有关。

若以 C_T 表示年库存总费用，则

$$C_T = C_H + C_R + C_P + C_S \tag{8-3}$$

对库存进行优化的目标就是要使 C_T 达到最小。

（二）经济订货批量模型

上文已经介绍了与订货决策相关的成本是订货成本和储存成本，增大每次的订货批量有助于减少订货次数，降低订货成本；但订货批量的增加通常会导致平均库存量的增加，引起储存成本的上升。因此，总库存成本与订货量的变化关系可用图 8-5 来表示。

如何合理控制库存，使总成本最低，就要在订货成本和储存成本间找到最优的订货批量，即经济订货批量（Economic Order Quantity，EOQ）。

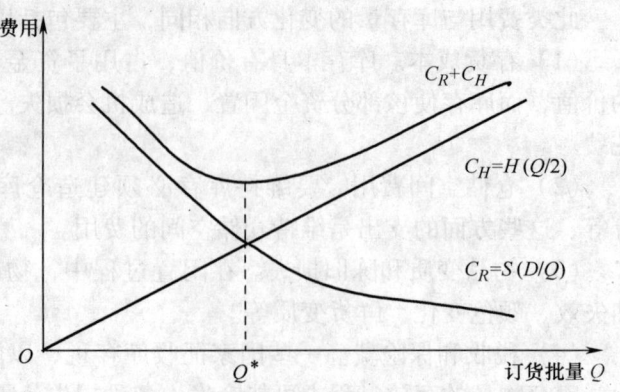

图 8-5　库存年费用曲线

设 Q 为订货批量，D 为全年需求量，S 为每次订货费，H 为单位维持库存费，C 为单位生产成本，要达到 EOQ 需满足如下基本假设：

（1）外部对库存系统的需求率（D、d）已知，需求率均匀且为常量。
（2）采购、运输均无价格折扣。
（3）订货提前期（LT）已知，且为常量。
（4）订货费与订货批量无关。
（5）不允许缺货。
（6）采用固定量系统。
（7）补充率为无限大，全部订货一次交付。

经济订货批量模型假设下的库存量变化如图 8-6 所示。

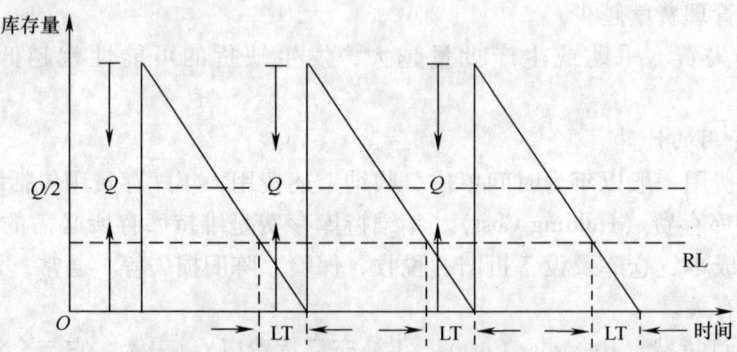

图 8-6　经济订货批量模型假设下的库存量变化

则年订货次数为 D/Q，平均库存为 $Q/2$，年订货成本 $C_R = \dfrac{D}{Q}S$，年维持库存费 $C_H = \dfrac{Q}{2}H$，由此

$$C_T = C_R + C_H + C_P + C_S = \frac{D}{Q}S + \frac{Q}{2}H + PD + C_S \tag{8-4}$$

由于 C_S 与产量 Q 无关而 C_P 为定值，因此对式（8-4）求解，可得到最优解

$$Q^* = \sqrt{\frac{2DS}{H}} \tag{8-5}$$

在最优订购量的条件下，订货点

$$\text{RL} = d \times \text{LT} \tag{8-6}$$

最低年总费用

$$C_T = C_R + C_H + C_P = \frac{D}{Q}S + \frac{Q}{2}H + PD + C_S$$

$$= \frac{D}{\sqrt{\frac{2DS}{H}}}S + \frac{\sqrt{\frac{2DS}{H}}}{2}H + PD = \sqrt{2DSH} + PD \tag{8-7}$$

【例8-3】某公司以单价10元每年购入某种产品8000件，每次订货费用为30元，资金年利息为12%，单位维持库存费按所库存货物价值的18%计算。若每次订货的提前期为2周，试求经济订货批量、年最低总成本、年订购次数和订货点。

解： 由题意可知，$P = 10$ 元/件，$D = 8000$ 件/年，$S = 30$ 元，LT $= 2$ 周。H 由资金利息和仓储费用组成，$H = 10 \times 12\% + 10 \times 18\% = 3$ 元/（件·年）

因此，经济订货批量为

$$Q^* = \sqrt{\frac{2DS}{H}} = \sqrt{\frac{2 \times 8000 \times 30}{3}} = 400 \text{（件）}$$

年最低总成本为

$$C_T = \frac{D}{Q}S + \frac{Q}{2}H + PD = \frac{8000}{400} \times 30 + \frac{400}{2} \times 3 + 8000 \times 10 = 81200 \text{（元）}$$

年订货次数为

$$N = D/Q^* = 8000/400 = 20 \text{（次）}$$

订货点为

$$\text{RL} = (D/52)\text{LT} = (8000/52) \times 2 = 307.7 \text{（件）}$$

（三）经济生产批量模型

经济订货批量模型的第七个假设与实际情况有所不符：一般来说，物资在入库后，是被逐渐领用的，也就是说，当生产率（入库速度）大于需求率（领用速度）时，库存是逐渐增加的。要防止库存无限增加，应当在库存达到一定量时，停止生产一段时间。由于生产系统调整准备时间的存在，在补充成品库存的生产中，需要确定一个最优的生产批量，这就是经济生产批量问题。经济生产批量（Economic Production Lot，EPL）模型又称为经济生产量（Economic Production Quantity，EPQ）模型。

图8-7 描述了在经济生产批量模型下库存随时间变化的情况。生产在库存为0时开始进行，经过生产时间 t_p 结束，由于生产率 p 大于需求率 d，库存将以（$p-d$）的速率上升。经过时间 t_p，库存达到最大值 $I_{\max}$。生产停止后，库存按需求率 d 下降。当库存量减小到0时，又开始新一轮的生产。Q 是在 t_p 时间内的生产量，又是补充周期内的消耗量。

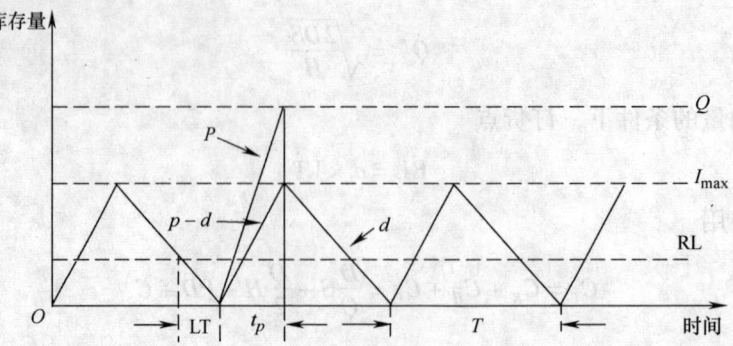

图8-7 经济生产批量模型假设下的库存量变化

在图8-7中，p为生产率（单位时间产量）；d为需求率（单位时间出库量），$d<p$；t_p为生产时间；I_{max}为最大库存量；Q为生产批量；RL为订货点；LT为生产提前期。

在 EPL 模型的假设条件下，C_s 为 0，C_p 为常量，与生产批量及大小无关。与 EOQ 模型不同的是，由于补充率不是无限大，这里平均库存量不是 $Q/2$，而是 $I_{max}/2$。于是，存在下列关系

$$C_T = C_R + C_H + C_p = \frac{D}{Q}S + \frac{I_{max}}{2}H + PD$$

由图 8-7 可以看出 $I_{max} = t_p(p-d)$

由于 $Q = pt_p$，因此

$$C_T = \frac{D}{Q}S + \frac{\left(1-\frac{d}{p}\right)Q}{2}H + PD$$

对决策变量求解，可得到最优值

$$Q^* = \sqrt{\frac{2DS}{H\left(1-\frac{d}{p}\right)}} \tag{8-8}$$

【例8-4】根据预测，市场每年对 A 公司的产品需求量为 20000 台。一年按 250 个工作日计算，生产率为 100 台/天，生产提前期为 4 天。单位产品的生产成本为 50 元，单位产品的年维持库存费为 10 元，每次生产准备费用为 20 元。试求经济生产批量、年生产次数、订货点和年最低费用。

解： 由题意可知 $d = D/n = 20000/250 = 80$（台/天）

经济生产批量为 $Q^* = \sqrt{\frac{2DS}{H\left(1-\frac{d}{p}\right)}} = \sqrt{\frac{2\times 20000 \times 20}{10\times\left(1-\frac{80}{100}\right)}} = \sqrt{\frac{800000}{2}} = 632$（台）

年生产次数为

$$N = D/Q^* = 20000/632 = 31.6$$

订货点为

$$RL = d \times LT = 80 \times 4 = 320 \text{（台）}$$

年最低费用为

$$C_T = \frac{D}{Q}S + \frac{\left(1-\frac{d}{p}\right)Q}{2}H + PD = \frac{20000}{632} \times 20 + \frac{\left(1-\frac{80}{100}\right) \times 632}{2} \times 10 + 50 \times 20000$$

$$= 1001265 \text{（元）}$$

EPL 模型对分析问题十分有用。由 EPL 的相关公式可知，一次生产准备费 S 越大，则经济生产批量越大；单位维持库存费 H 越大，则经济生产批量越小。在机械行业，毛坯的生产批量通常大于零件的加工批量，是因为毛坯生产的准备工作比零件加工的准备工作复杂，而零件本身的价值又比毛坯高，因此单位维持库存费较高。

（四）有价格折扣时的经济订货批量模型

在实际经济活动中，供应商为了刺激需求，对于大宗订货往往给予价格优惠。即当订货数量大于某一数量时，产品售价随订货批量的增加而降低。订货量不同，产品单价也不同，且一次订货量越大，享受的价格优惠就会越高。对于库存控制决策而言，如果每次订货量大于供应商规定的折扣数量，订货厂商自然愿意接受优惠价格。但是，当单次订货量小于供应商规定的折扣数量时，订货厂商势必要权衡是否扩大订货量以接受优惠的价格。因为，订货厂商为争取价格优惠，往往要扩大订货量。扩大订货量会使订货次数减少，使总成本和缺货损失降低，但同时又会增加平均库存，使库存成本变大，并且减缓了流动资金的周转，加大了利息支出等。因此，权衡的关键是，扩大订货量享受价格优惠与采用经济订货批量相比，哪种支出更小，且支出更小的方案即为更优的方案。

价格折扣模型的假设条件是允许有价格折扣。由于有价格折扣，物资的单价不再是固定的，所以不能简单地套用传统的经济订货模型公式。

图 8-8 所示的为有两个折扣点的价格折扣模型。年订货费（C_R）与价格折扣无关，其费用是一条连续的曲线，年维持库存费（C_H）和年订购费（C_P）都与价格折扣有关，两者的费用曲线均为不连续的折线。由这三条曲线叠加构成的总费用曲线也是一条不连续的曲线。最经济的订货批量仍然是总费用曲线 C_T 上最低点所对应的订货数量。由于价格折扣模型的总费用曲线不连续，所以总成本最低点可能是曲线斜率为零的点，也可能是曲线的中断点。

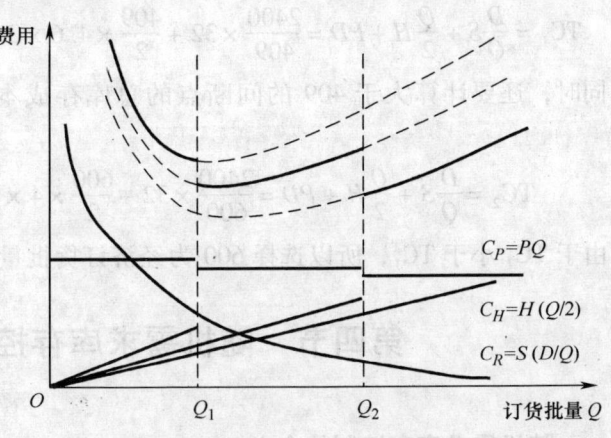

图 8-8 有两个折扣点的价格折扣模型

求有价格折扣的经济订货批量可以按照以下步骤进行：

（1）取最低价格代入无价格折扣情况下的基础模型公式，求出经济订货批量 Q^*。若 Q^* 可行，即所求的点在曲线 C_T 上，则 Q^* 为经济订货批量，计算过程结束。否则，转入下一步。

（2）取次低价格代入无价格折扣情况下的基础模型公式，求出 Q^*。若 Q^* 可行，分别

计算出订货量 Q^* 和所有大于 Q^* 的折扣点（即曲线中断点）所对应的总费用，取其中最小总费用所对应的数量为经济订货批量，计算过程结束。否则，转入下一步。

（3）若 Q^* 不可行，重复第二步，直到找到一个可行的 Q^* 为止。

【例8-5】某产品对某种物料的年需求量（D）为2400件，一次订货成本（S）为32元，库存保管成本（H）为物料单价（P）的20%。设供应商提供价格优惠的数量条件如表8-5所示。

表8-5 价格折扣条件及其经济订货批量

一次订货数量/件	单价/元	一次订货数量/件	单价/元
200以下	5.2	400~600	4.6
200~400	5.0	600~800	4.0

试求最佳订货批量及最小库存总成本。

解： 首先代入最低单价4.0，此时

$$Q_1^* = \sqrt{\frac{2DS}{H}} = \sqrt{\frac{2 \times 2400 \times 32}{4 \times 0.2}} = 438 \text{（件）}$$

438不在价格为4.0时的数量区间600~800以内，因此 Q_1 不可行。

代入次低价4.6，此时

$$Q_2^* = \sqrt{\frac{2DS}{H}} = \sqrt{\frac{2 \times 2400 \times 32}{4.6 \times 0.2}} = 409 \text{（件）}$$

409处于价格为4.6时的数量区间400~600以内，因此 Q_2^* 可行。
此时

$$TC_1 = \frac{D}{Q}S + \frac{Q}{2}H + PD = \frac{2400}{409} \times 32 + \frac{409}{2} \times 4.6 \times 0.2 + 2400 \times 4.6 = 11415.9 \text{（元）}$$

同时，还要计算大于409的间断点的总库存成本，本例中只有一个：订货量为600。此时

$$TC_2 = \frac{D}{Q}S + \frac{Q}{2}H + PD = \frac{2400}{600} \times 32 + \frac{600}{2} \times 4 \times 0.2 + 2400 \times 4 = 9968 \text{（元）}$$

由于 TC_2 小于 TC_1，所以选择600为经济订货批量，此时享受4.0元的优惠价格。

第四节 随机需求库存控制决策模式

一、随机需求库存控制的含义

上一节介绍的库存决策模型都满足下列假设：年库存需求量、需求率与生产率已知，且保持稳定。但在实际经济活动中，能够满足上述假设的库存决策模型只是简化的理想状态，完全均衡、确定的需求是极少存在的。独立需求往往表现出随机性、不确定性的特征，这类需求称为随机性需求。

随机性需求的需求率和订货提前期呈现随机变动趋势，可以采用概率论与数理统计方法研究，即假定在一个较长的时期内随机需求的整体服从某种统计规律，按某种特定分布形式

表现出均值上的均衡或恒定特性。

在随机性需求的库存控制模型中，库存由两部分构成。第一部分是经常性库存，用于满足订货间隔期内的正常需求。经常性库存通常为经济订货批量。第二部分为安全库存。安全库存的设置，不是为了满足对库存物料的日常消耗和需求，而是用于预防因随机因素影响而造成的缺货现象。它是对订货提前期内实际需求量超过期望需求量，或实际订货提前期超过期望订货提前期时所产生的需求的一种供货保证。安全库存在降低缺货损失的同时，也加大了库存保管成本。

综上所述，随机性需求库存控制模型的实质，是在确定性需求库存控制模型的基础上加上安全库存，将随机性的、不可控的需求控制问题转化为对安全库存的设置问题。通过经济订货批量的确定，满足随机性需求中的平均需求（需求期望值）；通过设置安全库存，解决随机性需求中的需求波动问题，预防或消除缺货损失。

二、随机需求固定订货量系统

（一）订货批量的确定

在确定其经济订货批量时，除需要考虑订货成本与存储成本外，还要考虑缺货成本。图8-9表明考虑缺货情况下的库存变化情况。

假定缺货成本与缺货数量以及时间成正比，则单一订货间隔期内的缺货成本和存储成本分别为

$$\text{缺货成本} = \frac{1}{2}(Q-I)t_2 C_S \tag{8-9}$$

$$\text{存储成本} = \frac{1}{2}I(t_1-t_2)H \tag{8-10}$$

式中 I 为订货间隔期内的最大库存值；Q 为每次订货量；C_S 为单件缺货成本；H 为单件存储成本；t_1 为进货间隔期；t_2 为缺货期。

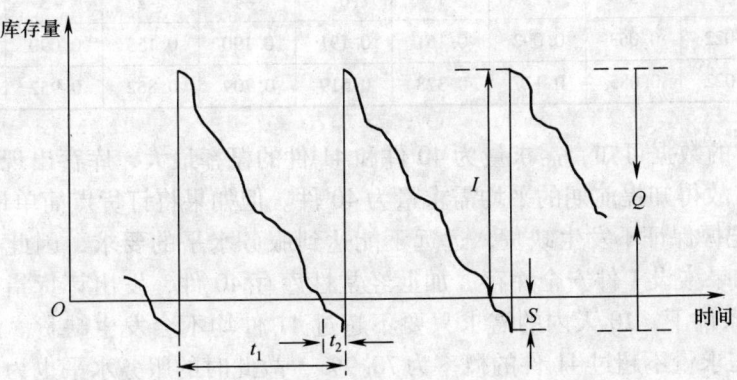

图8-9 考虑缺货情况下的库存变化情况

加上考虑订货成本以及订货次数因素，并注意到 $t_1 = Q/D$，$t_2 = (Q-I)/D$，$t_1 - t_2 = I/D$，单位时间内库存成本可表示为

$$TC = S\frac{D}{Q} + \frac{HI^2}{2Q} + \frac{C_S(Q-I)^2}{2Q}$$

通过类似于确定性固定订货量系统的经济订货批量的微分处理过程（对 Q 和 I 分别求偏导数并令其等于0），可解得此时经济订货批量和最大库存量的计算公式分别为

$$Q^* = \sqrt{\frac{2SD}{H} \times \frac{C_s + H}{C_s}} \tag{8-11}$$

$$I^* = \sqrt{\frac{2SD}{H} \times \frac{C_s}{C_s + H}} \tag{8-12}$$

在统筹考虑订货成本、存储成本、缺货成本的前提下，进行订货批量的决策分析，对解决随机需求固定订货量系统的订货批量确定问题大有帮助。但是，此处的经济订货批量仅是在追求库存成本最低的目标下产生的，它仅解决了经常性库存的进货量问题，没有考虑生产系统的服务水平。

（二）订货点的确定

事实上，随机需求固定订货量系统的决策分析不仅要考虑经济订货批量问题，还要考虑通过建立安全储备量，控制缺货发生的频率，保证生产系统的服务水平。因此，订货点的库存储备量由经常性库存储备和安全储备共同组成。

所谓安全储备量，是指为防止供应或需求发生变化而产生缺货而特别储备的额外库存。

尽管随机需求固定订货量系统的需求以及物资供应均无法准确地提前预计，但通过对历史数据的统计，缺货发生的大致情况是可以描述的，下面举例说明随机需求固定订货量系统确定订货点的过程与原理。

【例8-6】 已知某企业每次的经济订货批量为50件，订货提前期为10天，按平均需求量计算，应该在库存储备量为40件时开始订货，实际需求的变化情况见表8-6。如果该生产系统要保证95%以上的服务水平，应该设定多大的安全储备量？

表8-6 实际需求情况

需求量	<37	37	38	39	40	41	42	43	44	>44
剩余库存	>3	3	2	1	0	-1	-2	-3	-4	<-4
发生概率	0.022	0.063	0.092	0.151	0.191	0.190	0.153	0.090	0.027	0.022
累积概率	0.022	0.085	0.177	0.328	0.519	0.709	0.862	0.952	0.978	1.000

从表8-6中的数据可知，需求量为40件和41件的概率最大，库存出现过多或过少的机会又基本相等，故得知提前期的平均需求量为40件。但如果将订货点简单地定为40件，则只能有52%的把握保证不发生缺货，远远不能达到服务水平的要求，因此，必须考虑增设安全储备量。如果增设1件安全库存，加上经常性库存40件，发出订货指令时总的库存量为41件，在此条件下，10天内的需求只要不超过41件均不会发生缺货。从表8-6可以看出，10天内的需求量不超过41件的概率为70.9%，故此时的服务水平也为70.9%。同理可知，当安全储备量分别为2件、3件、4件时，生产系统的服务水平分别为86.2%、95.2%和97.8%。因此，安全储备量选择3件既可满足服务水平的要求，同时也可保证总库存水平较低，减少库存总成本。

$$\text{订货点的库存量} = \text{提前期平均库存量} + \text{安全库存量} = 40 + 3 = 43\text{（件）}$$

通过研究发现，非确定性需求多服从正态分布，例8-6中的需求变化便是典型的正态分布，因此，上述的解题过程可以运用概率论的原理，通过查表的方式简化计算过程。

当提前期内需求率的变化服从正态分布时,安全储备量的确定取决于两个因素:一是需求变化的分散度。若需求变化的分散度较大,则必须设置较多的安全储备量。在正态分布中,用标准差计量需求变化的分散度。于是,安全储备量应与标准差成正比关系。二是要求的服务水平。服务水平要求高就意味着所设的安全储备量应覆盖较大的需求变化的累计概率密度,而正态分布累计概率密度的大小是由概率因子 Z 决定的,不同 Z 值下的累计概率密度值可由正态分布表查到。服务水平相当于累计概率密度。这样,安全储备量又与概率因子 Z 有关。于是,得到安全储备量 I_s 的计算公式为

$$I_s = ZS_L \tag{8-13}$$

式中,S_L 为提前期内需求量变化的标准差。

若统计到的是每日需求量变化的标准差,则可用下式将它转化为提前期内的标准差

$$S_L = S_0 \sqrt{L} \tag{8-14}$$

式中,S_0 为日标准差;L 为订货提前期。

【例 8-7】 某货品的需求率服从正态分布,其日平均需求量为 200 件,标准差为 25 件。订购的提前期为 5 天,要求的服务水平为 95%。求该货品的订货点。

解:

(1) 提前期内的平均需求量 $= 200 \times 5 = 1000$ 件。

(2) 与服务水平相应的 Z 值,从正态分布表查得为 1.65。

(3) 安全储备量为

$$I_s = 1.65 \times 25 \times \sqrt{5} = 92 \text{(件)}$$

(4) 订货点为

$$R_L = 1000 + 92 = 1092 \text{(件)}$$

三、随机需求固定订货期系统

在需求确定的情况下,采用连续检查控制方式或周期检查控制方式,其实际的库存控制策略是相同的。但在需求不确定的情况下,采用周期检查控制方式,其库存控制决策的基本机理不同于前两种系统,采用固定的订货周期,每次的订货量根据现有库存量的不同而不同,随需求变化而变化,形成所谓的固定订货期系统。

在固定订货期系统中,库存控制决策需要确定的是订货周期和目标库存水平。

(一)订货周期的确定

在实际经济活动中,通常根据生产经验确定订货周期,并尽可能使其与计划的周期同步(常见的订货周期是月或者季),以便定期地进行盘点和采购物资。当然,根据经济订货批量计算出的经济订货次数也可以作为确定订货周期的参考因素。

$$经济订货次数 = 年需求量/经济订货批量$$
$$订货周期 = 1/经济订货次数$$

(二)目标库存水平的确定

由于固定订货期系统的库存储备量的变化波动较大,因此,一旦确定了订货周期,日常的库存控制工作就主要是确定每次的进货量,控制库存的总体水平。此时的订货批量要满足两方面用途:一是满足订货周期加上订货提前期内的平均需求量,二是满足安全储备。目标库存水平的具体计算原则与随机需求固定订货量系统的订货点计算原则相似,只在具体的计

算处理上有部分区别。如计算经常性库存量时,不仅要满足订货周期的平均需求量,还要加上订货提前期内的平均需求量。

$$M = (T+L)d + ZS_M \tag{8-15}$$

式中,M 为目标库存水平;T 为订货周期;L 为订货提前期;d 为日平均需求量;Z 为概率因子;S_M 为订货周期加提前期内的需求变动标准差。

若给出需求的日变动标准差 S_0,则

$$S_M = S_0 \sqrt{T+L}$$

依据目标库存水平可得到每次检查库存后提出的订货批量

$$Q = M - I_J$$

【例 8-8】若例 8-7 的货品采用固定订货期法控制库存,它的检查周期为 24 天,本次盘存的库存量为 500 件。试求其目标库存水平和订货批量。

解:

计算 $(T+L)$ 期内的平均需求量

$$(24+5) \times 200 = 5800 \text{(件)}$$

计算 $(T+L)$ 期内的需求变动标准差

$$25 \sqrt{24+5} = 135 \text{(件)}$$

计算目标库存水平

$$M = 5800 + 1.65 \times 135 = 6022.75 \text{(件)}$$

计算订货批量

$$Q = 6022 - 500 = 5522 \text{(件)}$$

从例 8-7 和例 8-8 的计算结果可以看出,在同样的服务水平下,固定订货期系统的安全储备量和订货批量都比固定订货量系统的要大。这就是对一些关键的、价格昂贵的物资不用固定订货期系统,而用固定订货量系统控制库存的缘故。

第五节 供应链环境下的库存控制方法

为了适应供应链管理的要求,供应链环境下的库存管理方法也在不断改进,本节结合国内外企业的实践经验及相关理论研究成果,介绍两种先进的供应链管理技术:VMI 管理系统和联合库存管理。

一、VMI 管理系统

长期以来,流通中的库存是各自为政的。流通环节中的每一部门都各自管理自己的库存,都有自己的库存策略。由于各部门的库存控制策略不同,因此不可避免地产生需求的扭曲,即需求放大现象,使供应商无法快速响应用户的需求。在供应链管理环境下,供应链各个环节的活动都应该是同步进行的,而传统的库存控制方法无法满足这一要求,于是出现了一种新的供应链库存管理方法——供应商用户库存管理(Vendor Managed Inventory,VMI),这种库存策略打破了传统的"各自为政"的库存管理模式,体现了供应链的集成化管理思想,适应市场变化的要求,是一种新的有代表性的库存管理思想。

VMI 是一种以用户和供应商双方都获得最低成本为目的,在一个共同的协议下由供应

商管理库存,并不断地监督协议的执行情况和修正协议内容,使库存管理得到持续改进的合作性策略。

供应商通过共享用户企业的当前库存和实际耗用数据,按照实际的消耗模型、消耗趋势和补货策略进行有实际根据的补货。由此,交易双方都变革了传统的独立预测模式,尽可能地减少由于独立预测的不确定性导致的商流、物流和信息流的浪费,降低了供应链的总成本。VMI 系统突破传统的条块分割的库存管理模式,以系统的、集成的管理思想进行库存管理,使供应链系统能够获得同步化的运作。

实施 VMI 管理策略时应遵循以下原则:

(1) 合作性原则。在实施 VMI 策略时,相互信任与信息透明是非常重要的,供应商和用户(零售商)都要有较好的合作精神,才能保持较好的合作。

(2) 互惠原则。VMI 不是关于成本如何分配或由谁来支付的问题,而是关于减少成本的问题。通过该策略需使双方的成本都获得减少。

(3) 目标一致性原则。双方都明白各自的责任,观念上达成一致的目标。如对于库存放在哪里、什么时候支付、是否要花费管理费、要花费多少等问题都要作出回答,并且将其体现在框架协议中。

(4) 持续改进原则。实施 VMI 不是一次性的工作,而应是持续改进的过程。

VMI 的主要思想是供应商在用户的允许下设立库存,确定库存水平和补给策略,拥有库存控制权。VMI 系统不仅可以降低供应链的库存水平、降低成本,而且用户还可获得高水平的服务,改善资金流。

二、联合库存管理

VMI 是一种供应链集成化运作的决策代理模式,它把用户的库存决策权代理给供应商,由供应商代理分销商或批发商行使库存决策的权利。联合库存管理(Jointly Managed Inventory,JMI)则是一种风险分担的库存管理模式。

联合库存管理的思想可以从分销中心的联合库存功能谈起。分销中心体现了一种简单的联合库存管理思想。传统的分销模式是分销商根据市场需求直接向工厂订货,例如,汽车分销商(或批发商)根据用户对车型、款式、颜色、价格等的不同需求,向汽车制造商订的货,需要经过一段较长的时间才能到达,而顾客不愿意等待这么长的时间,因此各个分销商不得不进行库存备货,但大量库存是分销商难以承受的。图 8-10 是传统的分销模式,每个分销商直接向工厂订货,每个分销商有自己的库存。而引入分销中心后(如图 8-11 所示),各个分销商只需要少量的库存,大量的库存由分销中心储备,也就是各个销售商把其库存的一部分交给分销中心负责,从而减轻了各个销售商的库存压力。分销中心起到了联合库存管理的功能,既是一个商品的联合库存中心,同时也是需求信息的交流与传递枢纽。

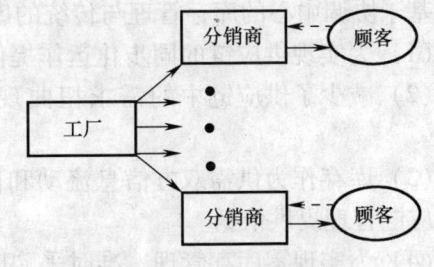

图 8-10 传统的分销模式

从分销中心的功能得到启发,对现有的供应链库存管理模式进行了新的拓展和重构,提出了联合库存管理新模式——基于协调中心的联合库存管理系统。

一般来说，在传统的库存管理中，产成品的库存问题为独立需求库存问题，而在制品和零部件以及原材料的库存问题为相关需求问题。图8-12为传统的供应链活动过程模型，在整个供应链过程中，从供应商、制造商到分销商，各个供应链节点企业都有自己的库存。供应商作为独立的企业，其库存（即其产品库存）为独立需求库存。制造商的原材料和半成品库存为相关需求库存，而其产品库存为独立需求库存。

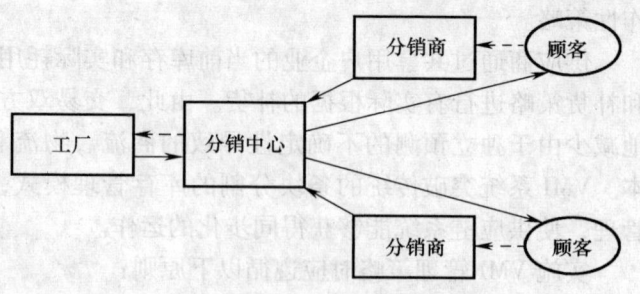

图8-11 引入分销中心后的销售模式

分销商为了应对顾客需求的不确定性也需要库存，其库存也为独立需求库存。

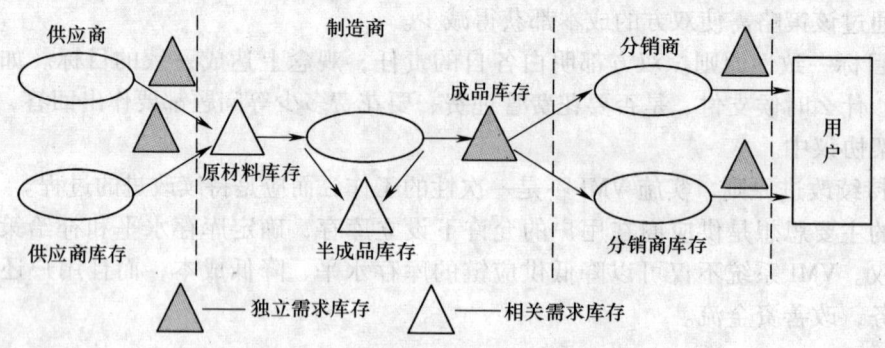

图8-12 传统的供应链活动过程模式

联合库存管理是解决供应链系统中由于各节点企业的相互独立库存运作模式导致的需求放大现象，提高供应链同步化程度的一种有效方法。联合库存管理和供应商管理用户库存不同，它强调双方同时参与，共同制订库存计划，使供应链过程中的每个库存管理者（供应商、制造商、分销商）都从相互之间的协调性出发，使供应链相邻的两个节点之间的库存管理者对需求的预期保持一致，从而消除了需求放大现象。任何相邻节点需求的确定都是供需双方协调的结果，库存管理不再是各自为政的独立运作过程，而是供需连接的纽带和协调中心。

基于协调中心的库存管理与传统的库存管理模式相比，有以下几个方面的优点：

（1）为实现供应链的同步化运作提供了条件和保证。

（2）减少了供应链中的需求扭曲现象，降低了库存的不确定性，提高了供应链的稳定性。

（3）库存作为供需双方信息流动和协调的纽带，可以暴露供应链管理中的缺陷，为改进供应链管理提供依据。

（4）为实现零库存管理、准时采购以及精细供应链管理创造了条件。

（5）进一步实现了供应链管理的资源共享和风险分担的原则。

图8-13是基于协调中心联合库存管理的供应链系统模型。

联合库存管理系统把供应链系统管理进一步集成为上游和下游两个协调管理中心，从而部分消除了由于供应链环节之间的不确定性和需求信息扭曲导致的供应链的库存波动。协调

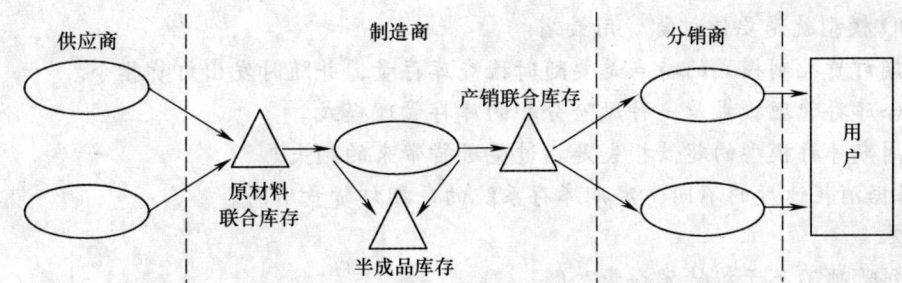

图 8-13 基于协调中心联合库存管理的供应链系统模型

管理中心可以方便供需双方共享需求信息，因而起到了提高供应链运作稳定性的作用。

小　　结

本章阐述和介绍了独立需求库存控制的相关问题。第一节给出了库存的定义，阐述了库存的作用，根据不同的标准对库存问题的分类进行了讨论；第二节介绍了库存控制的三类系统：定量订货控制系统、定期订货控制系统和最大最小控制系统；第三节分别介绍了单周期库存模型和多周期库存模型，多周期库存模型中又分别论述了经济订货批量模型、经济生产批量模型和有价格折扣时的经济订货批量模型；第四节的主要问题是随机需求库存控制决策模式，主要讲述了随机需求库存控制系统的含义，介绍了随机需求固定订货量系统和随机需求固定订货期系统；第五节对供应链环境下的两种库存控制方法——供应商用户库存管理和联合库存管理进行了论述。

思考与练习

思考题
1. 什么是库存？怎样认识库存的作用？
2. 不同种类的库存问题各有什么特点？
3. 库存控制系统分为哪几种？它们的工作机理与库存变化的特点是什么？
4. 库存成本一般由哪几种成本组成？哪些费用随库存量增加而增加，哪些又随之而减少？
5. 经济订货批量模型有哪些假设条件？它如何应用于实际生产中？
6. 随机需求下的库存控制要解决什么问题？如何解决？
7. 什么是 VMI 和联合库存管理模式？它们有何差异？

判断题
1. 维持库存费高的库存系统趋向于低库存水平和频繁补充订货。
2. 因为平均库存水平低，定量订货库存系统更适用于低价格产品。
3. 按 EOQ 公式，毛坯的生产批量应该大于零件的加工批量。
4. 对于价格折扣模型，按照最低价求得的经济订货批量可行，则该订货批量一定是最佳订货批量（即相应的总费用最低）。
5. 提前期和需求率中有一个不是随机变量，就不是随机性库存问题。

6. EOQ 模型就是要使订货费用最省。
7. 定期订货控制模式的特点是要随时检查库存量，并随时发出订货指令。
8. 联合库存管理模式是一种风险分担的库存管理模式。
9. 单周期库存模型的超储损失是指过量进货带来的损失。
10. 根据消耗速度的不同，定期库存系统的每期订货量不同。

选择题

1. 下列哪项不属于维持库存费？（　　）
   A. 物料费用　　　　B. 运输费　　　　C. 保险费　　　　D. 仓储设施折旧
2. 在制定库存量的决策时，不需要考虑下述哪项费用？（　　）
   A. 维持库存费　　　B. 调整准备费　　C. 订货费　　　　D. 缺货损失费
3. 定量库存系统的基本模型不包括以下哪个假设？（　　）
   A. 一次订货费或调整准备费是常量
   B. 根据平均库存计算维持库存费
   C. 库存回报是库存的减函数
   D. 提前期为常量
4. 下列哪些费用构成了定量库存系统的总费用？（　　）
   A. 年购买费、年补充订货费和固定费用
   B. 年维持库存费、年补充订货费和单价
   C. 年维持库存费、年补充订货费和年购买费
   D. 年提前期内费用、年维持库存费和年购买费
5. 假定无需安全库存，某产品的平均日消耗量为 30 件，提前期为 10 天，现有库存量为 500 件，则其订货点是多少？（　　）
   A. 200　　　　　　B. 300　　　　　　C. 400　　　　　　D. 500
6. 下列哪一项不是 EOQ 模型的假设条件？（　　）
   A. 年需求为已知的常量　　　　B. 提前期已知且固定
   C. 不允许缺货　　　　　　　　D. 有数量折扣
7. 下面哪一项不是维持库存的原因？（　　）
   A. 使生产系统平稳运行　　　　B. 减少缺货风险
   C. 使生产活动准时进行　　　　D. 防止短缺
8. 采用双堆法的企业，在每次进货时，均将物资分成两部分储备，一部分作为经常性储备，另一部分存储量为（　　）。
   A. RL　　　　　　　　　　　　B. EOQ
   C. 安全库存量　　　　　　　　D. 安全库存加上最佳订货量
9. 对物品是连续的、多次重复的需求的重复次数称为（　　）。
   A. 经常使用库存　　B. 多周期库存　　C. 单周期库存　　D. 相关需求库存
10. 库存占用的资金成本和仓库费用称为（　　）。
    A. 购入成本　　　　B. 订货费用　　　C. 维持费用　　　D. 缺货成本
11. 在单周期库存控制中，为了确定最佳订货量可采用（　　）。
    A. 期望损失最小法　　　　　　B. 定量订货法

C. 经济订货批量法　　　　　　D. 定期订货法
12. 不属于 VMI 管理系统原则的是（　　）
A. 合作性原则　　　　　　　　B. 互惠原则
C. 目标一致性原则　　　　　　D. 风险分担原则

计算题

1. LD 羽毛球俱乐部每周大约丢失、损坏 20 打羽毛球，羽毛球市场价格为 5 元/个；俱乐部每月保存羽毛球的费用大约是采购费用的 1.5%，每次订货需要 7 元的订货费。由于业务需要，俱乐部要保持 200 打的最低库存；另外，羽毛球的订货提前期是 3 周。要求：

（1）求经济订货批量。

（2）求订货点。

（3）已知每次对所剩的羽毛球进行清点需要花费 12 元人工费，试提供一种方法来解决这个问题。

2. 某自行车公司计划下年度生产特种轮胎 40000 只。生产率为 200 只/天，一年按 250 天计算。一次生产准备费用为 200.00 元，提前期为 5 天。单位生产费用为 15.00 元，单位维持库存费为 11.50 元。试求该特种轮胎的经济生产批量和订货点。

3. 某公司每年需用某元件 3000 单位。每次订购的固定成本为 250.00 元，单位维持库存费为货物价值的 25%。现有三个货源可供选择：A：无论订购多少单价都为 10.00 元；B：订购量必须大于等于 600 单位，单价为 9.50 元；C：订货起点为 800 单位，单价为 9.00 元。试确定该公司的订货策略，并计算年最低库存费用。

4. 圣诞节前某商店要购买一批圣诞树，买进价为 5 元/株，卖出价为 15 元/株。若这些圣诞树在节日期间卖不出去，则需以每株 1 元的价格处理。已知对圣诞树的需求分布率为：

需求量（D）	40	50	60	70	80	90	100	110	120 以上
分布率	0	0.1	0.15	0.25	0.2	0.15	0.1	0.05	0
需求概率 P	1	1	0.9	0.75	0.5	0.3	0.15	0.05	0

求该商店对该批圣诞树的最佳订货批量。

5. 某公司生产微波炉，现在公司的生产部门需生产 A 零件供装配部门使用。来年 A 零件的需求量是 20000 件，每间生产成本是 50 元，年储存成本为 8 元/件，生产准备成本为 200 元/次。该公司每年工作 250 天，生产部门每日可生产 A 零件 160 件，制造部门每天使用 A 零件 80 件。

（1）计算经济生产批量。

（2）每年需要生产多少批 A 零件？

（3）如果 A 零件可以用同样的成本在市场上购买，则订购批量应为多少？

（4）如果从市场购买该零件的提前期平均为 10 天，安全库存为 500 件，则订货点为多少？

6. 某公司经销一种标准消音器，该消音器用在多种轿车上。该消音器的年需求量为 3500 件，采购单价为 60 元，单位维持库存费是单价的 25%，订购成本为 500 元/次。采购提前期平均为 10 天，每件的缺货成本为 20 元。采购提前期内的需求信息统计如下：

需求量	100	120	130	140	160	180
出现次数	8	12	20	50	10	7

(1) 计算订货批量。
(2) 计算安全库存。
(3) 确定订货点。

案例分析

戴尔的库存危机

全球领先的 IT 产品及服务提供商戴尔公司，总部设在德克萨斯州奥斯汀，于1984年由迈克尔·戴尔创立。戴尔公司是全球 IT 界发展最快的公司之一，1996年开始通过网站 www.dell.com 采用直销手段销售戴尔计算机产品。2004年5月，戴尔公司在全球计算机市场占有率排名第一，成为世界领先的计算机系统厂商。

戴尔公司创立之初专给客户提供计算机组装服务，在研发能力和核心技术方面与业界的 IBM、惠普等公司有着一定差距。要想在市场竞争中占据一席之地，必须进一步分拆计算机价值链的机会，依靠管理创新获取成本优势。因此，戴尔在发展过程中虽有业务和营销模式的革新，但把重点放在成本控制和制造流程优化等方面。其中，"黄金三原则"之一的摒弃库存就是其成功的主要推动力量。但戴尔在库存管理方面并非一帆风顺，也曾出现过库存危机。

1. 库存危机的出现

戴尔出现库存过量的背景是，公司才成立4年多就顺利地从资本市场筹集到了资金，且首期筹集资金3000万美元。这笔资金的筹集，使戴尔大量投资存储器，导致重大存货风险。戴尔公司当时大量购买存储器的主要原因有：

(1) 戴尔成长良好，只看到机会，忽视了风险，对 PC 行业认识不足。

(2) 戴尔当时刚刚上市，筹集了数千万美元的资金，大量的现金趴在账上，导致领导者产生急于做大的心理，并为资金寻找出路。

2. 危机表现：存货风险增大，资金周转困难

戴尔每年的采购金额已经高达200多亿美元，假如出现库存金额过量10%，就会出现20亿美元的过量库存，一则会占用大量的资金，二则库存若跌价10%，就会造成2亿美元的损失。迈克尔评价说："在电子产业，科技改变的步调之快，可以让你手上拥有的存货价值在几天内就跌落谷底。而在信息产业，信息的价值可以在几个小时、几分钟，甚至几秒钟内变得一文不值。存货的生命，如同菜架上生菜的生命一样短暂。对于原料价格或信息价值很容易快速滑落的产业而言，最糟糕的情况便是拥有存货。我们在1989年经历的第一个重大挫折就与库存过量有关。我们当时不像现在，只采购适量的存储器，而是买进所有可能买到的存储器，我们在市场景气达到最高峰的时候，买进的存储器超过实际所需，然后存储器价格就大幅度滑落。而屋漏偏逢连夜雨，存储器的容量几乎在一夕之间，从256K 提升到1MB，我们在技术层面也陷入了进退两难的窘境，我们立刻被过多且无人问津的存储器套牢，而这些东西花了我们大笔的钱。"

库存过量风险直接引发了戴尔公司的资金周转危机。假如戴尔当时把筹集到的3000万美元的30%投入购买元器件，由于市场变化，危机过后，戴尔库存价值损失90%，也就是720万美元。这种打击对一个成立刚5年的公司可以说是很大的。这时戴尔只得被迫以低价出售库存，以拯救公司。

3. 反思与解决方案

戴尔遇到巨大的库存风险之后，通过媒体向投资者公开披露风险信息，造成股价暴跌，这使迈克尔本人第一次面临前所未有的市场压力。巨大的库存风险促使戴尔公司积极深刻地反省自己，同时也促使迈克尔深思存货管理的价值。在IT这样剧烈波动的产业中，制约决策也是很有价值的，这次教训也坚定了迈克尔对引入双首长管理体制的决心。存货过量的风险是直接引导戴尔确立"摒弃存货"原则的基础：一是充分利用供应商库存，降低自身的库存风险；二是通过强化与供应商的合作关系，利用充分的信息沟通降低存货风险。在经历风险之后，戴尔才深刻认识到库存周转的价值。随着互联网技术的高速发展，戴尔公司又进一步完善了库存管理模式，并丰富了"信息代替存货"的价值内涵。

戴尔的零库存需要客户支持、系统改进、供应商关系、市场细分等多个环节的配套参与。

戴尔供应链高度集成，上游或下游联系紧密，成为捆绑的联合体。与IBM（业务横跨整个设计、制造、分销和市场的全过程）不同的是，戴尔在装配和市场上做足了工夫。IT行业有它的特殊性，"计算机配件放在仓库里一个月，价格就要下降1到2个百分点"。如果没有一个很好的供应链管理和生产控制，计算机的利润只会更低。戴尔的营运方式是直销，在业界号称"零库存高周转"。在直销模式下，公司接到订货单后，将计算机部件组装成整机，而不是像很多企业那样，根据对市场预测制订生产计划，批量制成成品。真正按顾客需求定制生产，这需要在极短的时间内完成，速度和精度是考验戴尔的两大难题。

戴尔的做法是，利用信息技术全面管理生产过程。通过互联网，戴尔公司和其上游配件制造商能迅速对客户订单作出反应：当订单传至戴尔的控制中心，控制中心把订单分解为子任务，并通过网络分派给各独立配件制造商进行排产。各制造商按戴尔的电子订单进行生产组装，并按戴尔控制中心的时间表来供货。戴尔需要做的只是在成品车间完成组装和系统测试，剩下的就是客户服务中心的事情了。

通过各种途径获得的订单被汇总后，供应链系统软件会自动分析出所需原材料，同时比较公司现有库存和供应商库存，创建一个供应商材料清单。而戴尔的供应商仅需要90min的时间来准备所需要的原材料并将它们运送到戴尔的工厂，戴尔再花30min的时间卸载货物，并严格按照制造订单的要求将原材料放到组装线上。由于戴尔仅需要准备手头订单所需要的原材料，因此工厂的库存时间仅有7h。这一切取决于戴尔的雄厚技术基础——装配线由计算机控制，条码使工厂可以跟踪每一个部件和产品。在戴尔内部，信息流通过自己开发的信息系统，和企业的运营过程及资金流同步，信息流极为通畅。精密的直接结果是用户的体验，一位戴尔员工说："我们跟用户说的不是'机器可能周二或者周三到你们那里'，我们说的是'周二上午9点到'。"

问题：

1. 根据戴尔公司的案例，谈谈你对库存作用的看法。
2. 戴尔低库存的关键是什么？对其他公司有何启示？

第九章　相关需求物料管理

导入案例

应该如何计算零部件需求

宏宇汽车制造厂是一个装配轻型货车的小型工厂，专门承接大型汽车公司不愿生产的、用户有一定特殊要求的业务。这些轻型汽车生产批量小，品种较多，适合宏宇生产。

2013年2月份，宏宇接到生产100辆某种型号轻型货车的任务。生产科李科长要新来的科员小张安排生产和采购计划。由于之前宏宇生产过这种车型，经小张查点，库房里还有该车型可以使用的零部件。其中，有变速器2件，该变速器用的齿轮箱组件15件，用于齿轮箱的最大齿轮7个以及制造该齿轮的毛坯46件。

小张看了零件清单和图样，发现1辆轻型货车除了其他零部件之外，还包括变速器1件，每个变速器包括齿轮箱组件1件，每个齿轮箱中有最大齿轮1件，而制造这种齿轮需要锻件毛坯1个。

小张计算了一下，生产100辆轻型货车还需要98（100-2）件变速器、85（100-15）件齿轮箱组件、93（100-7）个大齿轮、54（100-46）个毛坯。

当小张兴致勃勃地找到李科长，告诉他需要生产和采购的零部件数量时，李科长连连摇头，说："错了！错了！"小张顿时感到不解，难道我连这么简单的算术都不会了吗？

第一节　物料需求计划

物料需求计划（Material Requirements Planning，MRP）是20世纪60年代发展起来的一种计划物料需求量和需求时间的计算机需求系统，是专为辅助企业进行相关需求库存管理及制订补充订货计划而开发的。物料需求计划起步于1965年，当时美国人J. A. 奥列基博士提出了独立需求与相关需求的概念。这里的"物料"泛指所有的原材料、在制品、半成品、外购件和产成品。起初，MRP只计算需求量，是开环的，而且没有考虑生产能力的约束，其作用很小。后来，从原材料供应厂商和生产现场获得了信息反馈，形成了闭环MRP，MRP这才开始成为一种生产方式。

一、针对相关需求库存控制的物料需求计划

独立需求是指某种与其他需求无关的需求。对于许多物品如自行车、电视机、盒装冰激凌等产成品来说，市场对它们的需求属于独立需求。因为它们只受市场环境的影响，不受其他型号产品需求的影响。企业必须对这类需求进行预测。

但是当需要生产一辆自行车时，就一定会产生对车把、脚蹬、车架及车轮的需求，且对车把、脚蹬子、车架及车轮的需求依赖于对自行车的需求。我们称这类需求为相关需求或从属需求，即某种与其他需求存在依赖关系的需求，主要是指在企业内部由于对一种产品或零

部件的需求而产生的对下一级零部件或原材料的需求。当最终产品的需求已知时，这类产品的需求可以根据产品结构计算出来。例如，每辆自行车需要一个车把、两个车轮、两个脚蹬子和一个车架，如果需要生产 100 辆整车，就分别需要 100 个车把、200 个车轮、200 个脚蹬子和 100 个车架。

二、利用订货点法解决相关需求问题上的局限性

自行车或其他任何由一个或多个组件构成的产品，称为父（母）项，车轮、车架、脚蹬子等是组件。组件可能会经过一次或多次加工转换而成为一个或多个父项的组成部分。车轮等可能会有几个不同的父项，因为它们可能被用于不止一个型号的自行车中。父项与组件的关系可能导致组件的从属需求状况不确定。假定每当库存量下降至 50 辆时，就订购 100 辆自行车（如图 9-1a 所示），然后组装车间从库存中提取 200 个车轮及一定数量的其他组件，对车轮等其他组件的需求如图 9-1b 所示。可以看出，顾客对自行车的需求是连续且均衡的（表现为市场上分散的连续的对自行车的购买），但对车轮等组件的需求却是"整件集中式"的，也就是说它通常以相当大的数量断续地发生。

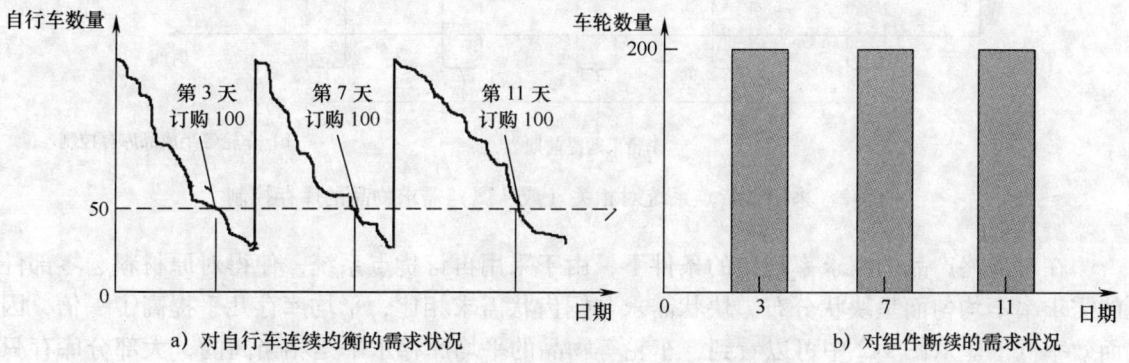

图 9-1 顾客对自行车及其组件的需求状况

在提出 MRP 的管理方法之前，一般依照独立需求物品库存管理的思想，采用订货点系统对相关（或从属）需求物品进行库存控制。订货点系统的实质是基于库存补充的原则，目的是在需求不确定的情况下，为了保持供应而将所有库存都留有一定的储备。这种方法处理相关需求有很大的局限性，主要表现为：独立需求库存理论假定需求是连续的、均衡的，但对于相关需求而言，由于生产往往是成批进行的，故需求是断续的、不均衡的。

仍然以自行车及其组件为例来说明上述问题。当现有成品自行车的库存数量下降到 50 辆这个预先规定的再订货点时，则将一个数量为 100 辆的订单下发给车间来进行生产。图 9-2a 表示了这种库存模式，此处对于自行车的需求是稳定且连续的。

如果采用一个类似于管理成品自行车库存的系统来管理车轮或车架等的库存，则会产生如图 9-2b 所示的效果。图 9-2b 中正常的库存水平是 × 单位，当图 9-2a 所示的成品车的库存下降到再订货点时，则向车间下发生产订单，进而对车轮等物品产生需求。车轮等物品库存水平则下降生产该批次自行车所需的数量，从而使其库存下降到再订货点以下，这就会触发再订购一定数量的车轮等物品。在经过一个采购提前期后完成库存的补充，库存水平恢复到 × 单位。

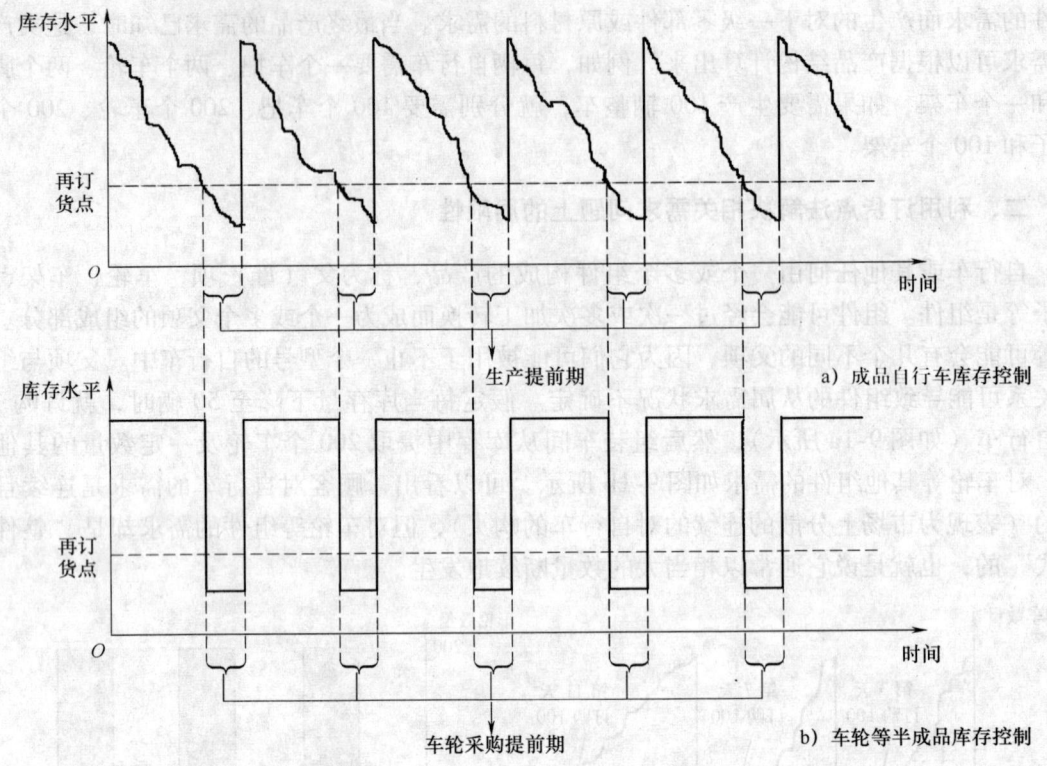

图 9-2 采用订货点系统对相关（或从属）需求物品的库存控制

在对最终产品的需求率均匀的条件下，由于采用再订货点系统，使得对原材料、零部件的需求率不均匀而呈块状分布，块状需求与锯齿状需求相比，平均库存几乎提高了一倍，因而效率低下。从图9-2中可以看到，车轮等物品的平均库存水平是相当高的，大部分库存只是长期持有而不使用。

相关需求的时段性和成批性决定了订货点系统的局限性。如果能够预测对于车轮等物品库存的需求时间和数量，然后对采购进行计划，就可以满足这一需求。图9-3便是这种需求预测的结果。图9-3a与图9-2a是相同的成品库存模式。图9-3b描绘了恰好在需要之前从发出订货请求到接收车轮等物品的计划安排。这种计划对于库存水平的影响是明显的。所有的再订货点系统都假定各个库存物品的需求独立于其他库存物品需求，所以对于相关需求的物品，其效果就不是很理想。于是，人们提出了MRP。MRP系统便是适用于相关需求物品库存控制的一种方法。

三、物料需求计划的目标和基本思想

MRP的目标是保证按时供应用户所需的产品，及时取得生产所需要的原材料及零部件，在保证尽可能低的库存水平条件下计划生产活动、交货进度及采购活动，使各车间生产的零部件、外购配套件与装配的要求在时间上和数量上精确衔接。

MRP的基本思想是围绕物料转化过程来组织制造资源，实现按需要准时生产。对于加工装配型企业，如果确定了产品出产数量和出产时间，就可按照产品结构确定所有部件和零件的需求数量，并可按照各种部件和零件的生产周期，反推出它们的出产时间和投入时间。

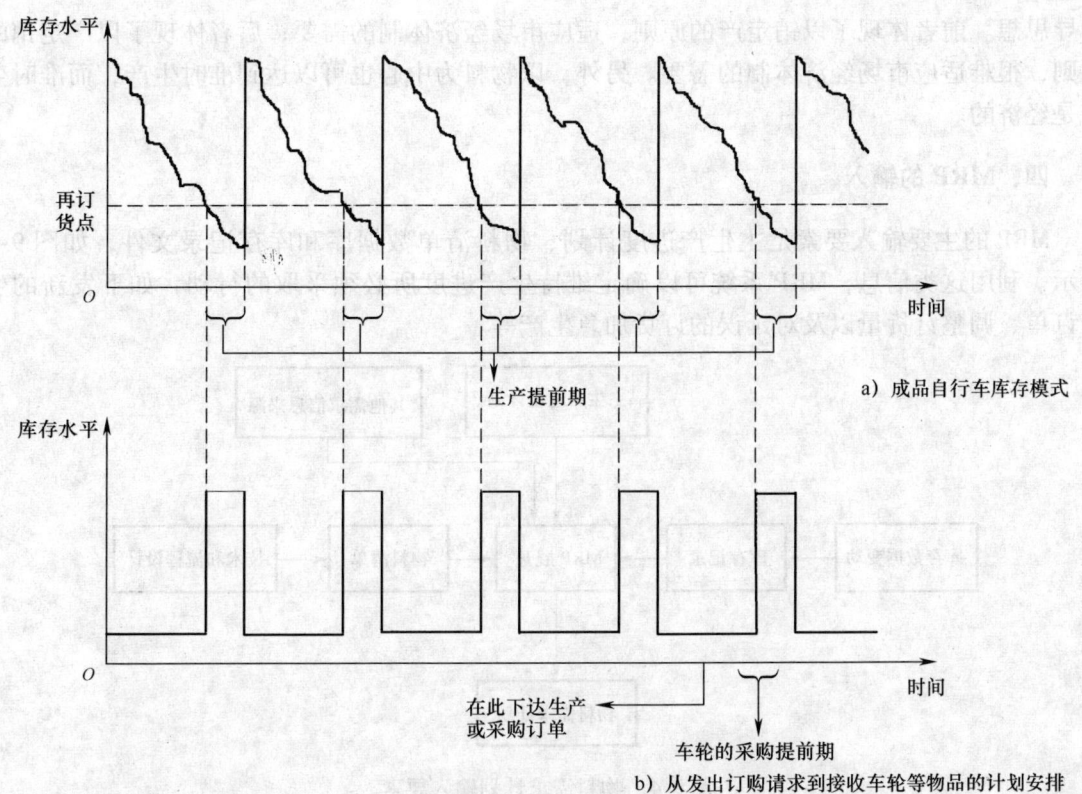

图9-3 已知需求时间和数量的需求预测结果

物料在转化过程中需要不同的制造资源（机器、设备、场地、工具、工艺装备、人力和资金），有了各种物料的投入产出时间和数量，就可以确定对这些制造资源所需要的数量和时间，这样就可围绕物料的转化过程来组织制造资源，实现按需要准时生产。

虽然 MRP 计划是以零部件为对象的计划，但它并不是孤立地去安排各种零件的生产进度，而是以产品结构为依据，保持各零件在产品结构中的层次关系，以此来编排各零件的生产进度。它通过物料清单（BOM）等文件来描述各零件在产品中的层次关系和数量。它的重要功能之一是根据产品设计文件、工艺文件、库存文件、产品的附件和携带工具等资料生成 BOM 表。BOM 不仅要反映各种零部件在产品中的层次关系和数量关系，还要表明它们的出产和投入提前期，反映它们的制造性质是自制还是外购。BOM 文件中有十分丰富的信息，是企业各主要业务部门都需要使用的基本而又重要的管理文件。

MRP 按反工艺顺序来确定零部件、毛坯以及原材料的需要数量和时间，并不是什么新的思想，人们早已开始使用。但由于现代工业产品的结构极其复杂，一种产品常常由成千上万种零件和部件构成，用手工方法不能在短期内确定如此众多的零部件及相应制造资源的需要量和需要时间。另外，由于市场的变化，计划的变化也是常事，变更计划与制订计划一样费事。在使用计算机以前，美国有些公司用手工计算各种零部件的需要量和需要时间，一般需要 6~13 周。计算机的出现使原来的不可能成为可能，MRP 的实现是电子计算机应用于生产管理的结果。

以物料为中心来组织生产，还是以设备为中心来组织生产，这是生产组织中两种不同的指导思想。前者体现了以销定产的原则,适应市场经济体制的需要;后者体现了以产定销的原则,很难适应市场经济体制的需要。另外,以物料为中心也可以达到准时生产,而准时生产是经济的。

四、MRP 的输入

MRP 的主要输入要素是主生产进度计划、物料清单数据库和库存记录文件,如图 9-4 所示。利用这类信息,MRP 系统可以确定维持生产进度所必须采取的行动,如下发新的生产订单、调整订货量以及对延误的订货加急生产等。

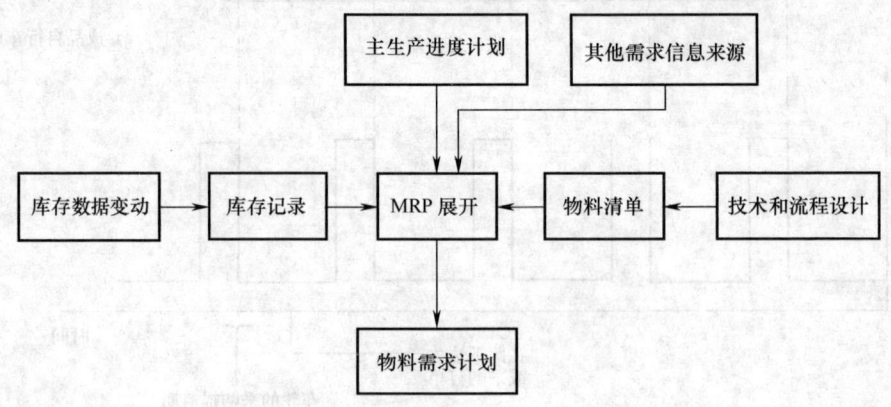

图 9-4 物料需求计划输入要素

1. 主生产进度计划

主生产进度计划(Master Production Schedule,MPS)即最终产品的生产计划,它是 MRP 运行的驱动力量。最终产品可以是一个完整的产品,也可以是一个部件或零件,一般为一个订单。总之,它是企业向外界提供的东西。表 9-1 说明了如何将一个座椅系列的综合计划分解为每种特定型号座椅的每周 MPS。在表 9-1 中,计划数量是按周列出的,且必须下达到生产车间,以开始进行产品总装配,从而满足顾客的交货要求。

产品出产计划中规定的出产数量可以是总需求量,也可以是净需求量。如果是总需求量,则要扣除现有库存量。一般来说,由顾客订单确定或预测的总需求量计算出净需求量。

表 9-1 座椅系列的综合计划与各种型号座椅的每周 MPS　　(单位:张)

时间	4月				5月			
	第一周	第二周	第三周	第四周	第一周	第二周	第三周	第四周
梯式靠背椅	150					150		
厨房用椅				120			120	
办公椅		200	200		200			200
座椅系列综合生产计划	670				670			

2. 物料清单

物料清单(Bill of Materials,BOM)又称为产品结构文件,是对完整的最终产品的描述,表明了产品结构的有关信息,它包括一个最终产品由哪些零部件、原材料等构成,还反映了这些零部件在时间和数量上的相互关系以及在产品项目上的结构层次。物料清单一般用树形图来表示，如图9-5所示。通过访问物料清单文件，MRP计算机系统可以精确地确定为了完成某一产品订单需要什么物品以及需要多少数量。

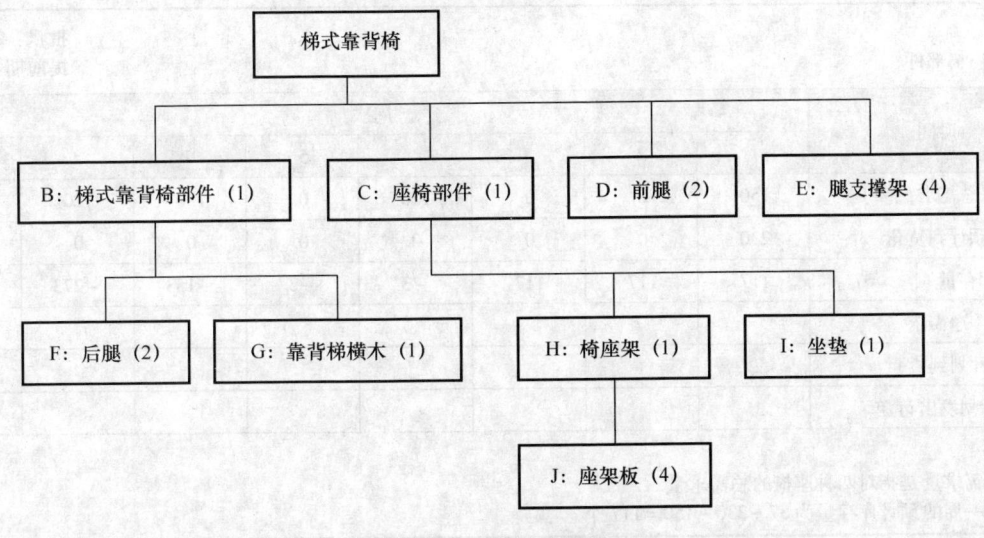

图9-5 产品结构树

3. 库存记录文件

库存记录文件随时统计、记录着每项物料的实际存储状况以及一系列有关存储的信息资料，如计划到货量、需求计划、订货计划、存储控制信息等。出入库记录是得到最新库存状态的基本组成部分，包括发出新订单、接受预定到货、对预定到货的期限作出调整、提取库存、取消订单、修正库存数据误差、拒绝发货以及核定报废损失和审核库存退货。库存记录显示了一种产品的批量策略、提前期以及各时间段的数据，它的目的是保持对库存水平和组件补货需求的监控。库存记录中各时间段的信息由以下内容构成：总需求量、预计到货量、预计库存量、计划到货量和计划发出清单。

下面以座椅部件，即图9-5中的相关需求物品C为例来对库存记录进行讨论。该部件用于两种产品的组装：梯式靠背椅和厨房用椅。

（1）总需求量。总需求量是从全部父项产品的生产计划中得出的总需求量，也包括不再另外考虑的需求量，如对已售出产品的维修用零部件的需求量。表9-2说明了部件C的库存记录。假定部件C按照230件的批量生产，提前期为2周。该库存记录显示了部件C在未来8周的总需求量，这些数据来源于表9-1中的梯式靠背椅和厨房用椅的主生产进度计划。将来源于每个父项的MPS的起始产量相加得到该部件每周的总需求量。座椅部件的总需求量呈现整批集中的特点：在整个8周内，装配车间分别在第1、第4、第6、第7周形成对该部件的需求。

（2）预计到货量。预计到货量（未结订单）是已下了订单但至今尚未收到的订货。对采购品来说，预计到货量可能会处于这么几个阶段：正在由供应商进行加工、正在运往采购方的途中、正在由采购方的收货部门验收。如果企业内部生产，则这批订货可能正在车间进行加工、正在等待某种材料或配件的到来、正在等待某台设备提供生产性资源等。由表9-2

可知，在第 1 周，有一份订货量为 230 个产品 C 的订单应该交货。由于提前期是 2 周，因此这份订货应该在 2 周前发出订单。

表 9-2　座椅部件的 MRP 记录数据　　　　　　　　　　　　（单位：个）

产品 C　　　　　　　　　　　　　　　　　　　　　　　　　　　　　　　批量：230 个
说明：座椅部件　　　　　　　　　　　　　　　　　　　　　　　　　　　　提前期：2 周

时间		周次							
		1	2	3	4	5	6	7	8
总需求量		150	0	0	120	0	150	120	0
预计到货量		230	0	0	0	0	0	0	0
预计库存量	37	117	117	117	-3	-3	-153	-273	-273
净需求									
计划到货量									
计划发出订单									

说明：
① 总需求量是指对两种座椅的总需求量
② 第一周的预计库存量为 37 + 230 - 150 = 117 个

（3）预计库存量。预计库存量是指每周在满足总需求量之后，对余下的可用库存量的估计值。表 9-2 中第 1 列所示的起始库存量（37），指的是对库存记录进行计算时当前可用的现有库存量。与预计到货量一样，预计库存量也需要录入每次实际出库和入库的数据，以对 MRP 数据库进行更新。该行的其他各列数据显示了未来几周的预计库存量。预计库存量的计算公式为

第 t 周周末的预计库存结存量 = 第 $(t-1)$ 周周末的库存量 + 第 t 周预计或计划到货量 - 第 t 周总需求量

（4）计划到货量。计划到货量指的是各期初始显示出来的期望接收量。在按需定量（配套批量订货）的条件下，计划到货量等于净需求。在固定批量订货的条件下，它大于净需求。计划到货量按这样的思路进行安排（计算）：一是在缺货现象出现以前，要预估未来每周的库存量。要安排第一批计划到货量在预计发生缺货（产生净需求）的那一周到达。新增加的计划到货量将使预计库存量的结存量增加，使其等于或大于零。当计划到货量大于计划到达的那一周的净需求时，结存量就会大于零。二是对未来库存量的预估工作要持续进行，直到下一次缺货现象出现为止。缺货现象的再度发生说明需要安排第 2 次计划到货量。这个过程要反复进行，直到计划期末为止，通过 MRP 记录一列一列地向前推进，根据需要填入计划到货量并完成对相应的预计库存量一行的计算。

表 9-3 显示了座椅部件的计划到货量情况。从表 9-3 中可以看到，在第 4 周，预计库存量将下降到零以下（总需求量大于预计库存量，产生净需求量），所以，为第 4 周安排了 230 件的计划到货量。更新后的库存结存量为 117 个（第 3 周周末的库存量）+230 个（计划到货量）-120 个（总需求量）=227 个。由于没有针对总需求量的预计到货量，所以预计库存量在第 5 周仍然保持在 227 个的水平。在第 6 周，预计库存量为 227 个（第 5 周周末的库存量）-150 个（总需求量）=77 个。该数值大于零，所以不需要新的计划到货量。

但是，在第 7 周，如果没有更多的座椅部件到货，就会出现缺货现象。利用第 7 周的一份计划到货量，更新后的库存结存量为 77 个（第 6 周周末的库存量）+ 230 个（计划到货量）- 120 个（总需求量）= 187 个。

（5）计划发出订单。计划发出订单指的是在何时发出一种产品特定数量的订单。在实际生产活动中，必须在合适的时间段发出适量的计划订单。为此，必须假定所有的库存变动——预计到货量、计划到货量和总需求量等，都在一个时间区间的同一个时间点上发生（如周末或周初）。无论如何假定，计划发出订单都等于减去（或抵消了）提前期后的计划到货量（见表9-3）。

表 9-3 座椅部件的完整库存记录 （单位：个）

产品 C 批量：230 个
说明：座椅部件 提前期：2 周

时间		周次							
		1	2	3	4	5	6	7	8
总需求量		150	0	0	120	0	150	120	0
预计到货量		230	0	0	0	0	0	0	0
预计库存量	37	117	117	117	227	227	77	187	187
净需求					3			43	
计划到货量					230			230	
计划发出订单			230				230		

说明：
① 如果第 4 周没有计划到货量，则缺货量为 (117 + 0 + 0 - 120) = -3 个，形成了第 4 周的净需求量
② 如果增加了计划到货量，那么就会使库存结存量为 (117 + 0 + 230 - 120) = 227 个
③ 考虑到需要抵消 2 周的提前期，所以，相应的计划发出订单日期应该往回折算到第 2 周
④ 第 7 周的情形与第 4 周相似

综上所述，MRP 可以回答四个问题：
（1）要生产什么？（根据主生产计划）
（2）要用到什么？（根据物料清单）
（3）已经有了什么？（根据库存记录）
（4）还缺少什么？何时生产或订购？（MRP 运算后得出的结果）

这四个问题是任何工业企业，无论其产品类型、生产规模、工艺过程如何，都必须回答的、带有普遍性的基本问题。因此，MRP 产生以后，很快就受到了广大企业的欢迎，并被广泛应用于实际生产中。

五、库存计划因素

库存记录中的计划因素对 MRP 系统的整体运行绩效起着重要的作用。通过利用这些因素，管理者可以对库存管理应对自如。

1. 计划提前期

计划提前期就是从发出某产品（物料）的订单到把该产品或物料收入库存之间的时间

估计值。计划提前期的准确性是很重要的。如果产品入库早于计划所规定的时间,库存持有成本就会增加;如果产品入库太迟,就会出现缺货现象或产生紧急订货费。

对于外购产品来说,计划提前期就是发出订单后,从供应商那里收到订货所允许的时间,其中包括下订单的正常时间。采购合同通常会约定交货日期。对自制的产品来说,计划提前期由以下的时间估计构成:设备调整时间、加工时间、物料在工序间的搬运时间以及等待时间。对于该种产品工艺路线的每道工序,都必须估算上述的每项时间。其中,对设备调整时间、加工及物料搬运时间的估计相对较为容易,而对于等待物料搬运或等待完成特定工序的机器所耗费的时间,其估算则较为困难。在一个面向订货的系统,其生产任务变化比较大,导致某一具体订单的实际等待时间产生大幅度的波动。因此,在估算这类生产系统的计划提前期时,对其等待时间的估计是非常重要的。而对于备货型生产系统(如装配厂)来说,由于产品工艺路线是标准化的,其等待时间一般是比较固定的,因此其等待时间对于计划提前期就不那么重要。

2. 批量准则

批量准则决定了订货时间和规模。在计算计划到货量和计划发出订单之前,必须确定每种物料的批量准则。批量准则的选择决定了每种物品所需要的设备调整次数(或发出订单次数)和库存成本的大小。通常采用的批量准则主要有固定订货批量、定期订货批量和按需定量法。

(1) 固定订货批量(Fixed Order Quantity,FOQ)准则就是每次发出订单时都保持同一订货批量。批量可能由设备生产能力限制所决定,如一次必须将一整批物料装入一座熔炉中。对采购品来说,FOQ 可以由数量折扣水平、车载能力或最小采购量来决定。批量还可以由经济订货批量(EOQ)决定。表 9-3 说明了 FOQ 准则。但是,如果某种物品在某一周里的需要量突然增加,固定一个批量可能不足以避免出现缺货现象。在这种情况下,必须加大采购或生产的批量,以避免缺货。这时可以选择 FOQ 的整数倍的订货批量。

(2) 定期订货批量(Periodic Order Quantity,POQ)准则允许每次订货批量不同,但是要按确定的时间间隔发出订货指令,如每 2 周一次。订货批量应等于两次订货之间的固定时间跨度所需要的物料数量,而且其数量必须足以防止缺货现象的发生。具体来说,FOQ 的计算公式为

第 t 周到达的 FOQ 批量 = P 周的全部需求量(含第 t 周) − 第 $(t-1)$ 周周末的计划库存结存量

通过上式计算的订货量与 P 周的总需求量完全相符,即第 P 周周末的预计库存量应该等于零。表 9-4 将表 9-3 中所使用的 FOQ 准则转换为 POQ 准则,显示了 $P=3$ 周的 POQ 准则应用于座椅部件库存持有的情况。要求在第 4 周收到第 1 份订单的订货,因为这是预计库存结存量降到零以下的第 1 周。运用 $P=3$ 周的第 1 批订货量为第 4、第 5、第 6 周的总需求量 − 第 3 周的库存量 = (120+0+150) − 117 = 153 个,第 6 周周末的库存结存量等于零。第 2 批订货必须于第 7 周到达,其订货批量为 (120+0) − 0 = 120 个。第 2 批订货只反映了距计划期末 2 周的总需求量。

POQ 准则要求在制订计划时,其批量应该足以满足后续 P 周的需求。选择 P 值的一种方法是用所求的平均批量,如 EOQ 或一些其他的批量,除以每周平均需求量。也就是说,用所希望的供货周数 (P) 来表示目标批量,并取最接近的整数。

表 9-4　座椅部件的 POQ 准则　　　　　　　　　　　　　　（单位：个）

物料说明：座椅装配　POQ 计划期（P）：3　批量：POQ　提前期：2 周　计划期：8 周

时间		周次							
		1	2	3	4	5	6	7	8
总需求量		150	0	0	120	0	150	120	0
预计到货量		230	0	0	0	0	0	0	0
预计库存量	37	117	117	117	150	150	0	0	0
净需求					3			120	
计划到货量					153			120	
计划发出订单			153				120		

（3）按需定量（Lot-for-lot，L4L）准则所确定的订货批量只满足一周的总需求量，即 $P=1$，其目标是使库存水平最低。该准则能够确保计划订货量恰好足以避免所涵盖的那一周的缺货现象出现。L4L 批量的计算公式为

第 t 周到达的 L4L 批量 = 第 t 周的总需求量 – 第 $(t-1)$ 周周末的计划库存结存量

在第 t 周周末，结合了新订货量的预计库存量将等于零。紧随第 1 批计划订货之后，另一批计划订货量用来与随后每周的总需求量相匹配。表 9-5 显示了将 L4L 准则应用于座椅部件库存的情况。从表中可以看出，第 1 批订货在第 4 周到达：L4L 批量 = 第 4 周的总需求量 – 第 3 周周末的库存结存量 = $(120-117)$ 个 = 3 个。第 6 周和第 7 周的计划到货量分别为 150 个和 120 个。

表 9-5　座椅部件的 L4L 准则　　　　　　　　　　　　　　（单位：个）

物料说明：座椅装配　POQ 计划期（P）　批量：L4L　提前期：2 周　计划期：8 周

时间		周次							
		1	2	3	4	5	6	7	8
总需求量		150	0	0	120	0	150	120	0
预计到货量		230	0	0	0	0	0	0	0
预计库存量	37	117	117	117	0	0	0	0	0
净需求					3		150	120	
计划到货量					3		150	120	
计划发出订单			3		150	120			

3. 安全库存

一项重要的决策就是确定要持有的安全库存数量。只有在未来的总需求量、预计到货量的时间和数量以及废料数量处于不确定状态时，具有整批集中需求的从属需求物料的安全库存才有价值。随着引起不稳定的因素被消除，安全库存应该被减少并最终被消除。通常采用的策略是对最终产品和外购品使用安全库存，以防顾客订货量发生变化以及组件供应商交货不可靠，而对中间产品则要尽量避免使用安全库存。通过利用以下准则，可以把安全库存与 MRP 原理相结合：一旦预计库存结存量下降到所预定的安全库存水平以下，就要对计划到货量作出安排。表 9-6 显示了当 FOQ 为 230 时，座椅的组装需要有数量为 80 的安全库存量

时的情况。

表 9-6 显示安全库存应用情况的座椅部件的库存记录　　　（单位：个）

物料说明：座椅装配　FOQ 准则　批量：230　提前期：2 周　安全库存：80

时间		周次							
		1	2	3	4	5	6	7	8
总需求量		150	0	0	120	0	150	120	0
预计到货量		230	0	0	0	0	0	0	0
预计库存量	37	117	117	117	227	227	307	187	187
净需求					83		3		
计划到货量					230		230		
计划发出订单			230		230				

六、MRP 的输出

如图 9-6 所示，MRP 系统提供许多报表、进度计划以及报告，以帮助管理者对从属需求库存进行有效控制。下面主要就 MRP 的展开过程、提醒管理者注意物料需求的行动通告以及物料需求计划所决定的预计能力需求的能力报告等进行介绍。

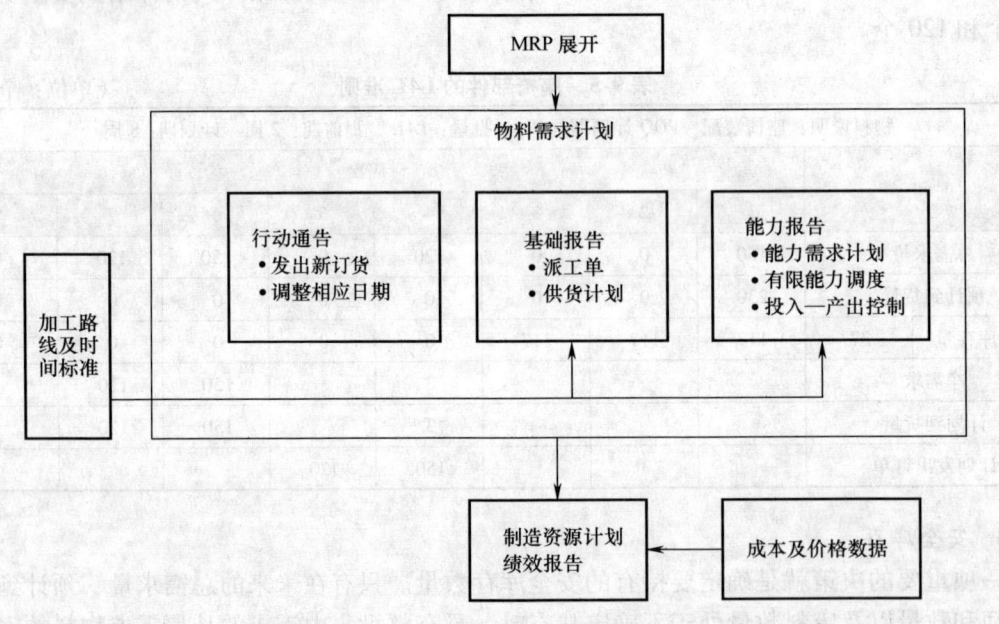

图 9-6　MRP 的输出结果

（一）MRP 展开

MRP 将 MPS 和其他需求因素转移或展开为生产父项或母项产品所需要的所有部件、组件以及原材料的需求量。该过程能够生成各组件产品的物料需求计划。

一个产品或物料的总需求量主要来自以下 3 个方面：

（1）作为最终产品的直接父项的 MPS。
（2）低于 MPS 层次的父项的计划发出订单。
（3）任何最初为包含在 MPS 中的其他需求，如维修用的备用件需求量。

现在以上面的座椅部件为例进一步说明。根据图 9-5，座椅部件需要一个坐垫和一个椅座架，而椅座架又需要 4 条座架板。其物料清单如图 9-7 所示。应该从供应商那里订购多少坐垫？应该生产多少椅座架，以支持座椅部件的生产进度计划？需要生产多少座架板？这些答案取决于已拥有的这些组件（物料）的库存量以及正在办理的补充订货量。MRP 能够借助展开过程来回答以上问题。

表 9-7 显示了座椅部件及其组件的 MRP 记录。假定椅座架的批量准则为 300 个的 FOQ、坐垫为 L4L、座架板为 1500 个的 FOQ，它们的提前期都是 1 周，椅座架

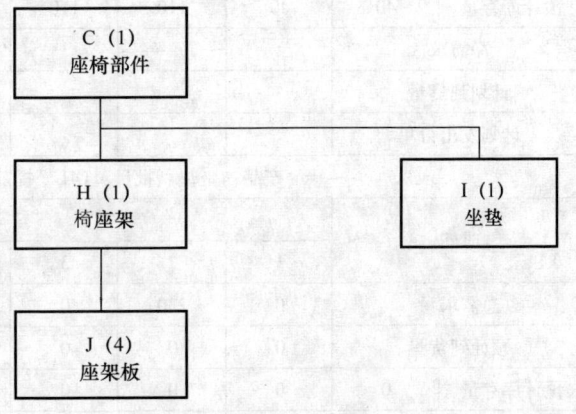

图 9-7 座椅部件的物料清单

在第 2 周有 300 个的预计到货量，椅座架和座架板分别有 40 个和 200 个的现有库存量。其展开过程的关键是确定每种组件总需求量的适当时间和规模，然后就可以运用前面介绍的原理推算出有关每种组件计划发出订单的安排。表 9-7 还显示了组件的总需求量来自其父项或母项的计划发出订单。椅座架和坐垫的总需求量从座椅部件的计划发出订单中得出。两种组件在第 2 周和第 5 周都有 230 个的总需求量，这两周是将要发出订单以装配更多座椅部件的时间。例如，在第 2 周，装配部门的领料工将从仓库中领取 230 个座椅架和 230 个坐垫，这样，装配部门才能及时生产座椅部件，以免第 4 周出现缺货现象。

表 9-7 座椅装配组件的 MRP 展开 （单位：个）

产品：座椅部件 批量：230 提前期：2 周

时间		周次							
		1	2	3	4	5	6	7	8
总需求量		150	0	0	120	0	150	120	0
预计到货量		230	0	0	0	0	0	0	0
预计库存量	37	117	117	117	227	227	77	187	187
净需求					3		43		
计划到货量					230		230		
计划发出订单			230			230			

产品：椅座架 批量：300 提前期：1 周 用量：1

时间		周次							
		1	2	3	4	5	6	7	8
总需求量		0	230	0	0	230	0	0	0
预计到货量		0	300	0	0	0	0	0	0

(续)

产品：椅座架　批量：300　提前期：1周　用量：1

时间		周次							
		1	2	3	4	5	6	7	8
预计库存量	40	40	110	110	110	180	180	180	180
净需求					120				
计划到货量					300				
计划发出订单				300					

产品：坐垫　批量：L4L　提前期：1周　用量：1

时间		周次							
		1	2	3	4	5	6	7	8
总需求量		0	230	0	0	230	0	0	0
预计到货量		0	0	0	0	0	0	0	0
预计库存量	0	0	0	0	0	0	0	0	0
净需求			230			230			
计划到货量			230			230			
计划发出订单		230			230				

产品：座架板　批量：1500　提前期：1周　用量：4

时间		周次							
		1	2	3	4	5	6	7	8
总需求量		0	0	0	1200	0	0	0	0
预计到货量		0	0	0	0	0	0	0	0
预计库存量	200	200	200	200	500	500	500	500	500
净需求					1000				
计划到货量					1500				
计划发出订单			1500						

利用第2周和第5周的总需求量，我们可以得到椅座架和坐垫的MRP记录（见图9-6）。根据第2周300个椅座架的预计到货量，数量为40的现有库存量以及1周时间的提前期，需要在第4周发出300个椅座架的订货量，来满足座椅部件的装配进度计划要求。而坐垫既没有预计到货量，也没有当前库存。因此，必须在提前期为1周的情况下，使用L4L准则，在第1周和第4周分别发出数量为230的订单。

一旦确定了椅座架的补充库存计划，就可以计算座架板的总需求量。计划在第4周开始生产300个椅座架，由于每个椅座架需要4个座架板，所以第4周需要300×4个=1200个座架板。因此第4周对座架板的总需求量为1200个。由于没有预计到货量，但有200个的现有库存，提前期为1周，且FOQ为1500，所以在第3周需要发出订单为1500个。

通过以上展开计算，我们现在可以回答上面的几个问题了。应该发出订单如下：第4周300个椅座架，第1周和第4周各230个坐垫，第3周1500个座架板。

（二）行动通告

一旦 MRP 计算完毕，任何以 BOM 表示的库存记录都可以通过计算机显示屏显示出来。库存计划人员可以使用由计算机生成的备忘录——行动通告来作出有关发出新订单和调整相应的预定到货日期等方面的决策。每当系统数据得到更新，就会生成这些通告。该行动通告只对那些需要关注的产品向计划人员发出警告，如那些安排在当前时段计划发出订单的产品，或者由于父项产品生产计划的变更或组件供应短缺而需要调整到期日的产品。然后，计划人员就可以对那些物品的全部记录进行检查并采取必要的行动。

（三）能力报告

在对计划订货量进行计算时，MRP 系统自身不会察觉到能力的限制，它得出的计划发出订货量可能超过实际能够生产的数量。管理者的基本职责之一就是对物料需求计划的能力需求进行监控，当不能满足计划要求时，就要对计划进行调整。为此，管理者必须完成能力需求计划报告、有限能力调度和投入——产出控制报告。它们构成管理者进行短期生产进度决策的重要依据。

（1）能力需求计划（Capacity Requirements Planning，CRP）。CRP 的目的是使物料需求计划与关键流程的生产能力相匹配。它可以用来计算设备的工作负荷，这一工作要根据生产车间完成已发出的预计到货量，和完成还没有发出的、计划发出订单需要的工作量来进行。它涉及以下资料：库存记录——提供计划发出订单和预计到货量的状态；产品加工路线——说明必须对产品进行加工的工作中心（地）；每个工作中心之间的平均提前期；每个工作中心的平均加工时间和设备调整时间。利用 MRP 系统为避免出现缺货现象而制订的某产品补充订货到达日期，CRP 可以往回追溯该产品的加工路线，从而估算出预计到货量或计划发出订单到达每个工作中心的时间。能力需求计划系统使用加工时间和设备调整时间来估算该产品的每批计划发出订单和预计到货量给每个工作中心带来的工作负荷。将各种产品需要在某个特定工作中心加工的时间相加，就可以得到每个工作中心的工作负荷。关键工作中心是那些预计的工作负荷超过其生产能力的工作中心。

表 9-8 显示了座椅部件的车床工作中心的 CRP 报告。该工作中心有 4 台机床，每台每天安排 2 个轮班。工作中心每周最大的生产能力为 320h。计划小时数表示需要经过该工作中心的产品的全部计划订货所需要的工作量，实际小时数则表示工作中心可见的工作累计量（即预计到货量），将二者加起来就得到总小时数。把总小时数与实际能力约束进行比较，就可以得到生产进度可能存在的潜在问题的报告。

表 9-8　CRP 报告　　　　　　　　　　　　（单位：h）

物料说明：座椅部件　　能力：320h/周　　周：32
工厂 01　部门 03：车床工作中心

时间	周次					
	32	33	34	35	36	37
计划小时数	90	156	349	210	360	280
实际小时数	210	104	41	0	0	0
总小时数	300	260	390	210	360	280

计划能力需要超过了每周的生产能力的小时数

（2）有限能力调度（Finite Capacity Scheduling，FCS）。FCS 是一种专门用来在整个车间范围内对一批订单进行计划安排的系统。该系统根据加工路线、资源约束、可用能力、排班状况等来确定订单的先后次序。要使这个系统有效运行，必须将其与 MRP 结合起来使用。MRP 系统可以下载需要作出计划安排的订单，但是，FCS 系统在比 MRP 更具体的细节上运行，它需要了解每台机器的状态以及当前订单加工完毕的时间、设备维修计划、加工路线、设备调整时间、机床的速度和性能以及资源的能力等。FCS 利用这些信息来确定实际的、可实现的工件加工开始时间和结束时间，并把结果上传到 MRP 系统，以便今后计划的制订。对于订单的完成时间，FCS 系统提供的情况比 MRP 更准确，因为在工件提前期中，MRP 使用的是工件等待时间的估计值，在制订物料计划时，没有进行能力方面的考虑，而且常常使用整体时间段（如周）。如果这些实际的完成时间与 MRP 的时间安排有冲突，那么可能要进行修改，重新运行 FCS 系统。

（3）投入—产出控制报告（Input-output Control Report）。投入—产出控制报告是将计划投入（来自 CRP 报告或 FCS）与实际投入、计划产出与实际产出进行对比的一份报告。报告中的信息主要指出工作中心是否已按计划完成任务，并帮助管理层确定能力问题的根本所在。实际产出可能低于计划产出，究其原因有两个：①投入不足。问题可能出在前面的上游工序，也可能是由缺少采购品引起的。②能力不足。即使投入量与计划保持同步，但由于缺勤、设备故障、人员数量不足或生产率低下等原因，产出量可能降到计划水平以下。

表 9-9 显示了某铣床工作中心的投入—产出控制报告，该工作中心正在加工一批办公椅组件。管理层设定的计划累计偏差范围为 ±25h，只要累计偏差不超过这个临界值，就不用关注它。但该报告显示了第 31 周的实际产出比计划整整少了 32h，超过了 25h 的上限，说明其中存在问题，必须加以关注。

表 9-9 投入—产出控制报告 （单位：h）

工作中心：铣床	偏差范围：±25h		周：32			
时间	周次					
	28	29	30	31	32	
投入						
计划	160	155	170	160	165	累计偏差范围超出控制范围，应采取某些措施纠正
实际	145	160	168	177		
累计偏差	−15	−10	−12	+15		
产出						
计划	170	170	160	160	160	
实际	165	165	150	148		
累计偏差	−5	−10	−20	−32		

七、MRP 与 JIT

MRP 是一个比较完善的计划方案，其核心思想是通过"推动式"计划方式，要求相关需求的物料必须"在需要的时候"、提供"需要的数量"，即按需要准时供货。但是由于任何计划都不可能把未来的情况考虑得十分周全，很多意想不到的情况会在计划的执行过程中出现，迫使管理人员要么修改计划，要么采取额外行动保证计划的实现。此外，零部件和产品的供货提前期（即采购提前期和生产提前期）也难以做到十分精确。

JIT 是一个充分体现了 "Just in Time" 的执行策略，其核心思想是通过"拉动式"计划方式，要求只有在下道工序有需求时才开始"按需求不多不少"地准时供货。JIT 十分重视对物流的控制，重视全面质量管理，重视人本管理，主张通过授权员工、全员参与、自治管理实现 JIT，以消除一切无效劳动与浪费，在激烈的市场竞争中永无止境地追求尽善尽美。

MRP 与 JIT 各有所长，可以将二者结合起来，让各自的优势得到发挥。如图 9-8 所示，图中上半部分是一个 MRP 系统，产生一个比较完善的采购计划与生产、加工计划；图中下半部分是一个 JIT 系统，能够控制供应商及时供货、产品及时生产与及时分销；图中间的车间作业控制和看板系统就是 MRP 和 JIT 系统的接口（包含能力控制和 U 形单元的优化）。

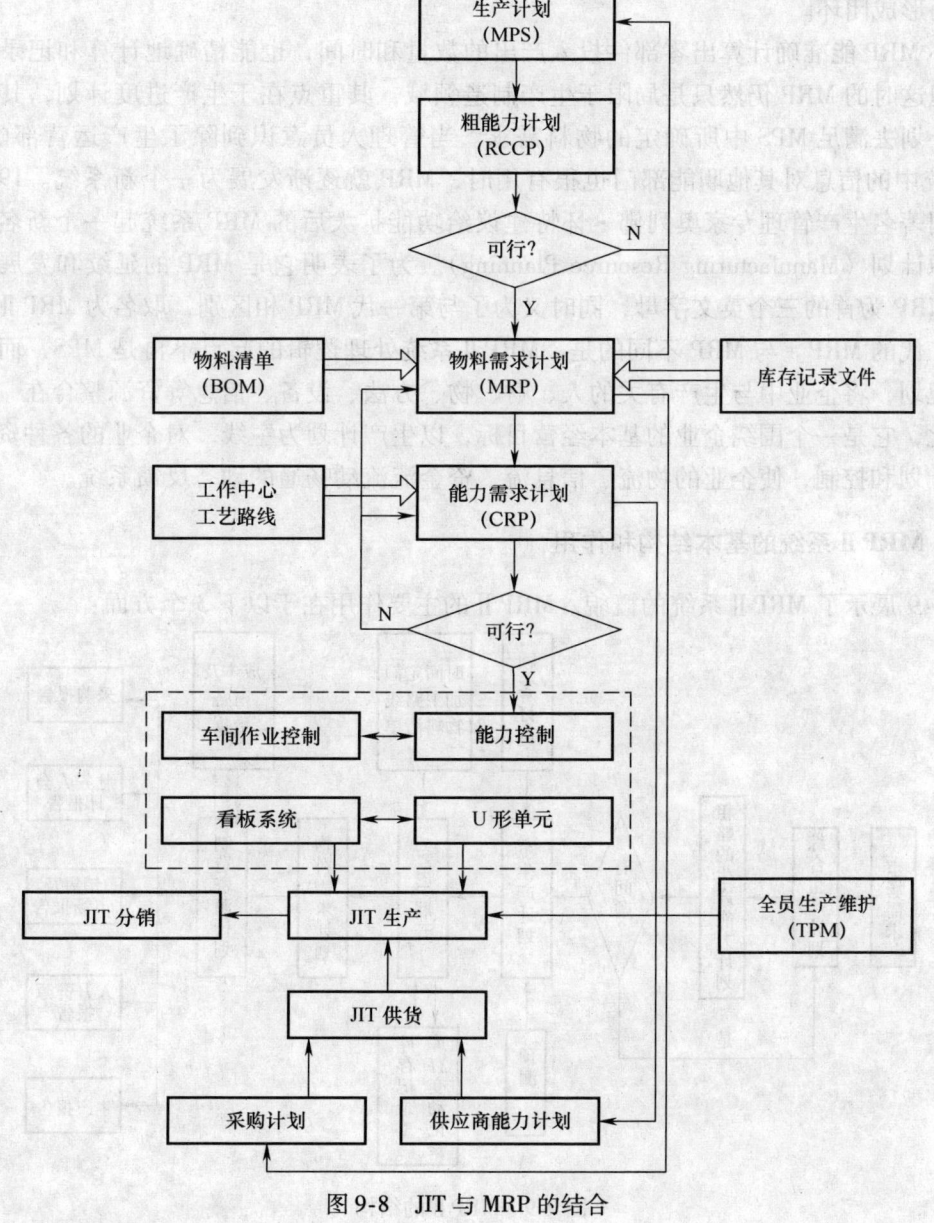

图 9-8 JIT 与 MRP 的结合

第二节 制造资源计划

一、从 MRP 到 MRP II

MRP 的主要作用是将产品出产计划转化为自制件投入—产出计划和外购件需求计划，但若不与企业生产能力相联系，这些计划也会落空。因此 MRP 首先应发展成为闭环系统。"闭环"的双重意义为：①它不仅考虑物料的需求，同时还考虑企业自身的生产能力等，从而从企业外部到企业内部形成闭环；②在计划的制订、实施、修改、控制方面实行信息反馈，从而形成闭环。

闭环 MRP 能准确计算出零部件投入产出的数量和时间，也能精确地计算和记录所有库存量。但这时的 MRP 仍然只是局限于生产制造领域，其重点在于生产进度计划，其目的是通过该计划去满足 MPS 中所确定的物料需求。当管理人员意识到除了生产运营部门之外，MRP 系统中的信息对其他职能部门也很有用时，MRP 就逐渐发展为一个新系统。1997 年 9 月，美国著名生产管理专家奥列佛·怀特建议给功能扩大后的 MRP 系统起一个新名称——制造资源计划（Manufacturing Resource Planning）。为了表明它是 MRP 的延续和发展，用了同样以 MRP 为首的三个英文字母，同时又为了与第一代 MRP 相区别，取名为 MRP II，表示它是第二代的 MRP。与 MRP 不同的是，MRP II 系统处理逻辑的起点不再是 MPS，而是企业的经营规划，将企业中与生产有关的人、财、物、方法、设备、信息等资源整合在一个系统中。因此，它是一个围绕企业的基本经营目标，以生产计划为主线，对企业的各种资源进行统一的计划和控制，使企业的物流、信息流、资金流流动畅通的动态反馈系统。

二、MRP II 系统的基本结构和作用

图 9-9 展示了 MRP II 系统的概貌。MRP II 的主要作用在于以下 3 个方面：

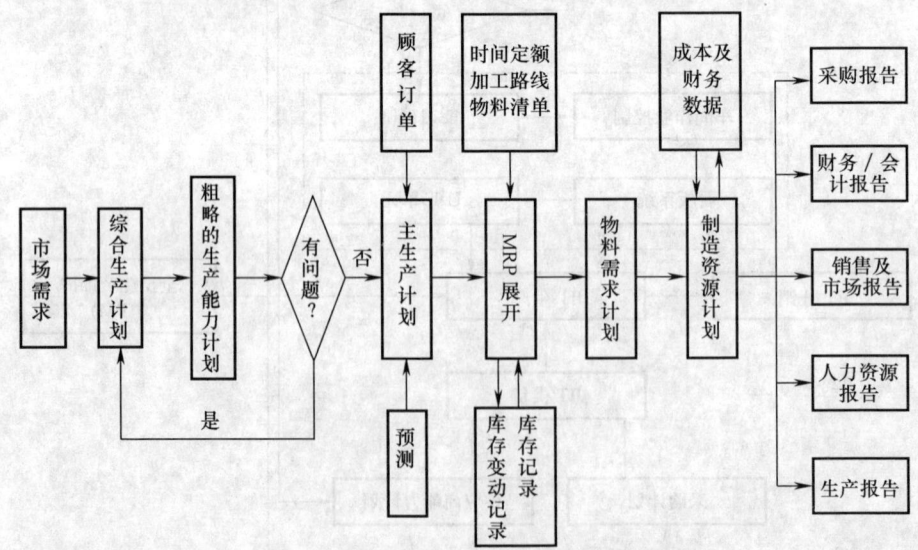

图 9-9　MRP II 的结构

（1）把基于生产计划的信息提供给所有的职能部门，以此来为企业的资源管理提供支持。

（2）通过利用仿真技术，MRP II 使管理人员可以事先评测。例如，在没有实际执行进度计划的情况下，管理人员可以观察到改变 MPS 对某些关键供应商的采购需求量或瓶颈加工中心的工作负荷所产生的影响。

（3）通过利用 MRP 以及来自会计核算系统的价格、产品成本和活动成本，管理层可以推断出下列资金价值：运输、产品成本、管理费用分配、库存、未交付的订货和利润。而且，来自 MPS、预计到货量和计划发出订单的信息可以转换为现今流量计划，并且按产品族进行分解。例如，MRP 库存记录中的预计库存量可以用来计算未来的库存资金量。直接把数量与各产品的单位价值相乘，并把属于同一产品族的所有产品相加，就可以得到这些数据。

在实践中，管理人员将来自 MRP II 的信息用于生产、采购、营销、财务、会计以及设计。MRP II 报告可以协助管理者制订并监控企业总体经营计划，以及确定销售目标、生产能力和现金流量约束。与单独使用 MRP 相比，MRP II 的广泛应用所产生的收益要大得多。

三、MRP II 的特点

MRP II 的特点可以从以下 6 个方面来说明，每个特点都含有管理模式的变革和人员素质或行为规范的变革。

1. 计划的一贯性和可行性

MRP II 是一种计划主导型的管理模式，计划层次从宏观到微观、从战略到战术，由粗到细逐层细化，但始终保持与企业经营战略目标相一致。"一个计划"（One Plan）是 MRP II 的原则精神，它把通常的三级计划管理统一起来，编制计划集中在厂级职能部门，车间班组只负责执行计划、调度和反馈信息。计划下达前反复进行能力平衡，并根据反馈信息及时调整，处理好供需矛盾，保证计划的一贯性、有效性和可行性。

2. 管理系统性

MRP II 是一项系统工程，它把企业与生产经营直接相关的部门的所有工作联系成一个整体，每个部门都从系统整体出发做好本职工作，每个人都清醒自己的工作与其他职能部门的关系。只有在"一个计划"原则下企业及其生产运营才能成为系统，条框分割、各行其是的局面将被团队精神取代。

3. 数据共享性

MRP II 是一种管理信息系统，企业各部门都依据同一数据的信息进行管理，任何一种数据变动都能及时地反映给所有部门，做到数据共享，在同一数据库支持下按照规范化的处理程序进行管理和决策，改变过去信息不通、情况不明、盲目决策、相互矛盾的现象。因此，它要求企业员工用严肃的态度对待数据，企业安排专人负责维护数据库，以保证数据的及时、准确和完整。

4. 动态应变性

MRP II 是一个闭环系统，它要求跟踪、控制和反馈瞬息万变的实际情况。管理人员可随时根据企业内外部环境迅速作出响应，及时调整决策，以保证生产计划正常进行。它可以保持较低的库存水平，缩短生产周期，及时掌握各种动态信息，因而具有较强的应变能力。要想做到这点，必须树立全员的信息意识，及时准确地把变动了的情况输入系统。

5. 模拟预见性

MRP Ⅱ 是生产经营管理客观规律的反映，按照规律建立的信息逻辑必然具有模拟功能。它可以解决"如果怎样……将会怎样"的问题，可以预见相当长的计划期内可能发生的问题，事先采取有效措施消除隐患，而不是等问题出现了再花几倍的精力去处理。这将有助于管理人员从忙忙碌碌的事务堆里解脱出来，并专心致力于实质性的分析研究和改进管理工作。

6. 物流、资金流的统一

MRP Ⅱ 包罗了成本会计和财务功能，可以由生产经营活动直接产生财务数字，把实物形态的物料流动直接转换为价值形态的资金流动，保证生产和财会数据一致。

四、MRP Ⅱ 统一了企业的生产经营活动

一个企业往往包括很多系统，如生产系统、财务系统、销售系统、供应系统、技术系统等，过去，它们各自为政，缺乏协调，相互关系并不密切。而 MRP Ⅱ 能提供一个完整而详尽的计划，可使企业内部各个部门活动协调一致，享用共同的数据，消除了重复工作和活动的不一致，提高了企业整体的效率。

（一）营销活动

通过产品出产计划，营销部门与生产部门建立了密切的联系。按照市场预测和顾客的订货需求制订的产品出产计划更符合市场的要求，有了产品出产计划，签订销售合同时更有可靠依据，并可大大提高按期交货率。MRP Ⅱ 有适应变化的能力，可以弥补预测不准的不足。

（二）生产活动

由于企业内外部条件的不断变化，生产经常难以按预定的生产作业计划进行，这使得第一线的生产管理人员不太相信生产作业计划。MRP Ⅱ 使计划的完整性、周密性和适应性大大增强，使调度工作大为简化，工作质量得到提高；可以实现每日生产作业计划的编制，充分考虑了内外部条件的变化，使得人们从经验管理走向科学管理。

（三）采购活动

采购部门往往面临两方面的困难：一方面是要求提早订货；另一方面是企业不能提早确定物资的数量和交货期。MRP Ⅱ 可以帮助采购部门做到按时、按量供应各种物资。MRP Ⅱ 的计划期可以延长到 1～2 年，使得采购部门能较早、较准确地得到各种所需物资"期"和"量"方面的有关信息，避免了盲目多订和早订，既节约了资金，又减少了短缺。

（四）财务活动

实行了 MRP Ⅱ，可使不同部门使用共同的数据，如一些财务报告只要在生产报告的基础上就很容易做出。当生产计划发生变更时，可以马上反映到经营计划上来，使决策者迅速了解到这种变更在财务上造成的影响，并采取相应措施。

（五）技术活动

以往，技术活动似乎可以超脱于生产活动以外，但 MRP Ⅱ 要求技术部门提供的却是该系统赖以运行的基本数据。这就要求产品结构清单必须准确，加工路线也必须正确，不能有含糊之处。修改设计和工艺文件也要经过严格的手续，否则会造成很大的混乱局面。根据用户的经验，产品结构清单的准确度必须达到 98% 才能使计划运行得比较好。

第三节　企业资源计划

企业资源计划（Enterprise Resource Planning，ERP）是由 MRP、MRP Ⅱ 发展而来的。ERP 的概念最先是由美国著名的咨询公司加特纳公司（Gartner Group Inc）于 20 世纪 90 年代初提出来的。当时，ERP 主要在功能上对 MRP Ⅱ 有所扩展，在 MRP Ⅱ 的基础上增加了设备管理、质量管理、分销管理、固定资产管理、工资管理和人力资源管理，管理信息的集成度比 MRP Ⅱ 更高。ERP 的基本思想是将企业的制造流程看做是一条连接供应商、制造商、分销商和顾客的供应链，强调对供应链的整体管理，使制造过程更有效、使企业流程更加紧密地集成到一起，从而缩短从顾客订货到交货的时间，快速满足市场需求。ERP 超出了对企业内部制造资源的管理，这是 ERP 对 MRP Ⅱ 最主要的改进。

除了具有传统的 MRP Ⅱ 功能模块，ERP 系统还包括财务、人力资源、供应链和顾客关系管理模块。这些部分所涉及的功能模块如下：

（1）销售模块：包括预测、订单管理、销售分析、采购管理、仓库管理、资产维护、库存控制等内容。

（2）制造模块：包括主生产计划（MPS）、产品数据管理（PDM）、物料需求计划（MRP）、能力需求计划（CRP）、分销需求计划（DRP）、车间管理（SFC）、产品配置管理（PCM）、流程作业管理、重复制造、质量管理等内容。

（3）财务模块：包括总账、应收账款、工资、固定资产、现金管理、成本管理、多币制等内容。

（4）供应链管理模块（SCM）：针对供应商进行各种及时交流，支持电子商务，将生产与运作计划和采购、物料管理以及供应商联系起来。

（5）客户关系管理模块（CRM）：协助进行销售分析，找出最有价值的目标顾客群体，管理销售队伍。

ERP 软件商还提供了很多其他的功能模块。这些软件供应商通过不同的软件功能模块为企业提供各种"解决方案"，这些软件可以根据需要进行组合和搭配，以满足不同企业的需要。

随着计算机技术的发展和 ERP 实践的深入，ERP 逐渐出现了适应各种行业的版本，主要有离散型制造业的 ERP 和流程制造业的 ERP。流程制造业重视对设备的监控、维护和计划维修，以确保设备完好。离散型制造业已形成了比较成熟的 ERP 模式，其主要功能包括生产计划与统计、生产数据管理、车间管理、库存管理、采购管理、销售管理、质量管理、设备管理、动力管理、财务管理、成本管理、固定资产管理、工资管理和人力资源管理等。

有关 MRP Ⅱ、ERP 的软件产品约有 500 余种。ERP 产品以大型化、特色化和多种行业版本为特征，其中以 Windows NT 版本居多。国外著名的 ERP 公司有 SAP 公司和 BANN 公司，国内开发和提供 ERP 软件的公司主要有金蝶、用友等。

ERP 出现不久，就遇到了互联网热潮和制造业的国际化，从而使 ERP 的功能得到进一步扩展，将 ERP 推向了一个新阶段，主要表现在：①纳入产品数据管理（Product Date Management，PDM）功能。BANN 公司出台了自己的 PDM 产品，SAP 公司的 R/3 中都 直接加入了与 PDM 相重叠的功能，增加了对设计数据的管理、设计文档的应用和管理，减少了 MRP Ⅱ 庞大的数据管理和数据准备工作。②增加了工作流功能。使用 ERP 后出现了电子文档在要求的时间按照规定的路线传递到指定人员处的问题，需要采取工作流管理进行控制。新的管理模式也要求将重构后的业务流程用计算机软件的方式控制起来。对工作流的管理使 ERP 的功能扩展到办公自动化和业务流程的控制之中。③增加了数据仓库和联机分析处理的功能，为企业高层领导提供企业级决策所需的数据。

小　　结

本章介绍了 MRP 的基本原理、结构以及在 MRP 基础上发展起来的综合生产经营计划系统——制造资源计划（MRPⅡ）和企业资源计划（ERP）；介绍了 MRP 的输入与输出过程中关于批量选择、物料需求量及时间的计算方法；介绍了 MRPⅡ 系统的基本结构、功能和特点、从 MRPⅡ 到 ERP 的发展过程以及 ERP 软件的功能模块等。

思考与练习

思考题
1. MRP 的基本思想是什么？
2. 简述 MRP 输入和输出的主要内容。
3. MRP 系统有什么特点？
4. MRPⅡ 如何统一企业的生产经营活动？
5. 指出 MRP、MRPⅡ、ERP 的应用范围和它们之间的主要区别。
6. 讨论 ERP 在我国企业实施的风险和可能性。

判断题
1. MRP 也适用于单件小批量生产环境。
2. MRP 处理的是相关需求。
3. 产品出产计划是通过分解生产大纲得出的。
4. 产品的包装物不是相关需求。
5. 产品结构文件是 MRP 系统产生的。
6. MRP 对产品结构树进行自底向上分析，按产品结构层次向上累计需求。
7. MRPⅡ 与 ERP 是完全不相关的系统。
8. MRP 系统注重批量订单而 JIT 注重单件生产，因此 MRP 与 JIT 无法兼容。
9. MRP 处理的是相关需求，因此不需要安全库存。
10. 实施 ERP 通常要求企业变革运行方式。
11. 汽车轮胎在汽车制造厂属于相关需求库存，在轮胎商店属于独立需求库存。
12. MRP 的三项主要输入是产品出产计划、库存记录文件和物料清单文件。
13. 产品出产计划说明哪些零件何时出产、出产多少。
14. 物料清单文件包含提前期的信息。
15. 相关需求较独立需求的不均匀程度大。
16. 最初，MRP 只是个需求计算器。

选择题

1. 在MRP系统中起"主控"作用的是（　　）。
   A. 物料清单　　B. 库存信息　　C. 主生产进度计划　　D. 工艺路线
2. 下列属于相关需求的是（　　）。
   A. 客户订购的产品　　　　　　B. 科研试制需要的样品
   C. 售后维修需要的备品备件　　D. 半成品、零部件、原材料需求
3. 不仅解决了企业内部的物流问题，而且形成了从原材料起点到最终用户的一个供销链的是（　　）。
   A. 基本MRP　　B. 闭环MRP　　C. MRP Ⅱ　　D. ERP
4. 提出要形成一个虚拟公司的是（　　）。
   A. ERP　　B. MRP Ⅱ　　C. 敏捷制造　　D. 并行工程
5. 是否考虑生产活动与财务活动联系的是（　　）的主要区别。
   A. 基本MRP与闭环MRP　　B. 闭环MRP与MRP Ⅱ
   C. MRP Ⅱ与ERP　　　　　D. MRP与传统制造模式
6. 相关需求物品的需求具有（　　）的特征。
   A. 稳定　　B. 连续　　C. 分散　　D. 整批集中
7. 最适合应用MRP的行业是（　　）。
   A. 机床厂　　B. 化肥厂　　C. 造纸厂　　D. 炼油厂
8. MRP主要目的之一是（　　）。
   A. 平衡生产能力　　　　　　B. 降低劳动力需求
   C. 培训员工　　　　　　　　D. 协调各生产阶段的活动

计算题

1. 某项顾客服务A由1个B、1个C和1个D三个子服务构成，每个B由1个C和1个E构成，每个C由1个G构成，每个E由1个C和1个I构成，每个D由1个F和1个H构成，每个F由1个I和1个J构成，每个H由1个J和1个K构成。要求：

   （1）为最终服务A建立一个服务树。

   （2）计算出要完成80个A服务各需要多少个子服务。

2. 产品101由3个202和1个204构成，202组件由1个617、1个324和1个404构成，204组件由1个500和1个401构成，324组件由1个617和1个515构成。要求：

   （1）绘制产品树。

   （2）编制一份物料清单。

   （3）确定生产50个101产品所需的每个组件或元件的数量。

3. 完成6606#物品的MRP。相关数据见表9-10。

表9-10　6606#物品需求及库存信息　　　　　　　（单位：件）

周次	5	6	7	8	9	10	11	12	13	14	15	16	17
总需求量					100			50	30			80	
预计到货量													
现有库存量													

周次	5	6	7	8	9	10	11	12	13	14	15	16	17
净需求													
计划到货量													
计划发出订单													

提前期=3周

4. 木质铅笔在一周内制成，它由四类零件构成：两个二等的半木条、石墨棒、金属帽和橡皮。试根据2周后10打、3周后30打、5周后15打的订单，构造一个展开的MRP。目前有半木条500个、石墨棒300根和金属帽1500个，但是没有橡皮。所有物品均采用外购，石墨采购的提前期为2周，其他物品的提前期均为1周。试制订一个半木条和石墨的订单发放计划。采用$P=3$的FOQ批量准则。

5. 某产品结构如图9-10所示。给定条件见表9-11。试问需要采购多少个1324号物品？何时采购？

表9-11 某产品结构、需求、库存量及提前期数据

物品编号	提前期/周	现有量/件	各周的需求/件				
			11	12	13	14	15
19	1	100	100	0	100	200	0
1324	2	200	0	500	0	0	0
102	1	0	50	0	0	0	0
312	2	0	0	0	0	10	0

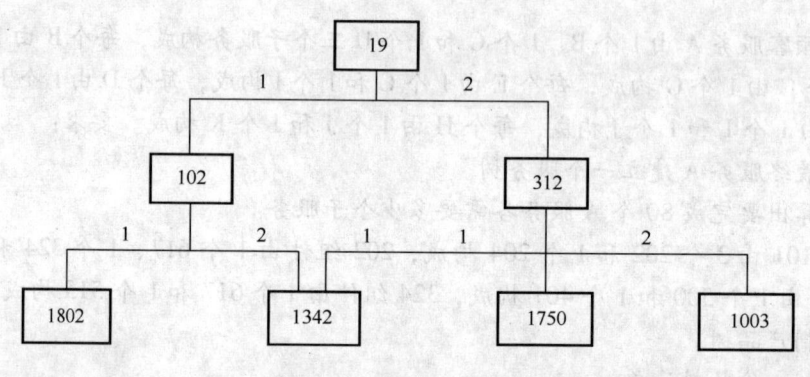

图9-10 某产品结构图

案例分析

"失效"的MRP

A公司经过近十年的发展，成长为一家实力雄厚、产品技术含量高的高新技术企业。公司产品是一个完整系列，获得了国内外客户的一致好评。为了提升企业效益、提高管理水平，公司决定引进一套教学版本ERP管理软件，使公司管理实现信息化、系统化。公司采用教学版本ERP软件主要有两个目的：①利用这套软件来培养公司这方面的专业人才，为

将来正式引进完整版本软件打下基础；②检验这套软件与公司的实际运营环境的匹配性，以确定公司未来的软件选型。生产部被指定为这套软件的试用者。

为了使这套软件能派上用场，生产部王经理开展了一系列工作。他首先弄明白了 ERP 对于生产部来说就是 MRP，即通过软件中的 MRP 系统，实现企业的物料生产计划的编制，同时也实现对生产部制造资源的精确管理。生产部要想利用好 MRP 系统，需要解决两个首要问题：综合生产计划和 BOM。经过与销售部的认真研究和仔细核对，他们制订出如表 9-12 所示的产品综合生产计划。

表 9-12 A 公司 2012 年度生产计划

产品名称	使用设备名称	设备数量	1月	2月	3月	4月	5月	6月	7月	8月
P_1	外包		1000	1000	1000	1000	1000	1000	1000	1000
P_2	全自动装配线 A	1	300	300	300	300	300	300	300	300
M_3	全自动生产线	2	300	300	300	300	300	300	300	300
P_3	全自动装配线 B	1	300	300	300	300	300	300	300	300
M_3	柔性生产线 A	2	300	300	300	300	300	300	300	300
M_4	柔性生产线 B	2	300	300	300	300	300	300	300	300
P_4	柔性装配线	1	300	300	300	300	300	300	300	300

对于 BOM 则通过实习资料很快弄清。在准备好这两项之后，他们就打开了 ERP 软件，准备将这些数据输入到系统中，通过系统自动展开为可执行的具体到每一天的每一种产品的生产计划。可当他们准备将这些数据输入到系统中时发现还需要物料的编号，于是他们又编制了如下所示的物料编码：

物料名称	M_1	M_2	M_{31}	M_{32}	M_{41}	M_{42}	P_1	P_2	P_3	P_4
物料编码	1	2	3	4	5	6	7	8	9	10

当他们将所有数据全部输入系统，并试图展开为 MRP 时，却怎么也得不到他们想象中的可执行的产品物料计划，同时系统却总是在提醒计划时间出错。他们一时半会找不到解决问题的方法，而物料生产计划必须赶快制订出来，因此决定暂时先采用之前所熟悉的 Excel 表格来编制详细的物料生产计划，等到 ERP 专家到来之后再解决 ERP 系统的问题。有的同事甚至说："ERP 好看不好用，整得过于复杂，还不如我们的 Excel 好用"。先进的 ERP 系统在 A 公司暂时失败了。

问题：
1. 根据所学的 MRP 软件原理分析 A 公司在使用 MRP 软件时失败的原因。
2. ERP 系统是否可以提高企业管理水平？

第十章　网络计划技术

导入案例

怎样才能使系统按原计划运转？

苏振林是一家咨询公司的项目经理，该公司已签订合同，向一所当地大学提供一个新的在线注册系统。该套系统必须在"五一"长假前能够运行，这样学生就能够用它在秋季进行注册。如果那时系统还不能运行，他的公司要受到严厉的合同惩罚条款的制裁；如果工作完成得漂亮，他和他的团队就会得到一笔丰厚的奖金。苏振林知道，达到进度要求和控制范围、成本和质量是他的责任。因此，他和他的团队制订了一套详细的网络计划，以帮助完成任务。

制订网络计划容易，但使项目沿着既定轨道前进则要困难得多。管理人的问题以及解决计划的冲突，是两个最大的挑战。该大学的许多雇员正在休假，因此错过了一些评审会议，致使一些评审会议时间的改变。而苏振林的团队在系统开发生命周期的各个阶段，都需要来自客户的结束指令。所以上述变更使他和他的团队难以按原来计划的进度进行。同时，苏振林团队中的一位高级程序员退出了该项目，要找到一个新人来跟得上大家的进度，又将占用额外的时间。目前项目还处于早期阶段，不过苏振林知道他们正趋于落后。他该怎样做才能使系统在"五一"前投入运行呢？

网络计划技术，也称计划评审技术（Program Evaluation and Review Technique，PERT）。美国首次运用 PERT 于北极星计划，就比预定时间提前两年完成任务。随后，PERT 在美国就得到了全面推广。网络计划是指通过网络图的形式，来反映和表达一项计划中各项工作内容（如任务、活动过程、工序、费用等）的先后顺序、相互关系以及进度安排，据以选择最优方案，力求以最少的时间和资源消耗达成预期的管理目标。在生产与运作计划管理中经常会遇到一次性任务或项目管理的问题，网络计划技术就能很好地解决项目管理中的计划问题，能大大提高项目管理的效率，缩短项目完成周期，减低项目完成成本。本章主要介绍网络图的构成、绘制网络图的原则、网络时间的计算、关键路线的确定、网络计划的优化及非肯定型网络计划的原理。

第一节　网络计划技术的原理

过去习惯用线条或横道图来表示生产计划中不同工序（或活动）的日程安排，这种图被称为甘特（Gantt）图，它具有方便、直观的优点，但它不能反映出各个作业之间错综复杂的相互联系和相互制约的关系，也不能清楚地反映出哪些作业是主要的、处于关键性的地位。它也没有标明生产成本（或资源配置）对工期或工期对生产成本（或资源配置）的影响，无法事先了解最低费用（或最佳资源配置）的工期，也无法在执行计划时对费用支出

（或资源利用）进行有效的监督和控制。随着运筹学发展而来的网络模型，在表示各工序（或活动）相互关系上比甘特图优越得多，绘制了网络图就可以看清系统的全貌，并指出影响全局的关键所在，从而对整个系统作出比较切实可行的全面规划和安排。

一、网络图的构成要素

网络图是由事件、活动和线路三个部分组成的。

（一）事件

事件（或事项）是指某一项工作的开始或完成的瞬间点，它不消耗资源，也不占用时间，是表示某些行为或活动开始与结束的瞬间。在网络图中，事件一般以圆圈（○）来表示，它是两条或两条以上箭线（→）的交接点（又称节点），标志着先行工序（或活动）的结束和后道工序（或活动）的开始。网络图中的第一个事件（即第一个圆圈）称为网络的始点事件，它表示一项计划（或工程）的开始；最后一个事件（即最后一个圆圈）称为网络的终点事件，它表示一项计划（或工程）的结束；介于网络始点事件与终点事件之间的称为中间事件。所有的中间事件所代表的意义都是双重的，如图10-1所示。

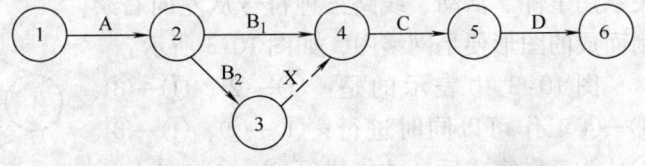

图中代码说明：A——产品设计开始；　C——装配活动；
B₁——自制零部件；　D——样品鉴定；
B₂——外购零部件；　X——虚活动。

图10-1　某产品开发网络图

（二）活动

活动是指一项工作或一道工序。在网络模型中用箭线（→）来表示。其内容可多可少，范围可大可小。例如，可以把整个产品的设计过程作为一项活动，也可以把产品设计过程中的各个环节如测绘、翻译、审图、描图、晒图等分别作为一项活动。完成一项活动需要消耗一定的资源和时间，由技术原因引起的停歇（如混凝土浇灌后的养护、油漆后的干燥、工件的自然冷却等），虽不消耗资源，但却占用时间，称为虚活动，用虚箭线（⤏）来表示。在网络图中设立虚活动主要是表明一项活动与另一项活动之间的相互依存和相互制约关系，它属于逻辑性的联系，可消除工序间模棱两可、含糊不清的现象，便于计算机进行识别运算。例如，在图10-2中，A、B₁、B₂、C 四项活动之间的关系是：A 必须在 B₁、B₂ 两项活动之前完成，B₁ 和 B₂ 同时进行，B₁ 和 B₂ 都完成后，C 才能开始。要在网络图中正确地表示出它们之间的关系就必须引入虚活动，否则如图10-2a所示，②→③既是活动 B₁，又是活动 B₂，难以将 B₁ 和 B₂ 区别开来，这种表示方法是不符合网络规则的错误方法。箭线长短与完工时间之间没有联系。

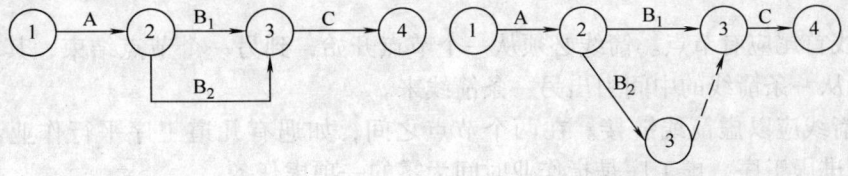

a) 错误的表示方法　　　　　　　　b) 正确的表示方法

图10-2　网络图的表示方法

（三）线路

在网络图中，线路是指从始点事件开始，沿着箭头所指方向，从左向右连续不断地到达终点事件为止的一条通道。一条线路上各项活动的作业时间之和为线路的时间总长度。在一个网络模型中有很多条线路，每条线路的周期是不一样的，其中最长的一条叫做关键线路。关键线路所需的时间也就是完成整个计划所需的时间。位于关键线路上的作业称为关键作业。关键作业完成的快慢直接影响整个计划的工期。

二、网络图的逻辑表示方法

要完成一项计划（或工程）需要进行许多工作，这些工作之间存在着相互依赖、相互制约的关系。把所有工作根据先后顺序和相互关系用事件、活动、线路三种符号从左向右绘制而成的图形便是网络图，如图10-3所示。

图10-3中表示的是：①—②、①—③、①—④工作可以同时进行；①—②、①—③、①—④工作完成后，才能进行②—⑥、④—⑥和⑤—⑥的工作。各项计划或工程的内在联系和相互关系是多种多样的，表示的方法也各异，管理人员必须熟悉生产流程，懂得制造工艺，掌握生产的客观规律，才能把它们之间的内在联系通过网络图正确地表示出来。

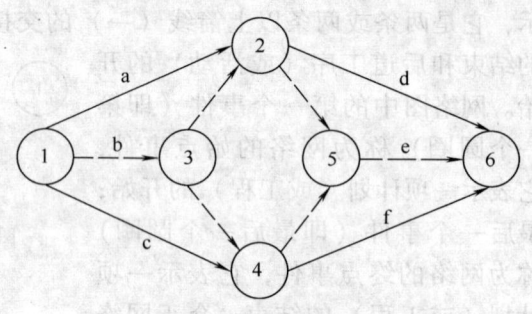

图10-3 网络图

三、网络图的绘制方法

绘制一个网络图，一般可以分为以下4个步骤：

（1）划分活动项目，即把一个产品（或工程）的制造过程分解为若干个活动（作业）。

（2）列出各项活动的名称以及活动之间的相互关系，以确定各项活动之间的先后顺序，并根据各项活动的先后顺序，由小到大编排节点的号码，确定活动的代号。

（3）确定各项活动的工序作业时间。

（4）画图。绘制网络图时应掌握以下原则和方法：

1）自左向右。总开工事件通常都放在图的左端，总完工事件放在右端，网络图的方向为从左到右，箭线方向不可指向左边。

2）无循环回路。即箭线不能从某一节点出发，经过若干其他节点，又回到原来的节点上去。

3）节点号不能重复。网络图中的每项活动都应有自己的节点编号，号码不能重复使用。

4）箭线首尾应有节点。箭线必须从一个节点开始，到另一个节点结束，其首尾都应有节点，不能从一条箭线的中间引出另一条箭线来。

5）多箭线应以虚箭线链接。在两个节点之间，如遇有几道工序平行作业和交叉作业时，必须引进虚工序，虚工序是指作业时间为零的一项虚任务。

6）每条线路都应通向终点事件。网络图上不允许有不能通向终点事件的线路，也不能出现没有先行工作或没有后续工作的中间事件。

以上是绘制网络图必须遵循的网络逻辑的规则，违背这些规则，就不可能正确地解决绘图问题。

四、网络图的绘制

任务分解之后，根据在任务分解中确定的活动之间的关系，列出活动清单。在列活动清单时，可以采用紧前活动或紧后活动作为表示活动先后关系的依据。表 10-1 为某机械厂开发计算机管理信息系统项目的活动清单。现以表 10-1 中的资料为例说明网络图的绘制方法。

表 10-1 某机械厂管理信息系统开发活动清单 （单位：周）

活动名称	活动描述	紧后活动	活动所需时间
A	系统分析和总体设计	B、C	3
B	输入/输出设计	D	4
C	模块Ⅰ详细设计	E、F	6
D	输入/输出程序设计	G、I、K	8
E	模块Ⅰ程序设计	G、I、K	8
F	模块Ⅱ详细设计	H	5
G	输入/输出和模块Ⅰ测试	J	3
H	模块Ⅱ程序设计	I、K	6
I	模块Ⅱ测试	J	3
J	系统总调试	L	5
K	文档编写	—	8
L	系统测试	—	3

根据活动清单中规定的活动之间的关系，将活动代号栏中所有的活动逐项地画在网络图上。按照惯例，绘制网络图应该从左向右进行。起始节点画在最左边，表示项目的开始。然后，从活动代号栏中找出紧后活动栏中没有出现的活动，即项目开始时就可以进行的活动。这样，从起始节点发出的箭线就表示这个（些）活动。画出最早能开始的活动之后，就要找出其紧后活动，再将表示其紧后活动的箭线画在后面。按这样的方式进行下去，直到没有紧后活动的活动为止。没有紧后活动的活动所对应的箭线汇集在终止节点上。草图绘出后，将序号标在节点上，将活动代号和时间标在箭线上。要根据网络图绘制规则，对各项活动逐一进行检查，去掉不必要的虚活动。然后，按要求画出正规的网络图，如图 10-4 所示。

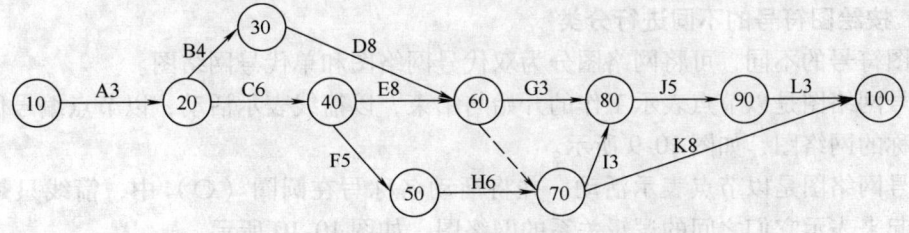

图 10-4 某机械厂管理信息系统开发网络图

绘制箭线网络图的关键在于虚箭线的画法。以下三种情况都需要虚箭线才能表示清楚：①当一项活动完成后，有几项活动可以同时进行，且这几项活动都完成后，后续活动才能开始。图10-5就是这种情况。平行作业也属于这种情况，如图10-6所示，当活动B被分成B_1、B_2和B_3且它们可以同时进行时，只有用虚箭线才能表示清楚。②交叉作业。如图10-7所示。③当出现如图10-8所示的情况时，没有虚箭线也是无法表达的。

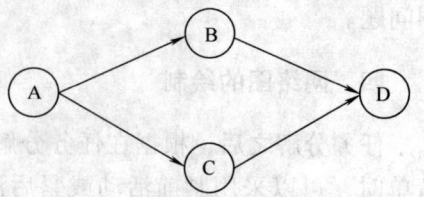

图10-5　箭线网络图

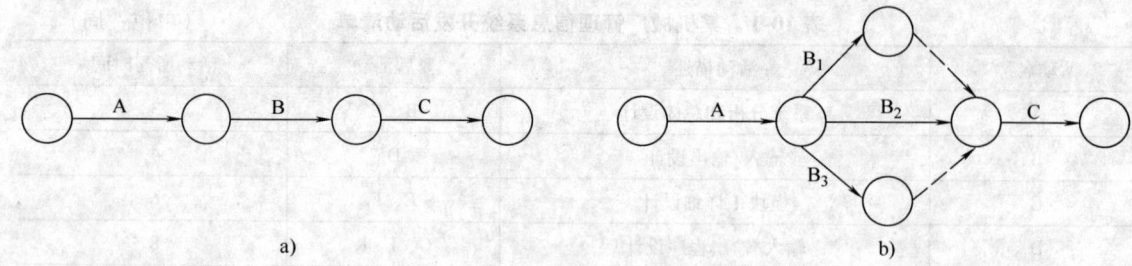

图10-6　平行作业

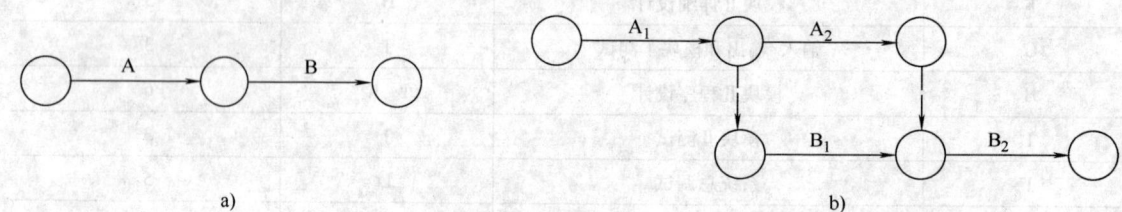

图10-7　交叉作业

活动	紧后活动
A	C
B	C, D

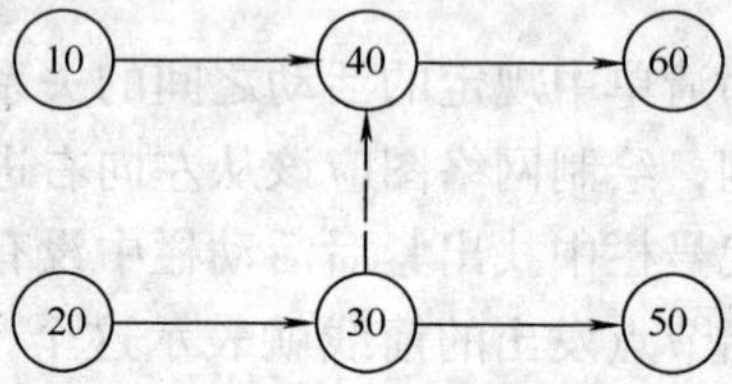

图10-8　出现虚箭线的第三种情况

五、网络图的种类

（一）按绘图符号的不同进行分类

按绘图符号的不同，可将网络图分为双代号网络图和单代号网络图。

双代号网络图是以节点表示工作的开始与结束，以箭线表示活动，以节点编号代表一项活动的名称的网络图，如图10-9所示。

单代号网络图是以节点表示活动，并将活动名称写在圆圈（○）中，箭线只是把各项活动连接起来表示它们之间的逻辑关系的网络图，如图10-10所示。

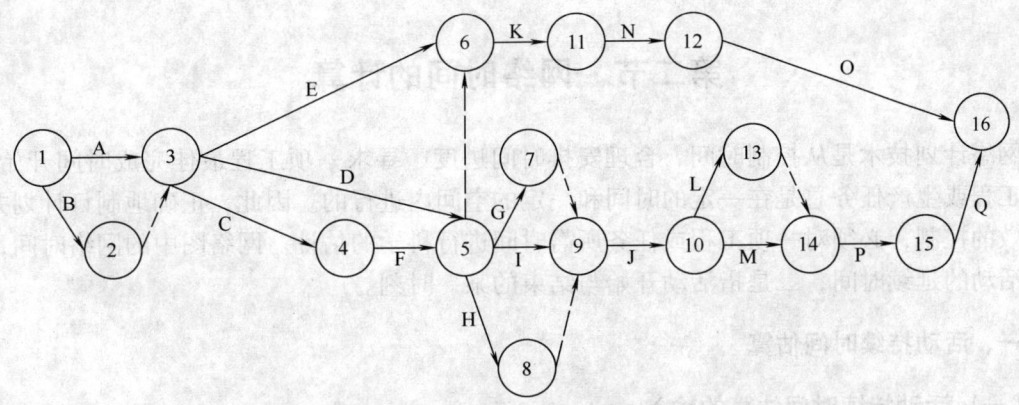

图 10-9 双代号网络图

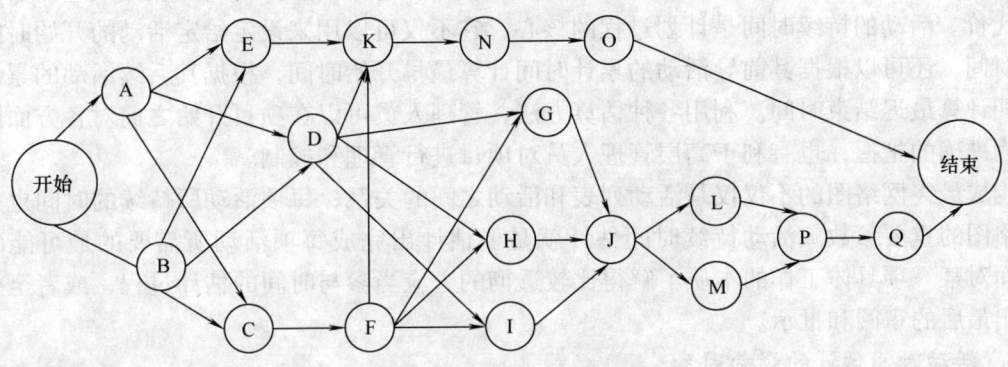

图 10-10 单代号网络图

（二）按网络计划粗细程度进行分类

按网络计划的粗细程度，可将网络图分为总图、分图和工序图。

总图全面地反映整个工程或计划任务的始末，具有综合性。

分图反映的只是整个工程或计划任务中的一部分内容，它是以整个计划的某一部分为对象编制的网络图。

工序图是以工序为对象，反映某一局部生产过程的分网络图，它比较具体，可直接指导基层的生产活动。

（三）按网络计划的最终目标进行分类

按网络计划最终目标的不同，可将网络图分为单目标网络图和多目标网络图。

单目标网络图的最终目标只有一个，如试制某一新产品、建造某一建筑物。

多目标网络图的最终目标有好几个，如同时生产几种不同品种的产品、建造某一建筑群等。

（四）按网络图中工序作业时间的性质进行分类

按网络图中工序作业时间性质的不同，可将网络图分为肯定型网络图和非肯定型网络图。

肯定型网络图中，各项工序的作业时间可以估计出确切数值的网络图。

非肯定型网络图中，各项工序作业时间难以估计出确切值，一般只能采取乐观估计时间、悲观估计时间、最可能估计时间，然后再求出加权平均作业时间的网络图。

第二节　网络时间的计算

网络计划技术是从控制时间、合理安排时间进度、寻求一项工程最佳完成时间开始的。一项工程或生产任务总是在一定的时间和一定的空间内进行的。因此，正确地制订计划并进行有效的控制，必须对一项工程或任务所需时间进行科学的估计。网络图中的网络时间，一是指活动的延续时间，二是指活动开始与结束的某一时刻。

一、活动持续时间估算

（一）活动持续时间估算的输入

对于网络计划技术来说，最重要的两个问题是完成它需要多少时间以及完成它需要付出多少代价。活动的持续时间是计划过程的核心，它不仅可以用来设定给定活动的开始时间和结束时间，还可以根据其前导活动的累计时间计算最早开始时间，根据其后续活动的累计持续时间计算最迟结束时间。利用各种估算方法，管理人员可以在项目开始之前对各方面因素有更为准确的把握，也有利于高层管理人员对项目进行管理和控制。

构成最终网络图的不仅仅是活动列表和活动之间的关系，每项活动所持续的时间也是构成网络图的重要参数。活动持续时间估计就是要估计出完成每项活动所需要的最可能的时间，而对某一项具体工作的本质了解得比较透彻的人应当参与时间的估计过程，或者至少应当作出最后的审阅和批示。

1. 活动时间估计的影响因素

活动的时间是一个随机变量，而活动在实际进行中将处于何种环境在事前是不清楚的，所以无法事前准确地知道活动实际进行所需要的时间，而只能进行近似的估算，在计划和实施阶段，要随着时间的推移和经验的增多而不断进行估算更新。需要注意的是，无论采用何种估算方法，实际所花费的时间和事前估算的结果总是会有所不同，总会存在一系列因素对项目实际完成时间产生影响，这些因素主要有下列几种：

（1）损失时间。例如，一个人在项目上满负荷工作的时间，1周不会超过5天，一年不会超过52周，而某人能够将其全部精力用在工作上，每年也只能工作180天，相当于其所有可用时间的70%。此时，损失时间包括节假、病假、培训、会议等。

（2）冲突损失。增加一倍的工人，并不能总是使工期减半，因为人们在完成工作时，往往会在工作界面上互相制约，这样就会降低工作的效率。例如，如果某项工作只能提供1个人的工作空间，那么增加第2个人将不会使工作效率提高到原来的2倍。2个人将会比1个人工作得快，因为他们可以互相调换，但同时只能有1个人工作。增加第3个人将一点也不会提高工作效率，反而会降低工作效率，因为他会干扰其他2个人的工作。

（3）沟通损失。当多个人共同完成一项工作时，他们需要彼此交流工作的细节，以使工作得到良好的进展。在机械设计和编写软件时更是如此。如果只有2个人，那么仅有一条沟通渠道，所以他们的工作进度就几乎是1个人的2倍；如果有3个人，那么就有3条沟通渠道，4个人就有6条，随着人数的增加，沟通渠道的数目呈指数增长，沟通损失也不断增长。

（4）参与人员的熟练程度。一般，估算都是以典型工人或者工作人员的熟练程度为基础而进行的。在实际工作中，情况不会恰好如此，参与相关活动的人员的熟练程度可能高于平均水平，也可能低于平均水平，这就使得活动进行的实际时间可能会比计划时间长或短。

同时，参与工作的人员不可能永远保持同样的工作效率。一般情况下，如果一个人的工作被打断，继续进行时就需要一定时间才能达到原来的工作速度，而干扰无时不在，无法预知，也无法完全消除，它的影响也是因人而异的，事前无法确定。这对活动的时间也就造成了一定的影响。

(5) 突发事件。在实际的生产过程中，总是会遇到一些意料之外的突发事件。大到地震，小到工作人员缺勤（如生病或其他事情）。这些突发事件都会对活动的实际需要时间产生影响。在计划和估算阶段考虑所有可能的突发事件是不可能的，也是不必要的，但是在项目或任务实际进行时，需要对此有心理准备，并且作好相应的应急计划，然后随实际情况进行相应调整。

2. 有效工作时间的影响因素

由于以上所述因素的影响，在进行时间估算（或者计划）时需要考虑到真正有效的工作时间和自然流逝的时间之间的差异。例如，一项工作需要一个人连续 10 个小时不间断地有效工作，那么，完成这一任务实际上会需要多少时间呢？如果被指派的人能够完全有效地连续工作，当然 10 个小时就可以完成，但实际上一个人不可能长时间地保持高效率，人总有疲惫的时候，总是要花一些时间在学习、返工等事情上。所以进行时间估算时需要加以宽限。

对工作人员效率的研究有很多，且大多数结果表明，典型的工作效率为 66%~75%，也就是说，一个人连续为一个目标而工作，他真正用在该目标上使其获得进展的时间一般是所流逝时间的 66%~75%。一般而言，时间短的工作平均效率要高一些，而时间长的工作平均效率则要低一些，进行估算时需要考虑到这一点。同时，这是没有打断工作的情况发生时的估算，而工作中断的情况在现实中很常见，所以在此基础上要进一步修正结果。

一般来说，很少有工作人员被完全赋予一项工作而不安排其他任何事情，更常见的是手头上的连续工作常常被一些意外事件所打断，这些意外事件形形色色，不一而足。这些未在计划之内的活动常常耗费比预想多得多的时间。

这种时间耗费随着工作性质的不同而差异很大，有的工作岗位任务比较单纯，耗费的时间少，而有的岗位则处于众多的干扰之中，很难保证连续有效的工作时间。技术工作往往属于前者，而做行政管理工作往往属于后者。因此，在这种情况下的时间估算可以通过对经验的回顾或者直接通过统计调查来获得。

一方面，任何时间和成本估算都不可能完全符合实际；另一方面，由于以上因素的存在，也需要在进行估算时对此造成的影响加以考虑。

3. 时间估计的一般方法

在拥有上述的基本资料后，就可以为每个项目活动作出时间估计了。下面就分别介绍几种常见的估计方法：

(1) 类比估计法。类比估计法也称为从上而下估计法。它的含义就是根据先前类似活动的实际花费时间来估计相应项目活动的可能跨度。类比估计法一般用于各种资料都比较缺乏的情况，同时它也是专家估计法的一种形式。

类比估计法在两种情况下最为有效：①要进行时间估计的活动与先前活动是本质上的相

似而非表面上的相似；②参与活动时间估计的人员具备与需要进行时间估计的活动十分吻合的经验。

（2）专家估计法。专家估计法是经常要采用的方式，这种方式要求尽可能广泛地征求意见，不同组织中的人们以及个人都是应当进行咨询的对象。他们有着丰富的经验，接受过专门的培训，因此对项目组织来说是外在的资源。

专家的对象范围包括本组织内的其他非项目组成员、咨询人员、专业的与技术的组织以及其他工业组织等。

专家根据历史经验对活动所作出的时间估计对生产经营者来说是很宝贵的。

（3）三点时间估计法。一般来说，活动的作业时间是指完成一项工作或一道工序所需要的时间，是一个随机变量，在活动重复进行时，其实际完成时间一般会表现为一种随机分布的形式，这种随机分布可能集中在一个特定的范围内，也可能比较分散。

在作业时间较长且不可知因素较多或无先例可循的条件下，可对某项作业先作出三种时间估计，然后计算它们的平均时间并以此为该工序的作业时间。这三个估计时间为乐观时间、悲观时间和最可能时间。

1）乐观时间（Optimistic Time），即在任何事情都进行得很顺利、没有遇到任何困难的情况下，完成某项活动所需要的时间，常以 a 表示。

2）最可能时间（Most Likely Time），即在正常情况下完成某项活动最经常出现的时间，常以 m 表示。如果某项活动已经发生过多次，则其最经常发生的持续时间可以看做该活动的最可能时间。

3）悲观时间（Pessimistic Time），即在最不利的条件下完成一项活动所需要的时间，常以 b 表示。

根据经验，通过三种时间估计可以计算活动的期望（平均或折中）持续时间（T_e^{ij}），其计算公式为

$$T_e^{ij} = \frac{a+4m+b}{6}$$

其标准差（σ）为

$$\sigma = \frac{b-a}{6}$$

采用三点时间估计法作出的网络图也称为随机型网络图。

假定一项活动的乐观时间为 1 周，最可能时间为 5 周，悲观时间为 15 周，则该项活动的期望时间和标准差分别为

$$T_e^{ij} = \frac{a+4m+b}{6} = \frac{1+4\times5+15}{6} = 6 \text{（周）}$$

$$\sigma = \frac{b-a}{6} = \frac{15-1}{6} = 2.33 \text{（周）}$$

（二）活动持续时间估算的输出

活动持续时间估算输出的结果包括以下几个方面的内容：

（1）估算出的活动持续时间。活动持续时间的估算是对完成某一活动可能需要的时间的定量估计，估算出的活动持续时间都应以某种指标表明可能结果的变动范围。例如，活动持续时间为 1 周，表明该活动至少需要 4 天，最多不超过 6 天（假定一周 5 天工作制）；活

动持续时间超过 2 周的概率为 10%，表明该活动在 2 周内完成的概率高达 90%。

估算出的活动持续时间或活动工期可以反映在项目网络图中（见图 10-11）。

【例 10-1】有一项计划任务，其资料见表 10-2。根据表 10-2 中的资料，运用三点估计法，可以算出所有作业持续时间，结果如图 10-11 所示，箭线下方的数字就是各项作业持续时间。

表 10-2　某计划任务作业时间、作业间相互关系信息表　　　（单位：天）

作业名称（代号）	先行作业	作业时间		
		a	m	b
A	—	2	4	6
B	A	4	7.5	8
C	A	5	8	11
D	A	7	10.5	11
E	B	5	6	7
F	B	2	4	6
G	C	4	4.5	8
H	E、D	5	8	11
I	F	5	7	9
J	G	5	5.5	9
K	H、I、J	2	5.5	6

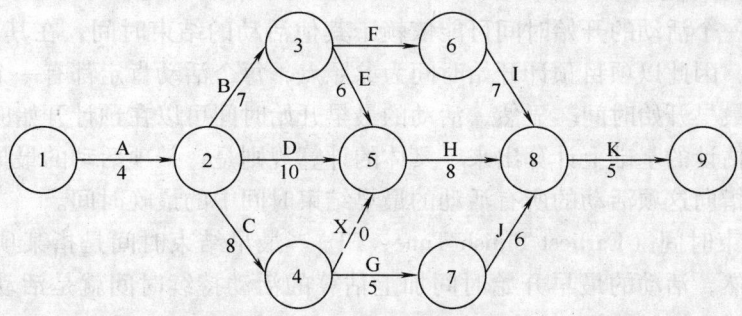

图 10-11　某工程项目箭线式网络图

（2）更新活动清单。在活动持续时间估算过程中，可能会发现活动清单中存在各种问题，如活动清单遗漏了一些活动或活动间的逻辑关系不正确，需要对活动清单进行修正，从而产生更新的活动清单。

活动时间估计就是估计各个活动的时间分布状况、确定活动时间的依据以及活动的更新，它是对将来时间的量化估计，所以它必须含有一定的概率特性，所有的时间都只能标记为"很有可能""有可能""或许"等字眼，从这种意义上来说，时间估计完全是不确定的，但是我们在后面可以看到，关键路线法（CPM）是确定型的时间估计方法，而计划评审技术（PERT）则是不确定型的时间估计方法。

二、网络计划的时间参数及其计算

在一个简单层次上,网络计划记录了每项活动的计划和实际的开始日期、完成日期和周期。我们也可能要记录每项活动在不影响完工时间的情况下,其开始时间是否可以浮动。这个浮动又称为时差(Float)。时差包括确定周期时间、预计开始时间和要求完工时间、最早开始时间和最早结束时间、最迟开始时间和最迟结束时间以及作业总时差。

1. 周期(持续时间)

周期是指完成工作所需的时间。人们常常把一个活动的周期看做是一个不变的数字。对有些活动来说,其周期取决于一些外部因素,是我们所控制不了的。而对于其他一些活动,其周期则取决于在该活动上工作的人数,不妨假定它们是固定的。因此在每个工作开始之前,每个活动都有一个估算的周期,而在某个活动开始之后、完成之前,我们可以估算剩余周期。剩余周期应该等于该活动的计划周期减去该活动已经消耗的时间,或者可以根据目前承担该工作所获得的知识来重新估算剩余的周期。一旦工作完成,我们就可以记录实际周期。

2. 预计开始时间和要求完工时间

一般情况下,预计开始时间和要求完工时间都要在合同中写明,例如,"生产将在3月1日之后开始,并且必须于10月30日前完成"。有时,客户只明确提出项目必须完成的日期。另外,在一些情况下客户可能用时间段的形式表示对预计开始时间和完工时间的要求,而不是用特定的日期,例如,"项目要在合同签订后的100天内完成"。

3. 最早和最迟时间

(1)最早开始时间(Earliest Start Date,ES)。最早开始时间就是某项活动能够开始的最早时间。由于一个活动的开始时间可能依赖于其他活动的结束时间,在其他活动结束前,该活动不能开始,因此以项目预计开始时间为参照点,每个活动肯定都有一个可能开始的最早时间,也就是最早开始时间。显然,活动的最早开始时间可以在预计开始时间和所有紧前活动的持续时间估计的基础上计算出来。具体的计算规则是:某项活动的最早开始时间必须等于或晚于直接指向这项活动的所有活动的最早结束时间中的最晚时间。

(2)最早结束时间(Earliest Finish Time,EF)。最早结束时间是指某项活动能够完成的最早时间。显然,活动的最早开始时间加上估算的活动持续时间就是活动的最早结束时间,即 EF = ES + 活动持续时间估计。

有关活动的最早开始时间和最早结束时间是通过正向计算得到的,即从项目开始沿网络图到项目完成进行计算,这种方法称为正推法(Forward Pass)。首先,利用表10-3中的信息绘制计划任务网络图(见图10-11);其次,沿着网络图从左到右逐个计算每项作业的最早开始时间和最早结束时间。

表10-3 某工程项目作业名称、时间及关系信息

作业名称(代号)	先行作业	作业时间
A	—	4
B	A	7
C	A	8

(续)

作业名称（代号）	先行作业	作业时间
D	A	10
E	B	6
F	B	4
G	C	5
H	E、D	8
I	F	7
J	G	6
K	H、I、J	5

注意在网络图中，箭线上方的字母为计划任务中各项作业的代号，箭线下方的数字表示各项作业的持续时间。根据网络图所提供的数据，可以计算出各项作业的最早开始时间和最早结束时间。从作业活动 A 开始逐个计算，直至最后一项作业 K 为止。其计算结果为：$ES_A = 0$，$EF_A = 0 + 4$；$ES_B = 4$，$EF_B = 4 + 7 = 11$；$ES_C = 4$，$EF_C = 4 + 8 = 12$；$ES_D = 4$，$EF_D = 4 + 10 = 14$；$ES_E = ES_F = 11$，$EF_E = 11 + 6 = 17$，$EF_F = 11 + 4 = 15$；$ES_G = ES_X = 12$，$EF_G = 12 + 5 = 17$，$EF_X = 12 + 0 = 12$；$ES_H = \max\{EF_E, EF_D, EF_X\} = \max\{17, 14, 12\} = 17$，$EF_H = 17 + 8 = 25$；$ES_I = 15$，$EF_I = 15 + 7 = 22$；$ES_J = 17$，$EF_J = 17 + 6 = 23$；$ES_K = \max\{EF_I, EF_H, EF_J\} = \max\{22, 25, 23\} = 25$，$EF_K = 25 + 5 = 30$。

也可以说，以上所举例子中的最早开始和最早结束时间反映在网络图里，其实这些时间多数也可以从网络图中分离出来，用一个单独的进度时间表来表示，如表 10-4 所示。

表 10-4　某工程项目的进度时间表　　　　　（单位：天）

活动	持续时间估计	最早时间	
		开始时间（ES）	结束时间（EF）
A	4	0	4
B	7	4	11
C	8	4	12
D	10	4	14
E	6	11	17
F	4	11	15
G	5	12	17
H	8	17	25
I	7	15	22
J	6	17	23
K	5	25	30

（3）最迟结束时间（Latest Finish Date，LF）。最迟结束时间是指某项活动必须完成的最迟时间。某一活动的结束时间决定着其紧后活动的开始时间，为了保证该活动的后续活动和项目的如期完成，该活动有一个结束的最迟时间，这就是最迟结束时间。活动的最迟结束

时间可以在要求完工时间和其紧后活动的持续时间估计的基础上计算出来，计算的规则是：某项活动的最迟结束时间必须等于或早于该活动直接指向的所有活动的最迟开始时间的最早时间。

（4）最迟开始时间（Latest Start Date，LS）。最迟开始时间是指为了使项目在要求完工时间内完成，某项活动必须开始的最迟时间。显然，活动的最迟结束时间减去估算的活动持续时间就是活动的最迟开始时间，即 LS = LF - 活动的持续时间估计。

有关活动最迟开始时间和最迟结束时间的计算，仍然以例 10-1 中的数据来说明，其计算方法是通过反向推算得出的，即从项目完成沿网络图到项目的开始进行推算，这种方法称为逆推法（Backward Pass）。

从网络图（图10-11）中的最后一项作业 K 开始，逆着网络图方向，逐个计算各项作业的最迟结束时间和最迟开始时间，直至作业 A 为止。其计算结果为：$LF_K = EF_K = 30$，$LS_K = 30 - 5 = 25$；$LF_J = 25$，$LS_J = 25 - 6 = 19$；$LF_I = 25$，$LS_I = 25 - 7 = 18$；$LF_H = 25$，$LS_H = 25 - 8 = 17$；$LF_G = 19$，$LS_G = 19 - 5 = 14$；$LF_F = 18$，$LS_F = 18 - 4 = 14$；$LF_E = 17$，$LS_E = 17 - 6 = 11$；$LF_D = 17$，$LS_D = 17 - 10 = 7$；$LF_X = 17$，$LS_X = 17 - 0 = 17$；$LF_C = \min\{LS_X, LS_G\} = \min\{17, 14\} = 14$，$LS_C = 14 - 8 = 6$；$LF_B = \min\{LS_F, LS_E\} = \min\{14, 11\}$，$LS_B = 11 - 7 = 4$；$LF_A = \min\{LS_D, LS_C, LS_B\} = \min\{7, 6, 4\} = 4$，$LS_A = 4 - 4 = 0$。

与最早开始时间和最早结束时间一样，最迟开始时间和最迟结束时间也可以从网络图中分离出来，用一个单独的进度时间表来表示，如表 10-5 所示。

表 10-5　某工程项目的进度时间表　　　　　　　　（单位：天）

活动	持续时间估计	最迟时间	
		结束时间（LF）	开始时间（LS）
A	4	4	0
B	7	11	4
C	8	14	6
X	0	17	17
D	10	17	7
E	6	17	11
F	4	18	14
G	5	19	14
H	8	25	17
I	7	25	18
J	6	25	19
K	5	30	25

如果最迟开始时间与最早开始时间不同，那么该活动的开始时间就可以浮动，这种浮动称为时差。

时差 = 最迟开始时间 - 最早开始时间 = 最迟结束时间 - 最早结束时间

时差 = 最迟结束时间 - 最早开始时间 - 作业时间

如果周期是不变的，那么最早开始时间和最迟开始时间的差值与最早结束时间和最迟结束时间的差值是一样的。时差为零的活动是关键活动，其周期决定了项目的总工期。如果项目的计划安排得很紧，以使项目的总工期最短，那么就要有一系列的时差为零的关键活动。这个系列就是关键线路（Critical Path）。具有很大时差的活动称为松弛活动，它们是通过填补由关键线路造成的资源需求缺口来平衡资源的。时差很小的活动称为准关键（Near Critical）活动，这些活动应该得到与关键活动一样的重视。在表 10-6 中，该工程项目有时差为 0 的活动：A、B、E、H、K，它们共同构成了网络图中的关键线路，完成关键线路上的各项活动总共需要 30 天的时间，这也就是完成这项工程所需要的时间。

表 10-6　某工程项目的进度时间表　　　　　　（单位：天）

活动	持续时间估计	最早时间		最迟时间		时差
		开始时间（ES）	结束时间（EF）	结束时间（LF）	开始时间（LS）	
A	4	0	4	4	0	0
B	7	4	11	11	4	0
C	8	4	12	14	6	2
X	0	12	12	17	17	5
D	10	4	14	17	7	3
E	6	11	17	17	11	0
F	4	11	15	18	14	3
G	5	12	17	19	14	2
H	8	17	25	25	17	0
I	7	15	22	25	18	3
J	6	17	23	25	19	2
K	5	25	30	30	25	0

第三节　网络计划的优化

确定关键线路后得到的是一个初始的计划方案，通常还要对初始方案进行调整和完善。网络计划的优化就是在满足一定的约束条件下，通过利用时差，不断改善网络计划的初始方案，使之获得最低成本、最佳周期和对资源的最有效的利用，最终确定最优的计划方案。网络计划的优化，通常包括时间优化、时间—费用优化和时间—资源优化。

一、时间优化

时间优化是指在人力、物力、财力等资源基本上有保证的前提下，寻求工程的最短生产周期，从而争取时间，迅速发挥投资效益。这种情况通常发生在任务紧急、资源有保障的情况下，时间优化有以下几条路径。

（1）利用时差，从非关键线路上抽调人力、物力、财力，集中于关键线路，以缩短关键线路的时间。

（2）在关键线路上采用新工艺、新技术、新方法，缩短关键活动时间。

（3）对关键活动的作业进一步分解，采取平行交叉作业，或采取增加作业班次的方法缩短项目时间。

由于压缩了关键线路上活动的时间，会导致原来不是关键线路的线路成为关键线路。若要继续压缩工期，就要在所有关键线路上赶工或进行平行交叉作业。随着关键线路的增多，压缩工期所付出的代价增大。因此，单纯地追求工期最短而不顾资源的消耗是不可取的。

二、时间—费用优化

时间—费用优化就是在使工期尽可能短的同时也使费用尽可能少。能够实现时间—费用优化的原因是，工程作业的成本可以分为直接费用和间接费用两部分，这两部分费用随工期变化而变化的趋势是相反的。

1. 直接费用

直接费用与生产过程中各工序的延续时间有关，包括直接生产工人的工资及附加费、材料费、工具费等。为了缩短生产周期，需要采取一定的技术组织措施，相应地要增加一部分直接费用。因而直接费用随工期的缩短而增加。

2. 间接费用

间接费用是与整个工程有关的、不能或不宜直接分摊给某一活动的费用，包括管理人员工资、办公费、租金、利息、违约金等，它按工序的作业时间长短分摊到每个工序。在一定的生产规模内，工序的作业时间越短，分摊的间接费用越少。

完成工程项目的直接费用、间接费用、总费用与工程完工的关系，通常情况下如图 10-12 所示。图中的正常时间 T' 是在现有的生产技术水平下，由各工序的作业时间所构成的工程完工时间，这也是工程完工的最低成本日程。对应于正常时间的直接费用就是正常直接费用。极限时间是指为了缩短各工序的作业时间而采取一切可能的技术组织措施后，可能达到的完成工程的最短时间。对应于极限时间的直接费用就是极限直接费用。

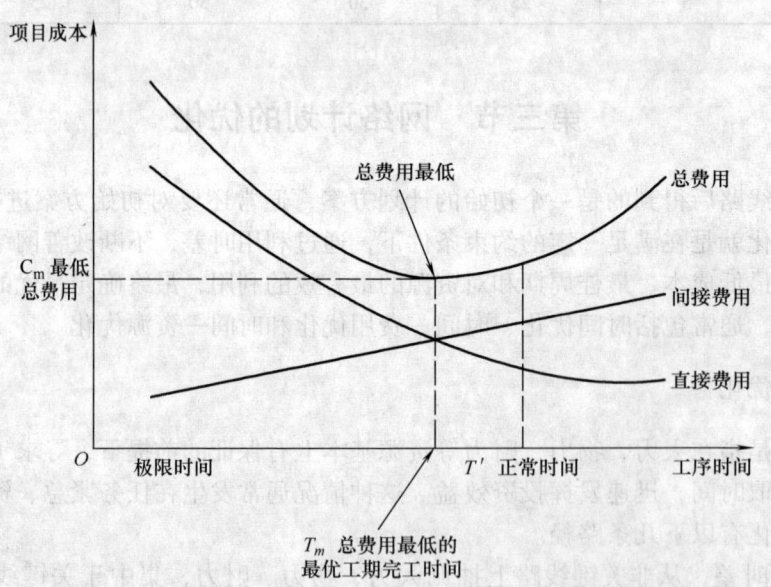

图 10-12　直接费用、间接费用、总费用和项目完成时间之间的关系

从图 10-12 中可以看出，缩短工期会引起直接费用的增加和间接费用的减少，而延长工

期则会引起间接费用的增加和直接费用的减少。时间—费用优化就是以这两种性质不同的费用为分析对象,确定缩短工期降低成本的方法。

这两种费用与工期之所以形成这种关系,是因为直接费用是直接分摊到每道工序的,为了缩短工序时间,就需要采取一定的技术组织措施,所以相应地要增加一部分直接费用,如加班工资等;而间接费用,在某些工程项目中,是按照各道工序所消耗的时间比例进行分摊的,工序时间越短,所分摊到该工序的间接费用就越少,工程周期越短,则工程项目的间接费用就越低。

网络计划中,由于间接费用与网络时间呈某种固定比例变动关系,而直接费用变动与工序种类有关,不同的工序其直接费用水平是不同的,因此,在网络计划中,着重分析的是直接费用和工序时间的关系,如图10-13所示。

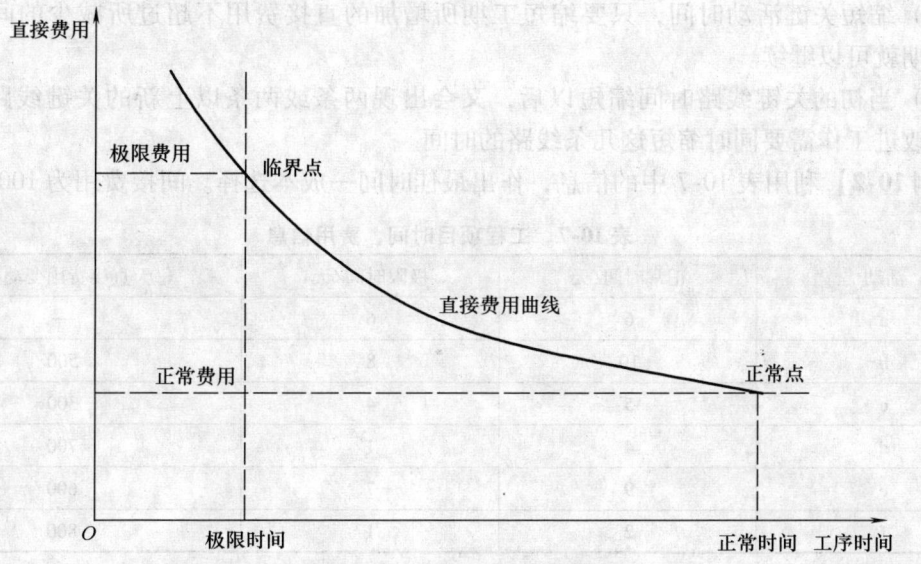

图10-13 直接费用的变动率

图中临界点是无论再增加多少直接费用,也不能再缩短工作时间的那一点。对应于该点的时间与费用分别为临界时间与临界费用。正常点就是无论将工作时间再延长到多长,也不能再减少直接费用的那一点。对应于该点的时间与费用分别为正常时间与正常费用。连接正常点与临界点的曲线就是直接费用曲线。为了计算方便,我们假定正常点与临界点之间可由直线连接,并称此直线的斜率为成本斜率。成本斜率就是单位时间内直接费用变动率。其计算公式为

$$直接费用变动率 = \frac{极限直接费用 - 正常直接费用}{正常时间 - 极限时间}$$

由于各关键工序的临界点和正常点不同,因而各自的费用斜率也不相同。在整个工程项目的时间—费用图上,直接费用表现为一条斜率小于零的曲线。间接费用成本曲线在整个工程项目的时间—费用图上可简单地表示为一条斜率大于零的曲线。总成本曲线就是由直接成本曲线和间接成本曲线叠加而成的(见图10-12)。

总成本曲线上的最低点就是工程项目或计划任务的最优计划方案。此方案所对应的费用C_m和时间T_m分别为最低总费用和最优工期,时间—费用优化就是找出总成本曲线中的这一

最优点。为了找到这样一个费用最低的优化方案，下述基本原则和步骤具有实际的指导意义。

时间—费用优化的基本原则有：
（1）关键线路上的活动时间优先缩短。
（2）直接费用变化率小的活动时间优先缩短。
（3）压缩活动的作业时间以不超过极限时间为限。

时间—费用优化的一般步骤为：
（1）获得各项活动的正常时间、赶工时间与成本估计值。
（2）计算所有线路时间与松弛（机动）时间。
（3）找出关键线路和关键活动。
（4）缩短关键活动时间，只要缩短工期所增加的直接费用不超过所减少的间接费用，压缩工期就可以继续。
（5）当初的关键线路时间缩短以后，又会出现两条或两条以上新的关键线路，于是，随后的改进工作需要同时缩短这几条线路的时间。

【例10-2】利用表10-7中的信息，作出最佳时间—成本选择。间接费用为1000元/天。

表10-7 工程项目时间、费用信息

活动	正常时间/天	极限时间/天	每天直接费用变动率/元
a	6	6	—
b	10	8	500
c	5	4	300
d	4	1	700
e	9	7	600
f	2	1	800

工程项目网络图如图10-14所示。

分析如下：

（1）利用网络图中各条线路的时间。网络图中有两条线路：a—b—f，时间为18天；c—d—e—f，时间为20天。由于c—d—e—f的时间最长，是关键线路，相应的c、d、e、f是关键活动。

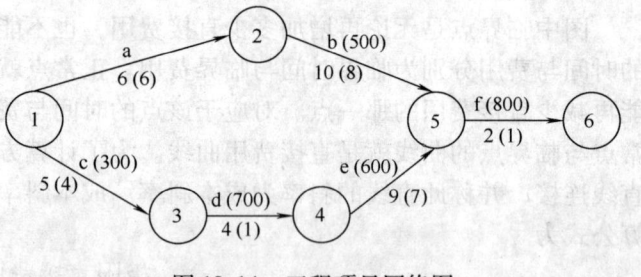

图10-14 工程项目网络图

（2）将关键线路上的活动按直接费用率从小到大排列，其排列顺序为：c—e—d—f。

（3）选择费用率最小的关键活动c，缩短工期1天。整个工程项目的工期缩短一天，增加直接费用300元，减少间接费用1000元，费用净节约700元（1000－300）。

（4）计算优化后的工程项目时间，找出新的关键线路（注意，经过时间—费用优化后的网络图，其关键线路及其时间可能会发生变化，可能会有新的关键线路出现）。关键线路依然是原来的那条，不过时间已缩短为19天。审查经过优化后的关键线路上各项活动的正常时间和极限时间,找出具有时间弹性的工序。从图中可以看出,时间上具有弹性的工序依照直接费用变动率排序应为:e—d—f。因此,选择直接费用率最低的关键活动e,缩短工期1天(注意:e有两天的时间弹性),工程项目时间缩短为18天,增加直接费用600元,减少间接费用1000元,费用净节约400(1000-600)元。

(5)继续计算经过优化后的工程项目网络时间,找出新的关键线路,这时出现了两条关键线路,即a—b—f和c—d—e—f,时间都是18天。由于有两条关键线路,必须同时缩短两条线路某些工序的时间才能使整个项目的时间缩短。例如,可以同时缩短b和e的时间各1天,使工程项目总工期缩短1天,变成17天。但由于直接费用率为1100(500+600)元,大于所减少的间接费用1000元,所以工程项目总费用净增加100元。因此这种选择是不可行的。是否还有其他选择呢?有。F是两条线路上的共同活动,因此,如果能够缩短活动f的时间1天,增加直接费用800元,减少间接费用1000元,则工程项目总费用减少200(1000-800)元,工程项目时间缩短为17天。至此,如果继续缩短工程项目时间会使总费用增加。我们可以统计一下经过优化后的工程项目的工期和费用变化情况:工程总工期缩短了3天,总费用减少了1300元。

三、时间—资源优化

时间—资源优化是指在一定的工期条件下,通过平衡资源,求得工期与资源的最佳结合。时间—资源优化是一项工作量大的作业,往往难以将工程进度和资源利用都作出合理的安排,常常需要进行几次综合平衡,才能得到最后的优化结果。

时间—资源优化主要靠试算;对于比较简单的问题,可以按以下步骤进行:

(1)根据日程进度绘制线条图。
(2)绘制资源需要动态曲线。
(3)依据有限资源条件和优化目标,在坐标图上利用非关键工序的时差,依次调整超过资源约束条件的工作时期内各项作业的开工时间,直到满足平衡条件为止。

【例10-3】某项工程各道工序的作业时间及每天需要的劳动数量如图10-15所示。在图10-15中,箭线上面的英文字母表示工序,字母右边括号内的数字表示该工序的总时差;箭线下面左边的数字表示工序的作业时间,右边括号内的数字表示该工序每天所需要的劳动力数量。该工程项目作业日程和资源进度初始表如表10-8所示。

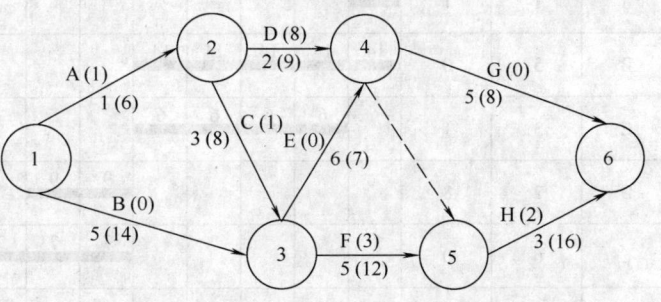

图10-15 某工程项目各道工序时间、所需劳动力数量

从表10-8中可以看出,企业资源进度很不平衡。在第2、第3天,每天需要31个劳动力,资源需要达到最高峰,而在第11、第15、第16天,每天需要劳动力数量为7~8个,资源需要降到谷底。这样大幅度的需求波动,不利于企业对劳动力的组织管理,会增加企业的劳动力成本。因此,如何通过对劳动力在不同工序之间的合理调配,使每天的劳动力需要量与工序作业进度匹配,是时间—资源优化所要实现的目标。其基本方法是:首先,识别关键工序和非关键工序;其次,

通过抽调非关键工序上的劳动力支援关键工序，利用时差适当延长非关键工序的时间（以不超过时差为限）。通过对劳动力资源的重新调配，实现劳动力使用量的基本均衡，如表10-9所示。

表 10-8　工程项目作业日程和资源进度初始表　　　　　　　　　（单位：天）

工序	时间	时差	1	2	3	4	5	6	7	8	9	10	11	12	13	14	15	16
A	1	1	6															
B	5	0	14	14	14	14	14											
C	3	1		8	8	8												
D	2	8		9	9													
E	6	0						7	7	7	7	7	7					
F	5	3						12	12	12	12	12						
G	5	0												8	8	8	8	8
H	3	2												16	16	16		
所需劳动力			20	31	31	22	14	19	19	19	19	19	7	24	24	24	8	8

表 10-9　改进后的工程项目作业日程和资源进度表　　　　　　　（单位：天）

工序	时间	时差	1	2	3	4	5	6	7	8	9	10	11	12	13	14	15	16
A	1	1	6															
B	5	0	14	14	14	14	14											
C	3	1		6	6	6												
D	2	8						9	9									
E	6	0						7	7	7	7	7	7					
F	5	3							12	12	12	12	12					
G	5	0												8	8	8	8	8
H	3	2													12	12	12	12
所需劳动力			20	20	20	20	20	16	16	19	19	19	19	20	20	20	20	20

第四节 非肯定型网络计划

一、非肯定型网络计划方法的特点

前面讨论的网络计划方法有两个特点，即各个活动之间的逻辑关系是确定不变的，只有当紧前活动完成后，紧后活动才能开始，同时，每个活动都有一个确定的完成时间。但实际上，活动间的逻辑关系和活动持续时间往往受各种随机因素的影响，是不确定的，因而需要非肯定型网络计划方法。其中应用最广的是计划评审法和图示评审法，它们与肯定型网络计划技术的区别见表10-10。

表10-10 不同网络计划方法比较表

计划方法	类型	活动的作业时间	活动的流向	逻辑关系
关键路径法（CPM）	肯定型	为确定值	所有活动均由始点流向终点，不允许有环路	所有节点及活动都必须实现（完成）
计划评审法（PERT）	概率型	用期望值表示	所有活动均由始点流向终点，不允许有环路	除以上关系外，条件改变时可预测实现概率
图示评审法（GERT）	随机型	按随机变量分析	活动的流向不受限制，允许有环路存在	节点与活动有不同的逻辑关系，不一定都实现

表10-10显示，CPM及PERT实际都是GERT的特殊情况。当所有活动的流向都一致沿着从起点到终点的方向，没有环路的存在，而且所有活动都要实现时，GERT就变为了PERT；如果每个活动的作业时间等参数值确定不变，那么PERT就变成了CPM。本节主要介绍PERT。

二、项目完成概率分析

为了保证工程项目的按期完成，必须考虑工程在规定的时间内完成的概率，这是计划评审技术的特殊性质，它能使计划人员估计不确定性对完成项目时间的影响，从而为计划管理提供重要的决策资料。

工程项目完成概率分析的步骤如下：

（1）计算各项活动作业时间及标准差。

（2）计算工程总周期的标准偏差。为了估算整个工程按规定日期完成的概率，需要计算工程总周期的标准偏差。其计算公式为

$$\sigma_0 = \sum \sigma$$

式中，σ_0为工程总周期的标准偏差；σ为关键活动的标准偏差。

（3）计算工程完成的概率系数。工程按规定日期完成的概率系数可以通过下面的公式求得

$$T_S = T_K + \lambda \sum \sigma$$

式中，T_S为工程规定的完工日期或目标工期；T_K为工程项目最早可能完成的工期，即关键线路上各项活动平均作业时间的总和；λ为概率系数。

若网络图中有多条关键线路，则$\sum\sigma$不止一个，这时应按下列原则选用：当$T_S-T_K>0$时，选$\sum\sigma$中的最大者；当$T_S-T_K<0$时，选$\sum\sigma$中的最小者。

（4）查正态分布函数表，求工程按规定时间完成的概率$P(\lambda)$。计算结果可能出现以下三种情况：

1）当$P(\lambda)=0$时，表明工程在指定时间内不可能完成，应采取措施压缩作业时间，或者改变规定的完工时间。

2）当$P(\lambda)=1$时，表明工程在指定时间内是可以完成的，而且留有较大余地，即计划工期可以压缩。

3）当$0.30\leqslant P(\lambda)\leqslant 0.70$时，表明工程在计划时间内是可能完成的，而且计划工期规定得比较合适。

【例10-4】表10-11给出了关键线路上各项活动的3种时间估计值及方差，①试计算该工程项目在17天内完成的概率；②若要求工程完成的概率为94.5%，则工期应规定为多少天？

表10-11 网络图中关键活动3种时间估计值及方差

活动代号	活动编号		三种时间估计值			平均时间 $T=(a+4m+b)/6$	方差 $\sigma^2=[(b-a)/6]^2$
	i	j	a	m	b		
A	1	2	1	2.1	2.6	2	2.56/36
D	2	4	1	2.6	6.6	3	31.36/36
F	4	5	3	5.2	6.2	5	10.24/36
I	5	8	3	6.2	8.2	6	27.04/36
						$T_K=16$	$\sum\sigma^2=71.2/36$

解：① 如果计算后关键线路各项活动平均作业时间之和T_K为16天，$\sum\sigma=\sqrt{\dfrac{71.2}{36}}=1.4$，该项目规定完工期限$T_S$为17天，因此，概率系数为

$$\lambda=\dfrac{T_S-T_K}{\sum\sigma}=\dfrac{17-16}{1.4}=0.76$$

按$\lambda=0.76$，查正态分布函数表，求得$P(\lambda)=76.1\%$，即该工程项目按17天完成的概率为76.1%。

② 按$P(\lambda)=94.5\%$，查正态分布函数表，得系数$\lambda=1.6$，代入公式即可求得

$$T_S=T_K+\lambda\sum\sigma=16+1.6\times 1.4=18.24\approx 19(\text{天})$$

即该工程要按94.5%的概率完工，则工期应规定为19天。

小　结

本章主要讲述了网络计划技术的相关内容，其中需要重点掌握的基础知识包括网络图的构成要素、网络图的逻辑表示方法、网络图的绘制方法。网络时间计算也是本章的重要内容，需要掌握网络计划的时间参数的计算。网络计划的优化是掌握基本网络计划技术的提升，本章介绍了时间优化、时间—费用优化、时间—资源优化三种优化方法，其中时间—费

用优化方法需要重点掌握。

思考与练习

思考题

1. 网络图由哪些要素构成？绘制网络图应遵循哪些规则？
2. 网络图为什么要引入虚活动？
3. 什么是关键路线？找到关键路线在管理上有什么重要意义？
4. 双代号网络图和单代号网络图有什么不同？
5. 影响活动时间估计的因素有哪些？
6. 什么是时差？有哪几种时差？它们的区别是什么？
7. 如何计算节点时间？
8. 进行时间—费用优化的原则是什么？
9. 什么是直接费用？什么是间接费用？如何进行时间—资源优化？
10. PERT 与 CPM 的差别是什么？

判断题

1. 在网络图中，关键路线是时间最短的路线。
2. 箭线网络图以箭线表示活动。
3. 箭线网络图应该有且只能有一个起始结点和一个终止结点。
4. 虚活动的主要作用是表明前后活动之间的关系。
5. 活动 i—j 的最早可能开始时间等于事件 i 的最早可能发生时间。
6. 活动 i—j 的最迟必须开始时间等于事件 i 的最迟必须发生时间。
7. 不在关键线路上的活动，其松动时间为零。
8. 要想缩短工期，只能在关键线路上赶工。
9. 一项活动的总时差用完了，则其所有后续活动均无松动余地。
10. 关键线路上的活动，其总时差一定为零。
11. 虚活动在箭线网络图中除了不消耗资源外，在计算网络参数时应像实活动一样对待。
12. 在 PERT 网络中，可能有多条关键线路。

选择题

1. 关于箭线网络图，下列表述正确的是（ ）。
   A. 每条箭线代表一个活动　　B. 节点表示工序的开始或结束
   C. 箭尾表示活动的开始　　　D. 必须含有一个或多个虚活动
2. 在箭线网络图中，（ ）。
   A. 只有一个起始节点，可有多个终止节点
   B. 可有多个起始节点，只有一个终止节点
   C. 只有一个起始节点、一个终止节点
   D. 可有多个起始节点，多个终止节点
3. 虚活动的特点是（ ）。

A. 不消耗资源，但占用一定的时间 B. 表示活动之间的承接关系
C. 在网络图上并不出现 D. 是一批活动的组合

4. 箭线网络图中节点的最迟开始时间（　　）。
A. 等于最迟完成时间 B. 等于最早完成时间
C. 等于最早开始时间 D. 与上述三种时间无关

5. 在箭线网络图中，关键线路是从起始节点到终止节点（　　）。
A. 节点数目最少的线路 B. 节点数目最多的线路
C. 作业数目最多的线路 D. 占用时间最长的线路

6. 某项任务工期的最乐观时间为3天，正常时间为6天，最悲观时间为9天，此任务的预期工期为（　　）。
A. 3天　　　　　B. 6天　　　　　C. 9天　　　　　D. 8.5天

7. 间接费用是随着完成计划任务时间的缩短而呈（　　）。
A. 比例减少　　　B. 比例增加　　　C. 边际递减　　　D. 边际递增

8. 对网络计划进行时间—资源优化时（　　）。
A. 首先考虑调整关键活动
B. 要使资源的分配易于调度
C. 优先考虑调整时差较大的活动
D. 优先保证时差较小活动得到资源

9. 对网络计划进行时间—费用优化时（　　）。
A. 关键线路上的活动时间优先缩短
B. 直接费用变化率大的活动时间优先缩短
C. 压缩活动的作业时间可以超过极限时间为限
D. 以上都是错误的

计算题

1. 已知某项工程的作业程序及作业时间如表10-12所示，试绘制网络图，并根据关键线路确定工程周期，进行活动时差计算。

表10-12　某项工程的作业程序及作业时间

活动名称	紧前工序	活动时间/周
A	—	4
B	—	6
C	A	6
D	B	7
E	B	5
F	C、D	9
G	C、D	7
H	E、F	4
I	G	8

2. 按表10-13提供的资料，①绘制箭线网络图；②计算每项活动的期望时间（单位：

周);③确定项目的期望完工时间;④求出每个节点的时差;⑤找出关键线路,并计算项目在60周内完工的概率。

表 10-13 活动资料

活动名称	紧后活动	a_i	m_i	b_i
A	CD	7	10	12
B	EF	7	10	13
C	G	9	11	13
D	H	8	14	20
E	H	6	15	21
F	JK	12	15	17
G	I	5	10	15
H	JK	6	10	16
I	L	7	9	13
J	L	3	7	11
K	—	12	16	25
L	—	9	15	18

3. 按表 10-14 提供的资料,①按正常条件绘制箭线网络图;②计算事件最早可能发生时间、事件最迟必须发生时间、作业最早可能开工时间、作业最迟必须开工时间,找出关键线路;③已知工期每压缩一周,间接费用减少600元,求在总费用不超过正常工期费用的情况下的最短工期。

表 10-14 活动相关资料 (单位:周)

活动	紧前活动	正常时间	正常条件下的直接费用/元	极限时间	赶工条件下的直接费用/元
A	—	4	1400	3	2200
B	A	6	600	4	1000
C	A	5	1500	3	2700
E	B	8	1300	7	1900
F	B、C	9	1000	7	1800
G	E	5	800	4	1200
H	F	5	3000	3	4600
J	G、H	5	1300	4	2100

案例分析

电动玩具的生产

2011年春节刚过,某电子玩具厂研究所的小张准备开发一种新的电动玩具。王厂长看过他的设计之后认为创意不错,市场前景非常乐观,并当即拍板决定投产。但他对能否赶在"六一"儿童节之前推出新产品没有把握,于是召集有关人员开会进行讨论。

主管生产的副厂长李工根据小张的设计图计算了一下，估计生产周期至少需要120天，他的计算依据见表10-15。

表10-15　新产品开发估计时间

序号	活动名称	估计需要时间/天
1	产品开发决策	2
2	市场调查	10
3	筹资	8
4	确定规模	3
5	修改设计	15
6	设备调查	4
7	物资采购	3
8	工艺准备	20
9	设备采购	10
10	设备安装	8
11	试生产	5
12	生产	20
13	销售准备工作	10
14	投入市场	2
15	合计	120

李工进一步解释说："明天是2月1日，离'六一'儿童节正好还有4个月的时间，如果一天也不休息的话，一共有120天，要是再减去39个休息日，实际工作日才只有81天，缺口太大，靠一般的加工是难以解决的。"

主管经营的副厂长老陈也接茬说："现在顾客的要求越来越高，玩具市场的竞争也越来越激烈，年前我到南方考察了一下，他们新产品开发周期已经缩短到了两个月。如果我们的生产周期还是比他们要长一倍的话，大家迟早都得下岗。"

陈厂长的这一番话，又勾起了大家的讨论，大家七嘴八舌，会场一片嗡嗡声。

过了一会，只见企管科新招聘来的大学生小吴站起来，怯生生地说："关于如何缩短生产周期的事情，我们学过专门的方法，就是将平行作业改为交叉作业，用网络图的形式作计划，还可以采用并行工程的方法，将原来首尾相接、按顺序进行的活动变成并列进行，不必等前一个完成，就可以进行下一个，可以大大缩短生产周期，我们新产品开发也可以考虑采用这种办法。"

王厂长听后宣布会议结果，并强调说，"这次的新产品开发一定要在'六一'儿童节前完成，谁要是砸了企业的饭碗，我就先砸了他的饭碗！"

会后，他将小吴、小张、老陈和李工留下，专门讨论了缩短生产周期的各种可能，并将新产品开发网络图的绘制任务交给了小吴，小吴虽然接受了任务，但心里很忐忑，不知能否完成任务。

问题：

1. 试帮助小吴画新产品开发的网络图，并计算完成任务的生产周期。

2. 如果不能在80天的工作日内完成生产任务，则请对网络计划进行时间优化，使生产周期缩短至80天以下。

第十一章 质量管理

导入案例

从"扁鹊论医"看质量管理

魏文王问名医扁鹊:"你们家兄弟三人,都精于医术,到底哪一位医术最好呢?"扁鹊答道:"长兄最好,中兄次之,我最差。"文王吃惊地问:"你的名气最大,为何反而长兄医术最高呢?"扁鹊惭愧地说:"我扁鹊治病,是治病于病情严重之时。一般人都看到我在经脉上穿针管来放血、在皮肤上敷药等大手术,所以以为我的医术高明,名气因此响遍全国。我中兄治病,是治病于病情初起之时。一般人以为他只能治轻微的小病,所以他的名气只及于本乡里。而我长兄治病,是治病于病情发作之前。由于一般人不知道他事先能铲除病因,所以觉得他水平一般,但在医学专家看来他水平最高。"

质量管理如同医生看病,治标不能忘固本。许多企业悬挂着"质量是企业的生命"的标语,而现实中存在"头疼医头,脚疼医脚"的质量管理误区。造成"重结果轻过程"的现象,是因为结果控制者因为改正了管理错误,得到员工和领导的认可;而默默无闻的过程控制者不容易引起员工和领导的重视。最终导致管理者对预防式的事前控制和事中控制敬而远之。

科技进步、不断变化的市场需求、生产要素价格的不断上涨等迫使企业加快流程运转速度,缩短产品研发周期,降低成本以保持盈利水平。但这样的措施能否让企业保持持久的竞争优势呢?美国著名的质量管理专家朱兰博士说,"21世纪是质量的世纪",他的这句话为企业未来的发展道路指明了方向:在这个"顾客驱动"的时代,面对激烈的市场竞争,企业要求得生存和发展,不仅要有正确的战略决策,更重要的是要有良好的运营管理,特别是质量管理,包括产品质量、工作流程与服务质量的持续提高,只有这样才能提高顾客的满意度和忠诚度,才能真正增强企业的核心竞争力。换言之,质量管理正在成为现代企业运营管理的核心动力,也是企业增强竞争优势的强有力的武器。

本章主要介绍质量管理的相关概念、质量检验与抽样检验方法、统计质量控制的基本原理和ISO9000族质量标准。

第一节 质量管理概述

一、质量管理的发展历史

质量管理的产生历史悠久。我国早在2400多年前,就已有了青铜刀枪武器的质量检验制度。按照质量管理所依据的手段和方式,可以将质量管理理论与实践的发展大致划分为三个阶段:质量检验阶段、统计质量控制阶段和全面质量管理阶段。

(一) 质量检验阶段

1. 操作者质量管理

在20世纪以前,生产方式主要是小作坊形式,工人既是操作者,又是检验者,制造和检验的质量职能统一集中在操作者身上。

2. 工长质量管理

20世纪初,F. W. Taylor 提出了操作者与管理者的分工,建立了"工长制",由工长行使对产品质量的检验权利。这一变化强化了质量检验的职能。

3. 检验员质量管理

随着科技的进步和生产力的发展,企业的生产规模不断扩大,在管理分工的影响下,企业中逐步产生了专职的质量检验岗位、专职的质量检验员和专门的质量检验部门,使质量检验的职能得到了进一步加强。该阶段的质量检验所使用的手段是各种各样的设备和仪表,方式是严格把关,进行百分之百的检验。

在这一阶段,要实施有效的检验,必须对产品是否合格确立一个标准。这里必须提到两个重要的历史事实,一个是产品的标准化问题,另一个是公差界限问题,因为这两个问题的提出和实施为质量管理的进一步发展作了必不可少的技术准备。

所谓标准化问题,是指随着资本主义工业化大生产的发展,工厂工人的劳动生产率几倍、几十倍甚至成百上千倍地高于手工业工人,生产产品的大幅增长要求零部件系列化和标准化,从而达到互换性、大幅度降低成本、提高效率。这一生产要求又促使了精密量具的生产和应用。在18世纪40—50年代,美国的这种标准化生产模式取得了巨大成功,引起了欧洲各工业国家的广泛关注。随着生产的发展,人们实际上已经认识到,一台机器再精密、调试得再准确、操作工人再熟练,但生产出来的产品质量特征不可能只取一个数值,这已由精密量具的使用而得到证明。大约在1840年,美国提出生产者对装配的零部件精密度规定一个公差界限;1870年更加明确地规定,超出公差界限即为不合格品,从而保证装配的零部件的通用性、互换性。公差界限概念的提出,实际上反映了人们追求质量水平和经济性最佳组合的一种新思考。

质量检验从操作者质量管理发展到检验员质量管理,对提高产品质量有很大的促进作用。但随着社会科技、文化和生产力的发展,质量检验阶段存在的许多不足逐渐显现:①事后检验,犹如"死后验尸",没有在制造过程中起到预防和控制作用,即使检验出废品,也是"既成事实",质量问题造成的损失已难以挽回;②全数检验,在大批量的情况下具有经济不合理性,还容易出现错检漏检,既增加了成本,又不能完全保证检验百分之百的准确;③破坏性检验,判断质量与保留产品产生了矛盾。在大批量生产情况下,这些不足尤为突出。

(二) 统计质量控制阶段

"事后检验""全数检验"存在的不足引起了人们的关注,一些质量管理专家、数学家开始注意质量检验的弱点,并设法运用数理统计的原理来解决这些问题。

在20世纪20年代,美国电报电话公司的贝尔(Bell)实验室成立了两个研究组:一个是以休哈特(W. A. Shewhart)博士为首的工序控制组。他们提出了"事先控制,预防废品"的观念,发明了具有可操作性的"质量控制图",出版了《Economic Control of Quality of Manufactured Product》一书(1931年出版,该专著奠定了质量控制理论的基础)。休哈特主张对生产过程的控制，应事先做好生产设备的调试工作、生产环境的整顿工作、技术人员和生产人员的培训工作，并要求生产人员在生产过程中采用规范操作，保证生产过程处于受控状态从而达到稳定的目的。

另一个以道奇（H. F. Dodge）博士为首的产品控制组。道奇和罗米格（H. G. Romig）提出了"产品检查批量允许不合格品率的概念及抽样方案"，后又提出"平均检出质量极限的概念及其抽样方案"，这些方案在贝尔实验室的大批量产品的生产中进行了无数次的应用，表明它是一种十分有效的质量管理方法。1944 年，他们正式公布了"道奇—罗米格抽样方案"，提出了抽样的概念和抽样方法，并设计"抽样检验表"，用于解决全数检验和破坏性检验所带来的问题。

由于当时西方资本主义国家出现了经济衰退，这两套理论的推广受到了一定的影响。直到第二次世界大战，美国需要生产大量军需用品，因而迫切要求进行质量控制，这才使两套质量控制理论得以推广。

20 世纪 40 年代，美国制定了三个战时质量控制标准：AWSZ1.1-1941 质量控制指南、AWSZ1.2-1941 数据分析用控制图法、AWSZ1.3-1942 工序控制图法。

20 世纪 40 年代起，戴明（W. E. Deming）博士把统计质量控制的方法传授给了日本企业，对日本的质量管理作出了巨大贡献。

从质量检验阶段发展到统计质量控制阶段，质量管理的理论和实践都发生了一次飞跃，从"事后把关"变为预先控制，并很好地解决了全数检验和破坏性检验的问题。但是，由于过多地强调了统计方法的作用，忽视了其他方法和组织管理对质量的影响，使人们误认为质量管理就是统计方法，而且这种方法又高深莫测，让人们望而生畏，质量管理成了统计学家的事情，限制了统计方法的推广发展，将质量的控制和管理局限在制造和检验部门，限制了质量管理的范畴。

（三）全面质量管理阶段

促成全面质量管理的因素有：①高、精、尖产品的质量控制要求。人们对产品质量的要求从单纯的使用性能发展为对耐用性、美观性、安全性、可靠性及经济性的全面关注，这对质量管理提出了新的要求。②社会进步带来的观念变革——质量责任。许多国家发起了"保护消费者权益"运动，这就迫使企业更加强化质量管理，该运动成为质量管理理论发展和实践推行的巨大动力。③系统理论和行为科学理论等管理理论的出现和发展。系统分析的观念和方法日趋成熟并广泛应用于生产和管理中，人们认识到质量管理问题不能与外部环境相隔离，而应该把其作为企业管理系统乃至社会大系统的一个子系统，于是联系的观点、制约的观点、沟通的观点在质量管理中被广泛应用。并且，以人为本的观念被充分强调，于是重视人的积极因素、调动人的积极因素、组织员工的广泛参与成为质量管理中被广泛接受的理念，并充分应用于实践当中。④国际市场竞争加剧。随着国际贸易的发展、市场竞争尤其是国际市场竞争的加剧，质量已成为企业竞争的核心要素，各国企业都十分重视产品责任和质量保证问题，不断强化质量管理，生产可靠的产品，以确保用户需求得到满足。

基于此，美国通用电气公司（GE）质量总经理费根鲍姆（A. V. Feigenbaum）和著名的质量管理专家朱兰（J. M. Juran）等人在 20 世纪 60 年代先后提出了"全面质量管理"的概念，开创了质量管理的一个新时代。

1961 年，费根鲍姆（A. V. Feigenbaum）出版了《Total Quality Control》（简称 TOC）一

书，指出"全面质量管理是为了能够在最经济的水平上和充分考虑满足用户要求的条件下进行市场研究、设计、生产和服务，把企业各部门的研制质量、维持质量和提高质量的活动融合成为一个整体的有效体系"，提出全面质量管理的概念。

TQC强调：①质量管理仅靠检验和统计控制方法是不够的，解决质量问题的方法和手段是多种多样的，必须有一整套的组织管理工作；②质量职能是企业全体人员的责任，企业全体人员都应具有质量意识并承担质量责任；③质量问题不限于产品的制造过程，解决质量问题也是如此，应该在产品质量的产生、形成、实现的全过程中都实施质量管理；④质量管理必须综合考虑质量、价格、交货期和服务，而不能只考虑狭义的产品质量。

二、质量管理术语

2000版ISO9000族标准对质量管理中的重要术语进行了标准定义，现摘录如下：

1. 质量

质量是指一组固有特性满足要求的程度。

由上述定义可知：

（1）质量可存在于各个领域或任何事物中，质量不仅指产品质量，也可以指某项活动或过程的工作质量，还可以指质量管理体系运行的质量。

（2）质量由一组固有特性组成，这些固有特性是指满足顾客和其他相关方要求的特性，是指某事或某物本来就有的特性。它是通过产品、过程或体系设计和开发及其后实现过程形成的属性，如准确性、可靠性等。

（3）满足要求是指满足明确（如有明确规定的）、隐含（如公认的惯例、通常的习惯等）或必须履行的需要和期望（如法律法规、行业规则等）。通常，以固有特性满足要求程度来评定事务质量的优劣。

2. 过程

过程是一组将输入转化为输出的相互关联或相互作用的活动。

过程是质量活动的基本单元。过程由三个基本要素组成：输入、输出和活动。

过程有以下几个特点：

（1）过程的输入通常是其他过程的输出。

（2）为了增值通常对过程进行策划并使其在受控条件下完成。

（3）对于对形成的产品是否合格不易或不能经济地进行验证的过程，通常称之为"特殊过程"。

3. 产品

产品是指过程的结果。

许多产品由不同类别的产品构成，服务、软件、硬件或流程性材料的区分取决于其主导成分。例如，汽车硬件（如轮胎）、流程性材料（如燃料、冷却液）、软件（如发动机控制软件、驾驶员手册）和服务（如销售人员所做的操作说明）等组成。

因此，可将产品分为下述四种通用的产品：

（1）服务。服务通常是无形的，并且是在供方和顾客接触面上至少需要完成一项活动的结果。服务的提供可涉及：①在顾客提供的有形产品（如维修的汽车）上所完成的活动；②在顾客提供的无形产品（如为准备税款申报书所需的收益表）上所完成的活动；③无形产品的交付（如知识传授方面的信息提供）；④为顾客营造氛围（如在宾馆和饭店）。

（2）软件。软件由信息组成，通常是无形产品并以方法、论文或程序的形式存在。

（3）硬件。硬件通常是有形产品，其量具有计数的特性。

（4）流程性材料。流程性材料通常是有形产品，其量具有连续的特性。

4．不合格

不合格是指产品未满足要求。

合格与否的判定依据是"要求"，即"明示的、通常隐含的或必须履行的需求或期望"，这反映了质量的概念从原来的符合性质量提升为适用性质量。此外，不合格的定义通用性很强，不仅适用于硬件产品，也适用于服务业产品，还适用于过程质量或体系质量的评定。当产品的特性未满足顾客的要求时，构成不合格品。当过程或体系未满足要求时，构成不合格项。

5．缺陷

缺陷是指产品未满足与预期或规定用途有关的要求。

由缺陷的定义可知：

（1）区分术语缺陷和不合格是很重要的，因为其中涉及法律内涵，特别是与产品责任问题有关。因此，术语"缺陷"应慎用。

（2）顾客希望的预期用途可能受供方信息内容的影响，如所提供的操作或维护说明。

缺陷与不合格既有联系，又有区别。两者都与未满足要求有关。但是不合格定义中所提的"要求"是指"明示的、通常隐含的或必须履行的需求或期望"，包含多方面内容，当然也包括"与预期或规定用途有关的要求"。而缺陷仅指未满足其中特定的（与预期或规定用途有关的）要求，如与人身财产安全有关的要求。可见，"缺陷"是一种特定范围内的"不合格"。缺陷的判定往往需要具体情况具体分析，有时还需要第三方的介入。

6．质量管理

质量管理是指确定质量方针、目标和职责，并通过质量体系中的质量策划、质量控制、质量保证和质量改进来使其实现所有管理职能的全部活动。定义中几个主要术语的含义是：

（1）质量体系是指为实现质量管理而需具备的组织机构、职责、程序、过程和资源。

（2）质量控制是指为满足质量要求所采取的作业技术和活动。

（3）质量保证是指为使人们确信某实体能满足质量要求，在质量体系内所开展的并按需要进行证实的有计划和有系统的全部活动。

（4）质量改进是质量管理的一部分，它致力于增强满足质量要求的能力。质量改进的目的在于增强组织满足质量要求的能力。

第二节　统计质量控制

质量管理专家朱兰认为，统计质量管理是为了最经济地生产最有用的且有人购买的产品，而在生产的所有阶段中应用统计手段。确切地说统计质量管理是统计方法在质量管理活动中的应用，它能帮助我们进行产品质量的定位和设计，并在加工过程中帮助我们发现质量状态及其变动，防止不合格品出厂。可以说，现代质量管理主要就是从引进统计方法开始的。

一、质量管理的统计控制方法

统计质量控制方法以 1924 年美国的休哈特提出的控制图为起点,经过 90 多年有了很大发展,现在包括很多种方法。这些方法可大致分为以下三类:

1. 常用的统计管理方法

常用的统计管理方法又称为初级统计管理方法,主要包括直方图法、控制图法、因果图法、排列图法、散布图法和分层法等。运用这些方法,可以从经常变化的生产过程中系统地收集与产品质量有关的各种数据,并用统计方法对数据进行整理、加工和分析,进而画出各种图表,计算某些数据指标,从中找出质量变化的规律,实现对质量的控制。日本著名的质量管理专家石川馨曾说过,企业内 95% 的质量管理问题可通过企业上上下下全体人员活用这些方法而得到解决。全面质量管理的推行,也离不开企业各级、各部门人员对这些方法的掌握。

2. 中级统计管理方法

中级统计管理方法包括抽样调查方法、抽样检验方法、功能检查方法和实验计划法等。这些方法不一定要企业全体人员都掌握,主要是有关技术人员和质量管理部门的人员使用。

3. 高级统计管理方法

高级统计管理方法包括高级实验计划法、多变量解析法等。这些方法主要用于复杂的工程解析和质量解析,而且要借助于计算机,通常只有专业人员使用这些方法。

统计质量管理方法是进行质量控制的有效工具,但在应用中必须注意以下几个问题,否则就达不到应有的效果:

(1) 数据有误。数据有误可能由两种原因造成,一种是人为地使用有误数据,另一种是未真正掌握统计方法。

(2) 数据的采集方法不正确。如果抽样方法本身有误,则其后的分析方法再正确也是无用的。

(3) 数据的记录、抄写有误。

(4) 异常值的处理。在生产过程取得的数据中通常含有一些异常值,若不进行合理的处理,它们会导致分析结果有误。

二、常用的统计质量控制方法

(一) 直方图法

1. 直方图的用途

直方图法是把数据的离散状态分布用竖条在图表上标出,以帮助人们根据显示出的图样变化,在缩小的范围内寻找出现问题的区域,从中得知数据平均水平偏差并判断总体质量分布情况。

2. 直方图的画法

下面举例说明直方图绘制方法。

【例 11-1】某厂生产某种滚珠,要求直径 x 为 15.0 ± 1.0 mm,试用直方图对生产过程进行统计分析。

解: 具体分析步骤如下:

（1）收集数据。在5M1E（人、机、物、法、测量和生产环境）充分固定并加以标准化的情况下，从该生产过程收集n个数据。n应不小于50，最好在100以上。本例测得50个滚珠的直径如表11-1所示。

表11-1 50个滚珠样本直径

I\J	1	2	3	4	5	6	7	8	9	10
1	15.0	15.8	15.2	15.1	15.9	14.7	14.8	15.5	15.6	15.3
2	15.1	15.3	15.0	15.6	15.7	14.8	14.5	14.2	14.9	14.9
3	15.2	15.0	15.2	15.6	15.2	14.9	14.2	14.6	15.8	15.2
4	15.9	15.2	15.0	14.9	14.8	14.5	15.1	15.5	15.5	15.5
5	15.1	15.0	15.3	14.7	14.5	15.5	15.0	14.7	14.6	14.2

（2）找出数据中的最大值L、最小值S和极差R。

$$L = 15.9, \quad S = 14.2, \quad R = S - L = 1.7 \tag{11-1}$$

区间$[S, L]$称为数据的散布范围。

（3）确定数据的大致分组数k。分组数可以按照经验公式$k = 1 + 3.322\lg n$确定。本例取$k = 6$。

（4）确定分组组距h。

$$h = \frac{R}{k} = \frac{1.7}{6} = 0.3 \tag{11-2}$$

（5）计算各组上下限。首先确定第一组下限值，应注意使最小值S包含在第一组中，且使数据观测值不落在上、下限上。故第一组下限值取为$S - \frac{h}{2} = 14.2 - 0.15 = 14.05$。

然后依次加入组距h，便可得各组上下限值。第一组的上限值为第二组的下限值，第二组的下限值加上h为第二组的上限值，其余依此类推。各组上下限值见表11-2。

表11-2 频数分布表

组序	组界值	组中值b_i	频数f_i	频率p_i
1	14.05 ~ 14.35	14.2	3	0.06
2	14.35 ~ 14.65	14.5	5	0.10
3	14.65 ~ 14.95	14.8	10	0.20
4	14.95 ~ 15.25	15.1	15	0.32
5	15.25 ~ 15.55	15.4	9	0.16
6	15.55 ~ 15.85	15.7	6	0.12
7	15.85 ~ 16.15	16.0	2	0.04
合计			50	1

（6）计算各组中心值b_i、频数f_i和频率p_i。

$$b_i = (第i组下限值 + 第i组上限值)/2$$

频数f_i就是n个数据落入第i组的数据个数。

$$p_i = f_i/n$$

（7）绘制直方图。以频数（或频率）为纵坐标，以数据观测值为横坐标，以组距为底边，以数据观测值落入各组的频数（或频率）为高，画出一系列矩形，这样得到的图形就为频数（或频率）直方图，简称直方图，如图11-1所示。

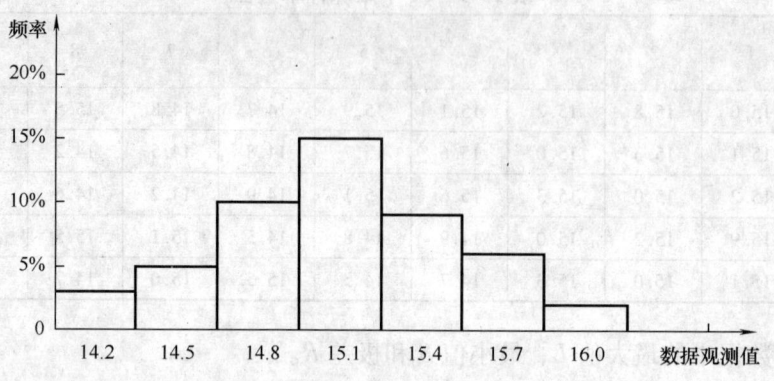

图 11-1　某种滚珠直径尺寸直方图

3. 直方图的观察与分析

从直方图可以直观地看出产品质量特性的分布形态，便于判断生产过程是否处于控制状态，以决定是否采取相应措施。直方图从分布类型上来说，可以分为正常型和异常型。正常型是指整体形状左右对称的图形，此时过程处于稳定状态（统计控制状态），如图11-2a所示。如果是异常型，就要分析原因，加以处理。常见的异常型主要有六种：

（1）双峰型（见图11-2b）：直方图出现两个峰。这主要是由观测值来自两个总体，两个分布的数据混合在一起造成的。此时数据应加以分层。

（2）锯齿型（见图11-2c）：直方图出现凹凸不平现象。这是由作直方图时数据分组太多，测量仪器误差过大或观测数据不准确等造成的。此时应重新收集和整理数据。

（3）陡壁型（见图11-2d）：直方图像峭壁一样向一边倾斜。出现这种情况的主要原因是进行全数检查时用剔除了不合格品的产品数据作直方图。

（4）偏态型：（见图11-2e）：直方图的顶峰偏向左侧或右侧。当公差下限受到限制（如单侧形位公差）或进行如孔加工等生产活动时，直方图容易偏左；当公差上限受到限制或进行如轴外圆加工等生产活动时，直方图容易呈现偏右形态。

（5）平台型（见图11-2f）：直方图顶峰不明显，呈平顶型。出现这种情况的主要原因是多个总体混合在一起，或者生产过程中某种缓慢的倾向在起作用（如工具磨损、操作者疲劳等）。

（6）孤岛型（见图11-2g）：在直方图旁边有一个独立的"小岛"出现。出现这种情况的主要原因是生产过程中出现异常情况，如原材料发生变化或突然变换不熟练的工人。

（二）控制图

控制图是对生产过程中产品质量状况进行实时控制的统计工具，是质量控制中最重要的方法。人们对控制图的评价是："质量管理始于控制图，也终于控制图"。控制图主要用于分析判断生产过程的稳定性，及时发现生产过程中的异常现象，查明生产设备和工艺装备的实际精度，为评定产品质量提供依据。

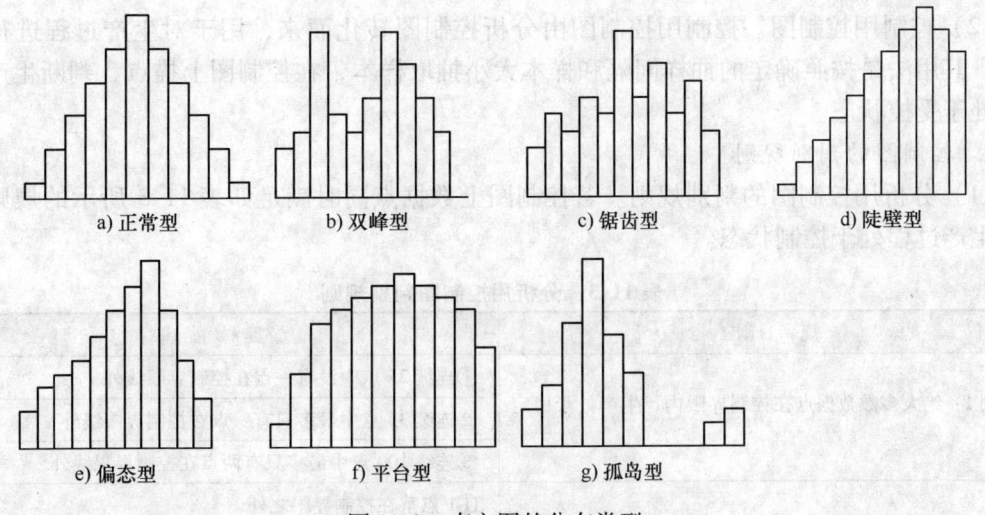

图 11-2 直方图的分布类型

控制图的基本样式如图 11-3 所示。横坐标为样本序号,纵坐标为产品质量特性,图中的三条平行线分别为实线 CL——中心线,虚线 UCL——上控制界限线,虚线 LCL——下控制界限线。在生产过程中,定时抽取样本,把测得的数据点一一描在控制图中。

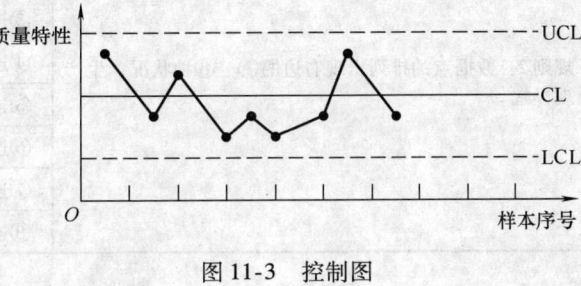

图 11-3 控制图

如果数据点落在两条控制界限线之间,且排列无缺陷,则表明生产过程正常,生产过程处于控制状态;否则表明生产过程发生异常,需要对过程采取措施,加强管理,使生产过程恢复正常。

1. 控制图的设计原理

(1) 正态性假设。控制图假定质量特性值在生产过程中的波动服从正态分布。

(2) 3σ 准则。若质量特性值 X 服从正态分布 $N(\mu, \sigma^2)$,根据正态分布概率性质,有

$$P\{\mu - 3\sigma < X < \mu + 3\sigma\} = 99.73\% \tag{11-3}$$

即 $(\mu - 3\sigma, \mu + 3\sigma)$ 是 X 的实际取值范围。根据这个原理,若对 X 设计控制图,则中心线 $CL = \mu$,上下控制界限线分别为 $UCL = \mu + 3\sigma$,$LCL = \mu - 3\sigma$。

(3) 小概率原理。小概率原理是指小概率的事件一般不会发生。由 3σ 准则可知,数据点落在控制界限线以外的概率只有 0.27%。因此,在生产过程正常的情况下,质量特性值是不会超出控制界限线的,如果超出,则认为生产过程发生了异常变化。

2. 控制图的基本种类

按照用途的不同,可以将控制图分为分析用控制图和控制用控制图。

(1) 分析用控制图。分析用控制图用于分析生产过程是否处于统计控制状态。若经过分析,发现生产过程处于控制状态且满足质量要求,则把分析用控制图转化为控制用控制图;若经过分析,发现生产过程处于非统计控制状态,则应查找原因并消除不良因素的影响。

（2）控制用控制图。控制用控制图由分析控制图转化而来，用于对生产过程进行连续监控。其用法是按照确定的抽样间隔和样本大小抽取样本，在控制图上描点，判断生产过程是否处于受控状态。

3. 控制图的判别规则

（1）分析用控制图的判别规则。若控制图上数据点同时满足如表11-3所示的规则，则认为生产过程处于控制状态。

表11-3 分析用控制图判别规则

规　　则	具　体　描　述
规则1：绝大多数数据点在控制界限内，生产处于稳定状态	①连续25点中没有一点在控制界限线外
	②连续35点中最多只有一点在控制界限线外
	③连续100点中最多只有两点在控制界限线外
规则2：数据点的排列出现右边的①~⑧种状况，生产出现异常	①1点落在控制界限之外
	②连续9点落在中心线同一侧
	③连续6点递增或递减
	④连续14点中相邻点上下交替
	⑤连续8点在中心线两侧，且无一在-6与6之间
	⑥连续15点在$-\sigma$与σ之间
	⑦连续3点中有2点落在中心线同侧2σ与3σ之间
	⑧连续5点中有4点落在中心线同侧σ与3σ之间

（2）控制用控制图的判别规则。如果控制用控制图的数据点同时满足下列规则，则认为生产过程处于统计控制状态：规则1：每一个数据点均落在控制界限内；规则2：控制界限内数据点的排列无异常情况。

4. 控制图的制作与判别

下面以均值—极差控制图为例说明控制图的制作与分析方法。均值—极差控制图是 $\bar{x}$ 图（均值控制图）和 R 图（极差控制图）联合使用的一种控制图，前者用于判断生产过程是否处于或保持在所要求的受控状态，后者用于判断生产过程的标准差是否处于或保持在所要求的受控状态。

【例11-2】某厂生产一种零件，该种零件的长度要求为 49.50 ± 0.10 mm，生产过程质量要求为过程能力指数不小于1。为对该过程实施连续控制，试设计均值—极差控制图。

解：步骤1，收集数据并加以分组。

每隔2h从生产过程中抽取5个零件，测量其长度，形成一个容量为5的样本，共收集25个样本。

步骤2，计算每个样本的均值 $\bar{x}$ 和极差 R。

$$\bar{x} = \frac{1}{n}\sum_{i}^{n} x_i$$

$$R = x_{max} - x_{min}, \quad i = 1, 2, \cdots, k \tag{11-4}$$

计算结果如表11-4所示。

表 11-4 某零件长度各组均值和极差

组号	1	2	3	4	5	6	7	8	9	10	11	12	13
均值	49.49	49.52	49.50	49.50	49.53	49.51	49.50	49.50	49.51	49.53	49.50	49.51	49.49
极差	0.06	0.07	0.06	0.06	0.11	0.12	0.10	0.06	0.12	0.09	0.11	0.06	0.07
组号	14	15	16	17	18	19	20	21	22	23	24	25	
均值	49.53	49.49	49.50	49.51	49.51	49.50	49.50	49.52	49.50	49.50	49.50	49.52	
极差	0.10	0.09	0.05	0.07	0.06	0.05	0.08	0.10	0.06	0.09	0.05	0.11	

步骤3，计算总均值和极差的平均值。

$$\bar{\bar{x}} = \frac{1}{k}\sum_{i=1}^{k}\bar{x}_i = 49.5068$$

$$\bar{R} = \frac{1}{k}\sum_{i=1}^{k}R_i = 0.800 \tag{11-5}$$

步骤4，计算控制界限。

$\bar{x}$ 图的控制界限为

$$\mathrm{UCL} = \bar{\bar{x}} + A_2\bar{R} = 49.5068 + 0.577 \times 0.800 = 49.5530$$
$$\mathrm{CL} = \bar{\bar{x}} = 49.5068 \tag{11-6}$$
$$\mathrm{LCL} = \bar{\bar{x}} - A_2\bar{R} = 49.5068 - 0.577 \times 0.800 = 49.4606$$

R 图的控制界限为

$$\mathrm{UCL} = D_4\bar{R} = 2.115 \times 0.0800 = 0.1692$$
$$\mathrm{CL} = \bar{R} = 0.0800 \tag{11-7}$$
$$\mathrm{LCL} = D_3\bar{R} < 0$$

在式（11-6）和式（11-7）中，A_2、D_4、D_3 均可从相关控制图系数表中查出：当 $n=5$ 时，$A_2 = 0.577$，$D_3 < 0$，$D_4 = 2.115$。

步骤5，制作控制图。

根据各样本的均值和极差在控制图上描点，如图11-4所示。

步骤6，分析生产过程是否处于控制状态。

利用表11-3的规则进行判断，可知生产过程处于统计控制状态。

5. 控制图几种常见的图形及原因分析

在使用控制图时，除了根据表11-3的判断规则对生产过程进行正确判断以外，下面所列的几种观察和分析方法也是十分重要的。

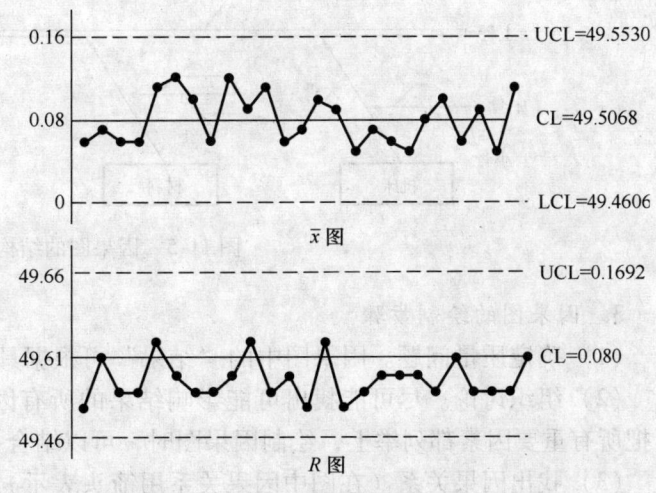

图 11-4 零件长度的均值—极差控制图

（1）数据点出现上、下循环移动的情形。对于 $\bar{x}$ 图，其原因可能是季节性的环境影响或操作人员的轮换；对于 R 图，其原因可能是维修计划安排上的问题或操作人员的疲劳。

（2）数据点出现朝单一方向变化的趋势。对于 $\bar{x}$ 图，其原因可能是工具磨损，设备未按期进行检验；对于 R 图，其原因可能是原材料的质地不均匀（变好或变坏）。

（3）连续若干点集中出现在某些不同的数值上。对于 $\bar{x}$ 图，其原因可能是工具磨损，设备未按期进行检验；对于 R 图，其原因可能是原材料的质地不均匀（变好或变坏）。

（4）太多的数据点接近中心线。若数据点中连续 15 点以上落在中心线 $\pm\sigma$ 的带型区域内，这是小概率事件，该情况也应判为异常。出现的原因可能是控制图使用太久没有加以修改而失去了控制作用，或者数据不真实。

（三）因果图

1. 因果图的概念

因果图是描述、整理、分析质量问题（结果）与影响质量的因素（原因）之间关系的图，因其形状如鱼刺，故又称为鱼刺图。通过对影响质量的因素进行全面系统地整理和分析，可为明确影响质量的因素与质量问题之间的因果关系、找出解决问题的途径提供有力支持。

2. 因果图的结构

因果图的结构如图 11-5 所示。

（1）结果。结果表示期望进行改善、追查和控制的对象。

（2）原因。原因表示可能对结果产生影响的因素。

（3）鱼骨。鱼骨表示原因与结果、原因与原因之间的关系。中央的枝干为主骨。从主骨两边依次展开的枝干为大骨（直接原因），从大骨两侧展开的枝干为中骨（间接原因），从中骨两侧展开的枝干为小骨（造成间接原因的上一层原因），用单箭头表示。

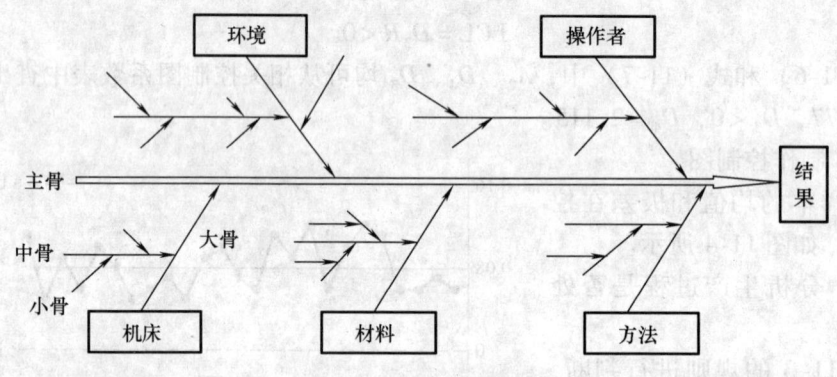

图 11-5　因果图的结构

3. 因果图的绘制步骤

（1）确定质量问题。因果图中的"结果"可根据具体需要来选择。

（2）组织讨论。尽可能找出可能影响结果的所有因素。由于因果图是一种枚举法，为了把所有重要因素都列举上，绘制因果图时，可以结合头脑风暴法，畅所欲言，集思广益。

（3）找出因果关系（在图中因果关系用箭头表示）。首先，将质量问题写在纸的右侧，从左向右画箭头（主骨），将结果用方框框上。然后，列出影响结果的主要原因作为大骨，也用方框框上。列出影响大骨（主要原因）的原因，即第二层次原因，作为中骨；再用小骨列出影响中骨的第三层次原因，以此类推，展开到可制定具体对策为止。

（4）根据对结果影响的程度，将对结果有显著影响的重要原因用明显的符号表示。
（5）在因果图上标出有关信息，如标题、绘制人、绘制时间等。
（6）在因果图上标明有关资料，如产品、工序和小组名称、参加人员、日期等。

（四）排列图

1. 排列图的概念

排列图也称巴雷特图，其思想是：由于大多数质量损失往往是由少数质量问题引起的，这些质量问题又由少数原因引起，因此，明确了"关键的少数"，就可以集中资源解决这些问题，避免由此引发大量损失。用排列图可以高效、形象地展现出这些"关键的少数"问题。

2. 排列图的绘制步骤

（1）确定所要调查的问题和收集数据。
（2）设计一张数据记录表，将数据填入表中，并计算合计栏。
（3）作排列图用数据表，表中列有各项不合格的数据、累计不合格数、各项不合格数所占百分比以及累计百分比。
（4）按数量的大小顺序将数据填入数据表中。"其他"项的数据由许多数据很小的项目合并在一起，将其列在最后，而不必考虑其他项的数据是多大。
（5）画两根纵轴和一根横轴。左边纵轴标上件数（频数）的刻度，最大刻度为总件数（总频数）。右边纵轴标上比率（频率）的刻度，最大刻度为100%。在横轴上按频数大小从大到小依次列出各项。
（6）在横轴上按频数大小画出直方柱。
（7）在每个直方柱上方，标上累计值（累计频数和累计频率百分数），描点并用直线连接，绘制累计百分数曲线（巴雷特曲线）。

【例11-3】某服装厂缝制车间检查了一批服装，不合格项目为断线72件、棱角不好12件、做工不一致117件、脏污3件、线不直23件、对称不够8件、其他问题的5件，试绘制排列图，从图中能否发现造成本批服装不合格的主要原因？

表11-5为服装不合格品排列图用数据表，根据表11-5中的数据，制作了如图11-6所示的服装不合格品排列图。由图11-6可知，造成本批服装不合格的主要原因是做工不一致和断线。

表11-5 服装不合格品的数据表

项目	频数/件	累积频数	累积频率
做工不一致	117	117	48.8%
断线	72	189	78.8%
线不直	23	212	88.3%
棱角不好	12	224	93.3%
对称不够	8	232	96.7%
脏污	3	235	98%
其他	5	240	100%
合计	240	240	100%

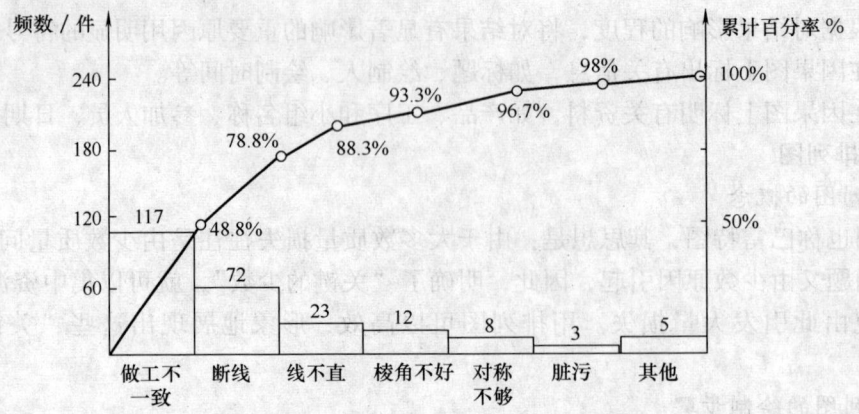

图 11-6　服装不合格品的排列图

（五）散布图

1．散布图的概念

散布图又称散点图、相关图，是表示两个变量之间相互关系的图表。散布图的横坐标通常表示原因特性值，纵坐标表示结果特性值，交叉点表示它们的相互关系。制作散布图的目的是分析一个质量特征和一个可能原因因素之间的联系。

2．散布图的绘制步骤

（1）收集成对数据 (X, Y)。

（2）标明 X 轴和 Y 轴。

（3）找出 X 和 Y 的最大值和最小值，并用这两个值标定横轴 X 和纵轴 Y。

（4）描点（当两组数据值相等，即数据点重合时，可围绕数据点画同心圆）。

（5）判断（分析研究点子云的分布状况，确定相关关系的类型）。

3．散布图的相关性判断

散布图一般采用象限判断法来判断两个变量之间的相互关系。其判断步骤为：

（1）在散布图上画一条与 Y 轴平行的中值线 f，使 f 线的左、右两边的点子数大致相等；在散布图上画一条与 X 轴平行的中值线 g，使 g 线的上、下两边的点子数大致相等。如图 11-7 所示。

（2）f、g 两条线把散布图分成 4 个象限区域 Ⅰ、Ⅱ、Ⅲ、Ⅳ。分别统计落入各象限区域内的点子数 n。

（3）判断规则：若 $n_Ⅰ + n_Ⅲ > n_Ⅱ + n_Ⅳ$，则判为正相关；若 $n_Ⅰ + n_Ⅲ < n_Ⅱ + n_Ⅳ$，则判为负相关。

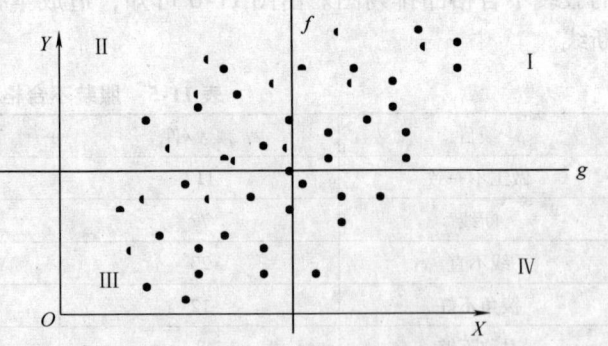

图 11-7　散布图的相关性判断

（六）分层法

1．分层法的概念

分层法是根据产生数据的特征（何人、何处、何种方法、何种设备等）将数据划分成若干组的方法，即将数据分门别类。

2. 常见的分层方法

常见的分层方法有：①按操作者或作业方法分层；②按机器设备分层；③按原料分层；④按时间分层；⑤按作业环境状况分层。

3. 分层法的应用步骤

（1）收集数据。
（2）根据不同的目的，选择分层标志。
（3）根据不同分层标志对数据进行分层。
（4）按层归类统计。
（5）画分层统计图表或对分层进行统计分析。

（七）检查表

1. 检查表的概念

检查表是以简单的数据、用容易理解的方式制成的图形或表格。必要时要填入规定的检查记号，并加以统计整理，作为进一步分析或核对检查之用。

2. 检查表的绘制步骤

（1）确定检查的项目。
（2）确定检查的频率。
（3）确定检查的人员及方法。
（4）确定相关条件的记录方式，如作业场所、日期、工程等。
（5）确定绘制检查表格式，如图形或表格。
（6）确定填写检查记录的符号，如正、+、△、*、○等。

3. 常用的检查表

常用的检查表有以下几种：

（1）不合格项检查表。表11-6是某产品最终检验的检查表。每发现一个不合格项，检验员就画一个标记。通过不合格项检查表，可获得质量改进的重要线索。

表11-6 某公司货物入库验收检验不合格项检查表

品名：	时间：
运输公司：	库房：
不良种类：不合格	检查组：
检验员：	检验总数：500箱×20袋
货物批号：2D9	
备注：全数检查	合同号：B0001

不良种类	检　　验	小　　计
外包装破损	正正正正正	25
内包装破损	正正正	15
霉变	正正	10
水渍	正正丅	12
碎裂	正正	10

（2）不合格位置检查表。不合格位置检查表对解决这类问题很有效。这种检查表常在检查表中所附的产品草图上标记各类不合格的位置，如表11-7所示。

表 11-7 汽车车身喷漆质量不合格位置检查表

车型		检查部位	车身
工序		检查人	
检查目的	喷漆缺陷	检查件数	872

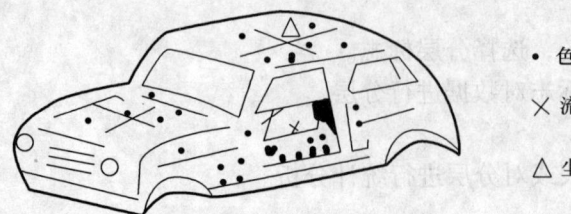

- ● 色斑
- × 流漆
- △ 尘粒

第三节　质量检验与抽样检验

一、全数检验与抽样检验

1. 全数检验

所谓全数检验,就是对全部产品逐个地进行测定,从而判定每个产品合格与否,其处理对象是每个产品。它是一种沿用已久的检验方法,又称为全面检验、100%检验,简称全检。

当检验费用较低且对产品的合格与否比较容易鉴别时,全检不失为一种比较适用的检验方法。特别是随着检测手段的现代化,许多检验方法都有向全检发展的趋势。然而,采用全检也存在着一些问题:

(1) 现代化生产数量多、速度快、要求高,若采用全检,必须增加人员、添置设备、多设站点,这些都会降低生产的适应性。

(2) 在有限的人力条件下全检工作量很大,为了提高效率,势必缩短每个产品的检验时间或减少检验项目,这将降低产品质量的保证程度。

(3) 全检也存在着错检、漏检。在一次全检过程中,平均只能检出 70% 的不合格品。检验误差与批量大小、不合格品率高低、检验技术水平和责任心强弱等因素有关。

(4) 全数检验不能应用于破坏性检测等一些试验费用十分高昂的检验。

(5) 对价值低、批量大的产品采用全数检验显得不经济。

2. 抽样检验

抽样检验简称抽检是相对于全数检验而言的。这种检验方法不是逐个地检验作为总体的检验批中的所有单位产品,而是按照规定的抽样方案和程序从总体中随机抽取部分单位产品组成样本,将对样本逐个测定所得的结果与标准比较,最后对检验批作出接受或拒收判定的一种检验方法。简而言之,抽样检验就是按照规定的抽样方案,随机地从一批或一个过程中抽取少量个体进行的检验。

由于抽检的检验量少,所需人员较少,管理也不复杂,因而检验费用低,较为经济,也有利于集中精力抓好关键质量。从逐件判定发展到逐批判定,对检验工作来讲,无疑是一个很大的改革。由于是逐批判定,对供货方提供的产品可能是成批拒收,这样能够起到刺激供货方加强质量管理的作用。但是,抽检也存在一些缺点:①经抽检合格的产品批中,混杂一定数量的不合格品,抽检存在着一个错判风险;②抽检前要设计方案,增加了计划工作和文件编制工作负担;③抽检所提供的质量情报比全检少。

二、检验方法的选择

必须采用全检的场合是:对精密、重型、贵重的关键产品的检验;当在产品中掺杂一个不合格品将造成致命后果时,即使费用再大,也必须采用全检。

有利于采用全检的场合是:单件小批量生产的产品的检验;数量少且检查项目不多,而检验费用又较低时;能够采用自动化检验方法的产品的检验;对影响产品质量的重要特性项目以及对质量要求较高的产品,即使采用自动化检验,也需要以全检作为补充检查手段;对于不稳定的工序,将通过全检杜绝不合格品的流出。

必须采用抽检的场合是:破坏性检验;测定对象是连续体,如胶片、纸张、酒精等;均质物料的化学分析等。

有利于采用抽检的场合是:量多、价值低产品的检验;检验项目较多,希望检验费用较少;希望刺激生产方提高质量;督促厂方加强工序管理;作为工序控制的检查。

三、抽样检验的分类

按照质量特性值的性质以及供购双方的需要,抽检方案可分为如下两类:

1. 计数抽检方案

计数抽检方案是指根据规定的要求,用计数方法衡量产品质量特性,把样本中的单位产品区分为合格品与不合格品(计件),或计算单位产品的缺陷数(计点),将测定结果与判定标准比较,最后对其作出接受或拒收判定而制定的抽检方案。其优点是:由于它仅仅把产品区分为合格与不合格,故手续简便,费用较少;且它无需预先假定分布规律。

2. 计量抽检方案

凡对样本中的单位产品的质量特性进行直接定量计测,并用计量值作为判定标准的抽检方案都称为计量抽检方案。这类方案具有如下优点:计算检验提供的信息多,判定明确,一般更适用于对关键质量特性的检验。

四、抽样检验的方法

抽样检验的方法有四种:简单随机抽样、系统随机抽样、分层随机抽样和整群随机抽样。

1. 简单随机抽样

简单随机抽样是指一批产品共有 N 件,其中任意 n 件产品都有同样的可能性被抽到,如抽奖时的摇奖就是一种简单的随机抽样。简单随机抽样时必须注意不能有意识地抽取好的或差的,也不能为了方便只抽取表面摆放的或容易抽到的。

简单随机抽样的优点是:方法简单直观,由于总体中每个个体抽取的概率相等,计算抽样误差及对总体参数加以推断比较方便;其缺点是:抽样程序比较复杂,在实际工作中,真正做到总体中每个个体被抽到的机会完全一样是不容易的。

2. 系统随机抽样

系统随机抽样也称机械随机抽样或等距随机抽样,即将总体单位按某一标志(如时间)

排序，然后按一定间隔来随机抽取样本单位。例如，要从 100 件产品中抽取 10 件产品组成一个样本，首先要将 100 件产品按某一标志排序，顺序编号为 1～100；然后用抽签或查随机数表的方法确定 1～10 号中入选样本的编号（假定为 4 号）；然后按等距原则依次确定入选样本的产品编号为 14、24、34、44、54、64、74、84、94；最后由编号为 4、14、24、34、44、54、64、74、84、94 的 10 件产品组成样本。

系统随机抽样的优点是：实施方便，同时能够保证样本对总体的代表性，适合大批量生产的流水线上产品的抽查；缺点是：若总体单位排序后呈现一定的规律性甚至周期性，而抽样间隔的周期正好与之吻合，则会产生系统性的偏差。

3. 分层随机抽样

分层随机抽样是指针对不同类产品有不同的加工设备、不同的操作者、不同的操作方法时对其质量进行评估时的一种抽样方法。在质量管理过程中，逐批验收抽样检验方案是最常见的抽样方案。无论是在企业内还是在企业外，供求双方在进行交易，对交付的产品验收时，多数情况下采用验收全数检验是不现实或者没必要的，因而往往要进行抽样检验，以保证和确认产品的质量。验收抽样检验的具体做法通常是：从交验的每批产品中随机抽取预定样本容量的产品项目，对照标准逐个检验样本的性能。如果样本中所含不合格品数不大于抽样方案中规定的数目，则判定该批产品合格，即为合格批，予以接收；反之，则判定为不合格品，拒绝接收。

分层随机抽样的优点是样本代表性好，抽样误差小；缺点是抽样手续较烦琐。这种方法常适用于产品质量的验收。

4. 整群随机抽样

整群随机抽样也称集团随机抽样，即在总体中，不是抽取个别样品，而是随机抽取整群的产品。这种抽样的具体做法是先将总体按某个标志（企业、车间、班组、工序或一段时间内生产的一批零件等）分成若干群，然后随机地抽取若干群，并由抽中的群中的所有个体组成样本。例如，对某种产品抽取 5% 进行检查，每隔 20h 抽出 1h 的产量组成样本，然后对这些抽出来的样本进行质量检查并推断总体的质量情况。

整群随机抽样的优点是抽样实施比较方便；缺点是由于样本只来自个别的几个群，不能均匀地分布在总体中，因而代表性差，抽样误差大。这种抽样方法常用于工序控制中。

第四节 ISO9000 族标准简介

ISO9000 族质量管理体系国际标准，是运用目前先进的管理理念，以简明标准的形式推出的实用管理模式，是当代世界质量管理领域的成功经验的总结。本节主要介绍 ISO9000 族标准管理思想、ISO9000 族标准的制定与发展以及 ISO9000 族标准的构成。

一、ISO9000 族标准的产生与发展

1. 质量管理体系标准的产生

第二次世界大战期间，世界军事工业得到了迅猛的发展。一些国家的政府在采购军品时，不但提出了对产品特性的要求，还对供应厂商提出了质量保证的要求。20 世纪 50 年代末，美国发布了 MIL-Q-9858A《质量大纲要求》，成为世界上最早的有关质量保证方面的标

准。随后，美国国防部制定和发布了一系列的对生产武器和供应商评定的质量保证标准。

20世纪70年代初，借鉴军用质量保证标准的成功经验，美国标准化协会（ANSI）和美国机械工程师协会（ASME）分别发布了一系列有关原子能发电和压力容器生产方面的质量保证标准。

随着世界各国经济的相互合作和交流，对供方质量体系的审核已逐渐成为国际贸易和国际合作的需求。世界各国先后发布了一些关于质量管理体系及审核的标准。但由于各国实施的标准不一致，给国际贸易设置了障碍，质量管理和质量保证的国际化成为当时世界各国的迫切需要。

随着地区化、集团化、全球化经济的发展，市场竞争日趋激烈，顾客对质量的期望越来越高。每个组织为了保持良好的经济效益，设法提高自身的竞争能力以适应市场竞争的需要。为了成功地领导和运作一个组织，需要采用一种系统的、透明的方式进行管理，针对所有顾客和相关方的需求，建立、实施并保持持续改进其业绩的管理体系，从而使组织获得成功。

顾客要求产品具有满足其需求和期望的特性。这些需求和期望在产品规范中得以表述。如果提供产品的组织的质量管理体系不完善，那么，规范本身不能保证产品始终满足顾客的需求。因此，这方面的关注导致了质量管理体系标准的产生，并以其作为对技术规范中有关产品要求的补充。

国际标准化组织（ISO）于1979年成立了质量管理和质量保证技术委员会（TC176），负责制订质量管理和质量保证标准。1986年，ISO发布了ISO8402《质量——术语》标准，1987年发布了ISO9000《质量管理和质量保证标准——选择和使用指南》、ISO9001《质量体系——设计开发、生产、安装和服务的质量保证模式》、ISO9002《质量体系——生产和安装的质量保证模式》、ISO9003《质量体系——最终检验和试验的质量保证模式》、ISO9004《质量管理和质量体系要求——指南》等6项标准，统称为ISO9000系列标准。

ISO9000系列标准的颁布，使各国的质量管理和质量保证活动统一在ISO9000族标准的基础之上。ISO9000系列标准总结了工业发达国家先进企业的质量管理的实践经验，统一了质量管理和质量保证的术语和概念，并对推动组织的质量管理、实现组织的目标、消除贸易壁垒、提高产品质量和顾客的满意程度等产生了积极的影响，得到了世界各国的普遍关注和采用。迄今为止，它已被全世界一百五十多个国家和地区采用为国家标准，并广泛应用于工业、经济和政府的管理领域，有五十多个国家建立了质量管理体系认证制度，世界各国质量管理体系审核员注册的互认和质量管理体系认证的互认制度也在广泛范围内得以建立和实施。

2. 质量管理体系标准的修订和发展

为了使1987版的ISO9000系列标准更加协调和完善，ISO/TC176质量管理和质量保证技术委员会于1990年决定对标准进行修订，提出了《90年代国际质量标准的实施策略》（国际通称为《2000年展望》），其目标是："要让全世界都接受和使用ISO9000族标准；为提高组织的运作能力，提供有效的方法；增进国际贸易、促进全球的繁荣和发展；使任何机构和个人可以有信心从世界各地得到任何期望的产品以及将自己的产品顺利销售到世界各地。"

第一阶段的修改主要是对质量保证要求（ISO9001、ISO9002、ISO9003）如质量管理指南（ISO9004）的技术内容作局部修改，总体结构和思路不变。通过ISO9000-1与ISO8402两项标准，引入了一些新的概念和定义。1994年，ISO/TC176完成了对标准第一阶段的修订工作，发布了 1994 版的 ISO8402、ISO9000-1、ISO9001、ISO9002、ISO9003 和 ISO9004-1 6 项国际标准，到 1999 年年底，已陆续发布了 22 项标准和 2 项技术报告。

为了提高标准使用者的竞争力，促进组织内部工作的持续改进，使标准适合于各种规模（尤其是中小企业）和类型（包括服务业和软件）组织的需要，以适应科学技术和社会经济的发展，ISO/TC176 对 ISO9000 族标准的修订工作进行了规划。1996 年，在广泛征求世界各国标准使用者意见、了解顾客对标准修订的要求并比较修订方案后，ISO/TC176 相继提出了《2000 版 ISO9000 标准结构和内容的设计规范》和《ISO9001 修订草案》，作为对 1994 版标准修订的依据。1997 年，ISO/TC176 在总结质量管理实践经验的基础上，采纳了国际上最受尊敬的一批质量管理专家的意见，整理并编撰了八项质量管理原则，为 2000 版 ISO9000 族标准的修订奠定了理论基础。

2000 年 12 月 15 日，ISO/TC176 正式发布了新版本的 ISO9000 族标准，统称为 2000 版 ISO9000 族标准。该标准的修订充分考虑了 1987 版和 1994 版标准以及现有其他管理体系标准的使用经验，因此，它将使质量管理体系更加适合组织的需要，可以更适应组织开展其商业活动的需要。

2000 版标准更加强调了顾客满意及监视和测量的重要性，促进了质量管理原则在各类组织中的应用，满足了使用者对标准应更通俗易懂的要求，强调了质量管理体系要求标准和指南标准的一致性。2000 版标准反映了当今世界科学技术和经济贸易的发展状况，以及"变革"和"创新"这一 21 世纪企业经营的主题。

二、ISO9000 族标准的结构与特点

1999 年 9 月召开的 ISO/TC176 第 17 届年会提出了 2000 版 ISO9000 族标准的文件结构，如表 11-8 所示。2000 版 ISO9000 族标准由核心标准和其他支持性的标准和文件组成。

表 11-8　2000 版 ISO9000 族标准的文件结构

核 心 标 准	
ISO9000	质量管理体系——基础和术语
ISO9001	质量管理体系——要求
ISO9004	质量管理体系——业绩改进指南
ISO19011	质量和（或）环境管理体系审核指南
支持性标准和文件	
ISO10012	测量控制系统
ISO/TR 10006	质量管理——项目管理质量指南
ISO/TR 10007	质量管理——技术状态管理指南
ISO/TR 10013	质量管理体系文件指南
ISO/TR 10014	质量经济性管理指南
ISO/TR 10015	质量管理——培训指南
ISO/TR 10017	统计技术指南
小册子	（1）质量管理原则
	（2）选择和使用指南
	（3）小型企业的应用

2000版ISO9000族标准包括4项核心标准：ISO9000、ISO9001、ISO9004、ISO19011。1994版ISO9000族其他标准的主要内容被纳入上述4项核心标准之中。

1. ISO9000：2000《质量管理体系——基础和术语》

ISO9000：2000标准表述了ISO9000族标准中质量管理体系的基础知识，确定了相关的术语。

该标准首先明确了质量管理的八项原则是组织改进业绩的框架，能帮助组织获得持续成功，也是ISO9000族质量管理体系标准的基础。该标准还表述了建立和运行质量管理体系应遵循的12个方面的质量管理体系基础原则。

该标准给出了有关质量的术语共80个词条，分成10个部分，并用较通俗的语言阐明了质量管理领域所用术语的概念。附录用概念图表达了每一部分概念中各术语的相互关系，帮助使用者形象地理解相关术语之间的关系，系统地掌握其内涵。

2. ISO9001：2000《质量管理体系——要求》

ISO9001：2000标准规定了对质量管理体系的要求，供组织需要证实其具有稳定地提供满足顾客要求和适用法律法规要求产品的能力时应用。组织可通过体系的有效应用，包括持续改进体系的过程及确保符合顾客与适用法规的要求，增强顾客满意。

该标准取代了1994版ISO9001、ISO9002、ISO9003三个质量保证模式标准，成为用于审核和第三方认证的唯一标准。它可用于内部和外部（第二方或第三方）评价组织提供满足组织自身和顾客要求、适用法律法规要求的产品的能力。

该标准应用了以过程为基础的质量管理体系模式的结构，鼓励组织在建立、实施和改进质量管理体系及提高其有效性时，采用过程方法，通过满足顾客要求增强顾客满意。过程方法的优点是对质量管理体系中诸多单个过程之间的联系及过程的组合和相互作用进行连续的控制，以达到质量管理体系的持续改进。

3. ISO9004：2000《质量管理体系——业绩改进指南》

ISO9004：2000标准以八项质量管理体系原则为基础，帮助组织用有效和高效的方式识别并满足顾客和其他相关方的需求和期望，实现、保持和改进组织的整体业绩，从而使组织获得成功。

该标准提供了超出ISO9001的实施指南，强调一个组织质量管理体系的设计和实施受各种需求、具体目标、所提供的产品、所采用的过程及组织的规模和结构的影响，无意统一质量管理体系的结构或文件。

该标准也应用了以过程为基础的质量管理体系模式的结构，鼓励组织在建立、实施和改进质量管理体系及提高其有效性和效率时，采用过程方法，以便通过满足相关方要求来提高相关方的满意程度。

该标准还给出了自我评价和持续改进过程的示例，用于帮助组织寻找改进的机会；通过5个等级来评价组织质量管理体系的成熟程度；通过给出的持续改进方法，提高组织的业绩并使相关方受益。

4. ISO19011：2000《质量和（或）环境管理体系审核指南》

ISO99011：2000遵循不同的管理体系可以有共同的管理和审核方案的原则，为环境和质量管理体系审核的实施以及对环境和质量管理体系审核员的资格要求提供了指南。它适用于所有运行质量和（或）环境管理体系的组织，可以指导其内审和外审的管理工作。该标准在术语和内容方面，兼容了质量管理体系和环境管理体系的特点，在对审核员的基本能力及审核方案的管理中，均增加了了解及确定法律和法规的要求。

三、ISO9000 族标准管理思想的基础

一个组织的管理者，若要成功地领导和运作其组织，需要采用一种系统的、透明的方式，针对顾客和所有相关方的需求，建立、实施并保持持续改进组织业绩的管理体系，对其组织进行管理。一个组织的管理活动涉及多个方面，如质量管理、营销管理、人力资源管理、财务管理、环境管理、职业健康安全管理等。质量管理是组织各项管理的内容之一，也是组织管理活动的中心内容。

2000 版 ISO9000 族标准正式提出了质量管理八项原则，即以顾客为关注焦点、领导作用、全员参与、过程方法、管理的系统方法、持续改进、基于事实的决策方法及与供方互利的关系。这八项质量管理原则是在总结世界各国质量管理理论和实践经验的基础上，用高度概括的语言所表述的 ISO9000 族标准最基本的管理思想。组织的最高管理者可以运用这八项原则作为其发挥领导作用的基础，指导组织通过关注顾客及其他相关方的需求和期望而达到改进组织总体业绩的目的，还可以运用这八项原则作为组织制定其质量方针的基础，成为组织文化的一个重要组成部分。

1. 以顾客为关注焦点

组织依存于顾客，因此，组织应当理解顾客当前和未来的需求，满足顾客要求并争取超越顾客期望。这项原则可以体现为：

（1）确保组织的目标与顾客的需求和期望相结合。
（2）确保在整个组织内交流顾客的需求和期望。
（3）测量顾客的满意程度并根据结果采取相应的活动或措施。
（4）系统地管理好与顾客的关系。

2. 领导作用

领导者确立组织统一的宗旨及方向。他们应当创造并保持使员工能充分参与实现组织目标的内部环境。这项原则可以体现为：

（1）考虑顾客和所有相关方的需求和期望。
（2）为组织的未来描绘清晰的远景，确定富有挑战性的目标。
（3）在组织的所有层次上建立价值共享、公平公正的观念和道德伦理观念。
（4）为员工提供所需的资源和培训，并赋予其职责范围内的自主权。

3. 全员参与

各级人员都是组织之本，只有全员的充分参与，才能使他们的才干为组织带来收益。这项原则可以体现为：

（1）让每个员工了解自身贡献的重要性及其在组织中的角色。
（2）以主人翁的责任感去解决各种问题。
（3）使每个员工根据各自的目标评估其业绩状况。
（4）使员工积极地寻找机会增强自身的能力、知识和经验。

4. 过程方法

将活动和相关的资源作为过程进行管理，可以更高效地得到期望的结果。这项原则可以

体现为：
(1) 为了取得预期的结果，系统地识别所有的活动。
(2) 明确管理活动的职责和权限。
(3) 分析和测量关键活动的能力。
(4) 识别组织职能之间与职能内部活动的接口。
(5) 注重能改进组织的活动的各种因素，如资源、方法、材料等。

5. 管理的系统方法

将相互关联的过程作为系统加以识别、理解和管理，有助于组织提高实现目标的有效性和效率。

这项原则可以体现为：
(1) 建立一个体系，以最佳效果和最高效率实现组织的目标。
(2) 理解体系各过程间的相互关系。
(3) 更好地理解为实现共同目标所肩负的责任，从而减少职能交叉造成的障碍。
(4) 理解组织的能力，在行动前识别资源的局限性。
(5) 设定目标，并确定如何运作体系中的特殊活动。
(6) 通过测量和监视，持续改进体系。

6. 持续改进

持续改进总体业绩应当是组织的一个永恒目标。这项原则可以体现为：
(1) 在整个组织范围内使用一致的方法持续改进组织的业绩。
(2) 为员工提供有关持续改进的培训。
(3) 将产品、过程和体系的持续改进作为组织内每位成员的目标。
(4) 建立目标以指导、测量和追踪持续改进。

7. 基于事实的决策方法

有效决策是建立在数据和信息分析的基础上的。这项原则可以体现为：
(1) 确保数据和信息足够准确和可靠。
(2) 让数据和信息需要者能够得到数据和信息。
(3) 使用正确的方法分析数据和信息。
(4) 基于事实分析，权衡经验与直觉，作出决策并采取措施。

8. 与供方互利的关系

组织与供方是相互依存的，互利的关系可增强双方创造价值的能力。这项原则可以体现为：
(1) 在对短期收益和长期利益综合平衡的基础上，确立与供方的关系。
(2) 与供方或合作伙伴共享专门技术和资源。
(3) 识别和选择关键供方。
(4) 与供方保持清晰与开放的沟通。
(5) 对供方所作出的改进和取得的成果进行评价并予以鼓励。

"以顾客为关注焦点"是质量管理八项原则的核心，若丧失了这项原则，也就丧失了整个八项原则。因为在任何情况下，产品是否可被接受最终由顾客决定，组织依存于顾客，没有顾客，组织就没有存在的价值，八项原则也就失去了意义。组织不仅要通过开展质量保证活动向顾客提供信任,更要通过满足顾客要求并争取超越顾客期望,不断增强顾客满意,才能赢得顾客,正如 ISO9001:2000 标准指出的那样,标准名称不再有"质量保证"一词,"反映了本标准规定的质量管理体系要求除了产品质量保证以外,还旨在增强顾客满意"。ISO9000 标准将"要求"定义为"明示的、通常隐含的或必须履行的需求和期望",顾客要求不仅包括顾客规定的要求,还包括"顾客虽然没有明示,但规定的用途或已知的预期用途所必需的要求",进一步强调了"以顾客为关注焦点"这一原则的重要性和在组织中的地位。

质量管理原则是组织的管理者有效实施质量管理工作必须遵循的原则,同时也为从事质量认证工作的审核员、指导组织建立管理体系的咨询人员和组织内所有从事质量管理工作的人员学习、理解和掌握 ISO9000 族标准提供了帮助。

小　　结

本章介绍了质量管理的原理。第一节是质量管理概述,主要介绍了质量管理的发展阶段、质量管理的相干基本概念和含义;第二节是统计质量控制,主要介绍了常用的质量控制工具,包括直方图、控制图、排列图、因果图、散布图和分层法等,这些质量控制工具在实际工作中得到了普遍的应用;第三节是质量检验与抽样检验,主要介绍了质量检验的分类和选择,还对简单随机抽样、系统抽样、分层抽样和整群抽样等抽样检验方法进行了概述;第四节是 ISO9000 族标准简介,包括 ISO9000 族标准的产生与发展、结构与特点、实施基础等内容。

思考与练习

思考题
1. 简述质量管理的发展阶段及其特点?
2. 如何理解质量概念及其内涵?
3. 试分析控制图的基本原理。
4. 试利用小概率原理推导控制图的判别规则。
5. 试分析抽样检验方法及其优缺点。
6. 简述直方图可能出现的形状并分析其出现的原因。
7. 简述排列图的绘制步骤。
8. 如何理解 ISO 9000 族标准管理思想?
9. 简述 ISO9000 族标准 2000 版本的结构与特点。
10. 结合质量管理的八项基本原则,简述你对质量管理的看法。

判断题
1. 当控制图上出现了异常点时,一定是有不合格品产生。
2. 分层的原则是使同一层次的数据波动幅度尽可能小,而层与层之间的差别尽可能大。
3. 直方图的作用是为了确定"关键的少数"。
4. 全面质量管理强调预防为主和不断改进。
5. 规定了质量管理体系术语的标准是 ISO9000:2000。

6. 质量改进是质量管理的一部分，致力于增强满足质量要求的能力。
7. 2000版ISO 9000族标准的理论基础是八项质量管理原则。
8. 在制作SPC控制图时，控制图的上、下控制界限一般采用的法则是3σ。
9. 质量方针是企业在一定时期内在质量方面所要达到的预期成果。
10. 质量定义中的要求是指合同文件规定或顾客明确指出的要求。

选择题

1. 质量检验的实质是（　　）。
   A. 事前预防　　　　　　　　　B. 事后把关
   C. 全面控制　　　　　　　　　D. 应用统计技术
2. 质量定义中"特性"的含义是指（　　）。
   A. 固有的　　B. 赋予的　　C. 潜在的　　D. 明示的
3. 控制图在生产工序中的主要作用是（　　）。
   A. 发现不合格品　　　　　　　B. 发现与区分异常波动
   C. 显示质量成本　　　　　　　D. 分析质量原因
4. 在散布图中，成对的数据形成点子云，研究点子云的分布状态，便可推断成对数据之间的相关程度，当X值增加，相应的Y值也增加时，说明X与Y之间（　　）。
   A. 不相关　　B. 正相关　　C. 非线性相关　　D. 负相关
5. 一种用于分析质量特性（结果）与可能影响质量特性的因素（原因）的工具是（　　）。
   A. 排列图　　B. 直方图　　C. 控制图　　D. 因果图
6. 下列不属于全面质量管理阶段主要特点的是（　　）。
   A. 全过程的质量管理　　　　　B. 全员参与的质量管理
   C. 全面的质量管理　　　　　　D. 多种方法的质量管理
7. 质量管理发展的最高阶段是（　　）。
   A. 质量检验阶段　　　　　　　B. 质量控制阶段
   C. 统计质量控制阶段　　　　　D. 全面质量管理阶段
8. 下列不属于分层标志的是（　　）。
   A. 人员　　B. 机器　　C. 环境　　D. 材料
9. 下列不属于检验的质量职能的是（　　）。
   A. 保证职能　　B. 预防职能　　C. 报告职能　　D. 领导职能
10. 适合大批量生产的流水线上产品抽查的检验方法是（　　）。
    A. 简单随机抽样　　B. 系统抽样　　C. 分层抽样　　D. 整群抽样

计算题

1. 某班组质量管理小组针对本班组废品调查统计如下：机座报废50件，轴报废6件，压圈报废13件，挡风圈报废2件，端盖报废25件，其他报废4件，请画出废品排列图并判别该质量管理小组应抓的主要问题是什么。

2. 某厂成品尺寸规格为130～160mm，今按随机抽样方式抽取60个样本，其测定值如下所示，试制作直方图。

138	142	148	145	140	141	136	131	131	139	136
139	140	141	138	138	139	137	132	130	135	135
144	138	139	136	137	137	135	134	132	134	121
131	127	138	137	137	133	134	136	137	133	134
140	130	136	128	138	132	145	141	135	131	136

3. 某检验员对50个A零件进行检验，从中挑出20个不合格品，若该批零件实际不合格品数为25个，该检验员剔出的合格品数为5个。试计算检验员的准确率和错检率。

4. 某工厂有3个生产车间，生产产品的产量是甲车间3000件、乙车间2000件、丙车间5000件。现打算从中抽取100件产品进行检验以判断合格品率，计划使用的抽样方法是分层随机抽样。则这三个车间各应抽多少件产品？

5. 根据表11-9绘制散点图，并判断钢的淬火温度与硬度的相关关系。

表11-9 钢的淬火温度与硬度

序号	淬火温度/C^0 X	硬度（HRC）Y	序号	淬火温度/C^0 X	硬度（HRC）Y
1	810	47	16	820	48
2	890	56	17	860	55
3	850	48	18	870	55
4	840	45	19	830	49
5	850	54	20	820	44
6	890	59	21	810	44
7	870	50	22	850	53
8	860	51	23	880	54
9	810	42	24	880	57
10	820	53	25	840	50
11	840	52	26	880	54
12	870	53	27	830	46
13	830	51	28	860	52
14	830	45	29	860	50
15	820	46	30	840	49

6. 某企业对所生产的电子元件进行控制，每小时抽样一次，每次抽取6件产品作为一个样本，共抽样25组样本。经测量知，样本均值总和 $\sum \overline{X} = 305.8$ mm，样本极差总和 $\sum R = 70$。试计算 $\overline{X} - R$ 控制图的中心线和上下控制界限值。（注：当样本量 $n = 6$ 时，$A_2 = 0.483$，$D_3 = 0$，$D_4 = 2.004$）

案例分析

没有改变世界的机器

迈克·维尔是美国印第安纳州范比伦市Weaver爆米花公司的总经理，他一直相信如果顾客对一份订单不满意,那么他唯一能做的就是将货物收回。"如果顾客不满意,销售就无法完成。"公司的创始人、迈克的祖父瑞威恩德·艾 E. 维尔喜欢这样说。如果订单是280000磅的爆米花(想象一下),如果订单来自东京,如果它的价值是70000美元,又会怎么样呢?1958年10月的一个午夜,当维尔从梦中醒来听到这个坏消息时,他对公司的出口部经理帕特·威吉尔说:"把货物撤回来。"

Shintoa Koeki Kaisha 公司因为混杂物超标而退货了,这件事对于维尔本人和他的公司来说都是难以接受的。他们都认为能打入日本市场表明公司有能力将爆米花销售给任何人和任何地区。面对这样的情况,公司如何重新挽回它的质量声誉呢?

几个月后,货车将价值100万美元的高速光学扫描仪拉入了维尔工厂。这种新机器将对经过电子眼的所有物品进行严格的检查,任何容易混入爆米花中的杂草种子、脏泥块和黄豆等都将被筛入垃圾堆。再见了,商品中的杂物。再见了,气愤的顾客。质量,你好!

然而,持续改进在大的突发事件中很少发生,也很少有只靠购进新技术就能完成的。这些是维尔在安装了新设备之后成年累月学到的。尽管这种设备不能解决维尔的质量问题,但是它确实提高了顾客对他们的信任度。事实上,问题产生在经营的每一个环节,包括未加工的材料、加工方法和员工。

比如,他们意识到如果购进的原料不好的话,输出的产成品也不可能好。

这极大地改变了维尔的经营业务。迈克·维尔开始大规模地提高厂内员工的质量责任意识,解雇了工厂的管理者,由车间选出的7个领导团队取代他们的位置。员工开始参与聘用员工的过程,甚至包括聘用经理的过程。现在,大家对于质量的重要性很敏感。员工作了数百个小的变革,使质量得到了不断的提升。经验是什么呢?用迈克·维尔的话说:"机器摆在那里,每个人开始意识到要采取比机器更多的办法。没有什么比这些人对玉米的质量产生的影响更大了。"此外,迈克的祖父会加一句:"阿门。"

问题:

1. 你会像迈克·维尔一样作出从日本撤回爆米花的决定吗?为什么?
2. 光学扫描仪引出了一个好的办法吗?
3. 作为一个家族企业的总经理,迈克·维尔在考虑质量时会有什么不同吗?对于股份制公司会有相同的态度吗?
4. 公司不得不采取变革措施提高爆米花质量的要素是什么?
5. 控制质量能在员工不作任何改变的情况下实现完全自动化吗?

第十二章 现场管理

导入案例

把厕所打扫得比厨房还干净

查理·贝尔曾任麦当劳的执行总经理，负责管理麦当劳在全球 118 个国家多达 3 万余家餐厅的运营。翻开贝尔的履历，许多人生的亮点光彩夺目，而他深深铭记的时刻却是 1976 年。

那时，15 岁的贝尔因为家境极其贫寒，找到了麦当劳的店长，请求给他一份工作。贝尔营养不良，瘦骨嶙峋，脸上没有什么血色，浑身土里土气。店长看他这副模样，委婉地拒绝他说，这里暂时不需要人手，希望他到别的地方去看看。

过了几天，店长没有料到，贝尔又来了，言辞更加恳切地请求给他份工作，即使是没有报酬也行。见老板没有吭声，贝尔看到了一点希望。他小声地说："我看到您这里厕所的卫生状况似乎不是太好，这样也许会影响您的生意。要不，安排我扫厕所吧。只要给我解决吃住就行了。"店长没有办法，就答应了让贝尔扫厕所试试看。

扫厕所，在一般人眼中都是较低等的、没有出息的工作，可是，贝尔却把它变成了他人生和事业的一块最坚实的基石。

他每天清晨天还没亮就起床，把厕所彻底清扫一次，然后每隔一段时间就去查看。不久，他对扫厕所也摸索出了方法：先把大的垃圾扫了，然后洒干灰在那些又湿又脏的地方，用灰把水吸干，再扫，效果比直接扫好多了。记得有一次半夜，有人上厕所时，还看到贝尔睁着惺忪的眼睛在查看厕所是否弄脏了。

他还在厕所里摆放了些花草，另外，他还把自己记得的谚语、警句写出贴在厕所的墙上，花了很多心思。确实，他的到来，让那家餐厅的厕所卫生状况大为改观。

经过 3 个月的考察，店长正式宣布录用贝尔，并安排他去接受正规的职业培训。接着，店长又把贝尔放在店内各个岗位上锻炼。19 岁那年，贝尔被提升为澳大利亚最年轻的麦当劳店面经理。1980 年，他被派驻欧洲，使那里的业务扶摇直上。此后，他先后担任麦当劳澳大利亚公司总经理，亚太、中东和非洲地区总裁，欧洲地区总裁及麦当劳芝加哥总部负责人，直到后来担任管理全球麦当劳事务的执行总经理。

飞黄腾达的贝尔接受媒体采访的时候，从来不避讳自己当年扫厕所的经历。他说扫厕所是对他最深刻的教育：一件事，你可以不去做；可是如果你做了，就要全力以赴地去做好。"一屋不扫，何以扫天下？"贝尔就是从扫好麦当劳的一个厕所开始，一直到当好管理全球麦当劳事务的执行总经理。是啊，有了把厕所扫得比某些人的厨房还干净的敬业和执著，还有什么事情他做不好呢？

现场管理源于日本企业的管理经验，是 JIT 的重要内容，是日本企业成功的基石，已成为一种重要的管理观念与管理改进的方法。企业现场是指企业进行生产经营作业活动的特定场所，包括生产现场、经营现场、办公现场、生活现场等一切从原材料投入前的准备到产品产出的全过程。现场管理要求企业管理者每时每刻都要对现场的各种生产要素进行合理配置与优化组合，保证现场按预定的目标实现优质、高效、低耗、均衡、安全、文明生产。

本章主要介绍现场管理的基本原理，5S管理的基本内容、要求、原则及推行，定置管理的基本原理和内容。

第一节 现场管理概述

一、现场管理的含义

现场管理有广义和狭义之分。广义的现场管理是指企业所有现场作业活动的管理，包括生产现场管理、经营现场管理、办公现场管理等。狭义的现场管理是指生产现场管理，即应用科学的管理思想、管理方法和管理手段，对现场的各种生产要素，如操作者、管理者、机器设备、原材料、工艺、检测方法、环境、资金、能源、信息等，进行合理配置和优化组合，通过计划、组织、控制、协调、激励等管理职能，保证现场按预定目标，实现优质、高效、低耗、均衡、安全、文明生产。本章主要介绍狭义的现场管理。

二、现场管理的特点

现场管理在本质上是生产作业系统管理或者是一种综合性管理，在理论和实践上有鲜明的特点。

1. 综合性

生产现场是人、机、料、法、环等诸生产要素的结合点，也是生产、技术、质量、成本、物资、设备、安全、劳动、环境等各项专业管理的落脚点，因此，现场管理具有十分鲜明的综合性，是一项纵横交错的立体式的综合性管理。

2. 基础性

现场管理属于作业性质的基层管理，是企业管理的基础。它是以基础管理工作为依据，离不开标准、定额、计量、信息、原始记录、规章制度和教育等基础管理工作，充分体现了现场管理的基础性。

3. 动态性

现场各生产要素的配置是在一定生产技术组织条件下，在投入与产出的转换过程中实现的，是一个不断变化的动态过程。现场管理应根据变化的现状，不断提高生产现场对环境变化的适应能力。

4. 直观性

生产现场是各项专业管理的集结点，是生产活动的主要场所，是一个开放性的系统，能够综合反映企业的素质，正所谓"百闻不如一见"，企业各方面素质的优劣在现场均处于"曝光"的状态。

5. 全员性

现场管理的核心是人，现场管理的一切活动都要由人去掌握、操作、完成，这就要求与生产现场有关的所有员工参与管理，积极开展各项民主管理活动，实行自我管理、自我控制、自我约束，从而推动了员工素质的提升，发挥了员工的积极性和创造性。

三、现场管理之屋

现场管理的重要性可以通过现场管理之屋来形象展现。现场管理之屋如图12-1所示。

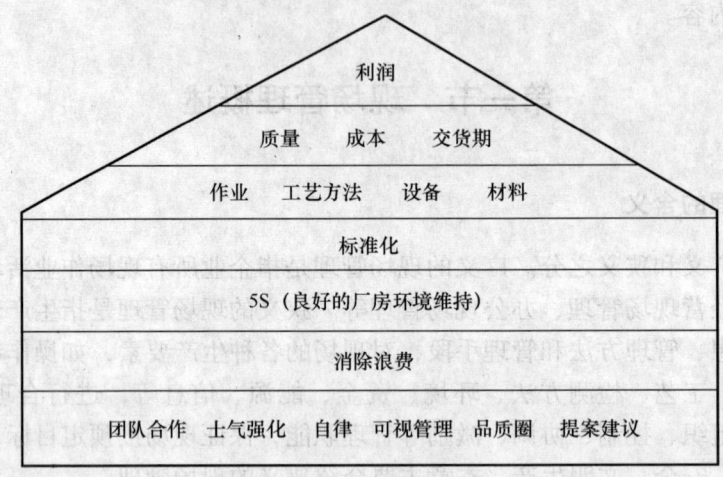

图12-1 生产现场管理之屋

图12-1显示，处于屋顶的是企业的利润，现场管理追求的最终目标就是利润，利润最大化永远都是企业的理想。屋顶之下是质量、成本、交货期三因素，它们是企业实现最终目标的策略。影响这些策略成功与否的因素就是现场4M管理，即对作业、设备、材料、工艺方法的管理。这四种资源管理和利用就是现场管理人员每天必做的事情。

无论是4M中的哪一个，其管理的基础必定是标准化。在没有标准化之前，对各种资源进行整理和整顿、寻求一个稳定状态是非常必要的，这些工作就是5S（有些企业增加到7S）管理，即对工作现场所涉及的人、事、物的秩序进行分析规划，提高效率，消除浪费。处于现场管理之屋最底层的是团队合作、士气强化、自律、可视管理、品质圈、提案建议等因素，它们是支撑以上管理活动的基础。

四、现场管理的基本内容

现场管理的内容可以从现场管理的要素和专业管理的角度进行划分，如表12-1所示。表12-1显示，现场管理几乎包括了企业所有的部门，体现了全面管理的要求。

五、现场改善

按照日本企业的经验，"改善"是现场管理的基本原理。改善是一种企业经营理念，用于持续不断地改进工作方法和提高员工的效率。它也暗含每一位管理人员及作业人员要以相对较少的费用来改进工作方法的意思。因为改善与创新不同，改善是由于持续不断的努力，产生诸多小步伐累积而成的改进，创新则是将大笔资源投资于新技术、新工艺和新项目等，它会带来变革式的重大成果，但若一味执迷于创新，没有耐心改善，则可能会忽视改善能带给企业的长期利益。改善需要强调以员工的努力、士气、沟通、训练、团队合作、参与及自律来达成目标，这些都是常识性和低成本的改进方式。

表 12-1　现场管理的基本内容

按现场管理的要素来划分	按专业管理来划分
（1）人：组织领导者、技术人员、管理人员、操作工人、辅助工人等 （2）机：生产现场的工具和设备，包括工夹、量、模、刃具及机械设备、运输设备和监测装置等 （3）料：生产现场需要的各种原材料、辅料配套件、在制品、半成品等 （4）物：生产现场需要的其他辅助性物品和生活设施，如工具箱、更衣箱、饮料箱、消防器材、电风扇等 （5）法：组织现场生产所必需的各种制度、法规、标准和技术工艺等 （6）环：现场作业环境，包括厂房、场地、通道、作业区域的划分以及通风照明条件，也包括尘毒、噪声等安全和劳动卫生方面的管理 （7）资：投入生产现场的固定资金和流动资金总和。要求减少资金占用、降低生产成本、提高生产现场经济效益 （8）能：生产现场所需的油、电、水、汽等动力资源。节能减排是现场管理的重要内容 （9）信：生产现场经常进行的信息交流与信息反馈。要求信息渠道通畅，反馈迅速、真实	（1）现场生产组织管理：包括现场生产组织的改善、生产作业计划的编制、现场生产调度、生产进度的统计分析等 （2）现场技术工艺管理：各种技术文件的执行检查、考核，工艺流程的改进、技术改革等 （3）现场质量管理：包括现场质量把关、质量保证体系的运行、文明生产组织实施等 （4）现场设备管理：包括设备的维护、保养、修理、合理使用、安全操作等 （5）现场物资管理：包括现场一切物料的管理 （6）现场安全管理：包括安全纪律、安全实施、防尘防毒、防火防汛及防暑降温等管理 （7）现场环境管理：包括现场一切场地、作业环境、厂容厂貌、通风、照明、色标等的管理 （8）现场劳动管理：包括劳动力的合理调度、劳动定额的修订、实施、劳动技能的培训和提高、劳动纪律的执行等 （9）现场成本管理：包括生产批量的修订、生产周期的缩短、物料和工时定额的执行、统计分析、物料的合理利用等

改善必须遵循 PDCA 循环。在改善过程中，第一步是以 PDCA 循环作为改善持续运作的工具，以达到"持续标准"和"改进标准"的目标。计划（P）是指建立改善的目标；执行（D）是指依计划推进；查核（C）是指确认是否按计划的进度实行，以及是否达成预定计划；处置（A）是指新作业程序的实施及标准化，以及防止原来的问题再次发生。PDCA 在不断地旋转循环，一旦达到改善目标，改善后的现状便随即成为下一个改善对象。PDCA 的意义就是永远不满足现状，因为员工通常较喜欢停留在现状，而不会主动去改善，所以管理人员需持续不断地设定新的挑战目标，以带动 PDCA 循环。

由于与现场保持密切接触与了解是改善的前提，因此现场管理的基本程序是：

（1）当问题（异常情况）发生时，要先去现场。
（2）检查现场的有关物件。
（3）当场采取暂行处置措施。
（4）寻找出现异常情况的真正原因并将之排除。
（5）将有关工作标准化以防止问题再发生。

这五项工作被日本人认为是现场管理的金科玉律。

第二节　5S 管 理

5S 管理是现场管理的基本方法之一。5S 是对生产过程各要素所处的状态不断地进行整理、整顿、清扫、清洁、素养的活动。

一、5S 的沿革与发展

5S 管理是指对生产现场各生产要素所处的状态不断地进行整理、整顿、清扫、清洁、以达到提高素质（素养）的目的。这五个词的日语罗马拼音单字为：Seiri——整理，Seiton——整顿，Seiso——清扫，Seiketsu——清洁，Shitsuke——素养。

1955年，日本企业得出了"安全始于整理，终于整顿"的结论。当时只推行了前两个S，即整理与整顿，其目的是确保作业空间和安全。后因生产和品质控制的需要而又逐步提出了后面的3S，即清扫、清洁、素养，从而使应用空间及适用范围进一步拓展。到了1986年，日本关于5S的著作逐渐问世，对整个现场管理模式起到了冲击作用，并由此掀起了5S的热潮。

5S活动的内涵是：整齐、清洁与纪律化的工作现场是制造高品质产品、杜绝浪费以及维持高生产能力的必要条件。

日本企业开展的5S活动，提升了企业基础管理工作质量，缔造出了多家世界一流的企业。20世纪60年代，以丰田公司为代表的日本企业广泛开展5S活动，在企业形象、生产成本、准时交货、安全生产、标准化管理、创造令人心旷神怡的工作场所、现场改善等方面取得了巨大成功，5S管理因此逐渐被世界各国的管理界所认识并推行。

随着世界经济的发展，以及企业进一步发展的需要，有的企业在原来5S的基础上又增加了安全——Safety，形成了"6S"；有的企业再增加了节约——Save，形成了"7S"；还有的企业在"7S"基础上增加了学习——Study和服务——Service及坚持——Shikoku，形成了"10S"；有的企业甚至推行"11S"（包含有满意——Satisfaction）、"12S"（包含有速度——Speed）。但是万变不离其宗，不管多少个"S"都是从5S衍生出来的。例如，在整理中要求清除无用的物品，这从某些意义上来说，就涉及节约和安全。具体一点，如横在安全通道中无用的垃圾，就是安全应该关注的内容。

进入21世纪后，日本松下公司鉴于全球化网络社会正在迅速形成，必须把简洁明快的运作和明确的经营战略作为企业的根本，以一个敏锐而诚实的企业形象去面对顾客，又将"5S"赋予了新的内涵：

（1）Speed（速度），指速度和敏锐性，即要尽快达成目标，敏捷地适应情况变化。

（2）Simplicity（简洁），指无论对什么事情，都要将其简单明了地公之于众。

（3）Strategy（战略），指作预见到将来变化的战略性思考，时刻以明确的战略指导工作。

（4）Sincerity（真诚），指无论对顾客、家庭、工作还是自己，都要诚心诚意。

（5）Smile（微笑），指无论何时何地，都要经常微笑。

如果说原来的"5S"偏重于企业内部管理，旨在营造一种和谐向上、文明有序的企业文化氛围，那么新的"5S"则是原来思想的升华，旨在推进企业的改革和发展，建立一种新型的企业文化。

二、5S管理的原则与作用

（一）5S管理的原则

1. 自我原则

自我原则强调自我管理，使生产现场人员立足自我，创造一个整齐、清洁、方便、安全的工作环境。自我管理可以使生产现场人员在改造客观生产环境的同时，也改造自己的主观意识，提高自身素养。通过现场环境的美化，养成现货生产所要求遵章守纪、严格要求的风气和习惯。良好的工作环境，不能只依靠添置设备和改善设施来实现，也不能指望别人创造，而是要通过自己动手创造，这样更容易将自己创造的成果保持下去。

2. 持久原则

持久原则强调实施 5S 管理应持之以恒。5S 管理进入门槛低，开展起来比较容易，可以如火如荼，在短时间内取得明显的效果，但要坚持下去、不断地优化提高就不太容易，一些企业在实施 5S 管理时往往容易掉入"一紧、二松、三垮台、四重来"的怪圈。因此，开展 5S 管理贵在坚持。首先，应建立岗位制，建立 5S 管理岗位责任制，使每一部门、每一位员工都有明确的岗位责任和工作标准。其次，应进行考核评比，严格、认真地做好检查、评比和考核工作，将考核结果与各部门和每一位员工的经济利益挂钩。最后，对考核结果进行总结处理。在检查考核后，还必须针对问题，提出改进的措施和计划，使 5S 管理持续不断地开展下去。运用 PDCA 循环，不断地提高现场的 5S 水平，即通过检查，不断地发现问题，不断地解决问题；通过总结，一方面把遗留问题作为下一循环的输入要素；另一方面总结成功经验，防止问题再出现。

3. 勤俭原则

勤俭原则强调节约、利用、效益。开展 5S 管理，通过整理、整顿会从生产现场清理出很多"无用物品"。其中，有的物品只是在某一生产现场无用，但可用于其他的地方；有的虽然是废物，但应变废为宝；需要报废的物品也应办理报废手续并收回其"残值"，不可只图一时处理之快将其当做垃圾丢弃。

（二）5S 管理的作用

开展 5S 管理能创造一个安全、高效、高品质、人际关系和谐、员工精神饱满的工作现场，提高员工的工作效率。试想，如果员工每天工作在满地污秽、到处灰尘、空气刺鼻、灯光昏暗、过道拥挤的环境中，他们的积极性怎么能调动得起来呢？而整齐、清洁、有序的环境，能促使企业员工提高对质量的认识，获得顾客的依赖和社会的赞誉，还能提高员工的工作热情、提升企业形象、增强企业竞争力。5S 的作用具体表现如下：

（1）提升企业形象。优质、低耗、安全、文明的生产，可以提升企业的形象。

（2）提高生产效率。良好的工作环境和工作气氛，物品的有序摆放，可以使员工的工作积极性提高，工作效率自然也会随之提高。

（3）降低生产成本。减少浪费，节约资源，自然会降低生产成本。

（4）保障品质。不断净化的工作环境能保证设备的性能，减少安全隐患，提高产品品质。

（5）增强员工的归属感。良好的工作环境和企业文化，会增强员工的自信和归属感。

三、实施"5S"管理的要点

5S 管理的思路非常简单朴素，它针对企业中每位员工的日常行为方面提出要求，提倡从小事做起，做每件事情都力求完美，使每位员工都养成做事"讲究"的习惯，从而为员工创造一个干净、整洁、舒适、合理的工作场所和空间环境。

（一）整理要点

为了使生产现场腾出空间，防止物品误用、误送，塑造清爽的工作环境，必须将工作场所的所有物品区分为有必要的与不必要的，把有必要的物品与不必要的物品明确地、严格地区分开来，不必要的物品要尽快处理掉。

1. 整理活动的推进方法

生产过程中经常有一些残余物料、待返修品、待返工品、报废品等滞留在现场，还有一些已无法使用的工夹器具、量具、机器设备，既占据了空间又妨碍生产，如果不及时整理清除，会使生产现场变得凌乱。整理活动的具体做法如下：

（1）指定明确的需要的物品放在使用地点附近。

（2）把一天使用一次以上的物品放在生产现场附近。

（3）把一周使用一次以上的物品放在生产现场附近。

（4）把3个月使用一次以上的物品暂时存放仓库。

（5）对于不使用的物品立即处理掉。

2. 整理活动的注意点

生产现场不整理会造成浪费，如空间、使用棚架或柜橱的浪费、零件或产品变旧而不能使用的浪费、不要的物品也要管理的浪费、库存管理或盘点花时间的浪费。通过整理活动，可以有效防止上述浪费，提高生产效益。整理活动应注意以下几点：①整理活动要有决心；②员工要对自己的工作场所进行全面检查，包括显眼和不显眼的地方；③所制定的判别标准要科学；④对于不必要的物品应果断地加以处理；⑤对需要的物品调查其使用频度，决定其日常用量及放置位置；⑥制定废弃处理办法；⑦每日自我检查。

（二）整顿要点

整顿是将整理后留在现场的必要物品分门别类地放置，排列整齐，明确数量，并进行明确地标记。整顿的目的是让工作场所一目了然，保持整齐的工作环境，消除找寻物品所浪费的时间和无用物品。

1. 整顿活动的推进方法

（1）落实整理工作。生产现场内只能放置必要又最低限度的物品，不必要的物品不要去整顿；无论是个人的还是单位共有的物品，其要与不要的判断也要恰当合理。

（2）确定放置场所。以画线等方法明确区分通道和作业区域；考虑搬运灵活性，切忌将物品随意放置；堆高要限制高度，超高物品的叠放或料架应放于易取用的墙边；不良品货箱要放置在显眼处；不明物不放于场区；易燃、易爆等物品不能放于有火花的场所；危险物、有机物等应在特定场所保管；无法避免将物品放于定位线之外时可竖起"暂放"牌，标明理由、放至何时、何人负责等。

（3）选择放置方法。物品放置可以选择有架子、箱子、塑胶篮、袋子及挂式等方式。在放置上尽可能地考虑物品的先进先出；尽量利用架子，往立体发展，提高收容率；同类物品集中放置；长条物料需横放，或束紧竖放；危险场所应有覆盖物或栅栏隔离；单一或少数不同物品避免集中放置，应分开放置（如各种工具）；架子、柜子内部要明显易见；清扫器具以悬挂方式放置；此外，物品的放置方式还可以由生产的形式来决定。

2. 整顿应达到的要求

（1）物品定位摆放，做到物各有位，并且物在其位。

（2）物品定量摆放，过目知数。

（3）物品便于取存，无需花时间去寻找，很容易取出，也很容易归位。

（4）工具归类，分规格摆放，一目了然。

(三) 清扫要点

清扫是指扫除灰尘杂物，清除脏污异常，同时进行整理、整顿活动。在强调员工自主实施清扫的同时，还要培养员工对待工作环境的正确态度和发现生产现场异常的眼力。通过彻底清扫、将陈年污垢除去，创造一个整洁的工作场所，防止灰尘、脏污造成设备及周边环境的劣化，使设备潜在的缺陷、异常明显化，彻底清扫设备的各个部位，切身体验到"清扫也是点检"，做到"自己的设备自己维护"。

1. 清扫的推进方法

（1）对所有工作场所进行区域划分。制作区域平面分区图，标示各区间清扫的责任岗位和人员，并将其张贴在车间看板上。

（2）制订实施计划。制订实施计划主要涉及两项工作：一是划分责任，即决定由谁在何时对何区域实施；二是确定实施程度：由区域内的什么地方开始，做到怎样的程度，如生锈部位做到磨光为止，还是做到磨光后上漆为止。

（3）实施前教育。让所有清扫实施人员明确清扫的计划和要求事项。

（4）实施彻底清扫。在实施清扫过程中，要注意对储物盖里面、设备背面、平时不打开的部位进行同样的清扫。如果只对框架、封盖表面等进行清扫的话，活动将局限于单纯的扫除上。被指出的问题点要能在现场进行识别，识别过程中可运用贴"红牌"活动。被指出的问题点要就场所、类别、内容等加以分类并明确数量，做到一目了然。清扫需要长期坚持。通过彻底清扫活动"发现了什么""结论是什么""明白了什么"，及通过改善"学到了什么"，这些都是工作中很重要的知识，都应作为重点加以总结，并作为日常清扫点检项目加以标准化。

2. 清扫应达到的要求

（1）自己用的东西，自己清扫，不依赖他人（不增加清洁工）。

（2）清扫设备的同时，检查设备是否异常（清扫也是点检）。

（3）设备清扫的同时，要对设备进行润滑（清扫也是保养）。

（4）对清扫中发现的问题，如跑冒滴漏等，要查出原因并加以解决（清扫也是改善）。

（四）清洁

清洁的目的是将整理、整顿、清扫实施的做法制度化、规范化，并贯彻执行及维持成果。

1. 清洁活动的推行方法

1）落实前面3S工作，制定规章制度，如目视管理及看板管理的基准、清洁实施办法和稽核方法、奖惩制度等。

2）加强执行力度，最高管理者经常带头巡查，带动全员重视清洁工作。清洁的注意点是制度化，定期检查。

2. 清洁应达到的要求

（1）车间环境整齐、清洁、美观，保证员工健康，增进劳动热情。

（2）不仅设备、工具、物品要保持清洁，工作环境也要保持清洁。

（3）工作人员的着装、仪表要清洁、整齐。

（4）工作人员要团结向上、有朝气、相互尊敬，形成一种催人奋进的氛围。

（5）清洁要做到不搞突击，贵在坚持和保持。

（五）素养要点

素养是指培养员工遵守所规定的事的习惯，5S 的本意是以 4S（整理、整顿、清扫、清洁）为手段完成基本工作，借以养成良好习惯，最终达到全员品质的提升。

素养活动应该达到的要求：

（1）促使人人有礼节、懂礼貌、守规范，进而形成优良风气，营造和睦的团队氛围。

（2）发动企业所有单位和部门全面开展 5S 素养活动，人人积极投入参与，使之成为企业全员的日常活动。

（3）让同事和客人有舒适感、亲切感、方便感、安全感等。

第三节　定置管理

定置管理是对对生产现场物品的定置进行设计、组织、实施、调整、协调与控制的全部过程的管理，是工作研究方法的具体应用。其核心还是研究生产要素中人、物、场所的状况，以及三者在生产活动中的相互关系，力求消除工作中不合理的因素。从某种意义上讲，定置管理是"5S"活动的基本内容之一，同时又是"5S"活动的深入和发展。

一、定置管理的原理

在定置管理中，要处理好人与物、物与场所、信息媒介与定置的关系。

（一）人与物的结合状态

在生产现场，人与物的结合有四种基本状态：

（1）A 状态，即人与物能马上结合的状态。这是指需要的东西随时可得，马上能用，如工人能立即拿到应加工的工件和需要的工具。这是生产中的理想状态。

（2）B 状态，即人与物处于寻找状态或尚不能很好发挥效能的状态。这是指需要的东西需要寻找才能发现。如工人测量后将仪器乱丢乱放，不归放到规定的位置，下次使用时好不容易才能找到，或即使找到了，但由于保护不善，出现故障，需要修理或重新调试后才能使用等。这是生产现场需要改进的状态。

（3）C 状态，即人与物关系松散、已不需要结合的状态。如物品在上一道工序加工后等待进入下一道工序。这是生产现场应该减少的状态。

（4）D 状态，即人与物没有联系的状态。处于这种状态的物品与生产无关，不需要与人结合。如报废了的设备、工具、生活用品、生产垃圾、废品等。它们占用了有限的作业面积，影响了操作者的工作效率，形成了安全隐患，是必须消除的状态。

定置管理就是要采取措施消除 D 状态，减少 C 状态，改善 B 状态，使之达到 A 状态，让现场所有的人与物都处于 A 状态。

人与物的结合成本可以定量化，在人与物结合时要尽量减少结合成本。假定物的原来价值为 V_0，存在价值为 V，结合成本为 G，则三者关系可用公式表示为

$$V_0 = V + G$$

或

$$G = V_0 - V$$

该公式的意义是：当人与物处于 A 状态时，结合成本几乎为零，此时物的存在价值与原来价值相同；当人与物处于 B 状态时，就会产生结合成本，物的存在价值就小于物的本

来价值。

例如，某企业机械加工车间加工某零件，需要到工具库取夹具，需要20min，工人小时工资是15元，夹具原来价值是560元，则可计算出夹具的存在价值为

$$V = 560 - 15 \times \frac{20}{60} = 555（元）$$

此时，人与物的结合成本为5元。如果通过定置管理，将工人取夹具的时间不断缩短，达到理想状态，这时人与物的结合成本就为零，节约下来的5元就是定置管理取得的效益。在实际生产活动中，人与物的结合成本尽管不可能为零，但可以通过持续改进使之接近于零。

如果人与物的结合处于C状态和D状态，则物的存在价值为零，此时物与生产无关，物的原来价值也为零。这就是定置管理要使人与物的结合达到A状态的原因。

（二）物与场所的关系

物与场所的有效结合是实现人与物合理结合的基础。要通过作业分析和动作研究，使被加工物品按照生产工艺的要求科学固定在某一位置上，达到物和场所的有效结合，缩短人的取物时间，促进人与物的最佳结合。

物与场所的结合有三种基本状态：

A状态是指良好的状态，即工作环境良好，场所作业面积、照明、噪声、通风、粉尘等符合有关标准。

B状态是需要改善的状态。布局不够合理，达不到人的安全环境状态或生产合理状态，需要改善。

C状态是需要彻底改善的状态。这种状态不能达到现场作业人员的基本生理、安全、精神上的要求。

定置管理的任务就是把B状态和C状态逐渐变为A状态。

（三）信息媒介与定置的关系

信息媒介是指人与物、物与场所结合过程中起着指导、控制、确认等作用的信息载体，包括引导信息和确认信息。如车间的布置图就是一种引导信息，各区域的标志线、存物标志牌、物品的标志等就是确认信息。

定置管理要求信息媒介达到以下要求：场所标志明显，场所设有定置图，位置台账齐全，存放物的序号、编号齐全，信息标准化。

二、定置管理的内容

（一）定置物品的分类

按照现场物流的运动状态，通常把需要的物品分成四类：

A类物品是指在用类物品，表示人、物、场所三者处于紧密结合的状态，操作者正需要使用的处于随时可以取到状态的物品。

B类：待用类物品，表示人、物、场所暂时无紧密联系，需通过一定时间转化为A类物品的物品，如车间中待加工的在制品等。

C类：转出类物品，表示人、物、场所关系松散，待转出现场的物品，如完成的合格品等。

D类：处理类物品，表示生产现场可遗弃的、待清理的、与生产工作无关的物品，如清

理出的生产垃圾、长期积压的零部件、弃用的各种工器具等。

定置就是采用一定的形式，把所有物品进行区域划分、定置路标、标牌设计，对 A、B、C、D 类物品定置挂牌，并区别颜色，如用红、黄、蓝、黑分别表示上述四类物品。

（二）定置管理设计原则

（1）最大的灵活性和协调性。物品的定置场所、设施和定置方式要适应情况的变化。

（2）最大限度地利用空间。现场是一个立体空间，各类物品的存放、储存、保管应该充分利用空间并具有可见性。

（3）最大程度地方便操作。例如，容器的大小、深度应考虑操作者手臂运动所能达到的范围，实际上就是按照动作研究的原理进行设计。

（4）最短距离和最少装卸次数。物料的移动距离应该最短，在满足工艺要求的条件下，应尽量减少装卸次数。

（5）切实的安全和保护保障。各种物品的定置都要确保人身安全，有防火、防污染、防盗的措施。

（6）单一的流向和看得见的搬运路线。物流的流向应该按照单一流向顺序移动，避免发生交错和混乱。

（三）定置管理图的绘制

定置管理图是将生产现场的定制管理用标准化的形式反映出来的一种方法。它主要是利用各种符号代替设备、零部件、工位器具、工具箱等定置物品，运用形象的图示描述生产现场中人、物、场所之间的关系。定置管理图有室外区域定置图、车间定置图、作业区定置图、仓库定置图、工具箱定置图和办公室定置图等。

绘制定置图的要求有：

（1）应先对场所中的工序、工位、机台等进行定置诊断，根据人机工程学确定其是否符合人的心理和生理需要，是否满足产品生产的需要，然后开始定置图的设计和绘制工作。

（2）定置图的绘制应该按统一标准。如定置图的大小尺寸应该统一，放置的位置应该统一（都位于车间仓库明显处）；工具箱都按照统一标准定置，如按照重量或体积定置等。

（3）定置图的绘制应尽量按生产组织划分区域。定置图上相应区域应与实际生产组织如工段、班组相对应。

（4）绘制定置图应先以设备作为整个定置图的参照物，然后依次画出建工零件等其余定置物位置。

表 12-2 是定置图常用符号，仅供参考。

表 12-2 定置图常用符号

符号	物品名称	符号	物品名称
G	工具箱	XC	吸尘器
LJ	垃圾箱	GLD	管理点
STC	手推车	A 类	物紧密联系（红色）
GW	工位器具		
C	铲车	B 类	物周期联系（黄色）
DS	电扇		

(续)

符号	物品名称	符号	物品名称
Q	钳工台	Ⓒ类	物待联系（蓝色）
F	废物桶		
TJ	脚踏板	Ⓓ类	物失去联系（黑色）
J	检验台		

（四）定置管理的实施与考核

定置管理的实施是按照设计要求对生产现场进行科学的整理和整顿，做到有物必有区、按区存放、按图定置、图物相符。

在实施阶段，领导要做到始终身先士卒，带头贯彻执行各项规定；全面发动和依靠群众，严格按照定置图进行科学定置。

实施定置管理后，要对定置管理进行严格考核，达不到要求的必须改进。考核的基本指标是定置率，其计算公式为

$$定置率 = \frac{实际定置物品个数（种类）}{定置图规定的定置物品个数（种类）} \times 100\%$$

如工具箱定置区域应该存放16箱物品，但有3箱物品摆错位置，一箱物品没有放到指定的定置区，则

$$定置率 = (16-4)/16 \times 100\% = 75\%$$

如果确定的考核目标是90%，则该工具箱的定置管理就不合格，必须加以整顿。

定置管理和"5S"管理相同，也是一个循环过程，需要通过不断的改进，不断提高生产现场管理水平。

小 结

本章主要介绍了生产现场管理的原理。第一节介绍了现场管理的含义、特点及基本内容；第二节介绍了5S管理的原理，包括5S管理的含义、作用和实施要点；第三节介绍了定置管理的原理和内容。学习本章要特别认识到：现场管理最大的特点在于它不需要复杂的技术、高深的理论、烦琐的程序和昂贵的设备，只要利用简单的基本原理和常识性的简单工具，就能够有效解决企业管理中存在的问题。无论是一条生产线、一个办公室或一个柜台、一个窗口，都是现场管理可以发挥作用的地方。因此，现场管理的实践性、实用性之强，远远超过其他管理理论。

思考与练习

思考题

1. 现场管理与JIT的关系是什么？
2. 现场管理的特点是什么？
3. 如何从现场管理之屋看出现场管理的重要性？
4. 现场管理的内容是什么？

5. 现场改善要遵循什么原则？
6. 5S管理与现场管理的关系是什么？
7. 5S的含义是什么？它在运营管理中的重要性是什么？
8. 进行5S管理活动后应该达到的要求是什么？
9. 定置管理的目的是什么？
10. 人与物结合的最佳状态是什么？为什么？
11. 为什么说现场管理的实践性、实用性远远超过其他管理理论？

判断题

1. 现场管理就是对生产现场的突发事件的处理。
2. 现场管理只是生产调度的职责。
3. 现场管理的核心是机器设备、各种物料的管理。
4. 现场管理的精髓是改革。
5. 5S中素养指的是能够每天持续整理、整顿、清扫及清洁。
6. 5S中清洁指的是将工作环境打扫干净。
7. 当人与物的结合成本为零时，物的原来价值最高。
8. 定置管理的任务就是把B状态和C状态逐渐变为A状态。
9. 定置管理设计原则之一是单一的流向和看得见的搬运路线。
10. 定置率越高，定置管理水平就越高。

选择题

1. 现场管理在本质上属于（   ）。
   A. 生产作业管理   B. 技术管理   C. 物流管理   D. 安全生产管理
2. 清洁的目的是（   ）。
   A. 维持整理成果   B. 维持整顿成果
   C. 维持清扫成果   D. 维持整理、整顿、清扫成果
3. 现场管理的对象之一是"环"，这里的"环"是指（   ）。
   A. 法律环境   B. 技术环境   C. 作业环境   D. 市场环境
4. PDCA循环的原因是（   ）。
   A. 日常工作是重复的   B. 生产过程是重复的
   C. 改善是持续的   D. 现场管理是重复的
5. 将现场不需要的物品移出现场或处理掉，属于5S中的（   ）。
   A. 清扫   B. 整顿   C. 整理   D. 清洁
6. 将物品按使用类别分类，属于5S中的（   ）。
   A. 清扫   B. 整顿   C. 整理   D. 清洁
7. 习惯将4S活动视为每日工作的一部分，属于5S中的（   ）。
   A. 清扫   B. 整顿   C. 整理   D. 素养
8. 在操作者能够立即拿到应该加工的零件情况下，人与物的结合状态为（   ）。
   A. C状态   B. D状态   C. A状态   D. B状态
9. 物与场所关系中，工作环境需要不断改善的状态属于（   ）。
   A. C状态   B. D状态   C. A状态   D. B状态

10. 按照定置管理的要求，表示人、物、场所暂无紧密联系的物品为（   ）。
    A. 在用品   B. 待用类   C. 转出类   D. 处理类

案例分析

家具公司的现场管理

欧琳家具公司是一家拥有200多名员工的中小型家具企业，生产设备虽然比较先进，但在生产现场仍然存在着一系列不良现象：①厂房设施与现在的生产能力不相适应。兴建之初，厂房的原设计生产能力为1000万，现在的生产量却为4000万，很多产成品堆积在组装车间，不能及时入库，给产品的品质造成一定的影响。②通道不畅。通道不畅是许多工厂的通病，会使生产作业发生停滞现象，降低生产效率。③电线乱拉、物品摆放混乱。④边角余料处理不及时、木屑刨花堆积。在生产过程中，没有对边角料进行筛选，以对其再度利用。⑤木材仓库管理不完善。该企业对木材仓库的管理很不完善，比较粗放。特别对原木材疏于管理，随用随拿，木材余料堆积混乱，数量不清。

为使公司的基础管理工作更加完善，欧琳公司引进5S管理制度，旨在通过5S管理来提升企业的整体形象，提高员工素质和产品的品质。根据国内外许多企业5S管理实施的成功经验，欧琳家具公司从2005年2月起开始实施5S管理，并通过4个层面的4个步骤来进行。这4个步骤是：高层领导统领阶段，5S实施策划阶段，教育培训阶段，5S实施与提高阶段。

欧琳家具公司自实施5S管理以来取得了一定的成果，公司面貌有了明显的改观，员工的工作习惯也有了较大的改善，由刚开始对实施5S管理不理解到逐渐认可、配合、支持，改善的积极性很大，取得了以下8项成绩：①生产现场得到很大改善；②办公区域的管理得到改善；③厂区环境得到彻底的改变；④生产作业标准得以建立健全，降低了生产成本；⑤标准化的工作准则保障了生产的安全运行；⑥在生产过程中，主要控制了以下4个方面的浪费：等待的浪费、不合格品的浪费、动作的浪费、库存的浪费；⑦提高了员工的素质为公司注入了新的活力；⑧为公司塑造了良好的形象。通过5S管理，培育了员工的团队精神。员工行为更加规范，公司的知名度和诚信度得以提升，给公司留下美誉；5S所提倡的规范化、制度化、标准化的工作方式，为稳定生产、提高品质打下了坚实的基础，赢得了顾客的信赖。

问题：
1. 你认为该公司成功实施5S管理需要具备哪些前提条件？
2. 为该公司推行5S现场管理制定一个具体方案。
3. 该公司如何做才能使5S管理落到实处，而不仅仅是面子工程？

第十三章 先进的生产方式和生产与运作系统

导入案例

丰田的"5天汽车"生产模式

丰田汽车公司对外宣布,将在5天之内生产出客户订购的佳丽·索拉(Camry Solara)轿车,并且将会对其他车型采用同样的标准。这项声明让整个业界感到震惊,因为在汽车工业中,通常需要30~60天才能生产出客户所订购的汽车。

丰田公司的声明带来了两个问题:①北美的汽车工业现在主要采用的是"补充库存"的生产模式,但会不会转变为欧洲和日本现在普遍采用的"满足订单"的生产模式呢?②作为率先转型的汽车制造商,丰田是否能够从中获得显著的竞争优势呢?

多年来,汽车制造商都是依照一些对顾客需求的所谓"有根据的推测"来作出生产决策的,但这样做的结果之一就是让许多顾客的需求没有得到完全满足。一份1997年波士顿咨询集团所做的研究报告表明,几乎有一半的购车者找不到他们满意的配置或车型。为了让消费者妥协,制造商开始降价,而零售商则提供进一步的折扣。这是个双败的局面:消费者对讨价还价感到厌烦,买下了并不是自己理想中的车;汽车生产商和零售商吃进了数以亿计的销售缓慢的库存,眼看着他们的利润消失在折扣中。

很多人都在怀疑丰田是否有能力在5天之内生产出客户订购的车,同时又不以牺牲生产柔性和总交货期为代价。不管怎么说,丰田的声明多少让人产生了对公司战略的怀疑。但事实证明,这不是个探测气球,这是公司早有计划的充满信心的宣言。

那么,丰田公司能从这种"5天汽车"中取得多少竞争优势呢?戴尔成功的故事提供了一个类似的范例。但与戴尔向顾客进行直销不同,丰田仍然通过经销商销售它的汽车。即便如此,丰田通过改变其"补充库存"的生产策略节省了大量的开支,同时帮助其经销商降低了零售库存。

在美国密歇根州的特洛伊市召开的一次工业会议上,戴尔公司的首席财务官汤姆·马瑞迪斯(Tom Meredith)对一群汽车生产商列举了"满足订单"生产模式的其他诸多好处。他解释道,满足订单的生产方式能让顾客更满意,并且能激励他们的忠诚度。这样做还能让供应链高速运转,加强与供应商和顾客的联系,大量地降低库存,提高资产回报率。在竞争中确立优势地位同样能巩固丰田与其经销商之间的联系。

精益生产又称为精细生产,是强调精打细算、使资源消耗最少的一种生产哲理和生产方式,它包含了一系列通过消除浪费和简化过程来降低成本的原理和实践。它是继大量生产方式之后,对人类社会和人们生活方式影响最大的一种生产方式,是新时代工业化的象征。准时化生产是精益生产的起源和核心;敏捷制造是美国人为了大大提高本国制造业的竞争力而创造出的一种集柔性和效率一体的生产方式;大规模定制是根据客户的个性化需求,以大批量生产的低成本、高质量和高效率提供定制产品和服务的生产方式。这些生产方式都是对传统大量生产模式的颠覆,被称为先进的生产方式,它们将改变整个世界。本章将对它们一一加以介绍。

第一节 精益生产与准时生产制

一、精益生产方式的产生

精益生产起源于丰田汽车公司。

丰田汽车公司创立之初,一直在寻求建立日本特定环境下的有效生产方式。丰田喜一郎在公司成立之初曾率团造访当时最有名的美国福特汽车公司和通用汽车公司,学习其大规模生产方式(Mass Production System),如研究装配线和输送装置、改进精准机械工具等,以改进自身的生产状况。与此同时,丰田已经认识到日本市场的狭小和需求的复杂性。丰田公司后来的继任者丰田英二(Eiji Toyoda)和他的经理人于1950年到美国汽车工厂进行了为期12周的系统考察。他们惊讶地发现,福特汽车公司的大规模生产方式在20年间并没有多少变化,而且事实上,这个生产方式本身存在很多缺点:以高成本的设备和员工,不间断地生产和工作,从一个流程中产生大量的产出,停滞在缓冲区,然后运送至下一个更大规模的设备流程,再产生新的库存。大规模生产方式就是以这种形式来获得较低的单位平均成本和"效率"的。这种工作场所缺乏管理和控制,到处可见到大型起重和搬运设备运送大批原材料,工厂看起来更像大型仓库。

经过分析,丰田管理者认为,丰田公司根本不可能采用这种大规模生产方式,原因主要有:①丰田公司面对的主要是国内市场,需求是多样而复杂的,生产过程需要频繁变更;②丰田公司必须在同一工厂生产多种产品,而不能像福特公司那样在一个工厂长期只生产一种"T"型车;③丰田公司没有足够的资金扩建厂房、仓库和购买更精密的加工设备;④面对日本工会的强大压力,公司不能随便解雇工人;⑤大规模生产方式事实上是不经济和低效率的。

所以,丰田必须寻求新的途径和方法,建立更灵活更富有弹性、能提高生产效率和降低成本的生产方式。

丰田生产方式的基本形式是流水作业。福特生产方式主要是在放置足够的零部件库存流水线上保障装配需要,而丰田生产方式却不需要库存,主要是通过"准时化",使需要的零部件、按需要的数量、在需要的时刻到达总装配工序每道流水线上,尽量缩小批量,迅速变换模具。

福特生产方式依靠加大单一品种批量达到提高产量和效率的目的,在各道工序都要有充足的库存储备,争取实现零部件的统一化,追求的仍为扩大批量生产的规模,靠计划生产取得大量生产的效果。丰田生产方式则考虑把库存可能导致生产过剩的无效劳动和浪费,以及管理库存的人员、土地建筑物的负担完全消除,通过小批量、多品种来扩大总产量,提高效率。

福特生产方式是建立在集中生产同一工件的思维上,而丰田生产方式则是基于"因为最后在市场上的每位顾客均需购买一辆与别人不同的汽车,所以在生产方面也需一辆一辆地制造,在生产零部件阶段也需一件一件地生产",贯穿了一件一件同步生产的理念。

为了通过生产的"均衡化"得到"单批次批量减少"的结果，必须做到快速换模。模具的变化调整必然使效率降低，使成本提高。所以，首先要改变观念，迅速变换程序，强制推行。1945 年前后，丰田汽车生产现场换装大型模具至少需要 2~3h，而进入均衡化生产阶段之后，其变换调整时间压缩到了 1h 以内，有的仅需 15min，1966 年至 1975 年已缩短到 3min 以内。

二、精益生产方式的效率

精益生产的大量大批生产通过专用机床和专用工艺装备来提高加工的速度和减少调整准备时间，从而实现高效率加工。精益生产突破了"批量小、效率低、成本高"的逻辑，打破了大量生产"质量高则成本升高"的规律，使成本更低、质量更高、能生产的品种更多，是一种可以替代或淘汰大量生产的新的生产方式。

（一）三种生产方式的比较

精益生产综合了手工生产方式和大量生产方式的优点，克服了两者的缺点，成为新形势下最有生命力的生产方式。三者的特点如表 13-1 所示。

表 13-1 三种生产方式的比较

生产方式 比较内容	手工生产方式	大量生产方式	精益生产方式
产品特点	完全按照顾客要求	标准化、品种单一	品种规格多样、系列化
加工设备和工艺装备	通用、灵活、便宜	专用、高效、昂贵	柔性高、效率高
分工与工作内容	粗略、丰富多样	细致、简单、重复	较粗、多技能、丰富
操作工人	懂设计制造具有高操作技艺	不需专门技能	多技能
库存水平	高	高	低
制造成本	高	低	更低
产品质量	低	高	更高
权利与责任划分	分散	集中	分散

（二）生产效率的比较

精益生产方式的效率高于大量生产方式，最好的证明就是汽车制造领域的若干统计资料。表 13-2 引用了 1989 年世界汽车装配企业的统计资料，充分说明了大量生产方式的衰落。在表 13-2 中，日本的日本汽车装配厂是精益生产的代表，欧洲的汽车装配厂是大量生产的代表，北美的美国工厂和日本工厂不同程度地实行了精益生产方式。

表 13-2 1989 年世界汽车装配企业比较（平均值）

比较内容	日本的日本工厂	北美的日本工厂	北美的美国工厂	欧洲
生产率/（h/辆）	16.8	21.2	25.1	36.2
质量（百辆车装配缺陷）	60.0	65.0	82.3	97.0
生产场地/（平方尺/年·辆）	5.7	9.1	7.8	7.8

（续）

比较内容	日本的日本工厂	北美的日本工厂	北美的美国工厂	欧洲
返修区大小（占装配场地的比重,%）	4.1	4.9	12.9	14.4
8种代表零件库存/天	0.2	1.6	2.9	2.0
加入工作组的工人比例（%）	69.3	71.3	17.3	0.6
工作轮换（0~4：不轮换——常轮换）	3.0	2.7	0.9	1.9
平均每个雇员建议数	61.6	1.4	0.4	0.4
职业等级数	11.9	8.7	67.1	14.8
新工人培训时间/h	380.3	370.0	46.4	173.3
缺勤率（%）	5.0	4.8	11.7	12.1
焊接自动化程度（%）	86.2	85	76.2	76.6
油漆自动化程度（%）	54.6	40.7	33.6	38.2
装配自动化程度（%）	1.7	1.1	1.2	3.1

资料来源：陈荣秋，马世华.《生产与运作管理》[M]. 3版. 526页.

三、精益生产的基本含义

1985年，美国麻省理工学院的技术、政策与工业发展中心开始一项"国际汽车计划（IMVP）"的研究项目，该项目用了5年时间，耗费了500万美元，调查了全世界15个国家的90个汽车制造厂，对大量生产方式和日本汽车公司的生产方式进行了详细的实证性研究，发现丰田生产方式是如此的高效，于是用"精益"（Lean）的概念以示其与传统生产方式的显著性区别。Lean，原意为"瘦"，即不存在多余的或浪费的，因而是精干的、核心的。"精"是指完美、周密，意味着高品质；"益"是指好处，即利益的增加，也有精益求精之意。1990年，詹姆斯·P. 沃麦克、丹尼尔·T. 琼斯等在他们的研究著作《改造世界的机器——精益生产的故事》中，第一次以精益生产（Lean Production）的概念精确地表达了精益生产方式的内容。1996年，詹姆斯·P. 沃麦克和丹尼尔·T. 琼斯又在《精益思想》一书中，提出了定义顾客价值、确定价值流程、建立无间断操作流程、建立拉动式生产系统、追求尽善尽美五个渐进过程的精益思想，前瞻性地分析了精益管理的未来趋势。2004年，美国密歇根大学教授杰弗里·莱克在著作《丰田汽车案例》中，精辟地概括了丰田生产方式或精益生产方式的14项管理原则，更深刻、更全面地阐述了这一管理模式的精髓，称精益生产方式为加速流程、杜绝浪费、改善品质的典范。

精益生产（Lean Production，LP）是一种通过消除所有环节上的浪费来缩短产品从生产到客户手中时间的生产理念，是丰田汽车公司在过去几十年的实践中逐步摸索完善起来的一套理论体系。其目标是降低生产成本，提高生产过程的协调度，彻底杜绝企业中的一切浪费现象，从而提高生产效率和质量，降低成本，保证交货期，为企业带来较高的收益回报。精益生产的原则不仅适用于汽车制造业，也适用于其他行业。

四、精益生产方式的基本原理

（一）"消肿祛瘀"

精益生产的基本含义是去掉多余的，即"消肿祛瘀"。简而言之，就是简化，主要

包括:

(1) 简化企业的组织机构。用扁平式或项目式组织结构替代金字塔式的组织结构,以消除在信息传递上的浪费。

(2) 简化产品开发过程。实践证明,改进产品开发过程得到的效益要比改进产品生产过程获得的收益大。传统的产品开发一般采用顺序工程法,这种方法的缺点是开发周期长、不能全面考虑产品制造过程、质量得不到保证等。精益生产方式要求采用并行工程来进行产品开发,要求同时进行产品设计和下游制造过程设计,以减少时间的浪费,解决设计和制造两个环节上的矛盾。

(3) 简化制造过程。统计资料表明,在一般情况下,在零件的制造过程中仅有5%的时间真正产生增值,剩下的95%的时间都被各种各样的等待时间占用了。因此,简化制造过程就是要将各生产要素和制造过程中的不同阶段、不同环节、不同工序等在时间和空间上进行优化组合,从而以最少的人力、最小的消耗、最省的时间、最短的路径、最简练的动作、最易掌握的方法来完成必要的工作量。

(4) 简化产品结构。减少产品层次、采用模块化设计等,不但可以缩短产品制造周期,还可以简化产品制造过程。

(5) 简化与供应商的关系。在大量生产方式下,汽车装配厂的供应商通常为1000~2500家,装配厂要花费大量的宝贵资源与之进行协调。在精益生产方式下,将供应商分成多个层次,装配厂只与第一层供应商发生关系,大大简化了与供应商的协调工作。

(二) 消除浪费

丰田公司提出的七种浪费包括:

1. 过量生产浪费

对外部市场而言,过量生产浪费是指生产的产品超过了顾客所需数量或比需要时间提前出产产品;对内部组织生产而言,过量生产浪费是指在库存过多或在制品提前送到了下一道工序等待加工。过量生产占用了人力、机器、场地、资金等制造资源,减缓了生产流程,增加了各种库存,造成了资源浪费,使得成本增加、效益降低。造成过量生产浪费的原因可能是不了解顾客或下道工序的需求、应付生产过程中的各种问题等。解决的途径是建立牵引式系统,实行准时生产制。

2. 等待浪费

等待浪费是指由工件等待加工、顾客等待服务、机器等待任务等造成的浪费。造成等待浪费的主要原因可能是作业计划安排不当或其他原因(如机器故障、工人缺勤等)。要减少或消除浪费,就要实行均衡生产、实现工序同期化,适当扩充生产和服务能力,建立U形生产单元。

3. 移动浪费

移动浪费是指由不易为顾客增加价值的移动造成的浪费,包括运输和搬运。造成移动浪费的原因是设备设施布置不当、过程缺乏协调、定置管理不到位、工作地组织差等,如多点储存、按功能布置设备、空车率高等。要消除移动浪费需要减少物料储存点、变机群布置为流水布置、建立U形生产单元、实行5S管理,改善作业计划等。

4. 库存浪费

库存浪费包括由原材料、在制品、成品的库存以及所有资源闲置所造成的浪费。库存浪费不仅占用资金，而且还掩盖了管理上的问题。造成库存浪费的原因包括调整设备准备时间长、设备不可靠、物料流不平衡、供应不及时、预测不准、批量大等。按照精益生产的思想，库存应该不断降低，才能暴露管理中的问题，使持续改进得以进行。要降低库存，需要进行准时生产来减少在制品库存，需要实行准时采购来减少原材料库存，需要实行标准化生产来减少成品库存。

5. 加工浪费

加工浪费是指由不必要或无效的加工造成的浪费。不必要的加工是指与增加产品价值没有关系的加工；无效加工是指由加工设备、切削工具或方法不当造成的不合格的加工。造成不必要的加工浪费的主要原因是工艺设计不合理；造成无效加工的主要原因是各种加工过程中的工装器具维修不当或员工技术不熟练。要减少加工浪费，就需要完善工艺设计、加强工器具管理和工人技术培训。

6. 动作浪费

动作浪费是指由对产品或服务不创造价值的人或机器的动作造成的浪费，包括点数、寻找零件和工具，操作中多余、笨拙的动作，不合理的操作姿势等违背工作经济性的动作。造成动作浪费的原因可能是工作地缺乏组织、布置差、工作方法不一致、机器设计差等。解决的途径是实行定置管理、5S管理和可视化管理。

7. 缺陷浪费

缺陷浪费指由缺陷造成的鉴定成本和故障成本。鉴定成本是指为了评估结果是否满足要求进行测试活动产生的成本，是应该减少和消除的；故障成本包括出厂前的废次品造成的一切损失，出厂后由于质量问题造成的索赔损失、违约损失、"三包"损失等。减少缺陷浪费，就要从根本上保证质量，实现零缺陷。

除了丰田公司提出的七种浪费以外，精益生产理论还提出了设计浪费、领导浪费等更宽泛的浪费概念。随着科学技术的进步，还会有更多过去是合理的而在新技术面前是浪费的问题出现。

（三）持续改进

消除浪费是精益生产的目标，持续改进是实现消除浪费的途径。

改进，就是永远不满足于现状，不断发现问题，寻找原因，提出改进措施，改变工作方法，使工作质量不断提高。改进与创新，都是进步和提高，但改进是渐进式的进步，是细微的变化，其过程是连续的，通过日积月累，才会获得巨大成功；创新是激进式的进步，是显著的变化，是质的飞跃，其过程是不连续的。创新为少数人所有，改进则必须众人努力。如果创新后无改进，则实际成果就会降低；创新之后持续改进，不仅能使创新成果得到巩固，还可以酝酿下次的创新。日本企业学习美国质量管理专家提出的全面质量管理理论和实践，经过日本的本土化改进，其效果超过了在美国的实践的效果。日本取得的成果表明，改进在日本人看来应该是永无止境的。持续改进是众人之事，是每个员工的责任，应该成为每个员工的指导思想，成为员工生活的一部分。事物的发展是变化的，新事物、新问题天天都会出现，任何先进的方法都有缺陷，都有改进的余地。

丰田生产模式提出的"零库存"和"零缺陷"就是以持续改进的理念为基础的。零是一种极限，可以无限地接近它，但永远不可能达到。如果真正做到"零库存""零缺陷"，生产就无法进行，因为生产的时间和要素不可能为零。但是"双零"提供了一个最高标准，它使得改进永无止境。丰田生产模式提出的"库存是万恶之源"的观点也是以持续改进的原则为基础的。

(四) 价值流分析

按照竞争优势理论,企业获得竞争优势主要靠为顾客提供价值。企业的活动中,有许多环节并不能为顾客提供价值,这种活动就是无效的,是浪费,应该消除。价值流的分析,就是找到对增加顾客价值有用的价值流,发现对顾客价值增值无用的、浪费的环节,并消除这些环节。

1. 企业基本的增值活动

(1) 内部后勤。内部后勤包括物料接收、存储、在制品移动等活动,如物料搬运、仓储、库存控制、车辆安排等。

(2) 生产。生产包括将投入转化为最终产品的活动,如下料、加工、装配、包装、设备维修、测试和实施维护等。

(3) 外部后勤。外部后勤包括集中、储存和将产品发送给消费者的活动,如产品配送、仓储、搬运、送货、订单处理和计划等。

(4) 市场营销。市场营销包括对顾客需求进行研究,为顾客提供购买渠道和引导顾客的购买活动,如广告、促销、配送渠道选择和谈判、价格的确定等。

(5) 服务。服务包括提供服务维持和提高产品价值的活动,如安装、维修、培训、零配件供应和产品调试等。

这5种基本的增值活动构成了一个价值链。在这样一个价值链中,从物资采购开始,通过后勤活动和生产活动,物料逐渐向市场移动,每一次移动都成为增值的一部分。价值最后的实现在顾客指定的时间和地点把最终所有权转移给顾客的时候发生。

2. 在价值流分析中物流活动的类型

1) 有价值的活动。有价值的活动指能够真正创造出顾客可以接受的价值的活动。

2) 不创造价值的活动。不创造价值的活动指虽然不创造价值,但目前产品开发、补充订货或生产系统还需要、不能立即取消的活动。

3) 多余的活动。多余的活动是指不能创造顾客所接受的价值、可以马上取消的活动。

从价值流分析的角度来看,不创造价值的活动和多余的活动都属于浪费的范畴,是可以消除的,也是持续改进的对象。

五、精益生产的技术体系

1. 准时化生产

准时化生产(JIT)是精益生产的起源和核心,是指一种以投入最少的设施、设备、物资和人力资源,保证在规定的时间和地点,高效益地生产和交付必须数量和100%合格质量的零件或产品的科学制造管理方法。其核心是"在必要的时候只生产必要数量的必要产品,杜绝一切浪费","不生产多余的产品"。

JIT制造的主要特征是采用拉动式生产计划系统或看板系统,即每一次生产运行的计划安排从装卸站的发货量开始,反推到整个生产过程。这样,前道工序的生产品种、数量和交付时间应根据后道工序的要求来安排,保证产品百分之百地合格,绝不过量生产。

看板操作是实施准时化生产的具体措施,也是对生产过程中各工序生产活动进行控制的信息系统。采用"取料制"可以使后道工序根据市场需要组织生产，对本工序在制品短缺的量从前道工序领取相同的在制品量，从而形成全过程的拉动控制系统，绝不多生产一件产品。看板在生产过程中的各道工序之间周转着，从而将与取料和生产的时间、数量、品种等有关的信息从生产过程的下游传递到上游，并将相对独立的工序个体联结为一个有机的整体。

看板管理可制止过量生产，彻底消除在制品量的浪费以及由之衍生出的种种间接浪费；还可以使产生次品的原因和隐藏在生产过程中的问题及不合理的成分充分暴露出来。通过问题的彻底解决，消除引起成本增加的种种浪费，实现生产过程的合理性、高效性和灵活性。

对企业而言，各种产品的产量必须灵活地适应市场需求量的变化，否则生产过剩会引起人员、设备、库存费用等一系列的浪费。避免浪费的手段就是实施准时生产，只在市场需要的时候生产市场需要的产品，所以JIT是实现零库存、彻底杜绝浪费的有效手段。它以准时生产为出发点，首先暴露出生产过量的浪费，进而暴露出其他方面的浪费（如设备布局不当、人员过多等），然后对设备、人员等资源作出相应调整。如此不断循环，使成本不断降低，计划和控制水平也随之不断提高。

2．成组技术

成组技术（Group Technology，GT）成组技术是指揭示和利用事物间的相似性，按照一定的准则将事物分类成组，同组事物能够采用同一方法进行处理，以便提高效益的技术。成组技术的核心是成组工艺，它是把结构、材料、工艺相近的零件组成一个零件族（组），按零件族制定工艺进行加工，从而扩大了批量、减少了品种，便于采用高效方法，提高了劳动生产率。

成组技术主要研究如何改善多品种、小批量生产的组织管理，以获得如大批量那样好的经济效果。成组技术的基本原则是根据零件的结构、形状、特点、工艺过程和加工方法的相似性，打破多品种界限，对所有产品零件进行系统的分组，将相似的零件合并、汇集成一组，再针对不同零件的特点组织相应的机床形成不同的加工单元，对其进行加工。经过这样的重新组合可以使不同零件在同一机床上用同一个夹具和同一组刀具，稍加调整就能加工，从而变小批量生产为大批量生产，以提高生产效率。

柔性自动化生产是以成组技术为基础，由数控机床、加工中心或者柔性生产系统、机器人技术和自动化检测技术等组成的自动化生产系统，是现代化生产适应多品种、保证质量和技术效率的重要手段。

3．全面质量管理

全面质量管理（TQM）是指企业的所有组织、所有部门和全体人员以产品质量为核心，把专业技术、管理技术和数理统计加以集成，建立起一套科学、严密、高效的质量保证体系，控制生产全过程影响质量的因素，以优质的工作、最经济的办法，提供满足顾客需要的产品和服务的全部活动。全面质量管理于1996年由全面质量控制（TQC）改名而来，最有代表性的当属日本企业的TQM。

TQM的主要思想在于调动每一个员工的积极性，从生产的每一个环节入手，保证产品质量，把产品的质量问题解决在萌芽状态。日本企业的TQM小组还把改进工艺方案、降低消耗、提高效率等纳入质量管理的范畴。与企业管理的国际标准ISO9001相比，TQM要求更高、更严格，ISO 9001标准是在保证产品质量的前提下，尽可能地提高经济效益；而日本的 TQM 管理思想是牺牲一些经济效益来尽可能地提高产品质量。TQM 的特点在于"全面",这里的"全面"包含以下三方面的含义:

(1) 全面质量。所谓全面质量,是指产品质量、过程质量和工作质量。全面质量不同于传统质量管理的特征之一,就是全面质量管理的工作对象是全面质量,而不局限于产品质量。全面质量管理认为,应从抓好产品质量入手,用优质的工作质量来保证产品质量,这样才能有效地改善影响产品质量的因素,达到事半功倍的效果。

(2) 全流程。全流程是相对于制造过程而言的,它要求把质量管理活动贯穿于产品质量产生、形成和实现的全过程,全面落实预防为主的方针,逐步形成一个包括从市场调研、开发设计到销售服务全过程所有环节的质量保证体系,把不合格品消灭在质量形成过程中,做到防患于未然。

(3) 全员参与。产品质量的优劣取决于企业全体人员的工作质量水平,提高产品质量必须依靠企业全体人员的努力。企业中任何人的工作都会在一定范围和一定程度上影响产品的质量。显然,过去依靠少数人进行质量管理很不得力。全面质量管理要求无论是哪个部门的人员,也无论是高级管理者还是普通员工,都需具备质量意识,都要承担具体的质量职能,积极关心产品质量。

4. 专业化协作生产

专业化协作生产(SCP)是指不同企业根据产品各零部件之间的相互关系或制造工艺上的特点进行专业化的协作生产。现代社会专业分工明晰,专业化生产有利于专业化的研究和技术进步,也有利于提高效率,降低生产成本。

产品生产厂家和协作厂家之间的协调关系是专业化协作生产的关键。产品生产厂家一般是资金和技术力量雄厚、规模较大的公司,协作厂家是势力单薄、规模较小的公司。产品生产厂家给协作厂家下达生产指标和技术要求,并且经常派有经验的技术人员检查和指导协作厂家的生产,协作厂家为保证产品质量和及时交货,想方设法地组织生产,尽量满足产品生产厂家的要求。产品生产厂家和协作厂家建立起相互信任、相互依赖的关系,共担风险、共享利益。这不仅带动了中小企业的发展,而且也解决了大企业的一些实际困难,使大企业能够集中精力,开发技术含量高、竞争能力强的新产品。

5. 基于计算机网络的并行工程

基于计算机网络的并行工程和小组工作方式是丰田精益生产的基础。并行工程是指集成的、并行的设计产品及相关的各个过程(包括制造过程和支持过程),要求产品开发人员从设计开始就考虑产品从概念形成到报废处理整个生命周期的所有因素。丰田汽车从设计开始就考虑到用户需求、质量、成本、进度计划、环保性能、使用寿命和报废后材料的再生利用等问题。

精益生产在设计工作中主要贯彻并行工程。传统做法从产品设计、工艺设计(包括工艺规程和工艺设计)到生产设计均是串行的,即一个过程完成后接着进行下一个过程。其缺点是周期长,在后续设计中发现前面设计中的问题后要反馈回去,需要修改设计或重新设计,必然拉长生产周期。并行工程不仅在进度计划安排上作出变革,产生平行设计作业的可能,而且在技术上也采取所谓 D for X(设计为工艺装配)的措施,这样就让设计人员在前面设计时尽可能地考虑后续设计中可能产生的问题,及早采取措施避免出现反馈重设计,设计质量也可以得到保证。组织上通过团队方式往往可以产生前后共同商讨、同步协调的效果。

并行工程可以使得设计质量和设计进度都提高。值得注意的是，并行工程的实施仅限于设计阶段内，而设计与生产之间则不涉及并行工程，设计未完成而过早地投入生产会产生废品。

六、准时生产

（一）准时生产的含义及基本思想

准时生产（Just-in-time，JIT）又称为无库存生产（Stockless Production）、零库存（Zero Inventories）、一个流（One-Piece Flow）或者超级市场生产（Supermarket Production），是精细生产方式在生产现场的体现，它是围绕减少成品库存、在制品库存和原材料库存而形成的一套原则和方法，它是通过看板管理来实现的。通过JIT，可以消除前文所述的七种浪费。

准时生产是指将必要的零件以必要的数量在必要的时间送到生产线，并且只按照顾客的要求，按照必要的时间、必要的数量、提供必要的产品和服务。它是为适应20世纪60年代消费需求多样化、个性化而建立的一种生产体系及为此生产体系服务的物流体系。所以准时生产制的出发点就是不断消除浪费，减少库存，进行持续的循环式的改进。

在20世纪后半期，整个汽车市场进入了一个市场需求多样化的新阶段，而且对质量的要求也越来越高，随之给制造业提出的新课题是如何有效地组织多品种小批量生产，否则的话，生产过剩所引起的只是设备、人员、非必须费用等一系列的浪费，从而影响到企业的竞争能力乃至生存能力。在这种历史背景下，1953年，日本丰田公司的副总裁大野耐一综合了单件生产和批量生产的特点和优点，创造了一种在多品种小批量混合生产条件下高质量、低消耗的生产方式，即准时生产。

（二）"零库存"的意义

JIT认为"库存是万恶之源"，它不仅直接造成浪费，还将许多管理不善的问题掩盖起来，使问题得不到及时解决，就像水掩盖了水中的石头一样，如果不降低水位，就无法暴露水中的暗礁，就存在潜在的危机，如图13-1所示。

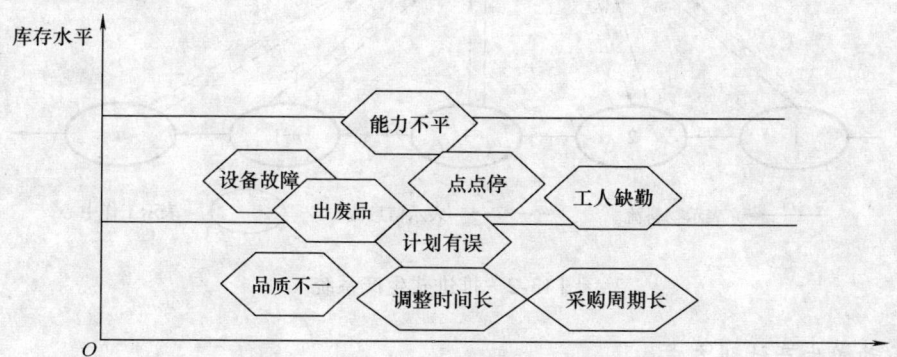

图13-1 库存水平高掩盖的管理问题

图13-1显示，所有管理中的问题，如机器设备经常出故障、工人缺勤、物资采购不及时、设备能力不平衡、生产计划水平低等，都可以通过高库存水平掩盖。"零库存"的意义在于：

(1) 它设置了一个极限，使得改进永无止境。基于"零库存"的 JIT 生产方式被认为是先进的生产方式，因为它设置了一个最高标准，一种"零库存"极限，实际生产可以无限地接近这个极限，但却永远不可能达到这个极限，这才使得改进永无止境，消除浪费永无止境。JIT 的宗旨是使浪费无限接近于"零"，从而不断提高管理水平。

(2) 它提供了一个不断改进的途径。"零库存"的实施实际上提供了一个不断改进的途径，即降低库存——暴露问题——解决问题——降低库存……这是一个无限循环的过程。例如，降低成品库存后可能会发现不能满足顾客的需求，不能及时提货，再追究其原因，是生产中的问题，即生产周期长，不能及时完成订单；生产周期长的原因是设备维修、工人技术不熟练、生产计划混乱、现场管理混乱、前后工序衔接不准等，于是针对这些问题，按照 JIT 的思想——"宁可中断生产，绝不掩盖矛盾"，千方百计地解决问题，使管理工作上升到一个新水平。当生产进行到比较平稳时再进一步降低成品库存，再暴露深层次问题，又解决新的问题，使管理水平得到进一步提高。如此反复循环，推进持续改进。

（三）JIT 生产计划与控制

JIT 生产计划与控制采用的是拉动式计划方式，而传统的生产计划与控制采用的是推进式计划方式。

1. 推进式生产计划方式

推进式生产计划方式是指按照产品构成的清单对所需的零部件规格和数量进行计算，得出每种零部件的投入产出计划，按照计划发出生产指令和订货指令。

它的物料流就是从仓库开始，在各道工序之间产生流动；它的信息流存在于计划部门与仓库、各生产部门之间，而工序与仓库之间，工序与工序之间不存在信息流。

每一生产部门都按照生产计划生产零部件，将实际完成情况反馈到计划部门，并将完成的零部件送到下一生产部门或仓库，不考虑下一工序或生产部门是否需要这些零部件。实行推进式生产计划的生产系统成为推进式生产系统，如图 13-2 所示。

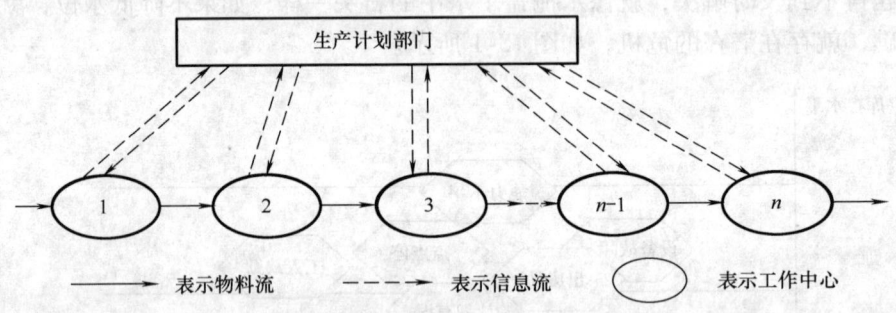

图 13-2 推进式生产系统

2. 拉动式生产计划方式

拉动式生产计划方式是指生产计划部门只需要把生产计划下达到最后一道工序，最后一道工序对其上游工序提出所需物料的要求，上游工序根据要求生产，通过这样的拉动一直延续到采购部门。

拉动式生产方式是由市场需求信息决定产品的组装，然后由产品组装来推动零件的加工。每一道工序、每一个车间分别向其前一道工序或上游车间提出需求和工作指令，上一道工序或上游车间完全按照这些指令来生产。这种方式下物料流与信息流是结合在一起的，工序与工序之间有直接的信息流。实行拉动式生产计划的生产系统称为拉动式生产系统，如图13-3所示。两种生产方式的特点与传统生产方式的对比见表13-3所示。

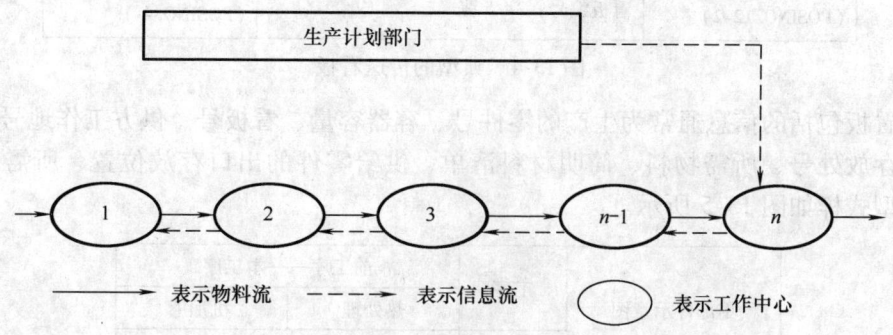

图13-3 拉动式生产系统

表13-3 传统生产方式与JIT生产方式的比较

生产方式 比较项目	传统生产方式	JIT生产方式
控制系统	推进式	拉动式
物流状况	上游加工下游接收	下游向上游提出要求
信息流状况	工序与计划部门之间	工序与工序之间
物流与信息流的联系	分隔	结合
控制结果	容易造成中间产品的积压	真正做到"适时、适量、适物"，消除了浪费

采用拉动式生产方式可以真正实现准时制生产。如果每道工序都按其紧后工序的要求，在适当的时间按需要的品种与数量生产，就不会生产多余的零部件和产品，所有生产环节上的在制品、半成品就会大大降低，也就解决了生产过量的问题，使库存无限接近于"零"。

（四）看板管理

看板管理是实现JIT或拉动式生产方式的重要手段。看板又称为传票卡，是一种传递信息的工具，它可以是一种卡片、一种告示牌或一种信号。

1. 看板的种类

看板分为传送看板和生产看板。

（1）传送看板用于指挥零件在两道工序间的移动。当放置零件的容器从上道工序的出口存放处运到下道工序的入口存放处时，传送看板就附在容器上。当下道工序开始使用该零件时，传送看板就被取下，放在看板盒中。当下道工序需要补充零件时，传送看板就被送到上道工序的出口存放处相应的容器上，同时将该容器上的生产看板取下，放在生产看板盒中。可见，传送看板只是在上道工序的出口存放处与下道工序的入口存放处之间往返运动。

传送看板包括的信息通常为零件号、容器容量、看板号、供方工作地号、供方工作地出口存放地号、需方工作地号、需方工作地入口存放处号等内容，其典型式样如图13-4所示。

（2）生产看板主要用于规定生产的零件和数量，只在每道工序（工作地）和其出口存放处之间往返运动。

前工序 部件1#线	零部件号：A232-6085C（上盖板）	使用工序 总装2#
	容器：箱型，3型（绿色）	
出口位置号 （POSINO.12-2）	标准箱内数：12个/箱	入口位置号 （POSINO.4-）
	看板编号：2#/5张	

图13-4 典型的传送看板

生产看板包括的信息通常为生产的零件号、容器容量、看板号、供方工作地号、供方工作地出口存放处号、所需物料、简明材料清单、供给零件的出口存放位置、所需工具等内容，其典型式样如图13-5所示。

零部件示意图		工序	前工序——本工序	
			热处理	机加1#
		名称	A233-3670B（联结机芯辅助芯）	
管理号	M-3	箱内数	20	发行张数：2/5

图13-5 典型的生产看板

2. 看板的运动

看板的运动过程可从图13-6中看出：当发生用户需求时，第一张产品装配看板（图13-6中的实线箭头）交到产品装配人员手中；产品装配人员从待装配部件箱中取出零部件，装配好产品交给用户，并且将一张传递看板（图13-6中的虚线箭头）送到已装配部件箱，提走相同零部件以补充自己刚才取出的零部件，同时从已装配零部件部件箱中取出一张加工看板（实线箭头）交个部件装配人员；部件装配人员在待装配零件箱中取走零件，装配成部件之后补入已装配部件箱，并且将一张传递看板（虚线箭头）送到已加工零件箱，提走相同零件以补充自己刚才取出的零件，同时从已加工零件箱中取出一张加工看板（实线箭头）交给零件加工人员。如此倒推而上，生产线就在看板的拉动之下，完全按照用户的要求，在必需的时间内，生产必需的产品，实现准时制生产。

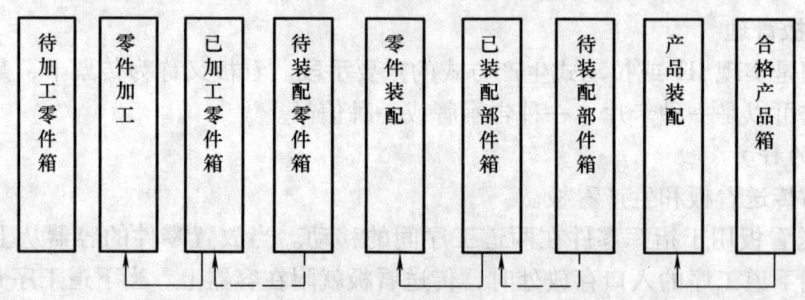

图13-6 看板运动示意图

3. 看板管理的规则

（1）无论是什么看板，都必须附在装有零部件的容器上。

（2）要按需方（后工序）的要求传递零部件，没有传递看板不得传送零部件。

（3）要使用标准容器、按标准数量放入零部件。这样可减少搬运与点数时间，并可防止损伤零件。

(4) 只按照看板要求的数量进行生产。当从生产看板盒中取出一个生产看板时,只生产一个标准容器所容纳数量的零件。当标准容器装满时,一定将生产看板附在标准容器上,放到出口存放处,且按照看板出现的先后顺序进行生产。

(5) 不合格品不能进入下道工序。

(6) 利用减少看板数量(在制品数量)来提高管理水平。

按照这些规则,就会形成一个十分简单的拉动式系统。每道工序都为下道工序准时提供所需的零件,每个工作地都可以在需要的时候从其上道工序得到所需零件,使物料从原材料到最终装配同步进行,避免因零件囤积而造成浪费。

(五) 混流生产

混流生产是为了适应外部市场对多品种需求而产生的,它也是 JIT 生产方式的重要内容。看板管理可以减少在制品库存,混流生产可以在满足多品种需求的同时,大大降低成品库存。

1. 混流生产的要求

混流生产的要求就是在确定多品种投产顺序时实现生产平准化。生产平准化是丰田汽车在多品种生产的条件下,科学地组织和管理可变流水线上若干产品投产顺序的一种最优化方法。

最优化的投产顺序要满足以下条件:

(1) 当各种产品产量相等时,各种产品应该有规律地实行相间性投产。

(2) 当各种产品产量不相同时,应按照一定的逻辑规律制定投产顺序。

(3) 以上方式的投产顺序在坐标图上的折线,均以最小的幅度、规律地沿平准线摆动,并趋于平准线。

以上原则如图 13-7 所示。

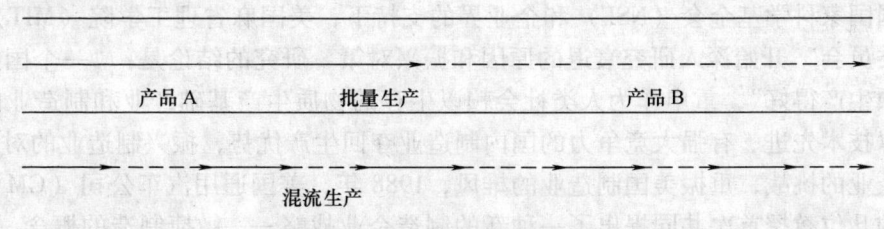

图 13-7 生产平准化示意图

图 13-7 显示,如果某企业生产 A、B 两种产品,若将 A 和 B 分为若干批轮流生产,就成为批量生产方式。这种方式虽然可以降低设备调整费用,但不能满足同一时间段内市场对 A 和 B 的需求。为了消除这种弊端,可以将 A 和 B 分成若干小批量轮流生产,当这种方式达到极致,即 A 和 B 的批量为 1 时,则满足了生产平准化的要求,就成为混流生产。

例如,企业生产 A、B、C 三种产品,月需求量为 100 台、300 台、200 台,可以有多种方案安排投产顺序,首先可以生产 100 台 A,再生产 300 台 B,再生产 200 台 C;也可以按照 50 台 A——150 台 B——100 台 C——50 台 A——150 台 B——100 台 C 的顺序生产,即一个月循环两次;也可以按照 1 台 A—1 台 B—1 台 C—1 台 B—1 台 C—1 台 B 的顺序重复生产 100 次。显然最后一种方式达到了混流生产的极限,符合生产平准化的要求。

2. 混流生产的优势

（1）提高了工人操作的熟练程度。工人每天都重复生产不同的产品，会对各种产品的操作越来越熟练，有助于提高生产效率。

（2）最大限度地满足了市场需求。混流生产使企业随时可以提供多种产品，顾客随时可以得到所需产品。

（3）降低了成品库存。生产批量的降低会直接降低成品库存，如果能无限逼近生产平准化的要求，成品库存量就会接近于零。

（4）缩短了单位产品的生产周期。批量与生产周期是成正比的，批量越少，生产周期就越短。生产周期短可以降低原材料、在制品、半成品、成品的库存，加速资金周转，提高企业的经济效益。

第二节 敏捷制造系统

一、敏捷制造概述

20世纪后半期，全球的竞争环境越来越严峻。新知识、新概念的不断涌现和新产品、新工艺的迅速更迭加速了市场的变化。企业面临着更严峻的挑战。在市场持续、高速变化的21世纪，企业不仅需要能针对市场的变化迅速进行必要的调整（包括组织上和技术上的调整），对市场的变化作出快速响应，而且要有不断地通过技术创新和产品更新来开拓市场、引导市场的能力。这样才能及时抓住转瞬即逝的市场机遇，立于竞争的不败之地。

相比日本的迅速进步，曾经一度领先的美国制造业风光不再。由于片面强调第三产业的重要性而忽视了制造业对国民经济健康发展的保障作用，美国的制造业严重地衰退。1986年，在美国国家科学基金会（NSF）和企业界的支持下，美国麻省理工学院（MIT）的"工业生产率委员会"开始深入研究衰退的原因和振兴对策。研究的结论是："一个国家要生活得好，必须生产得好"，重申作为人类社会赖以生存的物质生产基础产业和制造业的社会功能，提出以技术先进、有强大竞争力的国内制造业夺回生产优势，振兴制造业的对策。为了应对日本企业的挑战，重振美国制造业的雄风，1988年，美国通用汽车公司（GM）与美国里海大学的几位教授首次共同提出了一种新的制造企业战略——敏捷制造的概念。1991年，美国Iacocca研究所在美国国会和国防部的支持下，主持召开了21世纪发展战略讨论会，历时半年形成了一份著名报告——美国《21世纪制造企业战略》，并将其提交给美国国会。这份报告对敏捷制造的概念、方法及相关技术作了全面的描述。研究者认为，这份报告的问世是美国开展先进制造技术研究的重要里程碑。

美国《21世纪制造企业战略》中有两个最重要的结论：

（1）影响企业生存、发展的共性问题是：目前竞争环境的变化太快而企业自我调整、适应的速度跟不上。

（2）依靠对现有大规模生产模式和系统的逐步改进和完善，是不能实现重振美国制造业雄风的目标的。

这两个结论得到200多位来自美国工业界、政府机构和社会各界人士的认同。一种新兴的制造体系——敏捷制造概念开始在美国得到广泛的研究和应用。美国人希望敏捷制造能够使美国的制造业于2006年以前重新恢复其在全球制造业中的领导地位。敏捷制造（Agile Manufacturing，AM）是一种直接面向用户不断变化的个性化需求，完全按订单生产的可重新设计、重新组合、连续更换的信息密集的生产模式。

敏捷制造是信息时代最具竞争力的生产模式，它能以最短交货期、最经济的方式，按用户需求生产用户最满意的产品。可以说，敏捷制造将成为21世纪信息时代制造业主导的生产方式。其核心思想是：企业要提高迅速响应市场机遇和满足用户需要的能力，除需要利用好内部的资源外，还必须充分利用整个社会其他组织的资源。

具体来说，敏捷制造表现为，当一个企业发现某一市场机遇时，能迅速从本公司和其他公司选出各种优势力量，形成一个临时的经营实体即虚拟公司，来共同完成该产品或项目的设计、生产和服务等业务。而一旦所承接的产品或项目完成虚拟公司即自行解体，各个公司转到其他项目。只有这样才能不断抓住机会，赢得市场竞争，获得长期的经济利益。

二、敏捷制造的特点

1. 从产品开发到产品生产周期的全过程满足要求

敏捷制造采用柔性化、模块化的产品设计方法和可重组的工艺设备，使产品的功能和性能根据用户的具体需求进行改变，并借助仿真技术让用户很方便地参与设计，从而很快生产出满足用户需求的产品。因此，敏捷制造对产品质量的概念是，保证在整个产品生产周期内达到用户满意；企业的质量跟踪将持续到产品报废，甚至到产品的更新换代。

2. 采用虚拟公司的动态组织结构

虚拟公司是一种利用信息技术打破时空阻隔的新型企业组织形式，一般是某个企业为完成一定任务项目而与供货商、销售商、设计单位或设计师，甚至与用户所组成的企业联合体。对合作伙伴的选择取决于其专长、竞争能力和商誉。这样，虚拟公司能把与任务项目有关的各领域的精华力量集中起来，形成单个公司所无法比拟的绝对优势。既定任务一旦完成，公司即自行解体；当出现新的市场机会时，再重新组建新的虚拟公司。

虚拟公司的动态组织结构的目标是缩短产品上市时间，加速产品的改进发展，使产品质量不断提高，大大降低企业开支、增加企业收益。它已被认为是企业重新建造自己生产经营过程的一个步骤。随着经济的发展，虚拟公司的数量将会不断增加。

3. 以速度取胜的竞争模式

敏捷制造以快速、灵活响应市场变化求效益。相应地，企业间的竞争主要表现为快速抢占市场，响应市场需求的能力成为主要的竞争力，企业以速度取胜。当然，这种速度必须建立在质量和成本（价格）均令顾客满意的基础之上。因此，企业的目标是生产交货期短、顾客对质量满意和价格合理的产品。

4. 着眼于长期获取经济效益的企业战略

传统的大批量生产企业，其竞争优势在于规模生产，即依靠大量生产同一产品，减少每个产品所分摊的制造费用和人工费用，降低产品的成本。敏捷制造则采用先进制造技术和具有高度柔性的设备进行生产，这些具有高柔性、可重组的设备可用于生产多种产品，不需要像大批量生产那样要求在短期内回收专用设备及工本等费用，而且变换容易，可在较长的一段时间内获取经济效益。因此敏捷制造可以使生产成本与批量无关，做到完全按订单生产，充分把握市场中的每一个获利时机，使企业长期获取经济效益。

5. 建立新型的标准基础结构，实现技术、管理和人力资源的集成

敏捷制造企业需要充分利用分布在各地的各种资源，并把这些资源集中在一起，把企业中的生产技术、管理和人集成到一个相互协调的系统中。为此，必须建立新的标准结构来支持这一集成，包括大范围的通信基础设施、信息交换标准等硬件和软件。

6. 最大限度地调动和发挥人的作用

敏捷制造认为高素质员工的协调、主动的工作是成功的关键因素。这与传统模式下"技术第一""设备至上""人是机器的附件"和对下级、对员工以控制为主的管理思想不同。

7. 在员工继续教育方面的高投入

敏捷制造需要高素质的员工，要求其具有变换工作岗位、掌握多种技能的能力，还要能主动地适应企业产品的变化，并具有与他人协同工作的能力。因此敏捷化企业对员工的继续教育给予高度的重视，采取多种方式，有计划地向每个员工提供各种类型的继续教育。在敏捷企业中，员工继续教育是企业发展动力的源泉。

三、敏捷制造三要素

敏捷制造关键的三要素为生产技术、管理技术和人力资源。

1. 生产技术

创建敏捷制造企业必须具有高度柔性的生产设备，包括由可改变结构、可量测的模块化制造单元构成的可编程的柔性机床组，传感器、采样器、分析仪与智能诊断软件的配合，对制造过程进行闭环监视，"智能"制造过程控制装置，等等。在产品开发和制造过程中，能运用计算机能力和制造过程的知识基础，用数字计算方法设计复杂产品；可靠地模拟产品的特性和状态，精确地模拟产品制造过程；各项工作均同时进行，而不是按顺序进行。

敏捷制造企业是一种高度集成的组织。信息在制造、工程、市场研究、采购、财务、仓储、销售、研究等部门之间连续地流动，而且还要在其供应厂家之间连续流动。在敏捷制造系统中，用户和供应厂家在产品设计和开发过程中均应起着积极作用。

敏捷制造企业之所以能把分散的各个部门集中在一起，靠的正是严密的通用数据交换标准、宽带通信信道（传递需要交换的大量信息）、坚固的"组件"（许多人能够同时使用同一文件的软件）。把这些技术综合到现有的企业集成软件和硬件中去，标志着敏捷制造时代的开始。

2. 管理技术

敏捷制造在管理上所提出的最具创新思想之一的是"虚拟公司"。能够经常形成虚拟公司的能力将成为敏捷制造企业强有力的竞争武器。只要能把分布在不同地方的企业资源集中起来，敏捷制造企业就能随时构成虚拟公司。

组织上的柔性是敏捷制造企业的管理创新。制造企业需要满足各个地区的客观条件，而客观条件不仅反映社会、政治和经济价值，而且还反映人们对环境安全、能源供应能力等问题的关心程度。在这种环境中，企业若企图"关起门来"什么都自己做，则是注定要失败的。而敏捷制造企业所倡导的高度柔性的动态组织结构，能充分利用公司的资源，即根据工作任务的不同，采取内部多功能团队形式（请供应者和用户加入团队），或采取与其他公司合作的形式，或采取虚拟公司的形式。

3. 人力资源

敏捷制造提倡以"人"为中心的管理，其基本思想在于动态竞争的环境中，关键的因素是人。这意味着，指导敏捷制造企业运行的唯一可行原则，就是提供必要的物质资源和组织资源，支持人员的创造性和主动性。

敏捷制造时代，拥有知识的人员是敏捷制造企业中最宝贵的财富。不断地对企业员工进行再教育，不断地提高员工素质，是企业管理层应该积极支持的一项长期投资。每一个员工消化吸收信息、围绕信息提出的可能性作出创造性响应的能力越强，企业取得成功的可能性越大。

对于管理人员和生产线上具有技术专长的工人也是如此。科学家和工程师参加战略规划和业务活动，对敏捷制造企业起着决定性的作用。在制造过程的科技知识与产品研究开发的各个阶段，工程专家的协作是一种重要资源。

敏捷制造企业的特性支配着其人员管理上所特有的、完全不同于大量生产企业的态度。管理者与员工之间的敌对关系会限制员工接触有关企业运行状态的信息，这是不容存在的。管理者与员工之间必须建立相互信赖的关系，做到信息完全公开。工作场所不仅要安全，而且对企业每一个层次上从事脑力创造性活动的人员都要有一定的吸引力。

第三节　大规模定制系统

一、大规模定制概述

在新的市场环境中企业迫切需要一种新的生产模式，大规模定制（Mass Customization，MC）由此产生。1970年，美国未来学家阿尔文·托夫（Alvin Toffler）在《Future Shock》一书中提出了一种全新的生产方式的设想：以类似于标准化和大规模生产的成本和效率，提供满足客户特定需求的产品和服务。1987年，斯坦·戴维斯（Start Davis）在《Future Perfect》一书中首次将这种生产方式称为"Mass Customization"。

大规模定制是一种大量地提供多品种产品的策略。我国学者祁国宁认为，大规模定制是一种集企业、客户、供应商、员工和环境于一体，在系统思想指导下，用整体优化的观点，充分利用企业已有的各种资源，在标准技术、现代设计方法、信息技术和先进制造技术的支持下，根据客户的个性化需求，以大批量生产的低成本、高质量和高效率提供定制产品和服务的生产方式。MC的基本思路是基于产品族零部件和产品结构的相似性、通用性，利用标准化、模块化等方法降低产品的内部多样性，增加顾客可感知的外部多样性，通过产品和过程重组将产品定制生产转化或部分转化为零部件的批量生产，从而迅速向顾客提供低成本、高质量的定制产品。

传统的大规模生产建立在规模经济的基础之上，规模经济要求生产必须达到高的产量以及高标准化；而大规模定制则依赖于范围经济（多种产品从一个流程中生产出来），所以，大规模定制来自于不同的经济基础——一个通用流程，而不是通用产品。

大规模定制生产方式涵盖了时间的竞争、精益生产和微观销售等管理思想的精华。其方法模式得到了现代生产、管理、组织、信息、营销等技术平台的支持，因而具有超过以往生产模式的优势，更能适应网络经济和经济技术国际一体化的竞争局面。

随着柔性制造技术的出现，大规模定制成为了可能，大规模定制在现代技术的条件下是完全可以实现的。

二、大规模定制生产的特征

大规模定制生产的特点有：产品设计模块化、产品制造专业化、生产组织和管理网络化、企业间的合作关系伙伴化。

1. 产品设计模块化

21世纪的制造业必将以产品创新和技术创新占领市场，企业是否能根据用户的当前需要和潜在需求快速抢先提供产品，成为企业成败的关键。产品结构和功能的模块化、通用化和标准化，是企业推陈出新、快速更新产品的基础。模块化产品便于按不同要求快速重组，任何产品的更新换代都不是将原有的产品全部推翻重新设计和制造的。更新一个模块，在主要功能模块中融入新技术，都能使产品登上一个新台阶，甚至成为换代产品，而多数模块是不需要重新设计和制造的。因此，在敏捷制造中，模块化产品的发展已成为制造企业普遍重视的课题。此外，模块化产品便于分散制造和寻找合作伙伴，开发新产品的主干（核心）企业主要是做好产品不断的创新研究、设计和市场开拓工作，产品的制造可以分散给专业化制造企业协作生产，主干企业将从传统的"大而全、小而全"的橄榄型模式中解脱出来，转换成只抓产品设计研究和市场开拓的哑铃型企业。模块式产品另一个突出的优点在于用户只需更新个别模块即能满足新的要求，不需要重新购买一种新产品。这既节省了用户的开支，又能节约原材料并减少废弃物，这在自然资源越来越紧张和环境污染越来越严重的今天，无疑是非常重要的。

2. 产品制造专业化

在一般机械类产品中，有70%的功能部件存在着结构和功能的相似性，如果打破行业界线，按成组技术原理（GT原理）将功能相似的部件和零件分类并集中起来，完全有可能形成足以组织大批量生产的专业化企业的生产批量，这些专业化制造企业承接主干企业开发的产品中各种相似部件、零件的制造任务，并能在成组技术的基础上采用大批量生产模式进行生产。当然，在现代制造技术的支持下，这种大批量生产模式已克服了传统的刚性自动线的缺点，在一定范围内具有柔性（可调性或可重构性），能完成较大批量的相似件制造，协助主干企业用大批量生产方式快速提供个性化商品。

3. 生产组织和管理网络化

互联网的普及和应用给21世纪的制造企业提供了快速组成虚拟公司进行敏捷制造的条件。负责开发新产品的主干企业可以利用互联网发布自己产品的结构，寻找合作伙伴，而各专业化制造企业可以在网上发布自己所具备的条件及合作意图。双方通过网络实现匹配，本着共担风险和达到双赢的战略目标，合作开发和生产新产品。这样的联合是动态的，组成的虚拟公司是"有限生命公司"，它只为某种产品而结盟，随产品生命的结束而结束，或在另一种产品的基础上调整成新的联合。随着全球制造业的发展，通过供应链实现大规模定制生产过程的网络化组织和管理，产品从开发到销售的全过程将得到优化，生产效率的提高和生产成本的降低是不言而喻的。

4. 企业间的合作关系伙伴化

在传统的供求关系管理模式下，制造商与供应商之间只保持一般的合同关系，供应链只是制造企业中的一个内部过程，利用通过合同采购的原材料和零部件进行生产，转换成产品并销售给用户，整个过程均局限于企业内部。制造商为了减少对供应商的依赖，彼此间经常讨价还价。这种管理模式的特征是信任度和协作度低、合作期短。但大规模定制生产是以新产品开发，企业与专业化制造企业间的有效合作、互相依存为前提的，构成的网络化虚拟公司的盟主企业与盟员企业间应该能达到双赢的合作关系。

三、大规模定制的类型

大规模定制分为按订单销售（Sale-to-order）、按订单装配（Assemble-to-order）、按订单制造（Make-to-order）和按订单设计（Engineer-to-order）四种类型。

1. 按订单销售

按订单销售又可称为按库存生产（Make-to-stock），这是一种大批量生产方式。在这种生产方式中，只有销售活动是由客户订货驱动的，企业通过客户订单分离点的位置往后移动而减少现有产品的成品库存。

2. 按订单装配

按订单装配是指企业接到客户订单后，将企业中已有的零部件经过再配置后向客户提供定制产品的生产方式，如模块化的汽车、个人计算机等，在这种生产方式中，装配活动及其下游的活动是由客户订货驱动的，企业通过客户订单分离点的位置往后移动而减少现有产品零部件和模块的库存。

3. 按订单制造

按订单制造是指接到客户订单后，在已有零部件的基础上进行变型设计、制造和装配，最终向客户提供定制产品的生产方式，大部分机械产品的生产属于此类生产方式。在这种生产方式中，客户订单分离点位于产品的生产阶段，变型设计及其下游的活动是由客户订货驱动的。

4. 按订单设计

按订单设计是指根据客户订单中的特殊需求，重新设计能满足特殊需求的新零部件或整个产品。客户订单分离点位于产品的开发设计阶段。较少的通用原材料和零部件不受客户订单的影响，产品的开发设计及原材料供应、生产、运输都由客户订单驱动。企业在接到客户订单后，按照订单的具体要求，设计能够满足客户特殊要求的定制化产品，从供应商的选择、原材料的要求到设计过程、制造过程以及成品交付等都由客户订单决定。

四、大规模定制生产的技术支持

1. 制造系统模块化

与模块化的产品设计相似，模块化的生产单元具有标准的接口，具有良好的可替换性，当用户需求发生变化或出现意外故障时可以通过模块间的替换满足动态的需求变化，使制造系统具有柔性和快速响应能力，从而满足大规模定制的要求。根据企业的产品种类情况，由某些通用模块构建生产线平台，通过改变某些面向特定客户和应用的模块来调整生产线的产品范围。模块化制造系统的关键问题是模块之间的接口，包括硬件接口和信息接口。如果模块之间的接口是标准的，那么生产工程师就可以把来自不同供应商的设备集成到一个制造系统中。模块化系统的优点在于它提高了系统的可重组性和可扩展性。当产品类型发生变化时，可通过更换相应的工艺模块来调节系统的适应能力。当产品需求量发生变化时，可通过增加（减少）某些关键模块单元或提高（降低）系统自动化程度来增加（减少）产量，同时保证一定的经济性。另外，模块化的生产线也使管理得到了简化。

2. 动态组合的布局方式

传统制造系统规划的一个重要方面是合理安排车间、制造单元的布局，以加快工件的流动，减少排队等待时间、运输时间等。大规模定制制造系统规划的目标除了考虑这些以外，更重要的是要保证制造系统的动态组合和调整能力，以满足大规模定制所要求的柔性和快速响应能力。

3. 柔性物流系统

大规模定制对物流系统的期望可以归纳为：可以传输任何体积、重量、形状的物品，不需要轨道，没有路线的约束，提高传输速度，减少安装时间，增加智能化向导能力和自动恢复能力。传统的一体化的传送带、吊车、有导轨的自动导引车等物料传输系统已经不能满足柔性物流的要求了。目前提出的一些物料运输系统和装置在柔性和可重组性方面都进行了一定的改进。例如，模块化的传送带将传送带模块分为线性传送带模块和连接传送带模块。通过这些模块的组合，可以形成不同形式的传送带，通过改变模块的方向和位置可以快速调整传输路线，而且通过二维传送带和三维传送带的组合可以形成各种类型的空间运输路线。

4. 动态响应的控制结构

到目前为止，制造系统基本上有三种控制结构：集中控制结构、递阶控制结构和异构控制结构。其中，异构控制结构将系统分解成近似独立的实体，实体通过预先定义的通信接口进行合作。实体之间消除主从关系，具有局部自治性，系统的构成对于实体是透明的，实体需要与其他实体合作。在异构控制结构中，每一个实体具有高度自治性，可以快速响应环境变化。大规模定制生产由于其订单到来的随机性，要求控制系统具有动态响应的特点。异构控制结构是大规模定制制造系统应该考虑的结构。

5. 减少生产准备工作

安德森（Anderson）教授认为，大规模定制生产仍然需要依靠流水式生产。在大批量生产模式下，制造商通过增加批量，将生产准备时间和成本分摊到尽可能多的产品中。大规模定制的极端情况是，每种产品的批量为一，批量为一的能力依赖于生产准备工作的减少。如果生产准备工作能够减少，那么制造商就可以做到按订单生产，生产准备工作的减少是大规模定制生产的重要前提。

小　　结

本章系统地介绍了几种重要的先进生产方式。精益生产方式是一种在降低成本的同时使质量显著提高、在增加生产系统柔性的同时提高员工对工作的兴趣和热情的生产经营方式。

准时生产制是精益制造的经典模式。准时生产制具有后道工序到前道工序提取零部件、小批量生产、小批量运送、用最后的装配工序来调节整个生产过程的特点，并通过看板管理的方法和手段来实现零库存、低成本、高效率、均衡化的目标。

敏捷制造被认为是21世纪的制造模式。它将代替旧的以批量生产为主的企业生产模式。其目标是使企业在"持续变化、快速响应、质量响应及环境变化的能力"等方面赢得竞争。

大规模定制是单件生产方式和大规模生产方式的结合，它能够以大规模生产的价格实现产品多样化甚至个性化定制。大规模定制的核心是要解决多样化问题。

面对竞争日益激烈的市场,企业要想在市场竞争中占得先机并持续发展,生产模式和管理思想的革新势在必行。

思考与练习

思考题
1. 精益生产的基本含义和思想是什么?
2. 精益生产的基本原理是什么?
3. 什么是浪费?丰田公司提出的浪费有哪些?
4. 持续改进的意义是什么?
5. 精益生产方式的技术体系有哪些?
6. 准时生产制的含义是什么?
7. 为什么要追求零库存?零库存能实现吗?
8. 比较推动式和拉动式生产方式,说明为什么拉动式能降低库存、消除浪费。
9. 简述看板的作用和工作过程。
10. 混流生产的好处是什么?
11. 简述敏捷制造的概念和特征。
12. 简述大规模定制方式的概念和特征。

判断题
1. 按照精益生产的思想,凡是不增加顾客价值的活动都是浪费。
2. 精益生产方式是由美国科学家建立的。
3. "消肿祛瘀"就是指简化产品结构。
4. 精益生产方式的制造成本高于大量生产方式。
5. 丰田公司提出的浪费是指生产了市场不需要的产品。
6. 价值流分析是为了确定为企业增值的环节。
7. 准时生产方式又称为无库存生产方式。
8. "库存是万恶之源"的含义是库存占用了资金。
9. 拉动式计划方式下物流和信息流是分离的。
10. 看板必须随零部件移动。
11. 看板管理要使用标准容器。
12. 混流生产的目的是减少在制品。
13. 混流生产的极限就是生产平准化。
14. 在大规模定制中,低成本是通过规模经济实现的。

选择题
1. 精益生产方式的原理不包括( )。
   A. 持续改进　　B. 价值流分析　　C. "消肿祛瘀"　　D. 瓶颈分析
2. 丰田公司提出的浪费不包括( )。
   A. 等待浪费　　B. 设计浪费　　C. 移动浪费　　D. 动作浪费

3. 不属于精益生产技术体系的是（　　）。
   A. 准时生产制　　　　　　　　　B. 全面质量管理
   C. 最优生产技术　　　　　　　　D. 成组技术
4. 精益生产（LP）源于（　　）。
   A. JIT　　　　B. MRP　　　　C. MRP Ⅱ　　　　D. ERP
5. 由市场需求信息指挥产品装配，再通过产品装配逐级向前一道工序发出生产指令的方式称为（　　）。
   A. 推动式　　　　B. 拉动式　　　　C. 市场化　　　　D. 行政化
6. MRP是一种完善的计划方法，它（　　）。
   A. 能真正做到准时生产　　　　　B. 不能做到准时生产
   C. 可以替代准时生产　　　　　　D. 与准时生产无关
7. 看板管理规定（　　）。
   A. 看板不可以移动　　　　　　　B. 看板必须附在装有零部件的容器上
   C. 可以使用不标准容器　　　　　D. 不合格产品可以进入下道工序
8. 看板管理主要用于控制生产现场的（　　）。
   A. 信息流　　　　B. 物流　　　　C. 时间流　　　　D. 资金流
9. 和其他生产模式相比，大规模定制生产模式的生产方法是（　　）。
   A. 单机生产　　　　　　　　　　B. 备货生产
   C. 柔性流水生产　　　　　　　　D. 刚性流水生产
10. 大规模定制生产的特征之一是（　　）。
    A. 产品生命周期短　　　　　　　B. 产品成本高
    C. 产品开发周期长　　　　　　　D. 需求集中化
11. 敏捷制造的敏捷性特征的体现之一是（　　）。
    A. 持续变化性　　　　　　　　　B. 间隔变化性
    C. 均衡变化性　　　　　　　　　D. 有序变化性
12. 实现敏捷制造的关键条件是建立高效的（　　）。
    A. 合作关系网络　　　　　　　　B. 数据共享网络
    C. 技术管理网络　　　　　　　　D. 资金流通网络

案例分析

JIT 系统的检验

假设你信步走入一家商店，要求店主按你要求的尺寸和特点订做服装，这种现象称为"量体裁衣"。这是一种 JIT 系统在为实现准时反应而将零售商和制造商连接起来方面的扩展。有了这种快速反应能力，零售商能够将其销售的信息直接送到工厂现场，从而使延迟时间实现最小化。服装通过正常的零售渠道送到购买者手中。这家服装技术公司（Custom Clothing Technology Corporation，CCTC）正在开发一种价格比较合理的女式牛仔裤。"量体裁衣"概念的应用可以节省30%的生产费用，同时也减少了库存和降价损失。CCTC 由桑·帕克（Sung Park）开办，他认为妇女更愿意花48美元的价格买一条保证合体的牛仔裤。妇女有电子仪器般灵敏的感觉，她们能够在商店中选择她们喜欢的牛仔裤式样，并与 CCTC 的 JIT 服务部门签下合同。衣服在沃尔蒙特进行裁剪，在德克萨斯州缝制，然后在不到 2 周的时间内发送到顾客手中。目前女式牛仔装市场的销售额是 20 亿美元，帕克认为这是一个检验 JIT 服务的巨大市场。

问题：

1. 如果你是传统的牛仔裤零售商，你对这种新趋势的感觉如何？
2. 你认为顾客愿意为产品等待 2 周吗？
3. 如果运送时间为 2 周，CCTC 如何在顾客服务上参与竞争？
4. CCTC 参与竞争的战略变量是什么？
5. 如何应用 JIT 的概念在其他行业改善顾客服务和柔性？从下面的行业中选择其一，并且用头脑风暴法建立 JIT 的解决方案：卫生保健、杂货店、健身房或房屋修理与维护。
6. 在服装行业，另一个快速反应的例子是位于佛罗里达州的 Second Skin Swimwear 泳装公司。该公司每年使用量体系统定制生产 10000 套泳装。该系统的使用消除了顾客在泳装店中的尴尬，但送货时间也要 2~3 周。除了上述例子，其他什么式样或类型的服装也可以从 JIT 定制系统获益？

参 考 文 献

[1] 陈荣秋，马士华. 生产运作管理［M］. 3 版. 北京：高等教育出版社，2011.
[2] 齐二石. 生产与运作管理教程［M］. 北京：清华大学出版社，2006.
[3] 柯清芳. 生产与运作管理［M］. 北京：北京理工大学出版社，2009.
[4] 单汨源. 运营管理［M］. 武汉：武汉理工大学出版社，2011.
[5] 陈福军. 运营管理［M］. 大连：东北财经大学出版社，2002.
[6] 潘家轺，曹德弼. 现代生产管理学［M］. 2 版. 北京：清华大学出版社，2003.
[7] 冯根尧. 生产与运作管理［M］. 2 版. 重庆：重庆大学出版社，2010.
[8] 马世华，等. 生产运作管理——习题、案例、课程实验［M］. 北京：科学出版社，2008.
[9] 吴金椿，张明. 生产运作管理仿真综合实习教程［M］. 北京：经济科学出版社，2010.
[10] 陈荣秋，马士华. 生产与运作管理［M］. 2 版. 北京：高等教育出版社，2008.
[11] 邱灿华，等. 运营管理［M］. 北京：化学工业出版社，2011.
[12] 武振业，等. 生产与运作管理［M］. 成都：西南交通大学出版社，2004.
[13] 王道平，谭跃雄. 生产运作管理［M］. 长沙：湖南大学出版社，2004.
[14] 刘晓冰，李新然. 运营管理［M］. 北京：清华大学出版社，2011.
[15] 周建忠. 现代企业生产与运作管理［M］. 北京：科学出版社，2009.
[16] 陈荣秋. 生产运作管理习题及案例［M］. 北京：机械工业出版社，2005.
[17] 罗伯特·约翰斯顿，等. 运营管理案例［M］. 佟博，等译. 北京：经济管理出版社，2005.
[18] 张青山. 生产运作管理［M］. 北京：化学工业出版社，2011.
[19] 程国平. 生产运作管理［M］. 北京：人民邮电出版社，2012.
[20] 理查德 B 蔡斯，F 罗伯特. 雅各布斯，尼古拉斯 J 阿奎拉诺. 运营管理［M］. 任建标，等译. 北京：机械工业出版社，2007.
[21] 陈国. 现场管理［M］. 北京：北京大学出版社，2013.
[22] 孙科柳，李京静. 生产现场管理实操手册［M］. 北京：中国电力出版社，2010.
[23] 威廉·史蒂文森. 运营管理［M］. 张群，张杰，译. 9 版. 北京：机械工业出版社，2008.